대항해시대
최 초 의
정복자들

대항해시대
최 초 의
정복자들

포르투갈 제국의
해외 원정기

로저 크롤리 지음, 이종인 옮김

CONQUERORS
How
Portugal Forged
the First
Global Empire

책과
함께

일러두기

- 이 책은 Roger Crowley의 CONQUERORS(Faber & Faber, 2015)를 우리말로 옮긴 것이다.
- 각주는 모두 옮긴이가 덧붙인 해설이다.
- 인용문에서 지은이가 덧붙인 해설은 〔 〕로 표시했다.
- 인명, 지명 등 외래어는 가급적 영어식이 아닌 포르투갈어와 같은 현지어식으로 표기했다.
  (예: 리스본 → 리스보아)

끝이 있는 바다는 그리스인과 로마인의 것,

끝이 없는 바다는 포르투갈인의 것.

— 페르난두 페소아, 〈파드랑 Padrão〉, 59쪽

차례

3부 정복: 바다의 사자

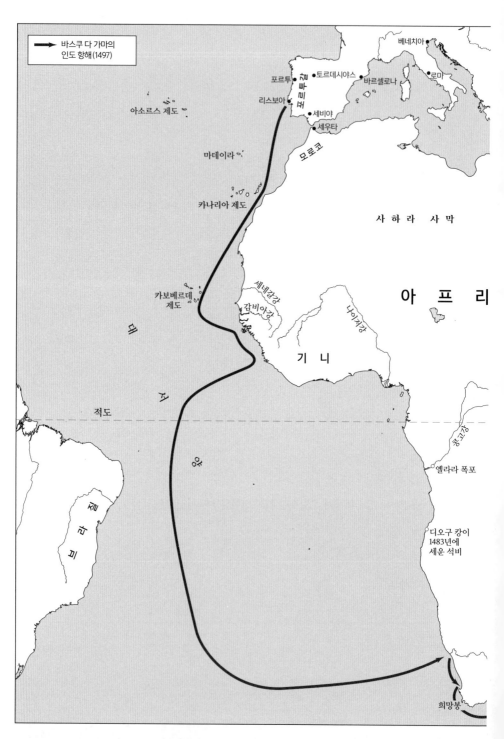

베네치아

포르투 •토르데시야스
리스보아 •바르셀로나 •로마
세비야
세우타

아소르스 제도

모로코

마데이라

사 하 라 사 막

카나리아 제도

아 프 리

카보베르데
제도

세네갈강
감비아강
나이저강

기 니

적도

옐라라 폭포

디오구 캉이
1483년에
세운 석비

희망봉

바스쿠 다 가마의
인도 항해(1497)

포르투갈에서 인도까지(1500년경)

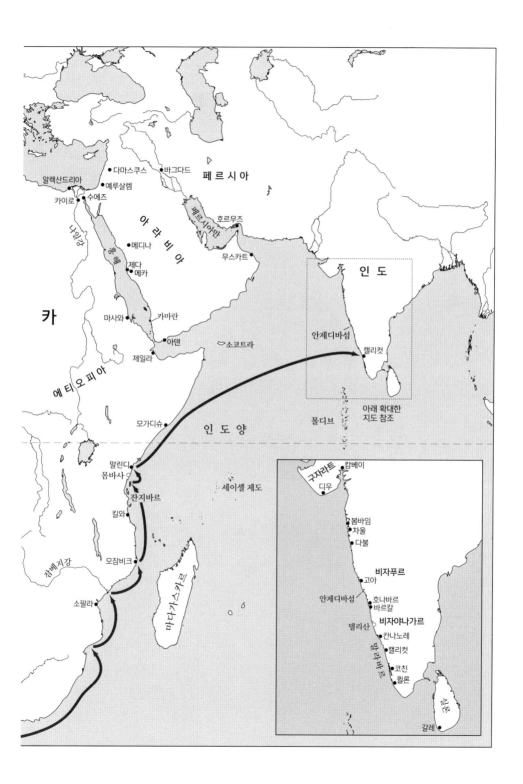

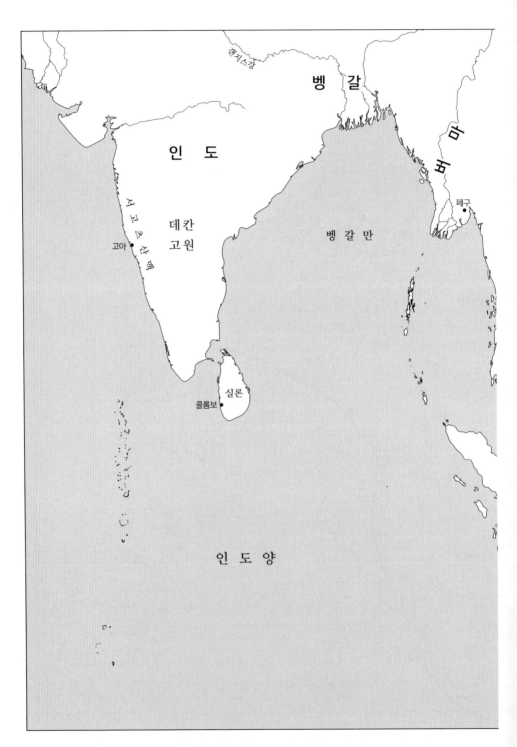

인도에서 중국까지(1500년경)

프롤로그
유럽호의 뱃머리

━━━━━━◆━◆◆━◆━━━━━━

    1414년 9월 20일, 중국에서는 처음 구경하는 동물인 기린이 베이징의 황궁을 향해 다가가고 있었다. 연도에 나와 있는 구경꾼들은 목을 쭉 빼고서 그 신기한 동물을 한 번만이라도 구경하려고 안달했다. 기린을 보고서 황홀경에 빠진 궁정 시인 심도는 이렇게 썼다. 그 동물은 "사슴의 몸에 소의 꼬리, 살집 물렁한 뿔, 붉은 구름 혹은 자줏빛 안개 같은 밝은 점이 몸에 나 있었다."[1] 그 동물은 언뜻 보아 별로 해가 되지 않을 듯했다. "그 발굽은 살아 있는 생물들은 밟지 않았고 … 그 눈은 끊임없이 주위를 두리번거렸다. 모든 사람이 그 동물을 보고 즐거워했다."[2] 그 동물을 조련사인 벵갈 사람이 고삐를 잡고서 앞으로 끌고 갔다. 그 동물은 그곳에서 아주 멀리 떨어진, 동아프리카 해안에 자리 잡은 말린디 소국의 술탄이 보낸 선물이었다.

그 우아한 동물은 그 당시에 제작된 그림에도 등장하는데, 해양 역사에서 몹시 기이하고 매우 장대한 탐사로 생겨난 이국풍 상품이었다. 15세기 초반 30년 동안, 건국된 지 얼마 안 된 명나라의 황제 영락제永樂帝는 중국의 국력을 과시하기 위해 서쪽 바다로 여러 차례 대선단大船團을 파견했다.

중국 선단의 규모는 엄청났다. 1405년에 처음 파견된 선단은 약 250여 척의 배에 2만 8000명의 선원을 거느리고 있었다. 그 선단의 중심부에는 보물선이 포진했다. 보물선은 갑판을 여러 개 갖추고 돛을 아홉 개 달고 선체 길이가 130여 미터에 달하는 정크선이었다. 그 배에는 철저히 방수된, 매우 창의적인 부력 공간이 여러 개 있었고 조타장치(키)도 엄청나게 거대하여 너비가 40여 제곱미터에 달했다. 이 보물선들은 마필馬匹 수송선, 물자 공급선, 선원 수송선, 전함과 수조선水槽船 같은 각종 부대 선박이 옹위했는데, 그 보조선들은 깃발, 제등提燈, 북 등으로 서로 통신했다. 보물선들은 항해사, 선원, 군인, 보조 노동자뿐만 아니라 서방 야만족과의 의사소통을 도와주는 통역사, 그 항해를 기록할 편수관도 대동했다. 중국인들은 다른 나라 사람들의 신세를 지고 싶지 않았으므로 그 선단에 1년 치 식량을 쌓아두었다. 중국 선단은 말레이시아에서 스리랑카에 이르기까지 인도양의 중심부를 곧장 직진으로 항해했는데, 컴퍼스와 흑단에 새긴 천문판을 이용해 항로를 설정했다. 보물선은 성선星船이라는 이름으로도 알려졌는데, 은하수를 항해할 수 있을 정도로 튼튼하다고 해서 그런 이름이 붙었다는 기록이 전한다. "우리의 돛은 마치 구름처럼 하늘 높이 펼쳐졌고, 밤이나 낮이나 항로를 따라 계속 나아가는데, 그 빠르기가 별의 운행처럼 빠르고, 거친 파도를 늠름하게 제압한다."³ 그 선단을 지휘하는 제독은 정화鄭和라는 무슬림이었는데, 그의 할아버지는 일찍이 메카로 순례 여행을 다녀온 인물이었으며, 그 자신은 명나라 궁정에서 '세 차례 보물로 평가받은 내관'이라는 호칭을 얻은 환관이었다.

정화 선단은 영락제 치세(재위 1402~1424)에 여섯 번 바닷길에 나섰고 1431년에서 1433년 사이에 마지막인 일곱 번째 항해에 나서 마치 장대한 서사시처럼 세상의 대양을 누볐다. 각각의 항해에 소요된 기간은 평균 2년에서 3년이었는데, 인도양을 가로질러 보르네오섬에서 잔지바르섬에 이르기까지 아주 멀고 먼 여정이었다. 정화 선단은 해적들을 제압하고 군주들을 폐위시키고 국제 무역을 할 수 있을 만큼 많은 물품을 적재했으나 일차적으로 군사적·경제적 목적을 내세운 항해는 아니었고, 대명 제국의 위엄을 온 세상에 떨치기 위한 친선 사절이었다. 다시 말해 인도와 동아프리카 해안 소국들에게 중국의 위용을 알리기 위해 띄운 비폭력적 선박이었다. 따라서 군사적 목적은 전혀 없었으며 자유무역 제도를 교란할 목적도 없었다.

일종의 역의 논리가 작용해, 정화 선단은 중국은 주기만 할 뿐 받지는 않음으로써 자급자족이 가능한 대국임을 증명하려 했다. 그 시대의 문서 기록은 이렇게 전한다. "정화 선단은 야만국을 방문하여 그 백성들에게 선물 세례를 퍼부음으로써 우리의 국력을 과시한다."⁴ 이에 감동한 인도양 해안 부근의 소국들은 사절을 파견하여 정화 선단과 함께 중국을 찾아와 영락제에게 자발적으로 경의를 표했다. 중국이 온 세상의 중심임을 인정하고 칭송하려는 것이었다. 그들이 황제 앞에 펼쳐 보인 보석, 진주, 황금, 상아, 진귀한 동물은 곧 중국이 종주국임을 인정하는 상징물에 지나지 않았다. 그리하여 어느 동시대인은 이렇게 기록한다. "수평선 너머 지구 끝에 있는 나라들은 모두 우리의 신하가 되었다."[5] 이렇게 쓴 중국 편수관들이 언급한 세계는 인도양을 뜻하지만, 그들은 중국에서 멀리 떨어진 곳에 어떤 나라들이 있는지 잘 알았다. 유럽인들이 지중해 너머에 무엇이 있는지 전혀 알지 못해 궁금해하는 동안, 중국인들은 이미 대양들이 어떻게 서로 연결되는지, 아프리카는 전체적으로 어떻게 생겼는지 파악했던 듯하다. 14세기에 이미 중국은 아프리카를 역삼각형 형태로 인식했고, 그 중심부에 큰 호수가 있으며 그곳의 강들은 북쪽을 향해 흐른다는 것을 보여주는 지도를 제작했다.

기린이 베이징에 도착한 이듬해에 바다를 사이에 두고 3만 3800킬로미터 떨어진 곳에서, 다른 형태의 세력이 아프리카 서쪽 해안으로 접근했다. 1415년 8월, 포르투갈 함대는 지브롤터 해협을 통과하여 모로코의 무슬림 항구 도시인 세우타를 공격했다. 세우타는 지중해 전역을 통틀어 가장 든든하게 무장한 요새를 갖춘 전략적 요충지였다. 그 도시를 포르투갈이 점령했다는 소식은 유럽을 놀라게 했다. 15세기 초에 포르투갈의 인구는 100만 명이 채 되지 않았다. 그 나라의 왕들은 너무나 가난해서 자기 초상화를 새긴 금화를 제작하지 못할 정도였다. 어업과 자급자족 농업이 국가의 주된 산업이었고, 나라가 가난했던 만큼 가난을 극복하겠다는 왕들의 야망도 컸다.

주앙 1세(일명 '사생아 주앙')는 당시의 통치 왕가인 아비스 왕조의 창업자인데, 1385년에 포르투갈의 왕관을 찬탈하고서 인근 카스티야

대항해시대 최초의 정복자들

왕국으로부터 독립을 선언했다. 세우타 공격은 귀족 계급의 넘쳐나는 에너지를 발산시키기 위한 해외 원정전으로 기획되었다. 이 원정전은 중세의 기사도 정신과 십자군 운동의 열정이 하나로 뭉친 결과물이었다. 포르투갈 사람들은 자신들의 손에 이교도의 피를 담뿍 묻힐 각오로 세우타 공격을 감행했다. 그들은 계약을 철저하게 이행했다. 사흘에 걸친 약탈과 학살은, "아프리카 도시들 중에 꽃이며 … 아프리카의 관문 겸 핵심 도시" 세우타를 크게 파괴했다.[6] 이 놀라운 공격은 소규모 왕국인 포르투갈이 자신감 넘치고, 정력적이며, 거기에 더해 뭔가 이루어내기 위해 활발히 움직이고 있음을 유럽의 여러 경쟁국에게 보여주었다.

주앙의 세 아들 두아르트, 페드루, 엔히크는 세우타에서 치열한 전투가 벌어지던 어느 하루에 더 강력한 자극을 얻었다. 1415년 8월 24일, 이제 소금이 뿌려져 정화되고 '아프리카의 우리 성모'로 개명된 그 도시의 모스크에서 세 아들은 아버지로부터 기사 작위를 받았다. 세 젊은 왕자에게 그날은 운명의 순간이기도 했다. 세우타에 입성한 포르투갈인들은 아프리카와 동양의 엄청난 부를 알아보았다. 세우타는 세네갈강에서 출발하여 사하라를 관통하여 금을 수송하는 대상隊商들의 출발점이었고, 무슬림들이 인도 제국*과 거래하는 향신료 무역에서 가장 서쪽에 자리한 물품 집산지였다. 포르투갈 역사가는 이렇게 기록했다. "이곳에 에티오피아, 알렉산드리아, 시리아, 바르바리, 아시

---

* 원어는 the Indies. 인도와 인도차이나, 동인도를 통틀어 가리키는 말. 인도 제국이란 사실 인도양과 그 일대에서 여러 가지 향신료를 재배하는 지역을 지칭하는 말로, 유럽인들의 상상 속에서 만들어진 막연한 개념이다.

리아 등 온 세상의 상인들이 모여든다. … 또 유프라테스강 건너편에 사는 동양의 상인들, 인도 제국에서 온 상인들 … 그리고 보이지 않는 지평선 너머의 다른 여러 대륙에서 온 상인들이 모여든다."[7]

기독교인 정복자들은 우선 후추, 정향, 계피 등이 쌓인 창고를 찾았고, 그다음에는 그 창고를 멋대로 파괴하면서 현지 왕들이 그 지하에다 감추어놓았을지도 모르는 보물을 찾아 나섰다. 그들은 2만 4000군데(아마도 과장인 듯하다)에 이르는 상인들의 가게를 약탈했고, 화려한 카펫이 깔린 부유한 상인들의 내실을 침탈했으며, 타일이 깔린 아름다운 아치 형태의 지하 송수관을 마구 파헤쳤다. 한 목격자는 이렇게 썼다. "우리의 허름한 집들은 세우타의 집들에 비하면 돼지우리 같았다."[8] 바로 여기서 엔히크 왕자는 난생처음으로 "지평선을 넘어선 곳"에 있는 막대한 부를 흘낏 엿볼 수 있었다.[9] 그 부를 획득하려면 이슬람이라는 장애를 피해야 했고, 그러자면 아프리카 서해안을 따라 내려가 인도양으로 가는 우회 해로를 발견해야 했다. 그리하여 세우타는 포르투갈 해외 확장 정책의 출발점이자 신세계로 들어가는 문턱이 된다.

무역이 널리 이루어지고 사상의 교류가 활발한 지중해권에서 배제된 것이 포르투갈에게는 운명이었는가 하면 행운이기도 했다. 만약 유럽의 가장자리이자 르네상스의 변방에 위치한 포르투갈 사람들이 정력적인 민족이 아니었다면 잘사는 베네치아와 제노바 같은 도시 국가를 부러워하며 그저 멍하니 바라보기만 했을 것이다. 이 당시 그 도시 국가들은 알렉산드리아나 다마스쿠스 같은 이슬람 도시를 통해 향신료, 비단, 진주 같은 동양의 사치품을 거래하는 시장을 독점했고, 그런 물품을 독점 가격에 판매해 높은 수익을 올렸다. 그러나 포르투

　　　　　　　　　　　　　　　大항해시대 최초의 정복자들

갈인들은 절망하지 않고 오히려 바다 쪽을 내다보았다.

 라고스 항구에서 서쪽으로 30여 킬로미터 떨어진 포르투갈의 해안지역은 대서양을 바라보는 바위투성이 땅에서 끝나는데 이름하여 카부드상비센트곶이라고 한다. 이곳이 유럽호號의 뱃머리이자 유럽 대륙의 서남단이다. 중세에 확실히 알려진 세상의 끝은 바로 이곳이었다. 그 곳의 벼랑에 서면 사람들은 자기 앞에 일망무제하게 펼쳐진 광대한 바다를 바라보며 얼굴에 거센 바닷바람을 느꼈다. 수평선은, 태양이 미지의 밤으로 떨어지는 서쪽의 소실점을 향해 휜 듯 보였다. 수천 년 동안 이베리아반도의 가장자리에서 살아온 사람들은 이 해안에서 막막한 창공을 바라보며 살았다. 험한 날씨에는 거센 파도가 맹렬한 기세로 벼랑을 후려쳤고, 높이 솟아오른 파도의 하얀 갈기는 광대한 바다에 어울리게 기다란 포물선을 그리며 다시 물속으로 떨어졌다. 이 세상의 지리 지식을 제법 갖춘 아랍인조차 지브롤터 해협에서 조금 더 나아간 지점에서 멈춰 섰다. 그들은 그 낯선 바다를 가리켜 '어둠의 초록 바다'라고 불렀다. 그 바다는 신비하고 무서웠고 무한정 펼쳐지는 것만 같았다. 고대부터 죽 그 바다는 무수한 추측을 불러일으키는 원천이었다. 로마인들은 모로코 해안에서 약간 떨어진 곳에 있는 카나리아 제도의 존재를 알았다. 그 섬들을 '행운의 섬들'이라고 불렀으며, 이 섬들을 기준으로 위도를 측정했다. 그러나 유럽을 기준으로 할 때 오로지 동쪽의 위도만 측정했을 뿐 남쪽과 서쪽은 그러지 못했다. 남쪽으로 시선을 돌리면 아프리카는 전설 속으로 가뭇없이 사라져버렸고, 전체 크기와 남쪽 끝이 어디인지 알려지지 않았다. 파피루스 조각이나 양피지에 그려진 고대와 중세의 지도들은 바다에 둘러싸인 둥그런 접시 모양으로 세계를 그려놓았다. 아메리카는 아직 발견되지 않았고 지구의 동서남북 사방은 어두운 바닷물이라는 극복하기 어려운 장애물로 격리되어 있었다.

고대의 지리학자 프톨레마이오스는 중세에 엄청난 영향을 미친 사람인데, 인도양은 육지로 둘러싸인 바다여서 선박으로 접근하기가 불가능하다고 믿었다. 하지만 카부드상비센트곶에서 막막한 바다를 내다본 포르투갈 사람들은 그 바다가 좋은 기회가 될지도 모른다고 생각했다. 바로 이 해안에서 어업과 항해라는 오랜 수련을 거친 끝에 원양 항해 기술과 대서양 바람의 비밀을 밝혀냈다. 이런 기술과 지식 덕분에 그들은 다른 유럽 국가들과 비교할 수 없는 우위에 섰다. 세우타 점령 이후 그들은 그동안 축적된 지식을 활용하여 아프리카 서해안을 따라 남단으로 내려갔고 마침내 바닷길로 인도 제국에 도달하려는 노력이 열매를 맺었다.

북아프리카에서 무슬림에게 저항하는 십자군 운동은 포르투갈의 해양 모험과 긴밀하게 연계되어 있었다. 균형을 맞추는 포물선을 그리기라도 하듯, 아비스 왕가는 1415년에 세우타에서 운세가 상승하기 시작하더니 근 163년 뒤에 멸망했다. 그러는 동안 포르투갈인들은 역사 속 어느 민족보다 더 빠르게, 더 멀리 세상을 향해 퍼져나갔다. 우선 아프리카 서해안을 따라 남쪽으로 내려가 희망봉을 돌아서 1498년에 인도에 도착했고, 1500년에 브라질, 1513년에 중국, 그리고 1543년경에 일본에 도착했다.* 포르투갈 항해자 페르낭 드 마갈량

---

* 임진왜란(1592) 당시 서부 전선을 맡아 평양까지 올라간 일본군 사령관 고니시 유키나가는

대항해시대 최초의 정복자들

이스Fernão de Magalhães(마젤란의 포르투갈 본명) 덕분에 스페인 사람들은 1518년 이후로 지구를 일주할 수 있었다. 세우타 원정전은 이 같은 해양 프로젝트의 출발점이었다. 그것은 종교적·상업적·민족적 열정의 출구로 은밀하게 계획되었고, 이슬람 세계를 향한 증오에서 연료를 공급받았다. 북아프리카로 향한 십자군 운동에서 처음에 포르투갈 콩키스타도르conquistador('정복자')는 몇 세대 동안 희생의 피를 흘렸다. 하지만 여기에서 그들은 군사적 의욕과 조건반사적 폭력을 익힌 덕분에 인도양의 여러 민족을 제압할 수 있었고, 소수의 침공 병력만으로도 엄청난 영향력을 행사할 수 있었다. 15세기에 포르투갈의 전체 인구수는 중국 난징의 인구수에도 못 미쳤지만, 그 선단은 정화 대선단보다 무서운 권력을 행사했다.

명나라의 놀라운 친선 함대는 비교적 발전된 기술을 보유했으며 그 유지비는 달나라로 우주선을 발사하는 것만큼이나 많이 들어갔다. 정화 선단을 한 번 내보내는 데 연간 조세 수입의 절반이 들어갔으나, 달 탐사선이 그저 달에다 발자국 몇 개 찍어놓고 온 것과 마찬가지로, 그 뒤에 남긴 흔적이 별로 많지 않았다. 1433년의 7차 항해에서 정화는 사망했는데 아마도 인도의 서쪽 해안 도시인 캘리컷 근처에서 그

독실한 천주교 신자였다. 그래서 조선을 침략할 때 포르투갈 출신의 가톨릭 선교사 그레고리우 드 세스페드스(Gregorio de Cespedes)도 함께 데리고 왔지만 포교에 성공하지는 못했다. 우리나라에 처음 들어온 가톨릭 신부인 이 선교사는 일본에 잡혀간 우리나라 포로를 다수 구출했다. 이런 역사적 사실로 미루어볼 때 포르투갈의 동양 진출이 얼마나 이른 시점에 이루어졌는지 알 수 있다.

리 되었을 것이다. 그는 바다에 수장되었을 가능성이 높다. 그가 사망한 후에 성선은 다시 항해에 나서지 못했다. 황제들은 만리장성을 강화하고 그 뒤편에 틀어박혔다. 원양 항해는 금지되었고 모든 관련 기록이 파괴되었다. 1500년에 돛대가 두 개 이상인 배를 건조하는 것은 중범죄였다. 50년 뒤에는 바다에 돛배를 띄우는 일조차 범죄가 되었다.

성선의 항해 기술은 인도양에 수장된 정화와 함께 사라졌다. 그 뒤로 권력의 공백이 뒤따랐다. 바스쿠 다 가마가 1498년에 인도 해안에 도착했을 때, 현지 주민들은 기이한 턱수염을 기른 방문자들과 그들이 타고 온 엄청나게 큰 배들의 기항에 대해 막연한 기억만 들려줄 수 있었을 뿐이다. 정화는 자신의 항해를 기념하는 비석을 단 하나만 남겼다. 중국어, 타밀어, 아랍어 세 언어로 작성되었고 붓다, 시바, 알라에 대한 찬송의 글을 새긴 기념비였다. "최근에 짐은 여러 해외 나라에 우리의 천명을 선포하는 친선 함대를 파견하였다. 이 선단은 먼 바다를 항해하는 동안 당신의 자비로운 가호를 받았다. 그 선단은 재난이나 불운을 당하지 않고 무사히 목적지까지 갔다가 되돌아왔다."[10] 이 기념비는 종교적 관용을 뜻하는 개방적 제스처로, 실론(오늘날의 스리랑카)의 남서단에 있는 갈레에 세워졌다. 그곳에서 정화 선단은 인도의 서쪽 해안으로 방향을 틀어 아라비아해로 들어갔다.

포르투갈 사람들은 이런 축복이나 자비를 받지 못한 채 왔다. 약 150명의 선원을 태운 가마의 소규모 선단은 정화 선단의 정크선 하나에 모두 수용될 만한 규모였다. 이 선단이 어떤 힌두 왕에게 선물을 내놓았는데 너무 보잘것없는 것들이어서 그 왕은 살펴보기를 거부했

대항해시대 최초의 정복자들

지만, 포르투갈인들은 돛과 청동 대포에다 페인트로 그린 붉은 십자가로 자신들의 의사를 표현했다. 그들은 중국인과 달리 대포부터 먼저 쏘아댔고, 스스로 물러가지도 않았다. 정복은 포르투갈의 최우선 과제였고, 한해 한해 흘러갈수록 그들이 해안가 일대에 단단하게 쌓아 올린 터전은 무척이나 완강해져서 더는 물리치기 어려워졌다.

갈레의 기념비는 여전히 건재하다. 그 비의 맨 윗부분에는 세상을 지배하는 두 마리 중국 용이 장식되어 있다. 그러나 대양과 대양을 연결해 세계 경제의 터전을 다진 사람들은 원시적인 유럽에서 온 포르투갈 선원들이었다. 그동안 그들의 업적은 대체로 무시되었다. 그것은 항해, 교역과 기술, 금전과 십자군 운동, 정치적 외교와 첩보전, 해전과 난파선, 인내와 지구력, 무모한 용기와 극단적 폭력이 한데 뒤섞인 거대 장편 서사시였다. 그 중심부에는 이 책에서 다루는 약 30년 세월의 역사가 자리 잡고 있다. 그 기간에 포르투갈인들은 매우 뛰어난 제국 건설자들의 영도 아래 이슬람을 파괴하고 인도양 전역을 석권하여 세계 무역을 완전히 장악하고자 했다. 그리하여 그들은 온 세상을 호령하는 해양 제국을 일구었고, 유럽인의 대발견시대(대항해시대)를 불러왔다. 바스쿠 다 가마가 연 포르투갈의 시대는 그 이후 500년에 걸친 서양의 판도 확장 정책과 그에 따른 문명의 세계화를 작동시켰다. 오늘날의 세계는 그 여파로 생겨났다.

1부
정찰

인도 제국으로 가는 길

1

인도 계획

1483-1486년

남위 13도 25분 7초, 동경 12도 32분 0초

1483년 8월, 얼굴이 햇볕에 검게 그을린 한 무리의 선원이 오늘날의 앙골라 해안에 있는 한 곳에 돌기둥을 직립으로 세우고 있었다. 높이 약 1.5미터의 돌기둥으로, 맨 위 철제 십자가는 기둥 끝부분의 움푹 들어간 공간에 녹인 납으로 고정되어 있었다. 원통형 기둥의 끝부분은 네모난 입방체 형태였는데 그 앞면에는 문장紋章 하나와 포르투갈어 문장이 새겨져 있었다.

천지창조 이후 6681년에, 그리고 우리 주 그리스도의 성탄 이후 1482년에 지존하고 탁월하고 강력한 군주인 포르투갈의 왕 D. 주앙 2세는 왕가의 기

사인 디오구 캉을 아프리카 해안으로 보내셔서 그 땅을 발견하고 이 기둥들을 세우라 하셨다.[1]

아프리카라는 거대한 땅에 찍어놓은 바늘 자국에 불과한 이 석비는 그 당시 유럽인이 지중해의 해안을 벗어나 내려온 최남단 지점을 표시해놓은 상징물이었다. 그것은 불손한 소유 행위였는가 하면, 인도로 가는 해로를 발견하고자 아프리카 서해안 곳곳을 남하하며 내려온 선원들의 손에 전해진 바통이기도 했다. 석비는 시간과 정체성, 종교적 사명이 담긴 나름의 신화를 선포했다.

캉은 왕명을 받들어 아프리카 서해안을 남하하면서 일련의 석비를 세웠다. 그 석비들은 1년 전 리스보아(리스본) 근처 신트라의 푸른 언덕에서 미리 새겨져(그래서 연도에 차이가 난다), 흔들리는 캐러벨(카라벨라)선*에 태워진 채 4000해리를 수송되었다. 석비들은 달 착륙을 위해 미국 우주선에 고이 실렸던 미국 국기와 마찬가지로, 해양 제국을 건설하겠다는 포르투갈의 원대한 계획을 보여주는 증거였다. 캉이 이 석비를 세우고 계속 남하하는 동안, 해안은 동쪽으로 휘어지는 것처럼 보였다. 그래서 그는 이제 아프리카의 남단이 가까워졌다고 생각한 모양이다. 이제 곧 인도로 가는 길이 눈앞에 나타나리라고 생각한 것이다.

우주선 '아폴로'의 발사와 마찬가지로, 이 석비는 수십 년에 걸친 노력을 보여준다. 세우타 점령 이후 역사의 물결에서 '항해왕 엔히크'

---

* 15세기와 16세기에 포르투갈 사람들과 스페인 사람들이 사용한 가벼운 범선.

1부 정찰

로 기억되는 엔히크 왕자는 흑인 노예, 황금, 향신료를 얻기 위해 아프리카 서해안을 남행하는 탐사 항해를 후원하기 시작했다. 포르투갈 배들은 매해 아프리카 서해안을 따라 이 곳에서 저 곳으로 내려가며 측연測鉛으로 바다의 깊이를 조심스럽게 측정했다. 그들은 거센 파도에 밀리는 바람에 부딪히는 사주와 암초를 경계하면서 조심스럽게 앞으로 나아갔다. 그 과정에서 모리타니의 사막 해변, 기니('흑인들의 땅'이라는 뜻)의 수목 우거진 열대 해안, 적도 아프리카의 큰 강인 세네갈강과 감비아강을 탐사하면서 아프리카 대륙의 윤곽을 어렴풋이 파악할 수 있었다. 그들은 엔히크의 지시 아래 그 지역의 민속학적 자료를 수집하고 지도를 작성하는 한편, 탐사와 습격과 교역을 동시다발로 실행했다. 남하하는 과정에서 연속해서 만나는 곶이나 만은 해도 뒤에 핀으로 표시되어 기독교 성인의 이름이 부여되었고, 그 외의 눈에 띄는 특징이나 사건도 병기했다.

이런 탐사 작업을 벌인 이들은 두세 척의 범선으로 이루어진 소규모 집단으로, 엔히크 가문의 기사가 지휘를 맡았다. 그러나 실제로 항해는 통상 후대에 이름이 전해지지 않는 노련한 항해사가 책임졌다. 사용된 배는 아랍에서 건너왔고 포르투갈에서 더 정교하게 발전시킨 캐러벨선이었다. 캐러벨선에는 삼각돛이 달려 있어 바람에 바싹 붙어서 항해할 수 있었는데 기니 해안에서 뒤로 물러날 때 특히 그 효능이 두드러졌다. 범선의 얕은 흘수선吃水線(배와 수면이 접하는 경계선) 덕분에 강의 하구에서 내륙 안쪽으로 들어갈 때도 안성맞춤이었다. 캐러벨선은 길이 약 25미터, 폭 약 6미터의 소규모 배여서 보급품을 수납할 공간이 다소 부족해 원양 항해를 하기는 약간 어려웠으나 해안 탐사 작업에는 아주 적절한 범선이었다.

해양 탐사 작업을 후원한 엔히크의 동기는 여러 가지가 뒤섞여 있었다. 포르투갈은 유럽의 변방에 자리해 땅덩어리가 좁고 가난한 나라로, 인근의 강력한 국가인 카스티야에 둘러싸여 있었다. 그러나 포르투갈인들은 세우타에서 다른 세계를 흘낏 엿볼 수 있었다. 엔히크와 그의 후계자들은 황금이 나오는 아프리카의 원천을 확보하고 노예들과 향신료를 장악할 수 있기를 희망했다. 엔히크는 유대인 지도 제작자가 마요르카에서 만든 중세 지도에서 영감을 얻었다. 그 지도는 전설적인 만사 무자Mansa Musa('왕중왕')가 다스리는 왕국으로 들어가는 빛나는 강을 보여주었다. 그 왕은 14세기 초에 말리 왕국을 통치하면서 세네갈강의 연안에 포진한 저 유명한 황금광을 지배했다. 그 지도에서는 아프리카 내륙의 일부 강들이 대륙을 가로질러 나일강으로 연결된다고 표시되어 있었다. 그래서 포르투갈 사람들은 내륙의 수로를 통해 아프리카를 남쪽에서 북쪽으로 횡단할 수 있다는 희망을 품었다.

포르투갈 왕가는 교황에게 이 같은 내륙 운항을 십자군 운동의 일환이라고, 즉 이슬람을 상대로 한 전쟁의 연속이라고 보고했다. 포르투갈인들은 이웃 나라인 카스티야보다 한참 전에 자신들의 땅에서 아랍인을 축출함으로써 빠르게 민족 의식을 확립했다. 그럼에도 성전에 대한 욕망은 조금도 줄지 않았다. 가톨릭 군주인 아비스 왕가는 그리스도의 전사라는 자격으로 정통성과 (유럽 국가들 사이의) 동등성을 추구했다. 당시 유럽은 1453년에 콘스탄티노플이 함락된 뒤로 호전적인 이슬람의 위협을 점점 더 심각하게 받아들였다. 이런 상황에서 포

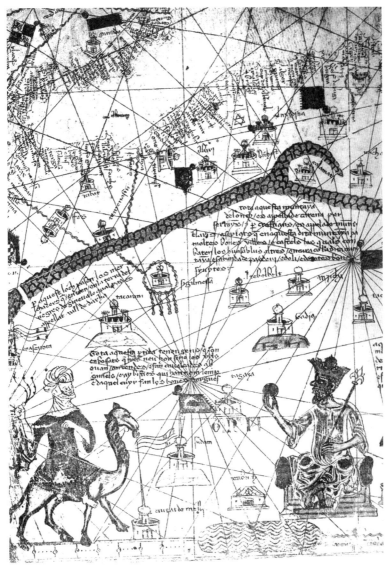

마요르카에서 1375년에 제작된 카탈루냐 지도의 일부. 황금 덩어리를 들어 보이는 만사 무자가 묘사되어 있다. 북쪽으로는 신화 속 황금의 강, 북아프리카 해안, 스페인 남단이 그려져 있다.

르투갈 왕가는 교황청으로부터 재정적 특혜와 토지의 권리를 얻어냈는데, 그 구체적 내용은 그리스도의 이름으로 탐사된 땅은 포르투갈의 소유라는 것이었다. 로마 교황청에서 내려온 십자군 원정을 윤허하면서 한 말은 이러했다. "사라센인들, 이교도들, 그리스도의 기타 적들을 모두 침공하고, 색출하고, 포획하고, 제압하고, 처치하라. … 그들의 인신을 영원한 노예로 삼아라."[2]

또한 포르투갈인들은 위대한 업적을 남기고 싶다는 욕망으로 불타올랐다. 엔히크와 그의 형제들은 절반은 영국인이었다. 그들의 어머니 '랭카스터의 필리파'는 영국 왕 에드워드 3세의 손녀였다. 또 아쟁쿠르 전투*의 승자인 영국 왕 헨리 5세가 그들의 사촌이었다. 포르투갈 왕궁 주위에는, 앵글로-노르만 가계와 중세 로망 전통에서 영향을 받은 기사도 정신의 분위기가 흘러넘쳤다. 그런 분위기가 정력적인 포르투갈 귀족에게도 스며들어 뻣센 자부심, 무모한 용기, 영광을 쟁취하려는 욕구 등이 뒤섞여 옥탄가 높은 에너지를 뿜어냈고, 이런 것들은 다시 십자군 운동의 열정과 결합했다. 이런 귀족 그룹을 가리켜 포르투갈어로는 '피달구스fidalgos'라고 하는데 '누군가의 아들들'이라는 뜻이다. 피달구는 명예를 위해 살고, 싸우고, 죽었다. 전 세계로 탐험을 나선 포르투갈인들에게는 이런 뒤따랐다.

아프리카 프로젝트의 배경에는 호전적 기독교 왕국이라는 아주 오래된 꿈이 버티고 있었다. 그 꿈은 예루살렘과 동방의 부를 향해 뻗

---

* 아쟁쿠르는 프랑스 북부 칼레 근처의 마을인데 이곳에서 영국 왕 헨리 5세가 1415년에 프랑스군을 무찔렀다.

은 길목을 막고 있는 이슬람을 우회하겠다는 꿈과도 연결되었다. 일부 중세 지도에는 붉은 용포를 입은 왕이 묘사된 사례가 있는데, 그의 머리에는 주교의 삼중관이 씌워져 있고 그 옥좌는 잘 닦아놓은 황금으로 번쩍거린다. 이 왕은 전설의 인물인 기독교도 사제왕 요한이다. 사제왕 요한의 신화는 멀리 중세 시대로 거슬러 올라간다. 그 신화의 핵심은 이슬람 세계라는 장애물 너머 어딘가에서 사는 강력한 기독교 군주의 존재에 대한 믿음이다. 서방의 기독교 세계는 그 왕과 함께 동맹을 맺으면 이교도를 섬멸할 수 있다. 그 신화는 여행자의 이야기, 문학적 위조(12세기에 그 위대한 왕이 직접 보냈다고 하는 유명한 편지), 불명확한 지식 등이 뒤섞여서 만들어졌다. 여기서 불명확한 지식이란 중앙아시아의 네스토리우스파, 인도 제국의 성 토마스 추종자들,[*] 에티오피아 고원 지대의 고대 기독교 왕국 등의 정보가 마구 뒤섞여 유럽에 전해진 것을 말한다.

14세기 기록에 의하면, 사제왕 요한은 엄청난 규모의 군대를 보유했고, 대단한 부자이며, "이 세상의 그 누구보다 막강하고, 황금과 순은과 보석을 아주 풍족하게 지닌 왕"이었다.[3] 그 왕이 사는 나라 건물의 지붕과 내부는 온통 황금 타일로 장식되어 있고, 그의 병사들이 휘두르는 무기는 황금으로 만들어졌을 것이라는 말들이 전해졌다. 15세기에 이르러서 사제왕 요한이라는 신화적 인물에 에티오피아에 실제로 존재했던 기독교 왕들의 이미지가 덧씌워졌고, 중세에 만들어진

---

[*] 성 토마스는 신약 성경에서 예수의 부활을 의심했던 토마스(도마)를 가리킨다. 시리아 쪽 전승에 의하면, 그는 인도로 건너가서 복음을 전파한 뒤 순교했다고 한다. 인도 말라바르 지역의 시리아인 기독교도들은 자신들을 가리켜 성 토마스의 추종자라고 했다.

지도들은 아프리카 내륙을 관통하는 강들을 거쳐 그의 왕국으로 갈 수 있다고 암시했다. 한 세기가 넘도록 이 황홀한 신기루는 포르투갈 인들의 상상력과 탐사 전략에 매우 강력한 영향력을 발휘했다.

중세의 지도들, 여행자들의 이야기, 아프리카 중심부를 관통하는 커다란 강들이라는 혼란스러운 이미지, 엄청난 황금이 있다는 환상 적 소문, 함께 동맹을 결성하여 이슬람 세계를 쳐부술 수 있다는 기독 교인 통치자들. 이런 반쪽 진실과 소망, 잘못된 지리 정보 등의 소용 돌이가 포르투갈인의 세계관에 스며들었다. 이런 신화가 그들을 아 프리카 서해안을 남행하도록 유혹한 힘이었다. 그들은 황금의 강 혹 은 사제왕 요한에게 데려다주는 강을 찾으러 나섰다. 그들 앞에 나타 나는 만과 하구는 그들의 호기심과 욕심을 충족시켜줄지 모른다는 약 속의 구체적 증거였다. 그러나 아프리카 서해안을 따라 남하하는 뱃 길은 몹시 힘들게 얻어진 항로였다. 파도가 너무 거세어 상륙하기 힘 들었는가 하면, 현지 주민들의 태도는 언제나 신경질적이거나 차가웠 다. 그들은 강 하구에서 거대한 석호와 울퉁불퉁한 맹그로브 습지*를 만났고, 짙은 안개와 폭풍 후의 적막을 헤쳐 나갔으며, 적도의 맹렬한 폭풍우로 고통을 겪었다. 선원들은 열대 지방에서 크나큰 곤경에 처 했다. 기니만에 들어서면 진행 방향과 거꾸로 부는 바람, 동쪽에서 서 쪽으로 흐르는 강력한 해류가 앞으로 나아가는 항로를 방해했지만, 동쪽으로 한참 휘어지는 해안 지형이 도움이 되었다. 그들은 이제 아

---

* 열대 지방의 해변, 강어귀의 습지에서 발달하며, 홍수림(紅樹林)이라고도 한다. 멀구슬나 뭇과의 나무가 주종을 이루며 잘 발달한 기근이 복잡하게 얽혀 괴상한 모습을 띤다. 이 나무 의 껍데기에서 탄닌을 채취한다.

프리카 남단에 거의 다 왔으며 곧 강이 아니라 해로를 통해 인도의 부를 거머쥘 수 있으리라는 희망을 품었다. 그러나 그전까지 알려진 지식과 달리 이베리아반도보다 50배나 큰 아프리카 대륙의 형태와 크기는 거의 80년 동안 그들을 혼란에 빠져들게 했다.

유럽을 장악한 이슬람 세력을 우회한다는 발상은 경제적이면서 동시에 이념적이었다. 사하라 남부에 사는 아프리카인들과 직접 교역을 벌여 황금과 향신료를 얻을 수 있다는 생각(말리 왕의 손에 들린 황금을 떠올려보라)은 강력하기 그지없는 경제적 유혹이었다. 사제왕 요한과 접촉해 신화와 같은 그 군대의 도움을 받아 배후에서 무슬림을 공격한다는 생각은 이념적으로도 매우 설득력이 높았다. 엔히크가 사망하자 항해 프로젝트는 잠시 주춤했으나 그의 종손 주앙 왕자의 시대인 1470년대에 이르러 다시 추진되기 시작했다. 1481년에 왕위에 오른 주앙 2세는 아프리카 프로젝트를 본격적으로 다시 발진하여 새로운 추진력을 얻었다.

주앙은 검은 턱수염을 기르고, 얼굴이 다소 기다랗고, 단단한 덩치에 다소 우울한 표정의 왕이었다. 그는 "모든 사람이 곧바로 왕임을 알아볼 정도로 엄숙함과 권위를 지닌 분위기"를 풍겼고,[4] "다른 사람에게 명령을 내리기만 할 뿐, 남들의 명령을 받는 사람은 아니었다."[5] 그는 어쩌면 근대 초창기에 가장 유명한 유럽 군주일 것이다. 포르투갈 사람들은 그가 역사상 완벽한 군주로 기억되리라 생각했다. 그의 경쟁자이며 당시 통합 스페인 왕국의 왕이었던 이사벨 여왕은 그에게 최고의 칭송을 바쳤다. 여왕은 단지 그를 '사내대장부'라고 불렀다. 주앙 2세는 "위대한 과업을 수행하려는 열망에 불타올랐다."[6]

그가 제일 먼저 착수한 위대한 사업은 아프리카 탐사 프로젝트로, 즉 위하자마자 국가가 지원하는 5개년 계획을 수립했다. 이 과업의 목적은 두 가지였다. 첫째, 인도 제국으로 가는 길을 발견할 것. 둘째, 저 유명한 사제왕 요한의 왕국에 도달할 것. 주앙 2세가 이 과업을 맡긴 사람은 아프리카 서해안을 따라 석비를 세운 디오구 캉이다.

그러나 1480년대에 이르러, 인도 제국으로 가는 해로와 관련한 여러 다른 이론이 리스보아 부둣가에서 유통되었다. 리스보아는 해양 탐사에 관한 한 최첨단 도시였고 이 세상의 모습이 어떠한지에 대한 여러 의견을 검증하는 실험실이었다. 유럽 전역의 천문학자, 과학자, 지도 제작자, 상인 들이 포르투갈 쪽을 바라보며 아프리카의 형태에 관한 최신 정보를 얻고 싶어 했다. 유대인 수학자들, 제노바 상인들, 독일인 지도 제작자들은 그 도시의 소란스러움과, 테주강(혹은 타구스강) 하구 너머의 광대무변한 바다에 매혹되었다. 귀국한 포르투갈의 캐러벨선은 흑인 노예, 화려한 색의 앵무새, 후추, 손으로 제작한 지도 등을 가지고 테주강을 거슬러 올라와 리스보아에 도착했다. 주앙 2세는 항해 프로젝트에 관심이 많았기에 이런 일을 통해 입수한 여러 정보를 분석하고 종합하는 과학 위원회를 결성했다. 이 위원회에는 당대의 위대한 천문학자이자 수학자인 유대인 아브라앙 자쿠투의 제자, 조제 비지뉴와 독일인 마르틴 베하임(나중에 지구본의 원형을 만든 인물) 등이 참여했다. 과학적 탐사를 위해 이 두 위원은 포르투갈 배에 승선하여 태양의 움직임을 관찰하기도 했다.

캉이 1483년 여름에 아프리카 서해안을 따라 남하하고 있을 때, 이탈리아 제노바의 모험가 크리스토포로 콜롬보Cristoforo Colombo ― 스페인어로는 크리스토발 콜론Cristóbal Colón, 그리고 영어로는 크리스토퍼 콜럼버스로 알려진 인물―는 리스보아 궁정을 방문해 인도 제국으로 가는 대안 전략을 제시했다.* 주앙 2세도 이미 알고 있는 전략이었다. 10년 전, 주앙 2세는 피렌체의 저명한 수학자이자 천문학자인 파올로 토스카넬리에게 그 전략과 관련한 답신과 지도를 재촉하여 받은 적이 있었다. 그 전에 토스카넬리는 "여기 유럽에서 향신료의 땅인 인도로 가는 다른 해로를 제안한 적이 있었다. 그 길은 기니 해안을 통과하는 것보다 더 빠르다."7 그의 논리는 이러했다. 지구는 둥근 공이므로 출발점에서 동쪽으로 가든 서쪽으로 가든 인도 제국에 도착할 수 있다. 그러나 서쪽으로 출발해야 항로가 더 짧다. 이 논리는 아직 발견되지 않은 아메리카 대륙이라는 장애를 고려하지 않았다는 결점이 있었다. 이 점 말고도 토스카넬리는 근본적인 오류를 저질렀다. 지구의 원주를 과소평가한 것이다. 그렇지만 토스카넬리의 답신과 지도는 1400년대의 마지막 몇십 년 동안 이베리아반도를 사로잡았던 인도행 열기를 부채질하는 강력한 계기가 되었다. 콜럼버스는 토스카넬리의 편지를 알고 있었고(혹은 사본을 한 부 갖고 있었고), 그래서 과감하게 주앙 2세에게 접근해 항해에 나설 자금 지원을 요청했다. 왕은 그 제안을 열린 마음으로 대했다. 그는 자신감 넘치는 콜럼버스의 제

---

* 콜럼버스는 28세 때인 1479년에 필리파 모니즈라는 포르투갈 여성과 결혼했다. 그녀는 부계와 모계 모두 유서 깊은 귀족 가문 출신이었던 데 반해 콜럼버스는 방직공의 아들이었다. 필리파의 가문은 포르투갈 해양 탐사계(探査界)와 깊은 연관이 있었고 이슬람교를 퇴출하기 위해 가톨릭계가 벌인 전쟁에서 비중 있는 역할을 했다. 콜럼버스는 필리파와 결혼함으로써 이 가문의 저명한 해양 혈통에 연결되었다. 그가 주앙 2세를 만날 수 있었던 것은 이런 처가 덕분이었다.

안을 과학 위원회에 넘겨 검토해보라고 지시하고서 캉의 귀환을 기다렸다.

캉은 이듬해 4월 초에 리스보아로 돌아왔고, 동쪽으로 기우는 형태의 아프리카 서해안에 대해 쓴 보고서를 올렸다. 주앙 2세는 캉에게 탐사를 면밀하게 물었고 그 결과에 만족하여 그에게 고액의 연금을 하사하고 고유의 문장을 사용할 수 있는 귀족 신분으로 승급시켰다. 캉은 맨 윗부분에 십자가로 장식된 두 개의 기둥 문양을 자신의 문장으로 선택했다. 왕이 볼 때 인도 제국은 아프리카 남단을 돌아가면 곧바로 나오는 곳에 있었다. 이제 한 번만 더 탐사대를 내보내면 문제가 해결될 것 같았다.

서쪽으로 항해하자는 콜럼버스의 제안은 캉의 보고서 때문에 곧바로 끝장나고 말았다. 제노바 사람의 항해 방식과 계산은 잘못된 것으로 판정 났다. 주앙 2세의 과학 위원회는 콜럼버스가 지구의 크기와 관련해 토스카넬리가 범한 오류를 더 심화했다고 판단했다. 인도까지의 거리를 계산하면서 지구 원주를 무려 25퍼센트나 단축하여 잡았다고 본 것이다. 따라서 콜럼버스의 과도한 자신감은 용납될 수 없었고 재정 후원 요구도 들어줄 수 없었다.

포르투갈 역사가 주앙 드 바후스는 이렇게 기록했다. "왕은 크리스토방 콜롬부Cristóvão Colombo가 자신의 능력을 과시하며 저돌적으로 나오는 자이며, 일본의 위치와 관련해서도 황당무계한 망상 같은 이야기를 주절거린 자여서 조금도 신임하지 않았다. 그는 실망하면서 왕의 궁정을 떠난 뒤 바로 스페인으로 건너가 자신의 제안을 강매하고 다녔다."[8] 콜럼버스는 스페인으로 건너간 뒤 두 왕국의 경쟁 관계를 교묘히 이용하면서 자신의 제안을 이사벨 여왕과 페르난도 왕에게 이해시키려고 애썼다.

한편 주앙 2세는 성공을 자신했다. 1485년 5월 혹은 6월에 캉은 베하임을 대동하고 아프리카 남단에 세울 석비를 준비해서 해양 탐사에 나섰다. 그로부터 몇 달 뒤, 포르투갈 왕은 포르투갈 선원들이 최종 돌파 지점으로 다가가는 중이라고 선전했다. 11월에 왕의 공문서 작성자인 바스쿠 페르난드스 드 루세나는 새로운 교황 인노첸시오 8세에게 복종을 맹세하는 보고문을 작성했다. 그 문서의 문장에서는 민족주의적 선전과 성스러운 십자군 운동의 어조가 낭랑하게 울려퍼졌다. 루세나는 먼저 사제왕 요한을 언급한 뒤 다음과 같은 보고를 올렸다.

우리는 우리 구세주의 신성한 종교를 헌신적으로 봉행하면서도 아라비아해를 발견하려는 합당한 희망을 품고 있습니다. 아시아인의 왕국들과 부족들이 있는 아라비아해는 우리에게 잘 알려지지 않았지만, 학식 높은 지리학자 다수가 제시한 바가 사실이라면 포르투갈의 항해자들은 그 바다에 며칠 사이에 도착할 것 같습니다. 사실 아프리카 해안의 상당 부분을 탐사했는데도 우리 선원들은 리스보아에서 약 6500킬로미터 떨어진 곳의 강과 해안, 항구 들을 탐사한 끝에 겨우 지난해에 프라수스곶[아프리카의 끝], 인도양이 시작되는 곳에 도달할 수 있었습니다. 그동안 우리 선원들은 바다와 육지와 별을 아주 꼼꼼히 관측했습니다. 일단 이 지역의 탐사를 마친다면 우리는 교황 성하는 물론이고 기독교인을 위해 엄청난 부와 명예를 축적할 수 있을 것입니다.[9]

루세나는 이어 〈시편〉 72장을 인용했다. "그가 바다에서 바다까지, 강에서 땅끝까지 다스리게 하소서."[10] 여기서 말하는 강은 요르단강이지만, 점점 장대해지는 주앙 2세의 세계적 비전에서는 테주강으로 대체해도 무방할 것이다.

그러나 루세나가 이렇게 말하는 상황 속에서도 왕의 희망은 또 한 번 좌절되었다. 수천 킬로미터 떨어진 해상에 있던 캉은 지형이 동쪽으로 휘어져 곧 아프리카 남단이 나타날 것이라는 생각은 망상임을 알게 되었다. 그것은 단지 커다란 만에 지나지 않았으며 해안선은 다시 남쪽으로 내려가며 끝이 없을 것처럼 계속되었다. 그해 가을, 캉은 남쪽으로 약 260킬로미터 떨어진 해안의 곶에다 석비를 하나 더 세웠다. 해안의 풍경은 서서히 적도의 숲에서 낮은 모래 언덕, 식물이 드문드문 보이는, 절반쯤 사막인 지대로 바뀌었다. 캉은 1486년 1월에 그 자신이 크로스곶(오늘날의 나미비아 해안)이라고 명명한 지점에서 인내의 한계에 도달했다. 그는 그곳에 마지막 석비를 세웠다. 인근 바다의 검은 바위 위에서는 물개 떼가 올라앉아 해바라기를 했다. 아프리카 해안은 무한히 이어지는 것처럼 보였고 바로 이 지점에서 캉은 역사의 틈새 사이로 빠져들어 완전히 사라져버렸다. 귀국하는 도중에 사망했을 수도 있고, 리스보아에 무사히 돌아왔으나 온 세상에 널리 선전한 탐사 임무가 실패로 돌아가자 실망하고 분노한 왕이 홀대하여 역사의 뒤안길로 사라졌을 수도 있다. 그 후 캉의 운명이 어떻게 되었든 간에 그는 아프리카 서해안의 길이를 2300킬로미터 더 늘려주었고 이는 지도 제작자라면 반드시 숙지해야 할 정보가 되었다.

포르투갈 사람들은 거의 무한대의 지구력을 가진 듯이 보였다. 그

아프리카 서부 해안을 남하한 디오구 캉이 도달한 마지막 지점을 알리는 석비. 1486년 1월에 나미비아의 크로스곶에 세워졌고 그 후 1893년에 베를린으로 옮겨졌다.

들은 알려진 세상의 가장자리 바깥으로 밀고 나가고자 하는 의욕이 넘쳤고, 날렵한 캐러벨선을 이용하여 거친 파도를 뚫고 나아갔으며, 전설적인 사제왕 요한의 왕국에 도달하기 위해 서아프리카의 큰 강들을 탐사했고, 나일강에 도달하는 내륙의 길을 찾아 나섰다. 그 과정에서 많은 사람이 죽었다. 그들은 난파하는 배, 말라리아와 독화살과 고립으로 목숨을 잃으면서도 망각을 극복하기 위한 부적으로서 자그마한 표지를 뒤에 남겼다.

캉의 탐사 노력을 보여주는 감동적인 기념물로는 콩고강 위쪽 옐랄라 폭포 위의 벼랑에 새겨진 글씨만 한 것이 없다. 그가 누구였든지 간에 여기까지 올라온 사람은 해변의 맹그로브 습지와 삼림이 울창한 강둑에서 출발하여 콩고강 상류까지 160킬로미터 넘게 운항하거나 노 저어 온 이였다. 포르투갈인들이 앞으로 나아갔을 때 강물은 더욱 험한 급류로 바뀌어 있었고 마침내 그들은 험준한 협곡과 천둥 같은 소리를 뿜어내는 폭포에 도착했다. 아프리카의 중심부에서 흘러온 물이 비좁은 협곡으로 몰려들면서 그런 굉음을 내뿜는 폭포를 이룬 것이다. 더는 조각배를 운항할 수 없자, 그들은 배를 세워두고 험준한 암석 지대를 16킬로미터 이상 기어가듯이 올라갔다. 혹시 상류에 운항 가능한 시냇물이 있지 않을까 하는 희망을 품었으나, 연이어 나타난 급류가 그들을 좌절시켰다.

그들은 급하게 쏟아지는 급류를 내려다보는 커다란 벼랑의 이마에 석비와는 완전히 다른 기념물인 음각의 글자를 남겼다. 먼저 주앙 2세의 문장과 십자가를 새기고, 이어 그 옆에다 간단한 글자를 새겼다. "여기에 저명한 포르투갈 군주 동 주앙 2세의 배들이 도착했다. 디오구 캉, 페드루 아느스, 페드루 다 코스타, 알바루 피리스, 이스콜라르 A …" 그리고 오른쪽 밑부분에 다른 글씨로 다른 이름들이 더 새겨졌다. "주앙 드 산티아구, 디오구 피녜이루, 곤살루 알바르스. 질병으로 주앙 알바르스는 …" 그리고 또 다른 자리에 단순한 기독교식 이름 하나가 있었다. "안탕(앤서니)."[11]

이 글자들은 상당 부분이 마모되었고, 그 글자가 새겨졌던 상황은 북극 탐험가가 남긴 일기 마지막 날짜의 기록처럼 모호하다. 글자는

옐랄라 폭포의 바위에 새겨진 문장과 글자.

배의 선장 역할을 했던 사람들의 이름을 전해준다. 십자가 바로 옆에 새겨진 디오구 캉과 다른 이름들이 그것이다. 그러나 아마도 선장들은 그 바위의 현장에는 없었을 것이다. 캉은 별도의 파견대를 조직하여 콩고강의 운항 가능성을 탐사하게 했을 것이다. 두 번째 그룹의 이름들은 이 별도로 파견대 대원들의 것이었으리라.

두 글자는 마치 동시에 제작이 중단된 것처럼 불완전하다. 분명히 선원들은 아프거나 죽었을 테고 아마도 그 원인은 말라리아였을 것이다. 몸이 너무 허약해서 글자를 미처 다 새기지 못했던 걸까? 바위에다 글자를 새기는 도중에 돌발 사고가 발생했거나 공격을 받았을까? 기이하게도 날짜가 적혀 있지 않고, 이 탐사 여행을 언급한 동시대의 기록도 없다. 이 여행은 1911년에 유럽 탐험가들이 이 석각을 발견할 때까지 알려지지 않았다.

포르투갈 사람들은 아프리카를 관통하는 수로와 육로가 있다고 생각했다. 고대 지리학자들의 추정과 중세 지도 제작자들이 만든, 황금 잎사귀로 장식된 지도들이 그런 생각을 부추겨 그런 생각은 좀처럼 사라지지 않았다. 서아프리카의 커다란 강들이 나일강으로 연결된다는 생각, 사제왕 요한의 왕국이 아프리카 어딘가에 분명히 있는데 대륙의 너비를 잘못 계산해서 아직 도달하지 못했다는 생각 때문에 포르투갈 사람들은 수십 년 동안 고되지만 허망한 노력을 되풀이했다.

주앙 2세는 정보와 황금, 명성을 얻기 위해 여러 차례 육로 탐험대를 파견했다. 콩고강 상류의 탐사 작업은 실패를 거듭했다. 캐러벨선은 세네갈강 상류 쪽으로 수백 킬로미터 운항했으나 펠루 급류 때문에 전진이 가로막혔다. 유사한 탐사 작업이 감비아강의 바라쿤다 폭포 때문에 좌절되자 왕은 공병대를 파견하여 강둑의 암벽을 파괴하라고 지시했다. 하지만 그 일은 너무나 엄청난 작업이어서 공병대는 뒤로 물러섰다. 그와 동시에 왕가의 하인들과 기사들이 도보로 아프리카 내륙으로 출발했다. 소규모 인원으로 구성된 탐사팀이 모리타니 사막을 횡단하여 와단과 팀북투로 갔고, 이어 욜로프와 토콜로르의 영역으로 들어갔다. 그들은 나이저강 상류에서 만디 만자라는 이름으로 알려진, 만딩고족의 왕도 만났다. 일부 인원은 여러 아프리카 왕국들과의 무역 루트에 관한 정보를 가지고 돌아왔고 또 다른 사람들은 실종되었다.

하지만 주앙 2세는 감비아강과 콩고강의 무서운 급류, 자꾸만 뒤로 물러나는 아프리카 해안, 절반은 신화적인 기독교 왕의 모호한 위치 등에도 전혀 좌절하지 않았다. 그가 수립한 인도 프로젝트의 규모, 일관성, 지속성은 실로 놀라웠다. 1486년, 리스보아의 지리학자 위원회는 형태가 잘못된 세계 지도를 더 상세히 검토했고, 콜럼버스는 이제 스페인의 두 군주에게 서쪽 항로를 개척하는 데 필요한 자금을 지원해달라고 호소했다. 주앙 2세는 계속해서 탐사하려는 노력에 박차를 가했다. 같은 해 데스코브리멘투descobrimento('발견')라는 단어가 사상 처음으로 포르투갈 문어文語에 등장한다.

2

경주

---◆◇◆---

1486-1495년

리스보아의 바위투성이 곳에 자리 잡은 성 게오르기우스 성채는 테주강을 저 멀리까지 내려다본다. 이 성에 보관된 보물 중에는 화려한 세계 지도도 있었다. 30년 전 주앙 2세의 아버지 아폰수 5세가 베네치아의 지도 제작 수도자에게 특별히 주문하여 제작한 것이었다. 이 지도에는 그 당시에 알려진 최선의 지리 지식이 일목요연하게 정리된 개요가 첨부되어 있었다.

프라 마우루(마우루 수사)는 깜짝 놀랄 만한 예술 작품을 내놓았다. 그 지도는 세부가 아주 꼼꼼하게 작성되었고, 가장자리는 황금 잎사귀로 장식되어 반짝거렸으며, 푸른 바다의 파도가 넘실거렸고, 성채 모양의 도시들은 아름다웠다. 이 지도에서 지구는 엄청나게 큰 방패 모양인데 폭이 3미터나 되었고 아랍의 지도 제작 전통에 따라 방위는 남쪽을 가리켰다. 이 지도는 예전의 유럽 지도에서 보이지 않던 한 가지 특징이 있었다. 아프리카를 하나의 독립된 대륙으로 묘사하고 그 남쪽 끝에 곶이 있었는데, 마우루 수사는 거기에 디아브곶이라는 이름을 붙였다. 비록 아프리카의 형태가 크게 왜곡되어 있었고 세부적으로 여러 가지 사실이 주앙 2세 시대의 포르투갈 탐사대에 의해 이미 낡은 것이 되어버렸지만, 마우루 수사는 증거를 중심에 두는 접근 방식을 취했다. 동양과 무역 거래가 빈번했던 베네치아는 유럽 너머의 세계에 대한 소식과 여행담이 결집하는 정보 교환소였다.

마우루 수사의 세계 지도에는 수백 개의 논평이 붉은 잉크와 푸른 잉크로 쓰여 있었다. 마르코 폴로의 목격담, 니콜로 데 콘티라는 15세기 여행가의 보고, "포르투갈 사람들이 새롭게 발견한 정보" 등이 그 논평의 중심이었다.[1] 마우루 수사는 지도에 이런 말을 덧붙였다. "많은 이들이 이렇게 생각하고 또 그 생각을 글로 남겼다. 그 바다에는 인간이 살 수 있는 땅과 온화한 기후대가 존재하지 않는다. 그러나 이와 정반대되는 생각을 뒷받침하는 증거도 많다. 특히 포르투갈 사람들의 증거가 주목할 만하다. 포르투갈 왕은 캐러벨선에 선원들을 탑승시켜서 이와 같은 반대 의견을 검증하도록 했다." 마우루 수사는 유럽 사람들이 인도양의 향신료 섬들과 항구에 특별히 관심있으며 특히 포르투갈 사람들은 그런 섬과 항구를 찾아내는 데 열심이라고 언급한 뒤, 프톨레마이오스 지리학의 핵심 주장, 즉 인도양은 닫힌 바다라는 생각을 전면에서 반박한다. 그는 인도 제국으로 가는 해로가 있음을 뒷받침하는 증거로, 고대 지리학자 스트라보의 인도양 항해기와 중국 정크선이 아프리카 남단을 돌아서 항해했다는 여행기(아마도 콘티의 저서에서 인용했을 것이다)를 제시했다.

　마우루 수사의 지도는 인도 제국으로 가는 해로를 발견하려는 포르투갈인의 야망이 시각적 형태로 구현된 상징이었다. 그 지도는 당시 유럽인이 보유한 지식이 얼마나 얄팍한지도 잘 보여주었다. 세상이 그 시기만큼 서로 떨어져 있던 적도 없었다. 중세 유럽인들은 로마 제국 사람들보다 동양과 덜 접촉했다. 마르코 폴로는 몽골족이 지배하던 실크로드를 걸어서 혹은 말을 타고서 중국으로 갔고, 귀국할 때에는 중국 정크선을 타고 인도양을 관통해 돌아왔다. 그의 여행기는 심대한 영향을 미쳤는데, 그 이유는 15세기에 이르러 동양과의 직접적인 연결 고리가 거의 다 끊어진 상황이었기 때문이다. 몽골 제국이 멸망하면서 중국으로 가는 장거리 루트는 전부 파괴되었다. 그 후계자인 중국 명나라는 웅장한 정화 선단을 인도양으로 보냈다가 그 후에 외국인 혐오증에 사로잡혀 국경을 폐쇄했다. 콘티의 여행기를 제외하고는 유럽인의 동양 관련 지식은 200년 전의 낡은 지식이었다. 당시에는 이슬람이 기독교 유럽을 포위하고 있었다. 오스만 제국은 동유럽을 무시로 공격하고 동양으로 가는 육로를 가로막았다. 카이로의 맘루크 왕조는 동양에서 오는 사치품을 통제해 알렉산드리아와 다마스쿠스에서 그것들을 독점 가격에 판매했다. 이집트인들이 베네치아 사람들과 제노바 사람들에게 판매하는 향신료, 비단, 진주가 어디에서 오는지, 그 원천에 대해서는 숨죽인 소문만 떠돌았다.

　디오구 캉이 아프리카 남단을 돌아가는 데 실패했는데도 주앙 2세는 탐사를 이어가기를 고집했다. 그의 탐구 범위는 점점 더 넓어졌다. 그 어떤 것도 소홀히 하지 않았다. 그의 명령을 받은 두 수도사가 지중해 쪽으로 출발했다. 동방의 사제왕 요한의 정보를 수집하기 위해서였다. 주앙 2세는 서쪽으로 항해해야 한다고 했었던 콜럼버스의 제안도 한번 검토해보기로 했다. 그는 페르낭 드 울무라는 플랑드르 모험가에게 40일 동안 서쪽 바다를 항해하는 모험을 승인했다. 울무는 자비로 마련한 캐러벨선 두 척으로 서행하는 동안 발견한 땅에 대해서는 권리를 인정받되 그 땅에서 나오는 수입의 10퍼센트를 포르투갈 왕에게 세금으로 바친다는 조건이었다. 국가가 해야 할 공무를 왕이 개인 모험가에게 하청을 준 셈이었다. 그 일은 투기성이 높았으나 그렇다고 철저히 무시할 수도 없어서 왕은 그런 방식으로 진행했다. 이 일은 결국 성사되지 못했다. 울무가 항해에 필요한 자금을 일으킬 수 없었던 모양이다. 정보 수집차 지중해를 건너갔던 두 수도사는 아랍어를 할 줄 몰라 예루살렘에서 발길을 돌려야 했다. 그러나 그 어떤 일에도 좌절하지 않는 주앙 2세는 또 다른 방안을 시도했다.

왕은 주위에 재주가 넘쳐나는 항해사, 선원, 모험가를 많이 거느렸는데, 사회적 지위보다는 능력 위주로 발탁했다. 이제 그들에게 마지막 주문을 했다. 그는 1486년에 인도 문제를 해결하고 사제왕 요한을 발견하기 위해 세 갈래 접근 방식을 수립했는데, 해상과 육로 양쪽에서 접근해 들어가는 것이었다. 첫째, 캉이 세운 석비를 따라 아프리카 해안을 남하하면서 더 꼼꼼하게 탐사하여 아프리카 남단을 돌아간다. 둘째, 그렇게 남하하는 동안 포르투갈어를 할 줄 아는 아프리카 선주민을 여러 명 풀어놓아 대륙 내부에 있다는 전설적인 기독교인 왕에 대한 정보를 수집하게 한다. 셋째, 아랍어를 할 줄 아는 포르투갈인들을 선발하여 다시 지중해 건너편으로 보내 인도양으로 가는 육로를 알아보게 한다. 이 사람들은 인도 제국의 중심부로 들어가서 향신료, 기독교인 왕, 인도양으로 가는 해로의 가능성 등을 알아보기로 되어 있었다.

1486년 10월, 캉이─혹은 캉의 선박이─돌아온 직후, 주앙 2세는 왕가의 기사인 바르톨로메우 디아스에게 아프리카 서해안을 남하한 다음 탐사 여행을 지휘하라고 명령했다. 동시에 왕은 인도양으로 가는 육로 탐사에 나설 인원도 선발했다.

육로 탐사 임무에 선발된 사람은 페루 다 코빌량이었다. 그는 마흔 살 정도 된 사람으로, 머리가 빨리 돌아가고 다양한 재주가 있었으나 신분이 낮은 집안 출신이었다. 그런가 하면 뛰어난 검술사였고 포르투갈 왕을 여러 대 섬겨왔으며, 첩자였다. 그는 포르투갈어는 물론이고 카스티아어도 유창하게 할 줄 알았고, 더 중요하게는 아랍어도 구사할 줄 알았다. 아마도 스페인에서 살던 아랍 사람들에게 배웠을 것이다. 그는 주앙 2세를 위해 스페인에서 은밀한 첩보 활동을 벌였고, 모로코에서는 페즈의 왕을 상대로 비밀 협상을 벌이기도 했다. 왕은 이 육로 임무를 코빌량과, 또 다른 아랍어 가능자인 디오구 드 파이바에게 맡겼다.

1487년 봄, 디아스가 선박을 준비하는 동안, 코빌량과 파이바는 탕헤르 주교와 유대인 수학자 두 명(콜럼버스의 제안을 거부했던 과학 위원회의 위원들)에게서 현지 상황에 대한 설명을 들었다. 이 두 모험가에게는 중동과 인도양의 항해 지도가 건네졌다. 이 지도들은 당시 유럽에 알려진 지중해 너머의 세계에 대한 최선의 정보였을 것이고, 아마도 마우루 수사의 세계 지도에 크게 의존하는 자료였을 것이다. 5월 7일,

두 사람은 리스보아 교외의 산타렘에 자리한 왕궁에서 주앙 2세를 알현했다. 그곳에서 그들에게 알렉산드리아행 항해에 도움이 될 신용장이 교부되었다. 이 알현에는 주앙 2세의 열여덟 살 된 사촌인 베자 공작 동 마누엘도 참석했다. 나중에 국왕으로 즉위하는 마누엘에게 이 만남은 특별히 중요한 사건으로 기억된다. 두 탐험가는 여름을 나는 동안 바르셀로나에서 배를 타고 기독교인들이 통치하는 로도스섬으로 건너갔다. 그곳에서 그들은 꿀을 사들였다. 아랍 세계에 들어가면 꿀 장수로 위장하기 위해서였다. 그런 후 로도스에서 다시 배를 타고 이슬람 세계의 관문인 알렉산드리아로 갔다.

한편 디아스는 리스보아에서 아프리카 서해안을 남하하는 탐사 항해 준비를 마지막으로 점검하고 있었다. 그는 왕실 소유 캐러벨선 두 척을 하사받았다. 장거리 항해인 데다 캐러벨선은 식료품을 선적하는 데 한계가 있어서, 사각형 돛을 단 보급선이 추가로 한 척 제공되었다. 왜냐하면 "이전의 수차례 탐사에서, 탐사선들이 식량 부족으로 여러 차례 귀국할 때 어려움을 겪었기 때문이다."[2] 캉의 전례에 따라, 그 배들은 석비를 여러 개 가져가 항해의 주요한 지점마다 세울 예정이었다. 디아스는 매우 노련한 선원이었는데 거기에 더해 당대의 가장 유능한 항해사들을 대동했다. 그중에서도 페루 드 알렝케르는 인도 프로젝트에서 핵심적인 역할을 수행한다. 주앙 2세는 알렝케르를 높이 평가했다. 왕은 그를 가리켜 "경험과 항해술이 뛰어나니 존경과 특혜, 포상을 받아 마땅하다"라고 말했다.[3] 보급선의 항해사는 주앙 드 산티아구였는데, 엘랄라 폭포의 바위에 새겨진 글자에 그 이름이 기

캐러벨선은 탐사에는 이상적이지만 장거리 여행을 하기에는 비좁았다.

록되어 있다. 그는 캉의 항해 루트를 되짚어가며 그 항해의 마지막 지점까지 도달하는 데 매우 중요한 역할을 한다.

디아스의 소규모 선단은 1487년 7월 말 혹은 8월 초에 테주강에서 출발했다. 그 항해는 이후 항해의 역사에서 매우 중요한 탐험으로 드러난다. 게다가 아주 신비한 항해이기도 했다. 그러나 당대의 기록에는 거의 언급되지 않았다. 마치 포르투갈 연대기 기록자들이 하나같이 외면한 것만 같다. 지도들의 난외 논평이나 연대기의 산발적 언급만 남아 있을 뿐이다. 그 외에 이 탐사 항해의 세부 사항, 범위, 업적 등은 60년이나 지난 뒤에 16세기 역사가인 주앙 드 바후스에 의해 기록되었다. 디아스의 항해 임무가 무엇이었는지 정확히 알 수는 없어도 그 실질적 내용은 다음 두 가지로 정리할 수 있다. 첫째, 캉의 마지막 석비가 있는 곳까지 남하한 후, 미탐사 지역인 아프리카 남단의 프라수스곶까지 밀고 내려갈 것. 둘째, 아프리카 해안에다 사람들을 내려놓고 사제왕 요한의 왕국으로 가는 수로 혹은 육로에 대한 정보를 탐문할 것. 이 항해, 그리고 파이바와 코빌량의 여행은 아시아의 실체를 풀어헤치는 단호하고 일관된 전략의 일환이었다.

이 목적을 달성하기 위해 디아스는 남자 둘, 여자 넷, 총 여섯 명의 아프리카인을 데리고 출발했다. 이들은 캉이 이전 항해에서 납치해 온 사람들로, 포르투갈어를 구사할 줄 알았다. 바후스는 이렇게 썼다. "왕은 다음과 같이 지시했다. 아프리카 해안을 남하하면서 중요한 지점에다 그들을 내려놓아라. 옷을 잘 입히고 은과 금과 향신료를 듬뿍 쥐어서 보내라." 이렇게 하는 의도는 "마을로 들어가 포르투갈 왕국의 장엄함과 엄청난 부를 현지 주민들에게 널리 알리려는 것이었다. 또 왕국의 배들이 아프리카 해안을 따라 항해 중이고, 왕은 인도를 발견하고자 하며, 특히 사제왕 요한이라는 왕이 있는 곳의 위치를 알고 싶어 한다."[4] 아프리카인 여자들을 더 많이 데리고 간 것은 부족 간 전쟁이 벌어져도 여자들은 살해되지 않았기 때문이다.

한편 알렉산드리아로 간 두 첩자, 코빌량과 파이바는 말라리아에 걸려 고열로 신음하며 죽어가고 있었다.

디아스는 캉의 마지막 석비를 지나 계속 아프리카 해안을 남하하면서 마주치는 곳과 만마다 성자 탄신 축일에 등장하는 성자 이름을 붙였다. 그래서 우리는 이 성자 이름을 통해 탐험대의 진행 날짜를 알 수 있다. 상마르타만(12월 8일), 상투메(12월 21일), 상빅토리아(12월 23일). 그들은 크리스마스에는 상크리스토방만이라고 명명한 만에 도착했다. 그들이 바다에 나온 지 이제 넉 달이 되었다. 그들은 해안으로 불어오는 남서풍에 맞서면서 북쪽으로 흐르는 해류를 따라 지그재그로 나아갔다. 남하하는 길에 여러 해안의 일정한 지점에 데리고 온 아프리카인을 내려놓았다. 그중 한 명은 항해 도중에 사망했다. 나머지 아프리카인들이 어떻게 되었는지 전하는 기록은 없다. 바로 이 지점, 그러니까 나미비아 해안에서 그들은 보급선에 선원 아홉 명을 남겨두어 해안에서 대기하게 했고, 캐러벨선 두 척만 앞으로 더 나아갔다가 돌아오는 길에 그 보급선이 있는 곳을 들러 데려가기로 결정했다.

그 후 며칠 동안 이 두 캐러벨선은 야트막한 언덕이 병풍처럼 둘러싼 황량한 해안을 힘들게 지나갔다. 바로 그때 항해사들은 놀라운 결정을 내렸다. 대략 남위 29도 지점에서 맞바람과 역류에 맞서 싸우며 앞으로 나아가는 지루한 소모전 대신, 배의 앞머리를 돌려 해안에서 멀어지기 시작했다. 그들은 돛을 반기로 내리고 광막한 서쪽 바다로 나아갔다. 이는 동쪽으로 항해한다는 애초의 목표와 정반대되는 행동이었다.

어떻게 이런 일이 벌어졌는지 그 누구도 알지 못한다. 사전에 구상한 항해술이었을 수도 있고, 아니면 순간적으로 어떤 천재적 정신이 번뜩였을 수도 있다. 여기서 천재란 이전에 기니 해안에서 귀국할 때 경험했던 대서양 바람에 관한 직관적 느낌을 말한다. 그 당시 귀국선은 아프리카 해안에서 멀어져 서쪽으로 나아갔다. 그리하여 배들은 대서양 중앙으로 커다란 반원 형태*로 나아가다가 곧 서쪽에서 불어오는 바람을 등에 업고서 동쪽으로 방향을 잡으며 포르투갈로 돌아왔다. 어쩌면 남대서양에서도 이와 동일한 리듬이 적용될지 모른다고 항해

---

* 달리 표현하자면 알파벳 C자 형태였다.

사들은 추론했을 것이다. 그들의 논리가 무엇이었든 간에 이 결정은 세계사에서 결정적 순간이었다.

그 후 13일 동안, 돛을 반기로 내린 캐러벨선은 광막한 바다 한가운데에서 1600킬로미터가 넘는 거리를 나아갔다. 남극권 위도의 해역에 들어서자 날씨가 몹시 차가웠고, 선원들이 죽어 나갔다. 남위 38도 지점에서 항해사들의 직관이 효력을 발휘하기 시작했다. 바람이 부는 방향이 점차 바뀌었다. 그들은 이제 뱃머리를 동쪽으로 돌리면서 북쪽에서 남쪽으로 기다랗게 뻗은 아프리카 해안의 남단에 도착할지도 모른다는 희망과 기대에 부풀어 항해했다. 그들은 이런 방식으로 며칠간 항해했다. 그러나 수평선 위로 육지가 보이지 않았다. 이제 육지를 발견할 목적으로 뱃머리를 북쪽으로 돌렸다. 1488년 1월 말경에 그들은 높다란 산들을 보았다. 2월 3일에는 해안의 한 지점에 상륙하여 그곳에 '소몰이꾼만'이라는 이름을 붙였다. 그들은 광막한 바다 한가운데에 4주나 나가 있었다. 배가 그린 커다란 반원형 항적 덕분에 아프리카 최남단인 희망봉을 지나, 대서양과 인도양이 만나는 아굴랴스곶('바늘들의 곶')을 통과한 것이다.

처음 보는 육지에 상륙하는 것은 두려운 일이었다. 선원들은 "기니 사람들처럼 머리카락이 꼬불꼬불한" 사람들이 방목하는 대규모 소 떼를 보았다.[5] 그 목축민들과는 대화를 나눌 수 없었다. 그로부터 9년 뒤에 항해사 페루 드 알렝케르가 그곳에 다시 왔는데, 그는 처음 왔을 때 어떤 일이 벌어졌는지 기억했다. 포르투갈 사람들이 해변에다 선물을 내려놓자 선주민들이 멀찍이 달아났다. 그곳에는 분명히 샘물이 있었다. "디아스가 해변 근처의 샘물에서 물을 뜨려 하자, 선주민들이 방해하려 했다. 그들이 야트막한 언덕에서 계속 돌을 던지자 디아스는 석궁으로 화살을 쏘아 한 사람을 죽였다."[6]

이런 간단한 접전을 치른 후, 320킬로미터를 더 항해하자 이제 해안이 동북쪽으로 방향을 틀었다. 그들이 아프리카 남단을 돌아 북쪽으로 올라가고 있다는 사실이 처음으로 분명해졌다. 바닷물은 점점 더 따뜻해졌으나 그간 바다에서 겪은 시련이 후유증을 일으키기 시작했다. 3월 12일, 그들은 어떤 만에 도착하여 마지막 석비를 세웠다. 그때 지칠 대로 지친 선원들이 "한목소리로 웅얼거리며 불평하기 시작했다. 보급품이 거의 다 떨어져서 더는 나아갈 수가 없으니 후방에 대기시킨 보급선으로 되돌아가자고 요구했다. 하지만 그 보급선이 이제 너무 멀리 떨어진 곳에 있어서 그 배로 돌아가기 전에 다 죽게 생겼다고 투덜거렸다."[7] 디아스는 앞으로 더 나아가고 싶었으나 항해 수칙상 중요한 문제는 다른 장교들과 상의해야 했다. 그들은 앞으로 사흘만 더 항해하기로 합의를 보았다. 그러고 나서 어떤 강을 마주쳤다. 그들은 그 강에 '히우 인판트Rio Infante'라는 이름을 붙이고 뱃머리를 뒤로 돌렸다. 디아스는 실망했던 모양인데 민주적 의사 결정을 따라야만 했다. 60년 뒤에 이 항해에 대한 기록을 남긴 역사가 바후스는 이렇게 썼다. "디아스가 뱃머리를 돌리면서 뒤돌아보았다. 마지막으로 세운 석비를 뒤로했을 때, 깊은 슬픔과 만감이 교차했다. 마치 자신이 영원히 지상에서 사라져버린 아들에게 작별 인사를 고하는 것 같았다. 그는 자신과 부하 선원들이 겪은 커다란 위험과 이 지점까지 도달하기 위해 얼마나 긴 거리를 항해했는지 기억했다. 하지만 하느님이 그에게 대상大賞을 내리지 않았다는 것도 깨달았다."[8] 또 다른 연대기 기록자는 이렇게 썼다. "그는 인도의 땅을 보았다. 그러나 그 안으로 들어갈 수는 없었다. 약속의 땅을 눈앞에 두고도 들어가지 못한 모세와 같았다."⁹ 하지만 이런 것들은 회고적 상상일 뿐이다.

한편 리스보아에서 디아스와 코빌량의 소식을 기다리던 주앙 2세는 여전히 베팅할 돈을 두 군데로 나누어 걸어야겠다고 생각했다. 그는 서쪽 항로를 완전히 배제할 수 없었다. 게다가 항해 사업이 스페인과 치열한 경쟁 단계로 접어들고 있음을 의식했다. 그래서 콜럼버스에게 리스보아로 돌아오면 신변 안전을 보장하겠다고 3월 20일에 약속했다. 당시 콜럼버스는 채무 때문에 그 도시에 들어오면 체포될 위험에 처해 있었다. 한편 알렉산드리아에 있던 코빌량과 파이바는 기적적으로 고열에서 회복했다. 그리하여 두 사람은 배를 타고 나일강을 따라 내려가 카이로로 갔고 그다음에는 사막을 통과해 홍해로 간 뒤, 다시 거기서 홍해 초입에 위치한 아덴까지 항해했다. 여기서 두 사람은 헤어졌다. 파이바는 사제왕 요한의 왕국이 있다고 추정되는 에티오피아로 갔고, 코빌량은 인도 항해에 나섰다.

이제 귀국을 위해 뱃머리를 서쪽으로 돌린 디아스는 난생처음으로 희망봉을 똑똑히 볼 수 있었다. 그것은 역사적 순간이었다. 아프리카 남단을 보여주는 이 결정적 증거는 프톨레마이오스 지리학의 근본 전제를 완전히 허물어버렸다. 역사가 바후스에 따르면, 디아스와 선원들은 그 봉우리를 처음에 '비바람 치는 봉우리'라고 명명했으나 주앙 2세가 '희망봉'으로 바꾸었다. "그 봉우리는 인도를 발견할 수 있다는 희망을 안겨주었기 때문이다. 인도 발견을 소망하고 그러기 위해 애

쓴 시간이 그 얼마인가!"[10] 디아스는 순풍을 타고 그 봉우리를 떠났다.

보급선에 남겨진 선원들은 9개월 동안 나미비아의 황량한 해안에 버려진 것이나 마찬가지였다. 그들은 캐러벨선이 수평선에 나타날 날만 하염없이 기다리며 외로운 시간을 보냈다. 마침내 그 배들이 1488년 7월 24일에 수평선 위에 나타났을 때, 잔류했던 아홉 명 중 겨우 세 명만이 살아남은 상태였다. 다른 선원들은 현지 주민들과 물품 교역을 하다가 시비가 붙어서 살해되었다. 사망한 선원 중에는 아마도 바르톨로메우 디아스의 형제인 페루도 있었을 것이다. 생존자 세 명 중 한 명이며 보급선 서기인 페르낭 콜라수는 당시 질병으로 몸이 아주 허약한 상태였는데, 돌아온 캐러벨선을 목격한 충격이 그에게는 감당할 수 없이 컸다. 그는 "돌아온 동료 선원들을 보는 것이 너무 기쁜 나머지" 급사했다고 전한다.[11] 보급선은 목재에 벌레가 슬어서 썩어가고 있었다. 그들은 보급선의 물품을 캐러벨선으로 옮기고 보급선은 해변에서 불태운 뒤, 귀국길에 올랐다. 너덜너덜해진 캐러벨선 두 척은 1488년 12월에 테주강에 다시 들어섰다. 디아스는 16개월 동안 바다에 나가 있었고, 2000킬로미터가 넘는 새로운 해안을 발견했으며, 사상 처음으로 아프리카 남단을 돌아가 보았다.

우리가 디아스의 귀환을 알게 된 것은 당시 신변 안전을 보장받고 리스보아에 들어와 있던 콜럼버스가 어떤 책의 여백에다 적어 넣은 메모 덕분이다.

이해, 그러니까 1488년의 12월에 리스보아 항구에 캐러벨선 세 척의 선장인 바르톨로메우 디다쿠스Bartolomeu Didacus(바르톨로메우 디아스)가 상륙했다. 그는 포르투갈 왕이 기니에 파견하여 그 지형을 알아보라는 임무를 맡긴 사람이다. 그는 지금까지 알려진 지점보다 600리그, 즉 남쪽으로 450리그 그리고 북쪽으로 150리그를 더 항해했다고 보고했다. 그는 아프리카 남단의 봉우리를 희망봉이라고 명명했는데, 그 봉우리는 아지심바에 있는 것으로 판단되며 그 위도는 혼천의渾天儀로 관측할 때 남위 45도이고, 리스보아에서 떨어진 거리는 3100리그다. 디아스는 이 항해를 리그 단위로 해도에다 상세히 기록해 왕에게 보여주었다. 나는 그 현장에 있었다.[12]

콜럼버스가 언급한 위도는 뜨거운 역사적 논쟁의 주제가 되었으나, 주앙 2세와 지도 제작자들이 항해에 관한 세부 정보를 상세히 검토할 때 그가 현장에 있었음은 틀림없는 사실이다. 그런 정보들은 곧 당대의 지도 제작에 반영되었다. 바르톨로메우 디아스는 다음 두 가지 획기적인 돌파구를 마련했다. 첫째, 아프리카는 인도로 가는 해로를 제공하는 대륙이다. 그는 이렇게 하여 인도양이 해로로 접근할 수 없는 닫힌 바다라는 프톨레마이오스 지리학의 대전제를 허물었다. 둘째, 그는 역발상의 항로를 개발했다. 그는 해상에서 어떤 영감을 받아 해안에 바싹 붙어서 항해하는 것이 아니라 대서양 한가운데로 나아가는 정반대 항로를 잡음으로써, 대서양 바람의 마지막 수수께끼를 풀었고 인도로 가는 길을 열었다. 그는 맞바람과 싸우며 아프리카 해안을 힘들게 남하하는 대신 크게 반원형을 그리며 텅 빈 대서양으로 나아갔다가 서쪽에서 선미 쪽으로 불어오는 바람을 등에 지고 대륙 남단을 통과하여 인도양으로 들어선 것이다. 그것은 포르투갈 선원들이 60년에 걸친 각고의 노력 끝에 얻은 지혜의 정수였다.

그러나 그 업적이 바르톨로메우 디아스의 보고를 받은 사람들에게 명확한 사실로 느껴졌는지는 분명하지 않다. 여러 차례 가짜 보고를 경험한 터라 아마도 조심하는 마음가짐이 되었을 것이다. 그 업적과 관련하여 디아스에게 명예의 포상이 내려지지도 않았고, 약속의 땅을 보고 왔다는 공식 선언도 없었다. 마치 따뜻한 바다와 굴곡진 해안이라는 계시된 증거를 믿을 수 없다는 태도였다. 산산조각 난 고전 지리학의 대전제 파편을 믿으면서 더 나아가야 할 지점이 있다는 것이 중론이었다. 이듬해에 행해진 또 다른 연설은 전에 교황에게 했던 연설의 반복이었다. "우리는 날마다 가장 가까운 곳에 도착하기 위해 애쓰고 있습니다. 또 나일강의 모래밭 탐사 작업도 계속하고 있습니다. 이런 지점들을 통과하여 우리는 인도양에 도착할 것이고 거기서부터 무한한 부의 원천인 바르바리아만에 도달할 것입니다."[13] 디아스 항해의 가치가 명백하다는 점이 밝혀지는 데에는 그로부터 9년이 더 걸렸다. 콜럼버스에 대해 말해보자면, 그는 주앙 2세가 서쪽 항로에는 흥미가 없다고 느꼈다. 그래서 자신의 주장을 다른 군주에게 설득시키기 위해 스페인 궁정으로 다시 돌아갔다.

멀리 떨어진 인도양 얘기를 하자면, 코빌량은 여전히 여행 중이었다. 그해 가을, 무역선인 다우선*을 타고서 인도양을 가로질러 캘리컷(오늘날 코지코드)으로 갔다. 그곳은 향신료 무역의 중심지로, 그곳보다 더 먼 동쪽에서 찾아오는 장거리 무역 상인들의 종착지였다. 1488년

---

* 아랍 사람들이 사용하던 연안용 돛배. 돛대 하나에 큰 삼각돛을 달았다.

초, 그는 고아로 들어갔다가 페르시아만의 길목에 위치한 호르무즈를 향해 북상했다. 호르무즈는 인도양의 또 다른 요충지였다. 이처럼 코빌량은 인도양을 왕복 항해하면서 항로, 바람, 해류, 항구, 현지의 정치 상황 등에 대한 정보를 은밀히 수집해 기록했다. 아프리카 동부 해안에서는 배에 승선하여 먼 남쪽의 소팔라까지 내려갔다. 소팔라는 당시 인도양 남부에서 상업 활동을 하던 아랍인들이 항해할 때 거치던 최남단 지점인 마다가스카르섬의 대안에 있는 항구 도시다. 코빌량은 해로로 아프리카 남단을 돌아갈 수 있는지 여부, 아프리카 동쪽 해안을 항해하는 문제 등에 대한 정보를 수집했다. 이렇게 해서 1490년 말 혹은 1491년 초에 카이로에 돌아왔을 때, 그는 이미 4년이나 여행한 상태였다. 그는 인도양의 주요한 무역로 정보를 자세히 얻었고 왕에게 세밀하게 작성한 보고서를 올릴 준비가 되어 있었다.

카이로에 돌아온 코빌량은 동료 파이바가 에티오피아에 가던 도중에 죽었다는 사실을 알게 되었다. 한편 주앙 2세는 두 유대인, 곧 한 사람은 수학자, 다른 한 사람은 구두 제작자를 현지에 파견하여 실종된 첩자들의 현황을 파악하게 했다. 신기하게도 이 두 유대인은 번화한 카이로에서 코빌량을 발견하고 알아보았으며, 그에게 왕이 보낸 편지를 전달했다. 왕은 그에게 리스보아로 돌아오라고 썼으나, 그러기 전에 "위대하신 사제왕 요한을 만나 그에 관한 정보를 알아내라"라고 요구했다.[14] 코빌량은 그동안 자신이 견문한 내용을 장문의 편지로 써서 구두 제작자에게 맡겨 왕에게 보냈다. 편지의 내용은 인도양의 항해와 무역에 대한 것이었다. 그는 이렇게 썼다. "기니에 자주 드나든 캐러벨선이 마다가스카르와 소팔라 해안을 목표로 항해한다면 쉽게 동쪽 바다에 들어서고 캘리컷까지 갈 수 있습니다. 거기서부터 인도까지는 온통 바다이기 때문입니다."[15]

그런데 이 무렵 코빌량은 고질적인 방랑벽에 사로잡힌 모양이다. 그는 주앙 2세의 지시를 자유롭게 해석해, 파이바의 임무를 자신이 완수하기로 결심한다. 코빌량은 왕이 파견한 랍비를 따라 아덴과 호르무즈까지 같이 갔다가 혼자서 잔뜩 변장을 하고서 이슬람의 성지인 메카와 메디나를 관광한 다음, 에티오피아 고원 지대로 발걸음을 돌렸다. 여기서 그는 포르투갈인들이 사제왕 요한이라고 믿는, 에티오피아의 기독교 왕을 만난 최초의 포르투갈인이 되었다. 그 나라의 당시 통치자인 에스켄데르는 그를 명예롭게 대해주고 떠나지 못하게 붙잡았다. 코빌량은 그로부터 30년 뒤에 포르투갈 탐사대에 의해 현지에서 발견되었다. 그는 탐사대에게 그간의 일을 자세히 말해주었고, 죽는 날까지 에티오피아에 머물렀다.

디아스와 코빌량은 인도 제국으로 가는 해로의 점과 점을 연결한 사람들이다. 인도 계획은 완수되었다. 그러나 코빌량의 보고서가 왕에게 언제 도착했는지(도착하긴 했는지) 불분명하고, 디아스의 업적에 왕실이 침묵을 지킨 것이 무엇을 의미하는지도 확실하지 않다. 그리고 두 사건 사이에 우연의 일치로 어느 에티오피아 사제가 리스보아를 찾아왔다. 교황이 보내서 온 것이다. 주앙 2세는 그 사제에게 사제왕 요한 앞으로 쓴 편지를 들려서 보냈다. 거기에는 왕이 사제왕 요한과의 우정을 원하고 아프리카와 에티오피아의 해안을 빠짐없이 꾸준히 탐사해왔다는 이야기가 쓰여 있었다.[16]

그러나 아무런 일도 벌어지지 않았다. 포르투갈 사람들이 수십 년에 걸쳐 끈덕지게 벌인 해로 탐사 작업이 다시 재개되기까지는 8년의 휴지기가 필요했다. 바르톨로메우 디아스가 귀국한 이후 몇 년 동안 주앙 2세는 여러 문제에 시달렸다. 그는 1480년대 말엽에 모로코에서 벌어진 치열한 원정전에 몰두해야 했다. 십자군 운동을 지향하는 포르투갈 왕들이 수행해야 하는, 종교적 의무에 따른 전쟁이었다. 결국 그는 나중에 사인이 되고 마는 신장병에 시달리기 시작했다. 1491년에는 그의 외아들이자 후계자인 아폰수가 승마 사고로 사망했다. 1492년에는 유대인들이 스페인에서 축출되어 다수가 포르투갈로 이주해 왔다. 그들 중에는 근면하고 교양 높은 사람이 많다는 혜택도 있었지만 그들의 움직임을 경계의 눈빛으로 주시해야 했다.

이듬해에 또 다른 충격적 소식이 전해졌다. 1493년 3월 3일, 리스보아 근처 헤스텔루 항구에 너덜너덜한 배 한 척이 힘겹게 기항했다. 그 항구는 전통적으로 포르투갈 귀국선이 입항하는 곳이었는데 그 배는 포르투갈 것이 아니었다. '인도 제국'의 항해에 성공했다는 소식을 들고 돌아온 콜럼버스가 탄 산타마리아호였다. 그 배는 포르투갈의 경쟁국인 스페인이 재정적으로 후원한 배였다. 그가 말하는 '인도 제국'은 오늘날의 바하마, 쿠바, 아이티, 도미니카공화국에 해당하는 지역들이었으나, 콜럼버스는 그곳들이 인도 제국이라고 확신했다. 하지만 자신의 과거사를 고쳐 말하기 좋아하는 허풍선이 이야기꾼 콜럼버스가 인근 바다에 나갔다가 강풍을 만나 테주강으로 우연히 표류해 들어온 것은 아닌지 불확실했다. 혹은 재정 지원을 거부했던 주앙 2세를 의도적으로 모욕하려고 방문했는지도 몰랐다.

콜럼버스를 심문하려고 기다린 사람은 바로 바르톨로메우 디아스였다. 포르투갈에서 콜럼버스에게 자금 지원하는 문제를 물거품으로 만들어버린 장본인이었다. 콜럼버스는 대서양 서쪽을 항해하고 돌아와 일본과 가까운 섬들을 발견했다고 주장하고 돌아다녔기 때문에 곧 주앙 2세를 알현할 수 있었다. 그러나 이 알현에 대한 포르투갈 쪽 이야기는 다소 비판적이다. 콜럼버스가 봐주기 어려울 정도로 잘난 척했다는 것이다. 왕실 사람들은 그를 이렇게 여겼다. "다소 허풍을 떠는 데다 계속해서 진실이 아닌 이야기를 떠들어댔고, 자신의 여행이 황금과 은, 물질적 부의 획득이라는 측면에서 아주 중요하다는 사실을 실제보다 더 과장해서 말했다."[17] 게다가 콜럼버스는 자신을 믿어주지 않은 왕을 원망했다.

주앙 2세는 콜럼버스가 데리고 온 선주민 인질이라는 객관적 증거 앞에서 심적으로 동요했다. 그 인질들은 겉모습을 볼 때 아프리카인이 아니었고 자신의 상상 속 인도인과 아주 흡사했다. 하지만 자기 자랑이 지나친 제노바 사람이 발견한 것이 무엇인지 그 누구도 확신하지 못했다. 왕의 고문들에게는 간단하기 그지없는 해결책이 있었다. 그를 은밀히 죽여버리면 스페인 측에서 발견한 정보는 저절로 사장될 것이라는 조언이었다. 왕은 그 제안을 거부했다. 도덕적으로 잘못일 뿐만 아니라 외교적으로도 어리석은 방안이라고 보았기 때문이다. 특히 포르투갈과 스페인에 긴장감이 흐르던 당시 상황에서 그런 어리석은 조치는 더욱이 하지 말아야 했다.

그래서 주앙 2세는 세비야의 페르난도 왕과 이사벨 여왕에게 강력하게 항의하는 편지를 신속하게 발송했다. 콜럼버스가 포르투갈 영유지에 불법으로 침입했다는 내용이었다. 두 군주는 1479년 이전에 벌어진 전쟁을 종식하고자 대서양에서 수평으로 경계선을 그어서 독점적 탐사 지역을 규정하고 이에 대해 교황의 비준을 받았다. 주앙 2세는 콜럼버스가 자신의 영유지에 속하는 땅을 발견했다고 주장하며 포르투갈 탐사대를 보낼 준비를 했다. 스페인은 당시 교황 알렉산데르 6세에게 중재를 호소했다. 교황은 스페인 출신이었기에 스페인에 유리하게 다시 조정했는데, 결과적으로 포르투갈은 이전 협정으로 자신들이 확보했다고 여겼던 대서양 지역의 상당 부분을 잃고 말았다. 이처럼 갑자기 대서양 패권에 위협을 느낀 포르투갈은 자신들이 몇십 년에 걸쳐 투자한 지역의 이권을 빼앗기고 싶어 하지 않았다. 주앙 2세는 전쟁도 불사하겠다고 강경하게 맞섰다. 그러자 양측은 이런 중대한 외교적 분쟁을 해결하기 위해 교황을 우회하여 직접 대면 협상을 하기로 합의했다.

양국의 대표단은 스페인 중부 지방의 오래된 소도시 토르데시야스에서 세계의 영토를 흥정하는 협상을 벌였다. 여기서 두 나라는 대서양 해역을 "북극에서 남극까지" 수직선을 그어서 세계를 반분했다.[18] 이 수직선의 동쪽은 주앙 2세의 관할로, 서쪽은 스페인의 관할로 결정하자는 것이었다. 주앙과 휘하의 과학자(천문학자와 수학자) 위원회는 이런 문제에 경험이 많고 노련했으므로 스페인 측에게 이 수직선(교황도 이미 승인한 선)을 서쪽으로 1000마일(1600킬로미터) 이상 옮겨 달라고 강압적으로 요구해 성사시켰다. 그리하여 이 수직선은 포르투갈령인 베르데곶과 카리브해의 섬들 사이의 가운데를 지나가게 되었다. 최근에 콜럼버스가 발견한 카리브해의 섬들을 콜럼버스 자신은

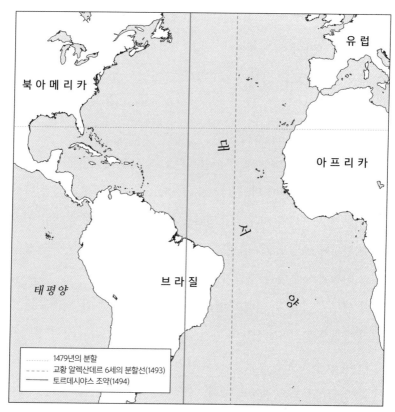

세계의 분할 대서양 너머 미개한 지역을 발견하려는 포르투갈과 스페인 사이의 치열한 경쟁으로 일련의 논쟁 사태가 벌어졌다. 주앙 2세는 콜럼버스가 1479년 기준선 남쪽의 포르투갈 영토를 침범했다고 주장했는데, 이는 옳은 생각이었다. 교황이 제시한 해결안은 스페인에 아주 유리했다. 1493년에 나온 일련의 회칙에서, 교황은 아소르스 제도와 카보베르데 제도에서 서쪽으로 100리그 떨어진 지점에서, 북극에서 남북으로 수직선을 그어 세계를 동서로 나누라고 지시했다. 이로써 스페인 측에 서쪽 모든 땅에 대한 자격을 부여했는데, 심지어 인도까지 포함되었다. 이렇게 되면 포르투갈이 동쪽으로 열심히 항해해봤자 그에 상응하는 토지의 권리를 확보하지 못한다는 뜻이었다. 인도를 차지하지 못한다는 것은 주앙 2세로서는 도저히 받아들일 수 없는 생각이었다. 그리하여 토르데시야스에서 그 기준선은 서쪽으로 270리그 이동했는데, 그 결과 당시에 발견되지 않은 브라질 해안까지 포함하게 된다. 토르데시야스 합의는 지구 저 반대편에서 또 다른 분쟁을 일으켰다. 스페인은 서쪽으로 항해함으로써 1521년에 몰루카 제도에 도착한 반면, 포르투갈은 동쪽으로 항해하여 1512년에 같은 지역에 도달했던 것이다.

아시아 해안의 섬이라고 믿었다. 편리하게도 이 기준선의 변경으로 브라질 해안은 포르투갈의 관할권 아래로 들어오게 되었으나, 그때까지는 그 해안이 아직 발견되지 않은 상태였다. 그러나 토르데시야스 자오선의 경도를 정확하게 고정시킬 수 있는 방법이 없었으므로, 기준선의 정확한 위치는 오랫동안 치열한 논쟁의 대상이 되었고 그런 사정은 1777년까지 계속되었다.

1492년*이라는 해 자체와 마찬가지로, 이 조약은 중세의 종식을 알리는 결정적 순간이 되었다. 토르데시야스에서 합의된 조약은 나중에 교황 비오 3세에 의해 비준되었으나, 미탐험된 세계에 대한 권리는 교황청의 패권으로부터 완전히 분리되었다. 그 권리는 세속 군주들의 이해관계에 따라 과학자들이 계산하고 설정했다. 사실 해외 탐사의 선두 주자인 두 이베리아 군주는 유럽 이외의 다른 지역들을 개인적 공간으로 사유화했는데 다른 유럽 군주들은 그런 행동이 우습기 짝이 없는 일이라고 생각했다. 프랑스의 프랑수아 1세는 몇 년 뒤에 조롱하는 어조로 이렇게 말했다. "아담의 유언장에 그렇게 나눈다는 조항이 있다면 내게 좀 보여주시오."[19] 그러나 1500년 당시에 유럽의 다른 나라들은 이베리아 선구자들에게 도전장을 내밀 만한 대서양 관련 체험이나 항로 정보를 갖고 있지 못했다. 그리고 콜럼버스는 자기도 모르게, 인도 제국을 선점하려는 경주에서 막다른 골목에 봉착했다. 그의 항로를 아메리카 대륙이 가로막았기 때문이다. 오로지 포르

---

* 이해에 이사벨 여왕과 페르난도 왕이 이베리아반도의 남쪽에 마지막까지 남아 있던 무슬림 왕국인 알람브라를 멸망시켰고, 스페인 내 유대인을 국외로 추방시켰으며, 콜럼버스가 서쪽 항로를 항해하여 신대륙을 발견했다.

투갈 사람들만이 그곳으로 가는 해로를 발견하여 세계를 연결할 수 있었다. 그들은 스페인 경쟁자들에게는 거부된 기회의 창문을 확보했다.

주앙 2세는 콜럼버스의 주장에 크게 충격을 받았음에도 인도 계획을 재가동하면서 새로운 탐사대를 조직했다. 하지만 그로서는 너무 때늦은 시도였다. 스페인의 이사벨 여왕은 1495년에 그의 사망 소식을 들었을 때 "사내대장부가 죽었다"라고 중얼거렸다고 한다. 왕위는 베자 공작인 젊은 동 마누엘에게로 넘어갔다. 마누엘은 파이바와 코빌량이 주앙 2세와 최종 면담을 할 때 현장에 동석한 왕자다. 마누엘은 운 좋게도 왕관, 축적된 탐사 경험 80년, 인도에 도착하기 위한 마지막 시도의 발사대 등을 물려받았다. 그는 심지어 그 항해에 필요한 배들을 건조하는 데 들어갈 목재까지 물려받았다. 주앙 2세가 포르투갈 역사에서 '완벽한 군주'로 기록된다면, 마누엘은 '운 좋은 왕'으로 기록될 운명이었다.

3

바스쿠 다 가마

1495년 10월 - 1498년 3월

새 왕은 포르투갈 아비스 왕가의 핏줄 깊이 흐르던 메시아 기질을 물려받았다. 그리스도 성체 축일에 태어났고 이마누엘Emmanuel("하느님이 우리와 함께하신다")이라는 빛나는 이름으로 세례를 받은 왕은 자신의 대관식에 신화적 의미를 부여했다. 그는 26세였고 얼굴이 통통했으며 팔이 무릎까지 내려올 만큼 유난히 길어서 마치 원숭이 같아 보였다. 왕의 조카인 데다 차남인 그가 왕위에 오르기까지 여섯 사람이 죽거나 유배 가는 놀라운 사건이 연달아 일어났다. 가령 주앙 2세의 맏아들 아폰수가 승마 사고로 죽고 그의 손위 형인 디오구가 주앙의 손에 죽었다. 그리하여 새 왕 마누엘 1세는 자신의 왕권은 하느님께서 손수 선택한 결과라고 믿게 되었다.

그리스도 사후 1500년이 가까워오는, 1400년대가 저물 무렵에 종

보편 군주를 자처한 왕 마누엘 1세가 "우리는 하늘에서는 하느님을 의지하고 땅에서는 폐하에게 의존합니다"라는 모토를 내세운 모습.* 그의 왼쪽 옆에는 중앙에 다섯 개의 방패가 그려진 왕실 문장이 있고 오른쪽 옆에는 포르투갈의 세계 탐험을 보여주는 신비한 상징물인 혼천의가 있다.

말론적 분위기가 유럽 대륙을 휩쓸었는데 특히 이베리아반도에서 그런 현상이 두드러졌다. 예를 들면 스페인에서 무슬림과 유대인을 축출한 조치가 하나의 예표豫表로 받아들여졌다. 이런 분위기에서 마누엘은 자신이 놀라운 업적을 이루도록 미리 예정되어 있다고 믿었다 (혹은 그렇게 믿도록 부추겨졌다). 다시 말해 보편 군주의 통솔하에 이슬람 세력을 박멸하고 기독교를 전 세계에 전파해야 하는데, 그 적임자

---

* 마누엘 1세 머리 위에 적혀 있는 라틴어 문장. "Deo in celo tibi autem in mundo"는 직역하면 "하늘에서는 하느님에게, 땅에서는 당신에게"라는 뜻이다.

1부 정찰

가 자신이라고 생각했다. 항해 선원 두아르트 파세쿠 페레이라는 이런 말을 남겼다. "서유럽 군주들 중에 하느님은 오로지 폐하를 선택하셨습니다."¹ 소국인 포르투갈이 그런 대업을 달성할 가능성은 성경 구절로 정당화되었다. "첫째가 꼴찌 되고 꼴찌가 첫째 되리라."²*

혼란스러웠던 주앙 2세의 통치 말년에 다소 주춤했던 인도 계획은 그와 같은 보편 군주의 꿈을 실현시키는 최초의 배출구가 되었다. 마누엘은 자신이 종조부 '항해왕' 엔히크의 의발衣鉢을 그대로 물려받았다고 믿었다. 1453년에 콘스탄티노플이 함락된 이래, 기독교 유럽은 점점 포위되어가는 분위기가 역력했다. 그러므로 이슬람을 우회해 사제왕 요한, 인도에 있다고 전해지는 기독교 공동체들과 연결하고, 향신료 무역을 장악하고, 카이로의 맘루크 술탄에게 막강한 힘을 부여하는 부를 파괴하는 것이 무엇보다도 필요했다. 마누엘의 통치 초기부터 이런 엄청난 야망을 품은 지리적·전략적 비전이 태동했고, 그것이 장차 포르투갈 사람들을 온 세상으로 파견시키는 힘이 되었다. 이는 십자군 운동의 정신에서 생겨난 관념적 비전이었으나 동시에 거기에는 물질적 차원도 있었다. 맘루크 제국에게서 향신료 무역을 빼앗고 동양에서 들어오는 사치품의 교역 시장 역할을 도시 국가인 베네치아에서 포르투갈로 대체한다는 생각이었다. 이 프로젝트는 제국주의적인 동시에 종교적이고 경제적이었다. 마누엘은 바로 이런 정신에 입각하여 인도 제국에 파견할 원정대를 조직했다. 사실 인도 제국은 인도양과 그 일대에서 향신료를 재배하는 지역을 가리키는 용어로,

---

* 〈마태오 복음〉 19장 30절.

유럽인들이 상상 속에서 만들어낸 막연한 개념이다.

인도 프로젝트가 전폭적으로 지지를 받은 것은 아니었다. 즉위 후 몇 주 지나지 않은 1495년 12월에 마누엘이 국무 회의를 소집했을 때 귀족 계급은 그 계획에 완강하게 반대했다. 귀족들은 그동안 주앙 2세의 고집에 시달려왔던 터라 그런 장거리 모험에서 영광이 아닌 위험만 보았다. 인근 모로코를 상대로 벌이는 십자군 운동에서 손쉬운 소득을 올릴 수 있다는 점을 감안하면 그들의 반대는 더욱 그럴듯해 보였다. 마누엘은 통치 기간에 마음이 동요되고 우유부단한 적도 있었으나 권위주의적인 측면도 있었다. 그는 인도 제국을 발견하는 과업을 선대로부터 물려받은 '의무(헤지멘투 regimento)'라고 주장하며 그런 신성한 사명감을 바탕으로 귀족의 반대를 물리쳤다.

그는 인도를 발견하면 막대한 어려움에 봉착할 것이라고 주장하는 사람들에게 매우 중요한 근거를 제시했다. 바로 하느님이 이 일을 자신의 손에 맡겼으므로 포르투갈 왕국의 안전을 지키기 위한 수단을 마련해주실 거라는 생각이었다. 그러면서 왕은 최종적으로 그 계획을 밀어붙였다. 그리고 나중에 이스트레모스로 나아갔을 때, 왕가의 피달구인 바스쿠 다 가마를 인도로 파견할 선단의 총선장으로 임명했다.[3]

바스쿠 다 가마는 사실 그 같은 모험의 첫 번째 후보는 아니었다. 마누엘은 처음엔 바스쿠의 형인 파울루 다 가마를 지명했으나, 파울루는 허약한 건강을 호소하며 그 보직을 거절하면서 대신 동생 바스쿠를 총선장으로 임명한다면 그의 휘하 선장으로 따라가는 데에는 동

바스쿠 다 가마.

의했다. 바스쿠 다 가마는 "당시 미혼이었고 이런 거친 항해의 시련을
이겨낼 능력이 있는 나이"로 그 당시에 30대였다.[4] 그의 초창기 직업
과 경력, 그리고 그를 최종 낙점한 이유 등은 대체로 알려져 있지 않
다. 1496년 이전의 몇몇 기록에서 그의 이름이 언급되기는 하지만 그
의 해양 지식이 어느 정도인지는 알려져 있지 않다. 그는 리스보아 남
쪽의 해항인 시느스의 하급 귀족 가문 출신이었다. 그가 총선장으로
임명되기 이전에 무엇을 했는지는, 콜럼버스의 생애와 마찬가지로 신
비에 둘러싸여 있다.

　총선장으로 임명된 당시에 가마는 거친 싸움을 벌였다는 혐의를

받고 아직 해결되지 않은 소송 건에 묶여 있었다. 그의 완고한 성격은 앞으로 벌어질 항해에서 차차 드러나게 된다. 이슬람을 증오한다는 십자군 운동 정신에 투철한 그는 해상 생활의 그 어떤 어려움도 이겨낼 것이다. 그러나 외교적 수사와 겉치레는 딱 질색인 사람이었다. 어느 글에서 그는 이렇게 묘사된다. "행동은 과감하고 명령은 지엄하며, 화를 내면 공포 그 자체였다."[5] 가마가 선발된 것은 원정 선박을 잘 몰기 위해서라기보다는 선원들을 잘 휘어잡고 미지의 나라의 왕들과 강인하게 협상하기를 바랐기 때문이다.

1490년대 리스보아는 아프리카 해안에서 전개된 탐험 덕분에 상업 활동과 기대가 넘쳐나는 흥청거리는 도시로 바뀌었다. 테주 강안의 완만한 둔덕에 부려지는 향신료, 노예, 앵무새, 설탕 같은 이국적인 상품들은 부둣가 너머의 신세계에 대한 기대감을 한껏 드높였다. 1500년에 이르자 도시 인구의 15퍼센트 정도가 기니 출신 흑인이었다. 유럽의 어느 도시보다도 리스보아에는 흑인 노예가 많았다. 리스보아는 이국적이고 역동적이고 다채로웠으며, 시민들은 높은 기대를 품고 살아갔다. 1494년에 이 도시를 찾았던 박학한 지식인 히로뉘무스 뮌처는 이렇게 말했다. "이 도시는 뉘른베르크보다 크고 인구수도 훨씬 많다."[6] 이 도시는 지리, 천문학과 항해술, 세계의 형태, 그 형태를 지도에 표현하는 기술 등에 관한 새로운 아이디어가 몰려드는 전진 기지였다. 1492년에 스페인에서 축출된 많은 유대인이 포르투갈로 몰려들었는데, 그들 중 상당수가 학식과 상업 방면에서 전문가여서 도시의 역동성을 한결 높여주었다. 비록 그들에 대한 환영은 짧게 끝났지만,* 그래도 상당한 지식의 유입이 이루어졌다. 유대인 피란민

중에는 천문학자이자 수학자인 아브라앙 자쿠토도 있었다. 그는 해양 혼천의와 별의 위치를 파악하게 해주는 계산표를 발명한 사람인데, 이 두 도구는 항해 기술에 일대 혁신을 가져왔다.

뮌처가 볼 때 리스보아는 경이로움으로 가득한 도시였다. 그곳에서 촛대가 각각 50개 혹은 60개 달린 커다란 샹들리에 열 개를 자랑하는 장엄한 유대교 공회당을 보았고, 성가대석의 벽에 박제된 악어가 장식으로 매달린 교회도 보았으며, 펠리컨의 부리와 거대한 황새치의 톱니바퀴 검劒처럼 생긴 위턱도 살펴보았고, 카나리아 제도의 해안에 표류해 온 신비로운 거대한 지팡이도 보았다(콜럼버스는 이런 표류물을 보고서 서쪽 멀리 떨어진 곳에 섬들이 분명히 존재한다고 미루어 짐작했었다). 뮌처는 또 "직경이 무려 14팜 palm**이나 되는 거대하고 잘 만들어진 황금 지도"도 보았다.[7] 1459년에 제작된 마우루 수사의 지도였는데, 도시들이 성채 형태로 묘사되어 있었다. 뮌처는 선원들을 만나 오싹한 생존과 탈출 이야기를 들었고, 포르투갈 왕이 귀중하게 여긴다는 독일인 대포 제작자와 포병들의 소부대도 만났다.

그 도시의 항구에서 판매되는 엄청나게 다양한 물품은 그를 놀라게 했다. 밀, 호두, 레몬과 아몬드, 엄청난 크기의 청어와 참치 등은 모두 지중해 세계 너머로 수출될 물품이었다. 그는 신세계에서 수입

---

* 주앙 2세는 사실 스페인 국왕 못지않게 유대인을 증오하고 두려워했다. 유대인과 무슬림을 거의 같은 부류로 보았기 때문이다. 그는 스페인에서 온 유대인 난민에게, 터무니없이 고가이면서도 겨우 8개월만 유효한 입국 및 주거 인가증을 구매하라고 요구했다. 그 기간이 만료되면 유대인들은 다시 피란을 떠날 수밖에 없었다. 국경 수수료를 낼 수 없는 유대인은 노예로 팔렸다.

** 한 뼘의 길이를 나타내는 옛 단위로, 보통 18센티미터에서 25센티미터.

되어 오는 물품을 통제하는 관청도 방문하여 그곳에서 아프리카 상품들을 구경했다. 튀니지에서 온 염색된 옷감, 카펫, 금속 세면기, 구리 가마, 색유리 구슬, 그리고 기니에서 온 불같이 매운 후추 덩어리("기니에선 후추가 많이 난다"[8]), 상아(코끼리 엄니), 흑인 노예 등이었다.

뮌처는 지구 너머 저쪽에서 온 물품들을 흘깃 엿보는 데 그치지 않고 포르투갈을 해양 강국으로 만들어주는 조선업의 산업 기반 시설, 해양 식료품, 무기 시설 등도 둘러보았다.

우리는 많은 용광로가 있는 엄청 큰 대장간을 둘러보았다. 거기서 닻과 대포 같은 물품을 제작했는데 모두 바다에서 필요한 것들이었다. 용광로 근처에서 연기에 얼굴을 검게 그을린 많은 노동자들 틈에 있자니 마치 불카누스의 동굴에 들어간 키클롭스 사이에 있는 것 같았다. 그리고 우리는 네 동의 다른 건물에서 엄청나게 크고 멋진 대포를 보았다. 거기에서는 무기, 장창, 방패, 흉갑, 모르타르, 소형 대포, 활, 짧은 창 등을 만들고 있었다. 아주 잘 만들어진 것들이었고 물량도 풍부했다. … 게다가 납, 구리, 초석, 황 등이 어찌나 많던지![9]

고품질 청동 대포를 만드는 능력과 그 대포를 효율적으로 해상에 배치하는 기술은 정력적인 주앙 2세의 치세에 개발되었다. 그는 호기심이 많고 다방면에 걸쳐 관심이 많았던 터라 해상으로 수송하는 대포도 실용적인 실험을 하기를 잊지 않았다. 그는 캐러벨선에 대형 대포를 장착하는 기술을 개발했고 또 그 대포로 적함을 포격하여 파괴하는 실험을 수행함으로써 여러 차례 그 파괴력을 확인했다. 그렇게 해서 대포를 수면과 평행을 이룬 상태에서 발포하는 이상적인 해결 방안이 도출되었다. 대포를 뱃머리에서 제일 낮은 곳에 설치하면, 발사된 대포알이 물 위를 스치듯이 날아가면서 사정거리가 더 늘어났다. 포르투갈인들은 또 포미砲尾에서 장전하는 휴대식 경량급 청동 대포인 베르수berço를 개발했다. 이 소형 대포는 다른 배에 옮겨 실을 수도 있었고, 포구에서 장전해야 하는 대포보다 포탄을 갈아 넣는 속도가 빨라서 한 시간에 스무 개까지 장전할 수 있었다. 독일과 플랑드르의 대포 제작자와 포수를 고용함으로써 더욱 향상된 포르투갈의 대포 기술은 장차 인도양에서 펼쳐질 여러 사건에서 엄청난 군사적 이점을 안겨줄 것이었다.

지금 출정할 원정대는 규모는 작았지만 철저하게 준비를 마친 상태였다. 수십 년에 걸쳐 쌓아온 해양 지식을 밑바탕으로 조직된 선단이었다. 두 척의 단단한 배를 건조하는 데에는 여러 해에 걸쳐 획득된 조선술과 항해술, 대서양 항해를 위한 식량 준비 등의 기술과 지식이 집중적으로 투입되었다. 마누엘은 한 세대에 걸쳐 축적된 실질적 체험을 남김없이 동원했다. 캐러벨선은 이 원정대를 위한 적절한 도구이자 수단으로, 열대 지방의 강을 운항하고 아프리카 해안에서 바람에 맞서 싸우며 항해하는 데 이상적인 범선이었다. 그러나 대양을 가로질러 가는 장거리 여행에는 불편하기 짝이 없는 배였다. 바르톨로메우 디아스는 지난번에 희망봉을 돌아가면서 캐러벨선이 지닌 항해의 한계에 봉착했다. 선원들이 더는 앞으로 더 나아가지 않으려 했다.

단단한 캐럭선 두 척을 설계하고 시공을 감독하는 임무는 디아스에게 맡겨졌다. 캐럭선은 포르투갈어로 '나우nau'라고 하는데 장거리

리스보아 조선소에서 건조 중인 캐럭선. 그림의 가운뎃부분 오른쪽에 접안된 캐러벨선이 보인다.

1부 정찰

여행을 위해 고안된 배였다. 그 배를 건조한 목적은 분명했다. 먼저 남쪽 대서양의 거친 바다를 견딜 수 있을 정도로 튼튼해야 하고, 선원들과 각종 식료품을 충분히 실을 수 있을 정도로 공간이 넓어야 하며 (캐러벨선의 갑판은 이런 공간이 부족했다), 얕은 강이나 항구에서도 운항할 수 있을 정도로 선체의 흘수선이 낮아야 했다. 강둑에서 건조 중인 캐럭선은 그 틀이 나무 비계에 의해 단단히 고정되어 있었다. 선체는 통 모양의 둥그런 형태에 양쪽 측면이 높고 뒤쪽 갑판이 높으며 돛대가 세 개였다. 그렇지만 배의 흘수선은 낮았는데, 그렇다고 해서 배가 옆으로 넓게 퍼진 것은 아니었다. 캐럭선은 길이 20여 미터에 무게는 100톤에서 120톤 정도 되었다. 돛이 네모난 모양이어서 역풍을 맞을 경우에 배의 방향을 재빨리 전환하기가 용이하지는 않았다. 하지만 미지의 바다에서 예상치 못한 강타를 맞을 때 튼튼하게 버틸 수 있었다. 희망봉 근처에서 대기시킬 예정인 보급선도 건조되었다.

포르투갈은 이 배들을 건조하고 식량을 마련하고 선원들을 고용하고 임금을 지불하는 데 비용을 아끼지 않은 듯하다. "그 배들은 뛰어난 조선 기사와 노동자 들이 단단한 못과 나무로 건조했다"라고 선원 두아르트 파셰쿠 페레이라는 회고했다.[10]

각각의 배는 돛과 닻을 세 벌씩 갖추었고 평소보다 서너 배 많은 도르래와 삭구를 준비했다. 와인·물·식초·기름 등을 담는 각종 큰 통, 파이프, 작은 통 들은 단단한 쇠테로 보강했다. 빵·와인·밀가루·고기·채소·의약품, 각종 무기와 탄약 등도 이런 여행에 필수적인 수량보다 훨씬 많이 공급되었다. 이 여행을 위해 포르투갈에서 가장 뛰어난 항해사와 선원이 선발되었다. 그들은 여러 가지 특혜와 더불어 다른 나라의 선원보다 훨씬 높은 봉급을 받았다. 이 원정대를 조직하는 데 들어간 비용은 너무나 막대해서 자세히 얘기하지 않겠다. 사실대로 말해봐야 아무도 믿지 않을 테니 말이다.

조선소 둑의 건널판자를 통하여 배 안으로 들어간 각종 통에는 3년치 식량이 들어 있었다. 바스쿠 다 가마는 이 항해를 하는 보수로 2000크루자두(금화)를 받았는데, 이는 엄청난 액수였다. 그의 형 파울루도 같은 금액의 보수를 받았다. 선원들의 임금도 인상되었고 임금의 일부는 가족을 부양하기 위해 미리 지불되었다. 아마도 선원들 중 상당수가 돌아오지 못할 것임을 감안한 조치였을 것이다. 사소한 사항들도 그냥 넘기지 않았다. 캐럭선에는 당시로서는 최고의 항해 보조 도구가 구비되어 있었다. 바다의 깊이를 재는 측연과 모래시계, 혼천의, 최신의 지도 등은 물론이고, 바다에서 해가 떠 있는 높이를 보면서 위도를 파악하게 해주는 자쿠투의 위치 계산표도 갖추었을 것이다. 대포도 스무 문 탑재되었다. 덩치 큰 봄바드와 포미에서 장전하는 베르수였다. 또 부식성이 강한 바다 공기에 대비하여 철저하게 밀봉한 화약과 대포알도 다량 함께 실었다.

배의 안전 운행을 담보해줄 숙련된 기능공인 목수, 코킹 기술자, 대장장이, 통장이 들은 한 사람이 불의에 사망할 경우에 대비해 두 명씩 승선시켰다. 반투어와 아랍어를 할 줄 아는 통역사, 뱃노래를 선창하고 의례 팡파르를 연주해줄 악공들, 포수, 총수, 숙달된 선원들도 탔으며, 이들을 뒷받침해줄 최하 계급인 막일꾼도 탑승시켰다. 이들은 아프리카 노예, 고아, 개종한 유대인과 죄수 들로, 배에서 몸으로 하는 중노동을 할 인력이었다. 이들은 밧줄을 잡아당기고, 닻을 들어올리고, 돛을 폈다가 접고, 배 밑바닥에 고인 더러운 물을 퍼내는 일을 했다. 이 항해를 위해 풀어준 죄수들은 소모품이었다. 배가 미지의 해안에 도착하면 하선시켜서 그 지역이 적대적인 곳인지 아닌지 알아보는 현지 정찰 임무를 그들에게 부여했다. 사제들도 함께 승선하여 선상의 기도를 이끌고 항해 중에 누군가 죽으면 그 영혼을 위해 기독교 장례식을 치러줄 것이었다.

이 원정에 나갈 배는 모두 네 척이었다. 캐럭선 두 척은 대천사의 이름에서 따와 각각 '상가브리엘'과 '상하파엘'이라고 명명되었다. 주앙 2세가 사망 직전에 그렇게 이름 붙이라고 지시했다. 함께 따라갈 캐러벨선 한 척에는 '베히우'라는 이름을 붙였고, 또 200톤 규모의 보급선이 있었다.

바스쿠 다 가마는 자신이 잘 아는 선원들과 믿을 만한 친척들만 선발했다. 선상 반란의 가능성을 원천적으로 배제하여 잘 짜인 원정대를 조직하겠다는 의도였다. 친척으로는 자신의 형 파울루와 두 사촌이 있었다. 그가 뽑은 항해사들과 고참 선원들은 당대의 최고급 선원이었다. 가령 바르톨로메우 디아스와 함께 희망봉을 돌아 항해했던 페루 드 알렝케르, 디아스의 형제 디오구, 페루 이스코바르 등이었다. 특히 이스코바르는 옐랄라 폭포의 암벽에 이름이 새겨진 항해사로, 디오구 캉과 함께 아프리카 해안을 항해한 경력이 있었다. 디아스도 기니 해안에 이르는 항해의 첫 구간까지 동행하기로 했다.

미지의 바다로 떠난 이 소규모 함대는 큰 비용이 들어간 투기성 높은 탐사 선단이었다. 이 탐사를 조직하기 위한 자금은 기니 해안에서

캐럭선 상가브리엘호(미술가가 재구성한 모습).

가져온 황금과 뜻하지 않게 생긴 돈에서 나왔다. 1496년, 포르투갈은 기독교로 개종하지 않은 유대인을 마지못해 축출했다. 그 조치 덕분에 마누엘이 스페인의 이사벨 공주와 결혼하는 데 필요한 자금을 마련했다. 유대인들이 남기고 간 물품과 부동산이 뜻밖의 수입이 되었던 것이다.

1497년 한여름에 원정 준비가 완료되었다. 돛에는 십자군을 표방하는 그리스도 기사단의 붉은 십자가가 장식되었고, 통들을 건널판 위로 굴려서 배에 실었고, 무거운 대포는 기중기로 들어다가 포좌에 설치했고, 선원들도 승선했다. 이 소함대는 조선소에서 출발하여 리스보아의 하류 쪽 어촌인 헤스텔루의 해안에서 닻을 내렸다. 마누엘은 찌는 듯한 더위를 피하여 리스보아에서 내륙으로 95킬로미터 들어간 곳인 몬테모르우노부의 산상 별궁에 물러가 있었다. 바스쿠 다가마 총선장과 예하 선장들은 이 별궁을 찾아가서 왕에게 항해 지시를 받고 의례적 축복을 받았다. 가마는 무릎을 꿇은 채 원정대의 지휘관으로 공식 임명되었고 그리스도 기사단의 십자가가 새겨진 비단 깃발을 받았다.

가마는 다음과 같은 지시를 받았다. 인도의 캘리컷이라는 도시에 가서 기독교 왕들을 찾아내 그들에게 아랍어와 포르투갈어로 작성된 왕의 편지를 건네줄 것. 그리고 향신료를 비롯해 동양의 풍부한 물산을 거래하는 교역 루트를 확립할 것. "고대의 저술가들은 동양에 그런 물산이 많이 있다고 했고, 베네치아, 제네바, 피렌체 같은 도시 국가들은 그런 동양의 물품을 거래함으로써 부강한 국가가 되었다고 한다."[11]

왕의 또 다른 편지는 사제왕 요한에게 보내는 것이었다. 바스쿠 다 가마의 임무는 성스러운가 하면 세속적이었다. 다시 말해 상업적 기사도 정신에 십자군 정신이 가미되었다.

도시의 성벽 밖, 테주 강둑에 자리 잡은 헤스텔루는 '항해왕' 엔히크 시대 이래로 포르투갈의 원정선이 먼바다로 나가는 출발지였다. 매우 완만하게 펼쳐진 그 항구의 백사장은 종교적 의례와 출발의 석별 의식을 나누기에 안성맞춤이었다. "그곳은 나가는 사람에게는 눈물의 장소였고, 돌아오는 사람에게는 기쁨의 장소였다."[12] 항구 인근의 언덕에는 서쪽 바다를 향해 흐르는 테주강의 전경이 일망무제하게 보이는 엔히크의 예배당이 있었는데, 벨렝의 성모 마리아에게 봉헌된 교회여서 '베들레헴의 우리 성모'라는 이름이 부여되었다. 이 교회는 먼바다로 나가는 선원에게 성사를 베풀 목적으로서 건립되었다. 148명에서 166명에 달하는 선원 전원이 바다로 출발하기 직전의 무더운 여름밤 내내 이 교회에서 기도를 올리며 철야를 했다.

1497년 7월 8일 토요일. "여러 세기 동안 감추어진" 인도를 재발견하기 위해 원정대가 떠나는 날.[13] 성모 마리아에게 봉헌된 그날은 궁정 점성술사가 상서로운 출발일로 점지한 날이었다. 한 달 전에 교황은, 이교도를 정복하여 빼앗았는데 다른 기독교 군주들이 자기 것이라고 주장하지 않는 땅에 대해서는 항구적 소유권을 부여했다. 사람들은 친척과 친지를 전송하려고 리스보아에서 그 항구로 왔다. 가마는 밤을 지새운 교회에서 해변까지 휘하 선원들을 이끌고 내려왔다. 그들은 기독교 신자답게 거룩한 종교 행렬을 이루며 내려왔다. 그 행렬은 사제들과 그리스도 기사단의 수도자들이 조직한 것이었다. 항해자들은 소매 없는 상의를 입었고 손에는 불 켜진 촛대를 들었다. 사제들은 뒤따라오면서 소리 내 기도했고 전송 나온 사람들도 함께 따라했다. 그들이 해변에 도착하자 환송객들은 일제히 침묵 속에 빠져들었다. 선원들은 전대사全大赦(모든 죄의 사면)를 받기 위해 전원 무릎을 꿇고 죄를 고백했다. 오래전 '항해왕' 엔히크는 "발견과 정복 중에" 사망한 자들의 경우, 전대사를 내려주는 회칙을 교황에게 받아두었다.[14] 역사가 주앙 드 바후스의 말에 따르면, "이 의례를 치르는 동안 모든 사람이 눈물을 흘렸다."[15]

곧이어 선원들은 조그마한 보트를 타고 대기 중이던 원정선으로 갔다. 쟁그렁 울리는 심벌즈 소리에 맞추어 돛들이 펼쳐졌고, 닻을 거두었으며, 가마의 기함인 상가브리엘호에는 국왕의 깃발이 게양되었다. 선원들은 주먹을 하늘 높이 들어 올리며 전통적인 구호인 "안전 항해"를 외쳤다. 호각이 울리자 소함대는 바람을 맞으며 진수했다. 대천사 가브리엘과 라파엘을 조각하고 아름답게 색칠한 목제 선수상船首像을 앞세우고 두 캐럭선이 출정에 앞장섰다. 환송 나온 사람들은 사랑하는 사람을 마지막으로 한 번이라도 더 보려고 강물 속으로 뛰어들었다. 그들 사이에는 이미 간격이 널따랗게 생겨났다. "한쪽은 뒤돌아 육지를 보고 다른 한쪽은 바다를 보았다. 모두 뜨거운 눈물을 흘리며 장기 여행에 대한 상념에 빠져들기는 마찬가지였다. 그들은 배가 항구를 완전히 빠져나갈 때까지 그 상태로 있었다."[16] 배들은 테주강을 따라 앞으로 계속 나아갔고, 소함대는 마침내 하구를 벗어나 대서양의 파도를 처음으로 맞이했다.

그리고 상하파엘호에서는 신원이 정확히 밝혀지지 않은 한 사람이 그날의 일을 기록할 준비를 했다. 갑작스러운 서문과 함께 간결한 일지를 작성하기 시작한 이 익명의 기록자는 이 원정에서 벌어진 모든 일의 유일한 목격자다.

하느님의 이름으로 아멘!

1497년, 그 이름으로는 포르투갈에서는 첫째가는 분인 동 마누엘 왕은 향신료를 발견하고 찾아가기 위해 네 척의 배를 파견했다.

우리는 1497년 7월 8일 토요일에 헤스텔루를 출발했다. 우리의 주님이신 하느님께서 당신께 봉사하기 위한 이 항해를 무사히 끝내게 해주시기를. 아멘![17]

향료를 찾는 것이 이 소함대의 목적 가운데 하나가 분명하다면, 'descobrir(발견하다)'라는 목적어가 명시되지 않는 자동사를 쓴 것은 다소 기이하다. 이는 이 원정이 미지의 세계로 도약하는 행위임을 암시한다.

그들은 순풍을 맞으며 아프리카 해안을 내려가 일주일 만에 카나리아 제도 근처까지 갔다. 가마는 기상 상태가 좋다는 사실을 감지하고, 만약 배들이 서로 흩어질 경우 남쪽으로 1600여 킬로미터 떨어진 지점인 카보베르데 제도에서 다시 만나자는 명령을 내렸다. 이튿날 밤, 상하파엘호는 짙은 안개 속에서 길을 잃었다. 그다음 날 안개가 걷혔을 때는 다른 배들도 사라지고 없었다. 그래도 항해는 계속되었다. 7월 22일에 이르러 상하파엘호는 카보베르데 제도의 외곽 섬들을 보았고 다른 배들도 시야에 들어왔다. 하지만 기함인 상가브리엘호가 보이지 않았다. 그들은 다소 당황한 채로 바다 한가운데에서 나흘을 기다렸다. 상가브리엘호가 마침내 7월 26일에 나타나자 소함대 사이에서 안도의 한숨이 터져 나왔다. "저녁에 총선장의 연설을 듣고 우리는 대포를 여러 차례 발사하고 나팔을 크게 불어 젖히며 기뻐했다."[18] 원정대의 진수 초기에는 이런 긴장감이 늘 감돌았다. 그들은 카보베르데 제도의 한 섬인 산티아구에서 일주일을 보내며 돛대를 수리하고 앞으로의 원양 항해에 필요한 고기, 나무, 물 등을 최대한 많이 보관통에 담았다.

"8월 3일 목요일, 우리는 동쪽으로 떠났다."[19] 무명의 일지 작성자는 간결한 어조로 기록했다. 사실 원정대는 알려진 전례가 없고 단지 아주 개략적인 기록만 남아 있는 항로에 이제 막 접어든 상황이었다. 카보베르데에서 남쪽으로 약 1100킬로미터, 적도에서 약 7도 떨어진 지점에 왔을 때, 상가브리엘호와 뒤따라오던 배들은 아프리카 해안의 친숙한 풍경을 따라 내려와 기니 해안의 난코스로 접어들지 않고 키를 남서쪽으로 돌려 커다란 반원형 커브를 그리며 대서양의 한가운데로 접어들었다. 미지의 바다에 들어선 배들은 광대한 대양의 입속으로 삼켜졌다. 돛들은 짠바람을 맞아 펄럭거렸다.

가마의 항로는 9년 전 바르톨로메우 디아스가 수립한, 상식에 반하는 진리를 따라가고 있었다. 아프리카 남단을 돌아가려면 일부러 대양의 한가운데로 들어가 서쪽에서 불어오는 바람을 등에 받으며 그 힘으로 희망봉을 통과해야 한다는 진리. 그런데 상가브리엘호의 항로는 이런 진리의 범위를 종전보다 대폭 확장한 것이었다. 15세기 말에 이르러 포르투갈의 항해자들은 남대서양의 바람이 어떻게 불어오는지 명확하게 파악했음이 틀림없다. 하지만 그들이 대서양의 남서쪽 사분원 일대의 기상 상황을 어떻게 그리 잘 알게 되었는지 그 과정은 알려지지 않았다. 디아스가 귀국하고 가마 원정대가 발진한 사이에 은밀한 탐사 항해가 있었을 수도 있다. 태양의 움직임을 보면서 바다에서의 위치를 정확히 판단하여 대양 한가운데로 들어서는 대담한 항해를 펼친 자신감의 근거는 다른 무엇일지도 모른다. 그런 항해가 내심 무서웠을지라도 감정을 일절 내보이지 않는 일지 작성자는 그 점에 대해 전혀 언급하지 않았다. 8월 22일, 그들은 왜가리처럼 보이는 새들이 남남동쪽으로 날아가는 모습을 보고 "새들이 착지할 것 같다"는 느낌을 받았다.[20] 그 무렵, 가마의 소함대는 대양 한가운데로 800리그, 즉 약 3000여 킬로미터를 나와 있었다. 그들은 성인들의 축일을 기록한 달력에 의거해 지난 날짜를 파악했다. 그게 없었더라면 그들의 세계는 바다와 하늘, 태양과 바람뿐이었을 것이다. 그로부터 두 달이 더 흘러서야 일지 작성자는 그들이 거대한 흑암黑暗 속으로 삼켜지지 않았음을 보여줄 만한 기사를 작성할 수 있었다. "10월 27일 금요일, 성 시몬과 성 유다 축일 전날, 우리는 고래 떼를 보았다."[21]

항해사들이 남서쪽으로 키를 돌리기 위해 손을 대기도 전에 배들은 바다의 무게를 느낄 수 있었다. 산티아구에서 남쪽으로 1000킬로미터 가까이 떨어진 지점에서 상가브리엘호는 주 돛의 활대를 내렸고 "우리는 이틀 낮과 이틀 밤을 주 돛을 접은 상태에서 앞 돛 밑에서 웅크리고 앉아 망을 보았다."[22] 그리하여 선원들의 인내력은 극한에 이를 때까지 시험을 받았다. 선원들은 밤낮없이 네 시간 근무에 네 시간

교대로 보초를 섰다. 모래시계를 보면서 그 시간을 재는 일은 선실의 소년 선원들이 맡았는데, "임무 교대, 시간이 다 되었음" 하고 소리치는 것이었다.[23] 그보다 더 잡스러운 일인 배 밑바닥에 고인 물 퍼내기, 밧줄 잡아당기기, 갑판 청소하기 등은 일시적으로 석방된 죄수들이나 부랑자들에게 돌아갔다. 선원들은 비스킷, 고기, 기름과 식초, 콩과 염장 물고기 등으로 이루어진, 균형 잡히지 않은 식사를 했다. 그리고 바다에서 잡을 수 있을 때는 신선한 생선을 먹었다. 여행 기간이 길어지면서 식료품은 부패했고 비스킷에는 벌레가 꾀었으며 쥐가 기승을 부렸다. 배에 쥐가 있는 것은 흔한 일이어서, 어떤 배들은 쥐를 죽이기 위해 족제비를 싣고 가기도 했다. 기상 상태가 좋아 하루 한 끼 뜨거운 음식을 준비할 수 있을 때는 모래통에서 취사를 했다. 부족한 것은 음식이 아니라 식수였다. 항해 기간이 길어질수록 물이 지저분해져서 식초를 타서 마셔야 했다. 통이 비워지면 배의 균형을 유지하기 위해 빈 통에다 바닷물을 채워 넣었다.

배의 고위급 선원인 선장과 항해사는 그 직책을 표시하는 휘장으로서 황금 줄에 매달린 호루라기, 어깨에 걸치는 검은 벨벳 망토를 착용했다. 그들은 개인 선실에서 식사를 하고 잠을 잤다. 하급 선원들은 직책에 따라 잠자는 장소가 달랐다. 고참 선원들은 앞갑판 밑에서, 무장 선원들은 선교(선장 지휘소) 밑에서 잤다. 밤중에 선실은 악취가 나기는 해도 그럭저럭 견딜 만했다. 범죄자나 부랑자는 밤중에 한데나 다름없는 갑판 위에서 벌벌 떨면서 자야 했다. 소함대가 적도를 지나 남쪽으로 가면서 차가운 바다로 진입했을 때, 그들은 염소 가죽이나 기름천을 둘러쓰고 추위를 견뎌야 했다. 다들 소금에 절어 뻣뻣해진 옷을 입은 채 밀짚 매트리스 위에서 잤다. 선원들의 옷은 축축한 날씨가 계속되면 마르지가 않았다. 기름천으로 만든 담요는 죽어서 수장될 때 수의壽衣 대용으로 쓰였다. 그들은 양동이에다 대소변을 보거나, 혹은 바다 상황이 잔잔하다면 선측에서 바다를 향해 일을 보았다. 씻는 사람은 아무도 없었다.

일과는 보초 근무, 식사 시간, 긴급 보수 작업, 그리고 아침저녁으로 하는 기도로 구성되었다. 비바람이 칠 때면, 선원들은 돛대 높이 올라가 삭구에 매달린 채 노호하는 바다를 내려다보면서 비와 바람의 채찍을 맞으며 돛의 방향을 조정하거나 두꺼운 캔버스 천으로 된 활대를 재조정해야 했다. 배가 앞으로 잘 나아가고 바다가 잔잔하면, 선원들은 오락을 벌이기도 했다. 곧잘 말썽을 일으키는 원인인 도박 카드놀이는 금지되었다. 선원들은 낚시를 하거나 밀린 잠을 보충하거나, 글을 읽거나(독해력이 있다면), 파이프와 북소리에 맞추어 노래하며 춤을 추거나, 사제가 읽어주는 성인들의 생애를 들었다. 성인들의 축일을 기념하기 위해 선상 행진도 하고 미사를 올리기도 했으나 성찬식은 없었다. 사제가 성배를 놓쳐 바다에 떨어뜨릴 경우, 그 안에 든 성물이 훼손될 우려가 있었기 때문이다. 악공들의 역할은 여흥을 드높이고 선원들의 사기를 북돋는 것이었다.

선상 생활에 익숙하지 못한 선원들은 점점 수척해지고, 목이 마르고, 잠이 모자라고, 뱃멀미에 체력이 허약해져서 이질과 고열에 시달렸다. 말린 채소, 양파, 콩 등은 부패하기 전에 요리에 사용되었는데도 선원들 모두가 부지불식간에 서서히 진행되는 선원병에 걸렸다. 이 병은 신선한 비타민 C를 공급받기 어려웠기에 항해 68일이 지나면 증상이 나타나기 시작한다. 84일 이후에는 죽는 자가 나타나고 111일 차에는 모든 선원이 괴혈병에 걸린다. 가마의 선원들에게도 이런 시간표는 엄격하게 지켜졌다.

적도의 뜨거운 나날들, 남쪽 바다의 점점 차갑고 난폭한 날씨 같은 악조건 속에서도 소함대는 하루 약 70킬로미터 속도로 계속 앞으로 나아갔다. 남위 20도 지점에서 항해사들은 바람의 방향이 바뀌는 것을 느끼고 뱃머리를 남동쪽으로 돌려 희망봉을 통과할 희망 아래 그 봉우리를 크게 우회하는 항로를 잡았다. 11월 4일 토요일, 글을 간결하게 쓰는 일지 작성자는 다시 펜을 들었으나 되돌아가는 항로에 대해선 일언반구도 없었다. "바다의 수심을 재어보니 110패덤(약 200미터)이었고 9시에 육지를 보았다. 우리는 촘촘히 대열을 형성했고 예복을 입은 후 대포를 발사함으로써 총선장에게 경의를 표했고, 국기와 군기로 배를 단장했다."[24] 그는 비록 이처럼 간결한 문장을 구사했지만, 그동안의 응축된 감정이 해소되는 것을 행간에서 엿볼 수 있다. 그들은 93일간 육지를 보지 못했으며, 난바다를 무려 1200여 킬로미터나 항해하면서 견뎌냈다. 이는 놀라운 항해 업적이었다. 콜럼버스가 바하마 제도까지 건너가는 데에는 37일 걸렸을 뿐이다.

그러나 그들이 발견한 육지는 희망봉에 약간 못 미친 지점이었고, 희망봉에서 북서쪽으로 200킬로미터 올라간 넓은 만이었다. 항해 중에 육지를 발견한 때는 곧 배를 꼼꼼하게 수리해야 하는 때이기도 하다. 먼저 배를 청소하고, 돛과 활대를 보수하고, 식용 고기를 찾아보고, 식수를 챙겨야 했다. 그들은 그때 처음으로 혼천의—이 도구는 혼들리는 갑판에서는 무용지물이다—를 꺼내와 위도를 정확하게 읽을 수 있었다. 선원들은 긴장된 상태로 선주민을 만났다. 일지 작성자에 의하면, "그들의 피부는 암갈색이었다."[25] 일지 작성자는 "그들의 개가 포르투갈 개를 닮았고 똑같이 멍멍 짖는 것"에 놀랐다. 그들은 선주민을 한 명 잡아서 배에 데려와 음식을 주고 말을 걸었다. 그러나 선상 통역사들은 선주민의 말을 알아듣지 못했다. "그들은 마치 재채기에 걸린 것처럼 말했다."[26] 이들은 아프리카 남서쪽에 거주하는 농경민인 코이코이족인데, 유럽인들은 나중에 이들에게 호텐토트족Hottentots* 이라는 이름을 붙였다. 그들이 말하는 소리가 그렇게 들렸기 때문이다.

처음에 양측의 수인사는 우호적이었다. 일지 작성자는 "선주민들이 성기를 가리는 가리개도 하나 얻었다."[27] 그러나 그 관계는 곧 소규모 접전으로 이어졌고, 가마는 그 싸움에서 가벼운 창상을 입었다. 일지는 이렇게 기록했다. "이 모든 일이 우리가 그들을 생각이 없는 자들, 폭력을 쓸 줄 모르는 자들이라고 생각했기 때문에 벌어졌다. 우리는 아무런 무장도 하지 않은 채로 상륙했다."[28] 이 일은 원정대에게 하나의 계시 같은 사건이었다. 그때 이후 해상에서 육지를 발견하면 원정대는 극도로 조심하면서 단단히 무장했다. 그리하여 선원들은 아주 자그마한 도발에도 대포를 쏘아대는 경향이 있었다.

비바람 치는 날씨에 희망봉을 돌아가기까지는 엿새 동안 무수한 시도가 필요했다. 마침내 9년 전 바르톨로메우 디아스가 다녀갔던 아

---

* 네덜란드어 'hot en tot'에서 유래한 명칭. 영어로는 'hot and tot'. 선주민들의 말이 hot와 tot를 반복하는 것처럼 들리는 데서 나온 의성어로, 1670년경에 만들어진 말.

프리카 동쪽 해안인 '소몰이꾼만' —지금은 상브라스만이라고 기독교식으로 개명했다—에 상륙했을 때, 이들은 먼저 무력시위를 했다. 긴 보트에 흉갑, 장전된 석궁, 소형 회전 대포를 싣고서 해안에 바싹 다가가 누가 나타났는지를 선주민들에게 보여주었다. "우리는 너희에게 해를 입힐 수단을 갖고 있다. 그러나 그것을 사용할 생각은 없다."[29] 그리하여 전에 아프리카 서해안에서 자주 벌어졌던 일, 다시 말해 서로 의사소통이 안 되는 만남이 이어졌다. 문화와 언어의 장벽을 뛰어넘어, 같은 인간임을 공감하는 황홀한 순간과는 극명한 대조를 이루는 순간들이었다. 여기서 포르투갈 선원들은 보급선에서 물품을 해안으로 옮겨다 놓고 그곳에서 불을 피웠다.

12월 2일, 약 200명 정도 되는 선주민이 해변으로 내려왔다.

그들은 황소와 암소 약 열두 마리, 양 네다섯 마리를 데리고 왔다. 우리는 그들을 보자마자 해변으로 갔다. 그들은 피리 네댓 대를 연주했는데, 일부는 고음, 일부는 저음으로 꽤 그럴듯하게 구성진 곡조를 선보였다. 음악을 모를 것이라고 예상했던 흑인들이 그런 가락을 만들어낸 것이다. 그리고 그들은 흑인 스타일로 춤을 추었다. 이어서 총선장은 나팔을 울리라고 했다. 우리는 보트에 탄 채로 춤을 추었고, 총선장도 우리에게 합류해 함께 춤을 추었다.[30]

아프리카인과 유럽인은 잠시 음악의 리듬과 선율로 하나가 되었으나 여전히 서로를 향한 의심이 남아 있었다. 그리고 며칠 뒤 포르투갈인들은 매복을 두려워하여 대형 보트에 탄 채로 베르수를 발사하여

1부 정찰

농부들을 쫓아버렸다. 그들이 만을 떠나면서 마지막으로 본 광경은 해변에 막 세워둔 석비와 십자가를 코이코이족이 파괴하는 장면이었다. 포르투갈인들은 기분을 풀기 위해 공중에다 대고 대포를 쏘아 해변의 물개 떼와 날지 못하는 펭귄 떼를 겁먹게 했다.

소함대는 희망봉을 처음부터 말끔하게 통과하지 못한 일로 커다란 대가를 치렀다. 배들은 폭풍우 때문에 잠시 흩어졌다. 12월 15일, 그들은 해류의 흐름에 역행하면서 바르톨로메우 디아스가 마지막 석비를 세운 지점을 가까스로 통과했다. 그렇지만 12월 20일에는 해류에 밀려서 다시 원위치가 되었다. 디아스의 선원들이 더는 항해하기를 거부했던 바로 그 지점이었다. 가마의 배들은 선미에서 앞쪽으로 밀어주는 강력한 바람 덕분에 이 해안의 미로를 벗어날 수 있었다. "이제부터는 하느님께서 우리가 계속 앞으로 나아갈 수 있도록 자비를 베풀어주시기를!" 일지 작성자는 안도하는 어조로 그렇게 썼다. "하느님께서 언제나 항해가 이렇게 진행되게 해주시기를!"[31]

그러나 아프리카 남단을 돌아가는 과정은 선원과 선박을 몹시 지치게 했다. 상하파엘호의 주 돛대는 꼭대기 부분이 꺾였고 닻을 잃었다. 식수는 점점 바닥나고 있었다. 선원은 이제 하루에 물 3분의 1리터로 버텨야 했고, 바닷물로 요리한 음식은 갈증 해소에 도움이 되지 않았다. 괴혈병까지 선원들을 괴롭혔다. 빨리 육지를 발견해 휴식을 취하는 것이 시급한 과제였다.

1498년 1월 11일, 그들은 어떤 자그마한 강에 도착했다. 그들은 곧 완전히 다른 세계에 들어섰음을 느꼈다. 그들을 만나러 온 키 큰 선주민들은 코이코이족과는 완전히 딴판으로 생긴 이들이었다. 그들은 두

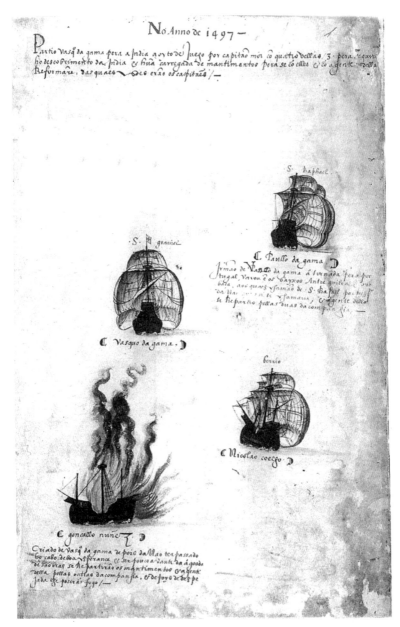

가마의 소함대. 보급선은 희망봉을 통과한 후에 불태워졌다.

려움 없이 낯선 백인을 융숭하게 맞아주었다. 이들은 반투족이었는데 통역사들은 그들과 어느 정도 의사소통을 할 수 있었다. 여기서 식수를 선상에 충분히 반입할 수 있었지만, 바람이 순풍이었기에 더는 머무를 수가 없었다. 1월 22일, 그들은 삼림이 울창한 나지막한 해안에, 그리고 더 넓은 강이 흐르는 삼각주에 도착했다. 그 강에는 악어와 하마가 서식하고 있었다. "신체 건강한 흑인들"이 통나무배를 타고서 그들을 만나 교역을 하러 왔다. 일지 작성자에 따르면 그 흑인들 중 일부는 "아주 거만하여 … 우리가 그들에게 건네준 물품을 대수롭지 않게 여겼다."[32]

이 무렵 괴혈병 증세가 너무 많이 진행되어 많은 선원이 처참하기 짝이 없는 상태였다. 그들의 손, 발, 다리는 기괴할 정도로 부어올랐다. 피가 나고 고름이 찬 잇몸이 이빨 아래로 내려와 덮어서, 마치 이빨을 먹어치울 듯한 기세였다. 그 때문에 선원들은 아무것도 먹지 못했다. 그들의 입에서 나는 냄새는 아주 고약했다. 사람들은 죽어나가기 시작했다. 파울루 다 가마는 쉼 없이 환자들을 위로하고 치료해주었고 자신이 가져온 의약품으로 죽어가는 이들을 살려내려 애썼다. 원정대 선원을 전멸에서 구한 것은 파울루의 치료나 좋은 공기가 아니라, 우연히 접한 잠베지강의 양쪽 둑에서 풍성하게 자라고 있던 야채였다.

그들은 그 거대한 삼각주에서 한 달을 머무르며 선체를 옆으로 기울여서 수리를 했고, 상하파엘호의 돛대를 보수했으며, 물통을 가득 채우고 바다에서 겪은 엄청난 시련으로부터 회복했다. 마침내 그곳을 떠날 때, 그들은 거기에다 성 라파엘에게 봉헌하는 석비를 세웠고,

잠베지강을 '좋은 조짐의 강'이라고 기독교식으로 개명했다. 선주민들의 따뜻한 환대와 높은 문명 수준 덕분에 일종의 기대감이 공중에 떠돌았다. 이제 바다에 나온 지 7개월, 마침내 그들은 인도양의 문턱에 들어섰다.

소함대는 2월 24일에 잠베지강을 떠나 동아프리카 해안과 마다가스카르섬 사이에 있는 넓은 해협으로 들어섰다. 해협의 소용돌이와 해류는 항해하는 배에게 심각한 위험 요소가 될 수 있었다. 날씨는 더워졌고 하늘과 바다는 청명하기 그지없는 푸른색이었다. 멀리 육지 쪽을 보면 초록색 나무가 우거진 숲, 하얀 모래, 부서지는 파도가 보였다. 그들은 모래톱에 주의를 기울이며 낮에만 운항했다. 밤이 되면 닻을 내리고 쉬었다. 3월 2일에 커다란 만을 목격할 때까지는 항해에 아무런 어려움이 없었다. 다만 경량급 캐러벨선인 베히우호가 수심을 측정할 때 해협의 깊이를 오판하여 일시적으로 모랫둑에 걸리고 말았다. 니숄라스 코엘류가 그 배를 사주에서 빼내려고 애쓰는 동안, 선원들은 통나무배를 탄 선주민들이 놋쇠 나팔 소리를 울리며 다가오는 모습을 보았다. "그들은 우리에게 더 나아가 만 안으로 들어오라고 했다. 우리가 원한다면 항구에 입항하는 것도 도와주겠다고 했다. 그들 중 우리 배에 올라온 자들은 우리와 함께 식사를 하고 술을 마셨다. 그들은 식사를 마치자 다시 보트로 돌아갔다."[33] 그들이 말한 항구는 모잠비크였고 그들이 의사소통에 사용한 언어는 아랍어였다. 소함대의 복잡한 거래가 새로운 국면을 맞이한 것은 그때부터다.

4

"이게 대체 무슨 일이오!"

1498년 3-5월

수천 킬로미터 떨어진 리스보아에 있는 성 게오르기우스 궁전의 널따란 벽에는 당시에는 최선이었던 마우루 수사의 거대한 원형 지도가 걸려 있었다. 그 지도에서 아프리카는 크게 왜곡되었고 인도는 거대한 원형으로 된 아시아에서 뜯겨 나간 가장자리 정도로 묘사되어 아대륙의 진짜 모습을 보여주지 못했다. 그 지도의 주석과 지명은 15세기 베네치아 여행자인 니콜로 데 콘티의 방랑기에서 빌려온 것들이었다. 인도양을 도항 가능한 바다로 표시했고, 콘티가 인도 상업의 중심축이라고 한 해안 도시 캘리컷을 명기했다. 그리고 그 도시 옆에는 "여기에서 후추가 자란다"라는 설명이 곁들여져 있다. 첩자 활동을 했던 페루 다 코빌량 역시 에티오피아 고원으로 들어가 실종되기 직전에 자신이 인도 출장에서 겪은 일들을 상세히 적은 장문의 편지를 카이로에서 만난 지인에게 건네주었다. 이 편지는 포르투갈 사람들에게 그들이 그때까지 항해한 세계에 대한 정보를 많이 제공했을 것이다.

그러나 주앙 2세는 코빌량의 편지를 받지 못했다. 바스쿠 다 가마가 휴대한 비밀 명령, 지도, 목적지, 마음속 지도 등은 아마도 무명의 일지 기록자에게는 알려지지 않았을 것이다. 가마는 캘리컷에 있는, "인도의 기독교도 왕"이라는 막연한 수신자에게 쓴 편지를 지니고 있었던 듯하다. 그 편지는 아랍어로 적혀 있었는데, 인도양에서 무슬림이 꽤 활약하고 있다는 것을 포르투갈 사람들이 알고 있었음을 보여준다. 이외에 그들의 지닌 기본 지식은 매우 한정적임이 드러났다. 인도양 일대의 기상 상태, 예전부터 존재한 무역 네트워크, 이슬람교와 힌두교 사이의 미묘한 문화적 관계, 두 종교의 관습 등은 잘 알지 못했다. 그 결과 향후 그들의 실수와 오해는 복합적인 양상을 보이고 그 후유증은 오래 지속된다.

지중해의 30배 크기인 인도양은 거대한 M자 모양이고 인도는 두 기둥 사이에 있는 V자에 해당한다. 인도 서쪽에는 아라비아반도가 있는데 그 반도의 양안 모두 무덥다. 거기서 좀 더 나아가면 동아프리카의 스와힐리 해안이 있다. 인도 동쪽으로는 자바섬과 수마트라섬, 서부 오스트레일리아 해안이 인도양을 태평양으로부터 갈라놓는다. 인도양의 남쪽으로는 남극의 차갑고 거친 바다가 물결친다. 돛배 시대에 인도양을 항해하는 시기와 해상 무역로는 몬순*의 주기적 리듬에

---

* 대륙과 대양 사이에서 부는 바람으로, 여름과 겨울에 반대 방향으로 분다. 특히 인도에서 4월 말부터 10월 중순까지는 서남풍(서남쪽에서 동북쪽으로 부는 바람)이 불고, 그 밖의 시기에는 정반대로 동북풍이 분다. 서남 계절풍이 불어올 때 인도는 장마철이 된다.

따라 결정된다. 몬순은 지구상에서 벌어지는 거대한 기상학 드라마로, 그 계절적 변동과 반전이 마치 일련의 서로 맞물린 톱니바퀴가 돌아가는 듯한데, 이 바람을 이용하여 지구상의 먼 거리까지 물품들이 이동하고 유통되었다. 인도양 서쪽 바다를 항해하는 배들은 전통적으로 다우선이었다. 이것은 다양한 형태와 지역에 따라 다르게 디자인된 삼각돛이 걸린, 기다랗고 가느다란 배를 총칭하는 용어다. 중량이 5~15톤 정도인 연안 수송용 다우선이 있는가 하면 수백 톤의 원양 항해용 다우선도 있었는데, 후자의 경우에는 가마의 캐럭선을 제압하고도 남을 정도였다. 전통적으로 다우선은 못을 사용하지 않고 코이어* 밧줄로 단단히 엮어서 만들었다.

콜럼버스와 다르게, 포르투갈 사람들은 조용한 바다에 뛰어든 것이 아니었다. 지난 수천 년 동안 인도양은 세계 무역의 교차로 역할을 해왔다. 광둥에서 카이로까지, 버마에서 바그다드까지 복잡한 무역 체계, 해양 스타일, 문화와 종교, 여러 무역 중심축을 통해 다양한 물품이 서로 오갔다. 가령 말레이반도에서는 베네치아보다 더 큰 말라카라는 도시에서 중국과 그보다 더 먼 향신료 섬들에서 오는 물품이 거래되었다. 인도 서부 해안에는 후추 무역이 번창한 캘리컷이 있었고, 페르시아와 바그다드로 들어가는 관문인 호르무즈가 있었으며, 홍해와 카이로로 들어가는 입구인 아덴은 이슬람 세계의 신경 중추였다. 인도양의 해안 지역에는 수십 개 도시 국가가 흩어져 있었다. 인도양은 아프리카에서 황금, 흑인 노예, 맹그로브 줄기를 실어 날랐고,

---

* 야자나무 열매의 겉껍질로 만든 섬유.

아라비아의 향신료와 대추야자, 유럽의 지금地金, 페르시아의 말, 이집트의 아편, 중국의 도자기, 실론의 전투용 코끼리, 벵골의 쌀, 수마트라의 황, 몰루카 제도의 육두구, 데칸 고원의 다이아몬드, 구자라트의 목면을 여러 지역으로 수송했다. 인도양은 너무나 넓고 복잡해서 그 누구도 이 지역에서는 독점 사업을 하지 못했다. 아시아 대륙의 강대국들은 바다를 상인들에게 일임했다. 그 바다에 소규모 해적은 존재했지만 보호주의를 내세운 전함이 돌아다니지는 않았다. 해상 영유권이라는 개념이 거의 없었기 때문이다. 해상의 초강대국인 명나라의 성선 함대는 멀리 나아갔다가 평화롭게 되돌아왔다.

인도양은 비교적 평화로운 거대한 자유무역 지대였다. 전 세계 부의 절반 이상이 이 해역을 통해 여러 나라로 분화된 무역 공화국으로 흘러들어 갔다. 그래서 이런 말이 나돌았다. "하느님은 이 바다를 공통으로 사용하라며 인류에게 내려주셨다."[1] 이곳은 신드바드*의 세계였다. 이 해역의 핵심 상업 집단은 무슬림이었다. 그들은 동아프리카의 야자수 우거진 해안에서 동인도 제도의 향신료 섬들에 이르기까지 폭넓게 무역을 했다. 이슬람은 총칼의 힘으로 전파된 것이 아니라 다우선을 타고 온 전도사와 상인이 널리 알린 종교였다. 이 지역은 다민족 세계였다. 인도양의 무역은 사회적·문화적 상호 작용, 장거리 이주와 이슬람교, 힌두교, 불교, 현지 기독교도/유대교도 사이의 상호 수용에 크게 의존했다. 이 세계는 포르투갈 사람들이 이해하기 어려

---

* 《아라비안나이트》 중 제6권에 나오는 〈바닷사람 신드바드와 땅의 사람 신드바드〉의 주인공. 신드바드가 바다로 일곱 차례 모험 여행을 떠나, 신기한 나라들을 구경하고 보물도 잔뜩 챙겨서 돌아온다는 얘기다.

울 정도로 풍요롭고 다층적이고 복잡했다.

그러나 포르투갈 사람들은 독점을 지향하고자 했고 그런 심리는 아프리카 서해안의 정복과 모로코에서의 성전으로 한층 강화되었다. 그들은 힌두교가 존재한다는 사실을 알지 못했다. 독점적 무역 정책이 견제당하면 그들은 차선책으로 공격을 선택했다. 공격 행위라 함은 현지인을 인질로 잡는 행위, 혹은 봄바드 대포의 발사 구멍에 즉각 격발의 횃불을 갖다 대는 행위를 의미한다. 포르투갈은 머스킷 소총과 함선에 탑재한 대포를 휘두르며 이 바다에 뛰어들었고, 오래전부터 거기서 지켜지던 규칙을 무시하는, 외부에서 온 참가자였다. 이런 포르투갈 함대를 상대해야 하는 인도양 해안 일대의 배들은 너무나 무기력하여 스스로를 방어할 수 없었다.

가마의 소함대는 모잠비크의 도시에 접근하면서 그곳이 전부터 알던 아프리카와는 다른 곳임을 금세 알아보았다. 집들은 볏짚으로 이엉을 이었고 말끔했다. 뾰족탑과 목조 모스크도 볼 수 있었다. 무슬림인 듯한 그 사람들은 가장자리에 비단을 대고 황금으로 장식한 사치스러운 카프탄*을 입고 있었는데 아마도 상인들이었을 것이다. 그들은 아랍어를 했기에 포르투갈 배의 통역사들은 그들과 의사소통을 할수 있었다. 그들은 포르투갈 사람들을 아주 따뜻하게 환영해주었다. "그들은 마치 오래 사귄 사람들과 대화하려는 것처럼 자신감 넘치는 자세로 즉시 배에 올라왔다."[2] 포르투갈 사람들은 그때 처음으로 그들이 발견하러 온 세계에 대한 소식을 들었다.

---

* 무슬림이 입는 옷으로, 전신을 덮고 소매가 길며 띠로 허리를 죄는 옷.

포르투갈 사람들은 통역사의 말을 듣고서 '하얀 무슬림'의 무역에 대해 알게 되었다. '하얀 무슬림'은 아라비아반도에서 온 상인을 뜻했는데, 항구에 그들의 배 네 척이 계류되어 있었다. 그 상인들은 "금, 은, 정향, 후추, 생강, 은반지, … 진주, 보석, 루비 등을 가져왔다."[3] 무명의 일지 작성자는 다소 믿기지 않는다는 듯한 어조로 계속 적어 나갔다. "우리가 가는 곳마다 그런 물품이 많았다. … 보석, 진주, 향신료가 너무 흔해서 돈 주고 살 필요가 없었다. 그저 바구니에다 담으면 됐다." 그들은 큰돈을 벌 수 있겠다고 생각했고 그런 돈 냄새는 사람을 흥분하게 만들었다. 포르투갈 사람들은 해안 일대에 기독교인이 많이 산다는 사실을 파악했다. 그리고 "사제왕 요한이 이곳에서 그리 멀지 않은 곳에 살았다. 그는 해안 일대의 여러 도시를 다스렸으며, 도시 주민들은 큰 상인이었고 큰 배를 여러 척 소유했다."[4] 통역사를 통해 알게 된 사실이 무엇이었든 간에, "우리는 기뻐서 소리 질렀고 하느님께 건강을 허락해달라고 기도했다. 우리가 그토록 소망해온 것들을 볼 수 있도록."[5]

포르투갈 사람들은 차츰 자신들이 무슬림 상인들로 오인되고 있다는 사실을 깨달았다. 처음에 술탄은 매우 우호적인 분위기를 풍기며 다가와 승선했다. 가마가 한껏 과시하려고 애를 썼지만—포르투갈 배와 선원 모두가 지칠 대로 지친 상태여서 그렇게 하기가 어려웠겠으나—술탄은 그들이 내놓은 선물을 보고 크게 실망했다. 포르투갈 사람들은 이 새로운 세계의 엄청난 부를 알지 못했기에 서아프리카 추장들을 기쁘게 할 법한 자질구레한 장신구들, 가령 금속 종, 대야, 산호, 모자와 간단한 옷만 챙긴 채 리스보아를 떠나왔던 것이다. 술탄은 보라색 옷감을 원했다. 수척한 모습의 포르투갈 선원들은 상인 혹은 부유한 사람이라는 인상을 주지 못했기에, 술탄은 그들의 정체와 의도를 의아하게 여기는 듯했다. 술탄은 처음에 그들을 투르크인이라고 생각하여 그 나라의 명품인 활과 잘 만들어진 쿠란을 원했다. 가마는 할 수 없이 거짓말을 했다. 성스러운 책이 바닷물에 훼손될까 두려워 가져오지 않았노라고. 그렇지만 가마는 석궁을 발사하고 봄바드 대포를 보여주었다. "술탄은 그것을 보고 기뻐하면서도 깜짝 놀라는 눈치였다."[6]

포르투갈 사람들은 그 해안이 매우 위험하다는 사실도 알게 되었다. 베히우호는 항구에 들어서다가 모래톱에 좌초했는데 그 해안 앞에는 그런 사주가 많았다. 가마는 술탄에게 항해사를 한 명 빌려달라고 요청했다. 그는 두 명을 내주면서 보수는 금으로 지불하라고 했다. 가마는 무슬림의 의도를 늘 의심했기에 그중 한 명은 반드시 선상에서 대기하게 했다. 이처럼 항해사를 고용한 주인의 마음속에서 의심이 커지자 곧 분위기는 암울하게 바뀌었다. 3월 10일, 포르투갈 배들이 은밀하게 미사를 올리기 위해 도시에서 떠나 약 5킬로미터 떨어진 섬으로 이동하는 동안 술탄의 항해사 중 한 명이 배에서 이탈했다. 가마는 보트 두 척을 내려 그자를 수색하라고 지시했으나 곧 섬 쪽에서 무장한 배 여섯 척이 나오더니 그들에게 모잠비크로 돌아가라고 명령했다. 이 시점에서 기독교인들은 자신들의 정체가 드러났음을 깨달았다. 가마 일행은 배에 남아 있던 또 한 명의 항해사를 결박해 달아나지 못하게 하고 봄바드를 쏘아 무슬림을 격퇴했다. 이제 앞을 향해 나아갈 시점이었다.

그러나 날씨가 그들의 출발을 가로막았다. 역풍이 불어왔다. 그들은 섬으로 되돌아가야 했다. 술탄이 화해하자고 신호를 보냈으나 그들은 거부했다. 긴장 속에서 열흘이 흘러갔다. 섬의 물은 짜서 먹을 수가 없었고 배에서는 식수가 떨어져갔다. 3월 22일, 그들은 할 수 없이 다시 모잠비크 항구로 돌아가야 했다. 그들은 식수를 떠 오려고 남아 있던 술탄의 항해사를 데리고 한밤중에 은밀하게 상륙을 시도했다. 그러나 항해사는 의도적인지 아닌지 샘물을 찾아내지 못했다. 이튿날 동틀 무렵에 그들은 다시 시도했고 샘물이 남자 스무 명에게 둘러싸여 지켜지는 모습을 발견했다. 다시 봄바드가 불을 뿜었고 보초들은 달아났다. 물을 얻기 위한 전투는 계속되었다. 그다음 날 포르투갈 사람들은 여전히 그 수원에 보초들이 배치된 모습을 보았는데 이번에는 목책으로 보호되고 있었다. 하지만 포르투갈 측에서 세 시간 가까이 대포를 쏘아대자 보초들은 무서워서 달아났다. 3월 25일에 이르러 계속 대포로 위협하자 주민 모두가 집 안에 틀어박혀서 밖으로 나오지 않았다. 포르투갈 사람들은 물을 다 길은 뒤에 그 항구를 떠났다. 그들은 근처를 지나가던 보트에서 인질을 몇 명 붙잡았고 작별 인사 삼아 그 도시를 향해 대포를 몇 발 쏘았다.

곧 좌절과 공격적 대응이라는 패턴이 형성되었다. 선장들은 점점 더 신경질을 내고 의심이 깊어졌고 기독교인이 지배하는 항구에 들어가 따뜻한 환영을 받으며 식량을 충분히 얻을 수 있기를 간절히 바랐다. 그러나 그런 항구는 나타나지 않았다. 북쪽으로 올라가는 항해는 느리기만 했다. 그들은 역풍을 만나 뒤로 밀리기도 했고, 포로로 잡아둔 항해사의 말을 믿지 못해 사주나 모래톱이 없는지 살피며 매우 조심스럽게 해협의 수심을 측정했다. 그들은 항해사의 거짓 정보로 기독교인이 많이 살고 있다는 킬와 항구를 지나쳐서 북행하게 되었는데, 뒤늦게 이를 알고 분노하여 항해사를 매질했다. 이어 우연한 사고로 상하파엘호가 좌초했으나 모두 이겨내고 마침내 몸바사 항구에 도착했다. 그날은 종려 주일의 일요일이었다. 일지 작성자는 이렇게 기록했다. "우리는 즐거운 마음으로 이곳에 닻을 내렸다. 그다음 날 우리는 무어인들, 독립된 구역에서 자치를 한다고 알려진 기독교인들과 합류하여 미사를 올릴 수 있을 것이라는 희망이 있었기 때문이다."[7] 선원들은 동료 기독교인이 곧 합류할 것이라는 안일한 생각을 좀처럼 떨쳐버리지 못했다.

몸바사 입항도 전과 동일한 패턴이 반복되었다. 처음에 술탄은 그들을 환영했다. 그런 일을 하라고 선발된 석방된 죄수 두 명이 해안에 상륙하여 좋은 대접을 받았다. 처음으로 그들은 '기독교인들'을 만났고, "그 기독교인들은 현지 주민들이 귀중하게 여기는 물품인 종이 한 장을 두 사람에게 보여주었는데 거기에는 성령이 그려져 있었다."[8] 포르투갈인들이 해외 사업을 하던 초창기에 지녔던 아주 심각하면서도 웃지 못할 오해는 다음과 같았다. 그들은 고유한 신들을 모시는 힌두교를 전혀 알지 못했기에 힌두교가 기독교의 이단 정도 된다고 짐작했다. 포르투갈 사람들은 외딴곳에 고립되어 멸시받는 기독교인들을 발견할 수 있으리라는 기대를 품고 인도양으로 들어섰다. 다소 낯선 신인동형의 성상들을 보여준 현지인들이 그런 기대에 부합했다.

술탄은 향신료 무역을 개시하기 위한 서막으로 약간의 향신료 견본을 보내왔지만, 포르투갈 함대의 소문은 아마도 그들 자신보다 먼저 몸바사에 도착했던 듯하다. 환대에 마음이 누그러져서 보트를 내려 항구에 들어가려고 생각하던 차에, 상가브리엘호가 갑자기 표류하면서 옆의 배를 쳤다. 그러자 선상의 항해사들이 당황하면서 겁을 먹었다. 그들은 처벌을 두려워하여 바다에 뛰어들었고 현지 보트에 의해 구조되었다. 포르투갈 사람들은 신경이 날카로워졌다. 그날 밤, 그들은 두 인질의 몸에 끓는 기름을 부으면서 고문을 했다. 모잠비크를 포격한 데 대한 보복으로 포르투갈 배를 나포하라는 지령이 내려온 게 아닌지 '자백'하라는 것이었다. "같은 고문이 두 번째로 시행되자 무슬림 중 한 명은 양손이 결박된 채 물속으로 투신했고, 다른 한 명은 아침 당직 시간에 역시 투신했다."[9] 고문보다는 물에 빠져 죽는 게 더 나았던 것이다.

한밤중이 되었을 무렵, 배의 보초들은 달빛 어린 바다에서 물살을 일으키며 나아가는 참치 떼 같은 것을 보았다. 그러나 그것은 포르투갈 배 쪽으로 조용히 헤엄쳐 오는 현지 사람들이었다. 그들은 베히우호에 도달하자 밧줄을 끊기 시작했다. 그리고 일부는 배 위의 삭구에까지 올라왔다. 하지만 "그들은 발각되자 조용히 배 아래로 미끄러져 내려가 사라졌다."[10] 4월 13일 아침에 포르투갈 함대는 더 좋은 행운과 믿을 만한 항해사를 찾아 그 해안에서 약 110킬로미터 위쪽에 있는 말린디로 나아갔다. 익명의 일지 작성자는 이렇게 기록했다. "이곳의 날씨가 매우 좋아서" 선상 환자들이 회복될 조짐을 보였다.[11] 그렇게 회복된 요인은 오렌지를 많이 먹어서 비타민 C가 체내에 공급되었기 때문일 것이다. 그렇지만 포르투갈 원정대는 흔들렸다. 선원들은 닻을 들어 올리느라 힘을 너무 많이 써서 체력이 고갈된 상태였다.

그래서 밧줄을 끊고 닻 하나는 바다 바닥에 그대로 놔두어야 했다. 그들은 위쪽 해안으로 계속 나아가다가 보트 두 척을 발견했다. "우리는 즉각 나포할 목적으로 그 보트들을 추격했다. 우리가 가고 싶은 곳으로 항로를 안내해줄 항해사를 확보하는 일이 너무나 절실했기 때문이다."[12] 한 보트는 도망쳤기에 그들은 나머지 보트를 쫓아갔다. 신분이 높은 노인과 그의 아내를 비롯해 열일곱 명에 달하는 보트 승객은 해적에게 포로로 잡히느니 물속에 투신하기를 바랐다. 그러나 결국 그들 모두 붙잡혔고 원정대는 그 보트에서 "금, 은, 다량의 옥수수와 식료품을 건져 올렸다."[13] 이제 인질 잡기는 적대적인 지역에서 비상시에 취해야 하는 차선책으로 고착되었다.

그들은 4월 14일 저녁에 말린디에 도착했다. 비옥한 들판과 수림 사이에 들어선, 하얀 칠을 한 높다란 집들을 보고 일지 작성자는 향수병을 약간 느끼며 테주 강둑에 있는 고향집을 생각했다. 이튿날은 부활절 일요일이었다. 아무도 그 괴상한 배를 구경하러 나오지 않았다. 그들의 명성은 그들보다 먼저 말린디에 도착해 있었다. 가마는 포로로 잡았던 노인을 그 도시 앞쪽 모래톱에 내려놓고 그가 중개인 역할을 하기를 바라며 구조해 가기를 기다렸다. 술탄의 반응은 앞선 두 차례의 다른 항구 입항 때와 비슷했다. 노인은 이런 답변을 얻어서 돌아왔다. "술탄은 기꺼이 평화적으로 교류하고자 한다. … 그리고 이 나라가 제공할 수 있는 것이라면 무엇이든 도움을 줄 수 있다고 한다. 항해사든 뭐든."[14] 가마는 배들을 도시에서 가까운 곳으로 이동시켜 놓으면서도 긴장을 풀지 않고 분위기를 살폈다.

총선장은 상륙하라는 초대를 거부하며 "주군으로부터 상륙은 안

된다는 하명을 받았다"라고 말했다.[15] 협상은 근처의 작은 보트 위에서 이루어졌고 서로 오가는 말은 우호적이었다. 술탄은 양과 향신료를 보냈다. 그는 포르투갈 왕의 이름을 적어달라고 요청했고 그 왕에게 사절이나 편지를 보내고 싶다는 의사를 밝혔다.

가마는 그런 말들을 곰곰이 생각하면서 긴장을 조금 풀었고 선의의 표시로 보트의 인질들을 풀어주었다. 포르투갈 사람들은 스스로 알지 못하는 사이에 인도양의 정치 외교술 첫 장을 배우는 중이었다. 술탄은 해안 위쪽과 아래쪽에서 무역 거래를 하는 무슬림과 경쟁하면서 동맹 세력을 찾고 있었다. 신참자인 기독교인들은 종교의 단층선을 따라 분열을 조장하려면 이런 동맹에게 어떤 영향력을 행사해야 하는지 곧 배우게 될 것이었다. 양측은 해상에서 일정한 거리를 두고 서로를 높여주는 공손한 의례를 거행했다. 술탄은 "몹시 기분 좋은 상태로 우리 배들 주위를 한 바퀴 돌았고, 우리 배는 축포를 한 발 쏘았다."[16] 양측의 방문자 교환도 있었다. 또다시 포르투갈 배에서는 석방된 죄수들이 해안으로 올라갔다. 해변에 마련된 청동 옥좌에 앉은 술탄은 악대의 세레나데를 받으며 기수들에게 모래밭에서 모의 전투를 벌이라고 지시했다. 가마는 상륙하여 술탄의 나이 든 아버지를 방문하는 게 어떻겠느냐는 제안을 또다시 거절했다.

한편 포르투갈 사람들은 인도 기독교인들을 태운 배 네 척이 최근 말린디에 도착했다는 소식을 듣고서 한껏 고무되었다. 곧 이 '기독교인들'이 포르투갈 배로 올라왔다. 그들에게 십자가에 매달린 그리스도와 성모의 그림을 보여주었더니, "그들은 오체투지를 하면서 우리가 거기에 있는 동안 계속해서 중얼거리며 기도를 하고 정향, 후추,

기타 물품을 봉헌했다."[17] 그들의 배는 분명 대포와 화약을 갖추고 있었다. 포르투갈인들은 동료 신자들을 위하여 로켓과 봄바드를 밤하늘에 쏘아 올리며 멋지게 과시했다. 인도인들이 "그리스도! 그리스도!" 하고 외치는 소리가 밤하늘을 찢었다.[18] 그들은 또 불완전한 아랍어 통역을 통해, 가마에게 절대 상륙해서는 안 되고 무슬림을 믿어서도 안 된다고 말했다. 그들은 포르투갈인들이 전에 보았던 기독교인과 전혀 닮지 않았다. 일지 작성자는 이렇게 적었다. "이 인도인들은 피부가 암갈색이다. 그들은 옷을 별로 입지 않았고 두발과 턱수염을 길게 길러서 꼬았다. 그들은 우리에게 쇠고기를 먹지 않는다고 말했다."[19] 이런 문화적 혼란이 있었는데, 포르투갈인들이 오래 기다려온 '기독교인'은 아마도 "그리스도! 그리스도!"가 아니라 "크리슈나! 크리슈나!"라고 외쳤을 것이다.*

말린디에서 행해진 포르투갈 사람들에 대한 환영 의식에는 일종의 축제 분위기가 깃들어 있었다. "우리는 이 도시 앞에서 아흐레를 머물렀다. 그동안 계속 축제 행사, 모의 전투, 음악 공연 등이 벌어졌다."[20] 그러나 가마는 어서 빨리 항해사를 확보하고 싶어 했고 그 인원을 강제로 얻어내려면 또 다른 인질을 잡아야 했다. 술탄은 '기독교인' 한 명을 보내왔다. 그는 포르투갈 원정대의 인도양 항해를 안내하여 원하는 목적지까지 데려다주겠다고 자원했다. 그는 구자라트 출신의 무슬림일 가능성이 높은데, 서부 인도양의 해도를 지니고 있었고 사분

---

* 크리슈나는 라마와 함께 비슈누의 2대 화신이다. 힌두교의 최고신은 브라마(창조신), 시바(파괴신), 비슈누(보존신)라는 3위격으로 이루어져 있다.

의四分儀를 가지고 천체를 관측할 줄 알았다. 500년이 지난 뒤에도 아랍 다우선의 선장들은 여전히 이 무슬림 항해사를 저주한다. 그자가 프랑크인들―그들은 페렝기라고 불렀다―에게 인도양 항해의 비결을 가르쳐준 것은 엄청난 대역죄라며 용서하지 않는다.

4월 24일, 몬순이 그들에게 유리하게 불어오자 가마 소함대는 "캘리컷이라는 도시"[21]를 향해 나아갔다. 이러한 표현이 등장하는 것을 보면 일지 작성자가 그 도시의 이름을 처음 들은 듯하다. 사실 가마 소함대는 거의 눈먼 상태나 다름없이 인도양으로 들어선 셈이었으므로 목적지에 대해서는 아주 희미하게 알고 있었을 뿐이다. 등 뒤에서 불어오는 바람을 계속 맞으면서 사선으로 인도양을 건너가는 항해는 굉장히 빠르게 진행되었다. 그들은 남서풍을 맞으며 북동쪽으로 나아갔다. 4월 29일, 그들은 밤하늘에 북극성이 다시 나타난 것을 보고 위안을 얻었다. 그 별은 남대서양을 지날 때부터 보이지 않았다. 육지를 떠난 지 23일 만에, 난바다를 3700킬로미터를 항해한 끝인 5월 18일 금요일에 그들은 높은 산맥을 볼 수 있었다. 이튿날 억수 같은 비가 갑판을 두드려댔고 앞이 한치도 보이지 않았다. 무섭게 번쩍거리는 번개가 밤하늘을 찢어놓았다. 이제 몬순 초입에 들어선 것이다. 폭우가 물러가자 항해사는 해안을 볼 수 있었다. "그는 우리가 캘리컷 위쪽에 와 있으며 이곳이 우리가 가려 했던 고장이라고 말해주었다."[22] 원정대는 가늘어지는 빗줄기 속에서 사상 처음으로 인도를 볼 수 있었다. 어슴푸레한 가운데 하늘 높이 우뚝 솟은 봉우리가 보였다. 인도의 서부와 남부를 이어주는 서고츠산맥과 말라바르 해안이었다. 그들은 산림이 울창한 산등성이, 좁은 평야, 백사장에 부서지는 파도를 볼 수 있었다.

그 시간은 감정이 한껏 북받치는 순간이었음이 틀림없다. 그들은 309일 전 헤스텔루에서 고국을 떠나올 때 사랑하는 사람들이 강물 속까지 걸어 들어와 석별의 정을 내보이던 것을 기억했다. 그들은 약 2만 킬로미터를 항해해왔고 이미 많은 사람을 잃었다. 그들 뒤에는 그보다 더 오래된 항해의 역사가 축적되어 있었다. 그것은 수십 년 전 '항해왕' 엔히크 왕자의 최초 항해까지 거슬러 올라가는 오래된 역사였다. 아프리카 서해안을 따라 힘들게 남하했고, 강을 탐사했으며, 배를 잃어버렸고, 선원들 몇 세대가 항해하다가 사망했다. 인도가 시야에 흐릿하게 들어온 그 순간은 세계사에서 정말 중요한 순간이었다. 가마는 유럽의 고립을 끝냈다. 대서양이 더는 장벽이 아니었고 동반구로 이어주는 고속도로가 되었다. 그것은 글로벌 통합이라는 장기적으로 진행되는 과정에서 매우 의미 있는 순간이었다.

그러나 간단하게 서술하기를 좋아하는 일지 작성자의 글에는 그런 위대한 업적을 이루었다는 감개가 전혀 없고, 그보다 뒤에 나온 포르투갈 측 사료에 약간 희미하게 언급되어 있을 뿐이다. 가마는 항해사에게 후한 보수를 내렸고 선원들에게 기도를 올리라고 한 후, 그 자신은 "그처럼 오랫동안 소망한 목적지에 도달할 수 있도록 안전하게 인도하신 하느님께 감사 기도를 올렸다."[23]

그들은 예기치 않게도 막 몬순이 시작된 때에 도착했다. 몬순이 시작되면 해안에는 배들이 들어오지 않았다. 해안에서는 즉각적으로 반응이 나타났다. 입항한 배들이 보통 인도양을 항해하는 배들과 전혀 닮지 않은 데다 매우 비상한 시기에 들어왔으니 말이다. 네 척의 보트가 이 수상한 방문자들에게 다가와 캘리컷이 거기서 조금 떨어진 곳에 있다고 알려주었다. 이튿날 보트들이 다시 돌아왔다. 가마는 석방 죄수 한 명을 내보내 그 방문자들과 함께 상륙하라고 지시했고, 그것이 포르투갈 역사에서 가장 유명한 상륙이 되었다.

해변의 구경꾼들은 그를 무슬림으로 오해해 두 튀니지 상인에게 데려갔다. 이 상인들은 카스티야어와 제노바 말을 조금 할 줄 알았다. 이 만남은 서로에게 놀라움을 안겨주었다. 석방 죄수는 상대방이 유럽 언어로 말하는 것을 듣고 깜짝 놀랐다. 상인이 외쳤다. "이게 대체 무슨 일이오! 어떻게 여기까지 왔소?"[24]

그 순간은 거의 안티 클라이맥스였고 세계가 일순 크게 쪼그라드는 순간이기도 했다. 포르투갈 사람들이 지구 반 바퀴를 돌아 인도에 왔건만 거기서 유럽 언어를 들을 수 있었으니 말이다. 지브롤터의 관문에서 멀리 중국에까지 뻗은 이슬람 무역 공화국의 판도는 포르투갈 사람들이 생각했던 것보다 훨씬 넓고 광대했다.

"우리는 기독교인과 향신료를 찾아서 왔습니다." 석방 죄수는 제법 침착한 어조로 말했다.

그 대답은 마누엘의 항해 지시를 상당히 잘 요약해주었다. 튀니지 사람들도 의아해하기는 마찬가지였다. 어떻게 그런 항해가 성사되었는지, 그리고 하필이면 왜 포르투갈인지 그 경위를 이해하지 못했다. "왜 카스티야 왕, 프랑스 왕, 베네치아 공화국은 여기에 사람을 보내지 않았습니까?"[25]

석방 죄수는 포르투갈의 위엄을 내세우며 포르투갈 국왕이 그렇게 하도록 허용하지 않았기 때문이라고 대답했다. 두 상인은 그를 자기

1부 정찰

들 집으로 데려가 밀빵과 꿀 같은 맛있는 음식을 대접하고 다시 데리고 나와 기쁜 마음으로 소함대까지 동행했다. "큰돈 벌 거요! 큰돈!" 그가 배에 오르자 한 상인이 소리쳤다. "루비와 에메랄드가 많아요. 이렇게 부가 넘치는 땅으로 당신을 데려다준 하느님께 감사 기도를 올려야 합니다!"[26] 익명의 일지 작성자는 이렇게 적었다. "우리는 그가 하는 말을 듣고 깜짝 놀랐고 그 말을 믿을 수 없었다. 포르투갈에서 그처럼 멀리 떨어진 땅에서 우리말을 알아듣는 사람이 있다니!"[27]

다정한 무슬림과 만난 일은 그 뒤에 벌어진 일들만큼이나 포르투갈 사람들을 헷갈리게 했다. 포르투갈 사람들은 망원경을 거꾸로 들고 자신들의 세계를 바라보는 것만 같았다. 고립되어 무식한 것은 유럽이었지, 그들이 힘들게 찾아온 이 바다가 아니었다. 그리고 그들은 참으로 운이 좋았다. 그 튀니지 사람 중 한 명은 이름이 몬사이드(아마도 이븐 타이브)였는데, 포르투갈 사람들이 이 신세계를 해석하는 데 도움을 준다. 그는 주앙 2세 시절에 북아프리카 해안에서 무역을 하던 포르투갈 배를 본 적이 있었고, 그래서 그 나라에 일종의 향수가 있었다. 그는 포르투갈 사람들에게 미로 같은 캘리컷의 예절과 풍습을 안내해주었는데 이는 소중한 조언이었다. 그가 말해준 바에 의하면, 그 도시는 왕이 다스리고 있는데 그 왕을 가리켜 사무드리 라자 혹은 '바다의 군주'라고 불렀다. "사무드리는 총선장을 외국 왕의 사절로 기쁘게 맞을 것이다. 만약 총선장의 항해 목적이 캘리컷과 무역을 하려는 것이고 그런 목적에 합당한 물품을 가져왔다면, 기꺼이 무역에 응할 것이다. 교역되는 제품에서 나오는 관세는 사무드리 왕국의 주된 수입원이기 때문이다."[28]

캘리컷은 좋은 천연 항구가 없는데도 말라바르 해안에서 이루어지는 향신료 무역의 중심지로서 명성을 확립했다. 그 일대 통치자들이 행정을 잘하고 상인들을 공정하게 대한다는 평판을 얻은 덕분이었다. 15세기에 그 도시를 둘러본 한 방문객은 이렇게 썼다. "캘리컷에서 차별 대우는 없다. 입항한 배가 어디에서 왔든지, 어디로 가든지 다른 배와 똑같이 대했고, 관세도 정해진 만큼 받을 뿐이지 더 많이 받거나 덜 받는 경우가 없었다."[29] 그 도시에는 상당히 오래되고 규모가 큰 무슬림 무역 공동체가 들어서 있었다. 그 공동체를 가리켜 마필라스라고 했는데, 무슬림 선원, 낮은 카스트의 힌두인, 아라비아반도에서 출발한 여행하는 상인들, '메카 상인들'로 구성되어 있었다. 이들은 높은 카스트의 힌두인 영주들과 조화를 이루면서 살았고 서로 다른 종교 집단의 공동 이익을 존중했다. 이러한 상호 배려는 중국의 정화 선단이 이 도시를 방문했을 때도 주목된 바 있었다. 사관史官 마후안은 이렇게 기록했다. "예전에 다음과 같은 긴밀한 협약을 무슬림과 맹세한 왕이 있었다. 너희는 쇠고기를 먹지 말아라. 나는 돼지고기를 먹지 않는다. 우리는 서로의 종교적 금기를 존중한다. 이 협약은 오늘날까지도 명예롭게 지켜지고 있다."[30] 그런데 포르투갈 사람들은 이런 조화로운 협약을 깨뜨릴 운명이었다.

사무드리는 전통적으로 그 도시에서 약간 떨어진 궁궐에서 다른 높은 카스트의 힌두인들과 함께 살았다. 그는 캘리컷에도 별궁을 두고 있었다. 별궁은 높은 언덕 위에 있었기에 거기서 항구를 내려다보며 배들의 출입을 점검하고 관세를 부과할 수 있었다. 그는 바로 이 별궁에서 외국 상인 및 사절을 만났다. 당시에 사무드리는 그 도시에

118   1부 정찰

있지 않았던 터라 가마는 죄수 두 명을 몬사이드와 함께 파견하여 자신의 주장을 밀어붙이게 했다.

사무드리는 즉각 답변했고 환영하는 조치를 취했다. 그는 전령들에게 선물을 하사했고 그 기이한 방문객을 만나겠다는 의사를 전했으며, 수행원들과 함께 캘리컷을 향해 출발했다. 또 도선사를 한 명 제공해 포르투갈 소함대가 약간 떨어진 더 좋은 항구에 계류할 수 있도록 편의를 봐주었다. 포르투갈 사람들은 나중에 그 항구가 있는 곳을 판다라니라고 불렀다. 가마는 그곳으로 이동하는 데 동의했으나, 아프리카 해안에서 어려움을 겪었던 터라 여전히 경계를 풀지 않았으며 도선사가 가리킨 곳으로 곧바로 입항하지 않으려 했다. 의심과 오해는 신세계에 도착한 포르투갈 사람들을 끈덕지게 따라다녔다.

입항 문제와 관련해 어떻게 해야 할지 선장들 사이에서 열띤 토론이 벌어졌다. 그들은 이미 마음속에서 이슬람 상인들은 최악이라고 지레짐작하고 있었다. 총선장이 직접 상륙하는 것은 너무 위험하다는 것이 중론이었다. 설사 이 도시의 주요 인구가 기독교인이라 해도 무슬림 무역업자들이 품은 상업적·종교적 적대감 때문에 총선장이 저 도시의 땅에 발을 내딛는 것은 아주 위험하다는 생각이었다. 가마는 이제 달리 방법이 없다고 대답했다(이러한 답변은 아마도 후대의 사관들이 지어낸 것이리라). 우리는 왕의 사절로 인도에 도착했다, 나는 목숨을 잃는 한이 있더라도 친히 협상에 나서야 한다, 나는 부하 몇 명만 데리고 가서 며칠만 있다가 돌아오겠다. "나는 상륙하여 오래 머무르지는 않겠다. 그렇게 하면 저들이 나를 두고 음모를 꾸밀 시간을 주는 셈이 될 테니까. 나는 왕과 대화를 나누고 사흘 안에 돌아올 생각이다."[31] 나머지 사람들은 그의 형인 파울루의 지휘를 받으며 해상에서 대기하기로 했다. 또 날마다 무장 보트를 해안으로 내보내 통신을 계속 유지하기로 했다. 만약 가마에게 어떤 불상사가 발생하면 그들은 즉각 해안에서 떠나라는 지시를 받았다.

도착한 지 일주일이 지난 5월 28일 월요일 아침, 가마는 부하 열두 명을 데리고 출발했다. 그 일행에는 통역사와 일지 작성자가 포함되었다. 그리하여 후자는 그 만남의 목격자로서 증언을 내놓을 수 있었다. "우리는 최고로 좋은 옷을 입었다. 보트에 봄바드를 설치하고 나팔과 깃발을 여유 있게 준비해서 갔다."[32] 사절단의 화려함은 무장 방어와 좋은 짝을 이루었다. 아직도 뱃멀미로 지친 선원들은 "그토록 오래 신비에 가려져 있던" 인도 아대륙에 발을 내디뎠다. 나팔 소리에 맞추어 최고로 멋진 모습을 뽐내며 장관을 연출하려 애썼다. 이 장면은 19세기 화가들에 의해 낭만적으로 상상되어 널리 그려졌다.

그들은 사무드리의 발레(지사)에게 매우 대조적인 방식의 영접을 받았다. 눈앞이 어질어질한 선원들에게 그 환영단의 모습은 놀라워 보였다. 상당히 많은 수의 남자들이 거기 나와 있었는데 일부는 턱수염과 머리를 길게 기른 이들이었다. 귀에는 반짝이는 귀고리가 달렸고, 많은 사람이 웃통을 벗었으며, 손에는 칼을 들고 있었다. 그들은 나야르족이었다. 힌두의 전사 카스트에 속하는 자들로, 어릴 때부터 목숨을 다하여 왕을 지키는 임무를 맹세한 전사들이었다. 포르투갈 사람들은 그들을 기독교인이라고 짐작해 우호적으로 영접했다. 고위 관리들의 운송 도구이며, 윗부분이 양산으로 보호되는 가마가 바스쿠 다 가마를 기다리고 있었다. 여섯 장정이 그 가마를 어깨에 메는데 도중에 인력을 교체하면서 아주 빠르게 걸어갔다. 나머지 포르투갈 사람들은 옆에서 걸어갔다. 캘리컷은 해안에서 조금 떨어진 곳에 있었고 연도에는 점점 구경꾼이 늘어났다. 한참 뒤에 그들은 어떤 집으로 안내되었고, 버터를 듬뿍 바른 쌀밥과 맛좋게 끓인 생선을 대접받았다. 경계하느라 초조한 가마는 그 식사를 거부했다. 지사와 그 수행원들은 인근의 집으로 물러가 식사했다. 이처럼 따로 떨어져서 식사하는 것은 카스트 제도의 풍습 때문이었을 것이다.

그런 뒤, 그들은 서로 묶인 보트 두 척으로 이동하여 양쪽 강변에 야자나무가 무성한 강을 따라 내려갔다. 그들 뒤로 다른 배들이 따라왔으며, 강둑에는 사람들이 많이 나와서 구경을 했고, 강둑 높이 끌어올려져 보관 중인 커다란 배들도 보였다. 일지 작성자는 이렇게 기록했다. "그들 모두가 우리를 구경하러 왔다. 우리가 보트에서 내리자 총선장은 다시 한번 가마를 탔다."[33] 그들이 도시 근처로 다가가자 연도에 나온 군중이 인산인해였다. 여자들은 아이를 안고 집 밖으로 나와 그들을 따라 길 아래로 걸어갔다. 이 지점에서 폐소공포증과 방향상실감의 느낌이 일지 작성자의 글에서 느껴진다.

일지 작성자는 주변의 모든 사물을 파악하려고 눈알을 두리번거리는 가운데 머리가 빙빙 도는 느낌이 들었다. "암갈색 피부"의 낯선 사람들,[34] 아프리카 사람들과는 너무나 다른 체험, 면도를 했거나 턱수염을 기르는 등 다양한 모습의 남자들, 그가 보기에 "대체로 키가 작고 못생긴 여자들."[35] 특히 여자들은 황금 목걸이와 팔찌로 화려하게 장식을 했고 발가락에도 반지를 차고 있어서 인도 제국의 부를 말해주는 듯했다. 일지 작성자는 전반적으로 말해서 그들이 "친절하고 온

순한 성품의 사람들"로, 특히 연도에 나온 수많은 사람에게 깊은 인상을 받았다.[36]

그들은 도시로 들어가자 "커다란 교회로 안내되었다. … 수도원처럼 커다란 그 건물은 돌로 지어졌고 타일을 둘렀다."[37] 이 부분의 기록에는 그들이 안내되어 들어간 힌두교 사원이 기독교 이단 종파의 교회라고 암시하는 언급은 나오지 않는다. 건물 밖에는 기둥 두 개가 세워져 있었는데 아마 시바*의 링감(남근)이었을 것이다. 건물 내부로 들어가면서 그들은 한가운데에 자리한, 청동 문이 달린 지성소 예배당을 보았다. "이 성소 안에 그들이 우리의 여신이라고 말하는 자그마한 조각상이 세워져 있었다."[38] 그들과 힌두인의 말이 통역되는 과정에서 무엇이 소실되었는지는 알기 어렵다. 아마도 아랍어를 할 줄 아는 포르투갈 사람의 말이 아랍어를 알아듣는 현지인에게 전달되었고, 이것이 다시 말라바르 해안의 언어인 말라얄람어로 번역되었을 것이다. 가마는 무릎을 꿇고 기도를 올렸다. 사제들은 성수를 뿌려주었고, "우리에게 하얀 흙을 주었는데, 이 지방의 기독교인들은 그 흙을 얼굴에 바른다고 한다."[39] 가마는 얼굴을 한쪽을 내밀어 발라주는 흙을 받았다. 일지 작성자는 그 건물을 나서면서 벽에 그려진 성인들을 보았는데, "왕관을 썼고 다양한 색깔로 칠해졌으며 입에서 2센티미터 남짓 치아를 내밀고 있고, 팔이 네다섯 개나 되었다."[40]

다시 거리로 나오자 연도에 사람이 어찌나 많은지 앞으로 나아가

---

* 힌두교 최고신의 삼위격 중 하나인 파괴의 신. 시바의 아내인 칼리 여신도 무서운 어머니로 숭배된다. 일지 작성자가 힌두교 사원을 나서면서 보았다는 이빨을 내민 신은 이 칼리 여신을 가리킨다.

기가 어려울 지경이었다. 포르투갈 사람들은 잠시 어느 집에서 대기해야 했고, 현지인은 간수를 불러 북을 치고 나팔과 백파이프를 불고 머스킷 소총을 쏘아 군중을 쫓아버림으로써 나아갈 길을 마련했다. 그러자 사람들은 건물 지붕으로 올라가 구경했다. 그들이 별궁에 도착했을 때는 거의 저녁 무렵이었다.

"우리는 네 개의 문을 통과했다. 우리가 문 하나를 통과할 때마다 간수들은 군중에게 방망이를 휘둘러 간신히 통로를 마련했다."[41] 입구 쪽에 있는 사람들은 그 방망이질에 부상을 입기도 했다. 마침내 그들은 왕의 접견실까지 왔다. "커다란 홀로, 우리나라의 극장처럼 계단식 열에 목재 좌석이 늘어서 있었고, 바닥은 초록색 벨벳 카펫이 깔려 있었다. 사방 벽에는 다양한 색깔의 비단이 걸려 있었다."[42] 그들 앞에는 자신들이 기독교인 왕이라고 믿는 사람이 앉아 있었다. 그들은 그 왕을 만나기 위해 근 2000킬로미터를 항해했다.

5

사무드리

1498년 5월 - 1499년 8월

포르투갈 사람들 눈에 힌두 군주의 첫인상은 특기할 만했다.

왕은 갈색 피부에 덩치가 컸으며 나이가 상당히 많았다. 그는 보석과 진주로 장식한 모자 혹은 관 같은 것을 머리에 썼고, 귀에도 그와 비슷한 보석들이 걸려 있었다. 그는 목면으로 만든 멋진 상의를 입었는데, 단추는 커다란 진주로 만든 것이었고 단춧구멍의 테두리는 금실로 둘렀다. 허리에는 하얀 사라사 무명을 감고 있었는데 그 천이 무릎까지 내려왔다. 손가락과 발가락에 보석을 상감한 반지를 많이 끼고 있었고, 팔과 다리도 여러 황금 팔찌와 발찌로 장식되어 있었다.[1]

사무드리는 초록색 벨벳 소파에 느긋한 동양식 자세로 몸을 약간 기울인 채 앉아 있었고, 빈랑 열매를 씹다가 그 껍질을 그 옆에 놓인 커다란 황금 타구에 뱉어냈다. "왕의 오른쪽에는 커다란 황금 대야가 놓여 있었다. 대야는 아주 커서 어른이 양팔을 벌려 감싸 안아야만 겨우 안을 수 있을 정도였다. 여기에는 여러 가지 약초가 들어 있었다. 또 그와 비슷한 항아리도 많았다. 소파 위의 캐노피에는 전부 금칠이 되어 있었다."[2]

바스쿠 다 가마는 몬사이드에게서 왕의 인사에 적절하게 대응하는 법을 안내받았을 것이다. 왕에게 너무 가까이 다가가서는 안 되고 말할 때에는 양손을 앞에다 가지런히 모아야 한다는 것을. 손님들에게 과일이 나왔고 마실 물도 나왔다. 주전자에 입을 대지 말고 물을 마셔야 한다는 요청에, "몇몇 사람은 물을 목구멍에 들이붓는 바람에 기침을 했고, 또 다른 사람들은 잘못 부어 물이 얼굴을 타고 흘러서 옷을 적셨다. 그 모습에 왕은 몹시 즐거워했다."[3] 사람들이 붐비는 접견실에서 그 같은 일은 문화적으로 불리한 상황이었고 그 일이 가마의 자존심을 건드렸다.

접견실에 모인 사람들에게 연설을 하라는 요청을 받자 가마는 자신의 위엄을 내세우면서 은밀한 장소에서 대화를 나누고 싶다는 뜻을 밝혔다. 통역사들과 함께 내실로 들어간 가마는 자신의 임무가 무엇인지 말했다. 포르투갈은 지난 60년 동안 국왕을 위해 원양 탐사 작업을 해온바, 이렇게 인도 땅에 온 것은 "온갖 부를 엄청나게 소유한" 기독교 왕들을 발견하기 위해서다.[4] 가마는 이튿날 마누엘의 편지를 사무드리에게 가져다 바치겠다고 약속했다. 이때만 해도 가마는 사무드리가 기독교인이라고 짐작했다.

시간이 제법 흘렀다. 통상적인 관습에 따라 사무드리는 가마에게 기독교인(실제로는 힌두교인) 혹은 무슬림 중 어느 쪽과 숙박을 하겠느냐고 물었다. 가마는 경계하면서 독자적인 숙소에 머무르고 싶다고 말했다. 시간은 밤 10시쯤 되었다. 한밤중에 비가 내리퍼부어서 거리를 더욱더 휘저어놓았다. 그는 우산 달린 탈것에 올라 거리를 이동했다. 가마꾼들은 수많은 구경꾼이 늘어선 거리를 따라 천천히 걸어갔고 가마는 마침내 인내심을 잃고 불평을 내뱉었다. 그들은 잠시 비를 피해 어떤 장소로 들어갔고 동양식 상담이 계속되었다. 그는 안장이 없는 말을 타고 가는 건 어떻겠느냐는 얘기를 들었으나 거절했다. 그래서 숙소에 도착할 때까지 계속 그 탈것을 타고 갔다. 보트를 타고 온 선원들이 그 숙소에 가마의 침대와 왕의 선물을 함께 넣어주었다. 이로써 밀집한 군중, 숨 쉴 공간의 부족, 낯선 의례, 온갖 냄새를 일으키는 몬순성 소나비 등 여러 가지 비상한 일이 벌어진, 길고 혼잡한 일과가 끝났다. 포르투갈 선원들은 아직도 귀신같은 배의 요동에 몸이 흔들리면서도 곤한 잠에 빠져들었다.

사무드리가 포르투갈 사람들에게 품었던 호감은 애초 얼마 되지도 않았지만 그나마 곧 사라져버렸다. 포르투갈인들이 리스보아에서 준비해 온 선물이 모잠비크와 말린디에서 코웃음을 받았다면, 이곳 캘리컷에서는 더 심하게 냉대를 당했다. 이튿날 아침, 가마는 왕궁에 보낼 선물을 점검했다. 빗줄 무늬 옷감 열두 필, 보라색 두건 네 개, 모자 여섯 개, 산호 넉 줄, 손 씻는 대야 여섯 개, 설탕 한 포대, 꿀과 기름 각 두 통이었다. 이런 물품들은 아프리카 추장에게는 멋진 것들일지 몰라도 인도양의 풍요로운 무역 문화에 익숙한 군주에게는 아무런 의미도 없는 사소한 물건에 불과했다. 발레는 그저 웃음을 터뜨렸다. "메카에서 가난하기 짝이 없는 상인이나 인도의 다른 지역에서 온 상인도 그보다는 더 많이 내놓을 것입니다. … 선물할 생각이라면 금으로 만든 물건이어야 합니다."[5] 발레는 그 시시한 물품들을 '바다의 군주'에게 전달하기를 일언지하에 거절했다. 짐짓 화를 내며 뒷걸음질하는 것이 필요한 순간이었고, 가마는 이런 답변을 내놓았다. "나는 상인이 아니라 사절입니다. … 만약 포르투갈 왕이 나를 다시 여기에 파견한다면, 그때는 이보다 훨씬 더 풍요로운 선물을 들고 가게 할 것입니다."[6] 몇몇 무슬림 상인도 현장에 나타나 그 초라한 물품을 헐뜯었다.

가마는 왕을 친히 찾아뵙고 용건을 설명하겠다고 말했다. 발레는 그렇게 해주겠노라고 대답했다. 하지만 조금 기다려야 왕궁에 다시 갈 수 있다고 말했다. 가마는 초조해하며 기다렸으나 아무도 돌아오지 않았다. 그러나 막후에서 뭔가 진행되고 있었다. 무슬림 상인들은 느닷없이 나타난 이 기독교인 신참자들에게 위협을 느꼈다. 그들은 포르투갈 소함대가 스와힐리 해안에서 공격적 전술을 구사하며 봄바드로 포격한 사실을 들어서 알고 있었는지도 모른다. 캘리컷이 어떤 무역이든 간에 개방적인 태도를 취한다고는 하나, 무슬림 상인들로서는 보호해야 할 기득권이 있었다. 수십 년 전 무슬림 상인들이 중국인 상인들을 이 도시에서 몰아내는 데 일정한 역할을 했다는 증거도 있었다. 어쩌면 그들은 사무드리를 미리 알현하고서, 가마가 말이 좋아 모험가이지 실은 해적이나 다름없는 인물이라고 은근히 암시했는지도 몰랐다. 그래서 포르투갈 사람들은 그들이 이미 왕에게 가마를 죽여야 한다고 제안했다고 믿었다. 가마는 하루 종일 끓어오르는 분노를 참으며 기다렸다. 총선장이 그처럼 노심초사한 반면에 그 부하들은 그렇지도 않았다. 일지 작성자는 이렇게 기록했다. "우리 부하 선원들 얘기를 해보자면, 나팔 소리에 맞추어 노래하고 춤추며 흔쾌히 즐겼다."[7]

아침에 그들은 왕궁으로 인도되었고 거기서 네 시간을 기다렸다. 몹시 흥분한 가마가 볼 때 그런 대접은 분명 의도적인 무시 행위였다. 마침내 왕이 총선장과 수행원 두 명만 만나겠다는 전갈이 왔다. 가마 일행은 "이런 떼어놓기가 좋지 않은 조짐"이라고 생각했다.[8] 가마는 통역사와 서기만 데리고 무장 병사들이 지키고 있는 문 안으로 들어섰다. 두 번째 만남은 냉랭하고 난감했다. 사무드리는 왜 전날 오지 않았느냐고 물었다. 그는 이 낯선 사람들이 무역하러 온 것이 아니라면 무슨 동기로 여기에 나타났는지 이해하지 못했다. 그는 재빠르게 질문을 던졌는데 대강 이런 취지였다. 당신이 부자 나라에서 왔다면, 왜 선물을 가져오지 않았나? 왕의 편지라는 것은 어디에 있는가? 가마는 재빨리 임기응변하면서 이렇게 답했다. 이번 항해는 발견의 여행이었으므로 아무런 선물도 가지고 오지 않았다. 하지만 곧 두 번, 세 번 방문이 뒤따를 것이고 그때는 선물을 많이 가지고 올 것이다. 게다가 그는 사무드리에게 제출할 왕의 편지는 가지고 온 터였다.

왕은 선물 문제를 계속 파고들었다. "도대체 무엇을 발견하러 왔다는 것인가? 보석인가, 사람인가?" 그는 냉소적인 어조로 물었다. "만약 당신이 말한 대로 사람을 발견하러 왔다면, 왜 아무것도 가져오지 않았는가?"[9] 왕은 포르투갈 배에 성모 마리아의 황금 조각상이 실려 있다는 얘기를 누군가에게 들은 듯했다. "그것은 황금 조각상이 아닙니다." 가마가 대답했다. 실제로 그것은 도금한 나무 조각상이었다. "설사 그것이 황금 조각상이라 하더라도 그것을 드릴 수는 없습니다. 그 조각상은 대양을 항해하도록 도와주는 선수상이고 또 그 힘으로 귀국해야 하기 때문입니다."[10] 아랍어로 작성된 마누엘의 편지와 관련해, 가마는 무슬림이 그 편지를 말라얄람어로 제대로 번역해주리라 생각하지 않았다. 게다가 그의 통역사 역할을 하는 '기독교인' 청년은 두 언어로 말할 줄은 알아도 읽을 줄은 몰랐다. 아무튼 그 편지가 마침내 번역되자 사무드리는 조금 누그러졌다. 가마는 적어도 자신의 신분에 대해서는 상대방을 납득시킨 셈이었다. 마침내 상품 문제가 논의 대상으로 떠올랐다. 가마는 배로 돌아갔다가 해안에 상륙하여 그 물품들을 요령껏 팔아보라는 얘기를 들었다. 가마는 그 뒤로 사무드리를 만나지 못했다.

배로 돌아가는 지루한 길에 가마의 긴장감과 불확실성, 불신은 점점 커졌다. 그는 자신의 지위를 의식하여 말을 거부하고 가마를 요구했다. 몬순성 비가 거리를 강하게 때렸다. 일지 작성자와 동료들은 가마 뒤에서 힘들게 걸어가느라 빗속에서 길을 잘 찾지 못했다. 마침내 그들은 지칠 대로 지친 채 판다라니에 도착해 영빈관에서 쉬고 있는 총선장과 합류했다. 그 무렵, 가마는 또다시 불쾌한 기분을 억누르지 못하고 있었다. 그는 발레에게 포르투갈 배로 돌아갈 보트를 내달라고 요구했다. 발레는 이미 어두워져서 해안 근처에 있는 보트를 수배하기가 어렵다고 대답했는데, 이는 타당한 얘기였다. 두 사람 사이의 적대감은 더욱 커졌다. 가마 일행은 너무나 피곤했다. 식사가 나오자 "하루 종일 길 위에 서 있던 터라 피곤해서 허겁지겁 먹었다."[11]

그다음 날 아침, 가마는 또다시 보트를 요구했다. 발레는 몬순 날씨여서 보트가 접근하기 좋게 포르투갈 배를 해안 가까이에 붙여달라고 대답했다. 포르투갈 사람들은 도시의 무슬림 일당이 배후에서 공작한 함정이 아닐까 우려했다. 발레는 그들이 관세를 물지 않고 달아나려 한다고 의심했다. "총선장은 이렇게 대답했다. 만약 우리 배에 해안 근처로 오라고 지시한다면, 내 형은 동생이 포로로 잡혔다고 판단할 것이고, 이때를 대비하여 미리 내려놓은 지시에 따라 포르투갈 배들은 닻을 올리고 포르투갈로 돌아갈 것이오."[12] 총선장은 사무드리를 다시 만나게 해달라고 요구했다. "그는 나처럼 기독교인이니까" 내 말을 들어줄 것이라고 했다.[13] 발레는 동의했고 문 앞에 보초를 여럿 배치했다. "우리는 보초 여러 명이 따라붙지 않고서는 밖으로 나갈 수 없었다."[14] 발레는 배들이 멀리 떨어진 곳에 계속 있으려면 키와 돛을 내놓으라고 요구했다. 그래야 달아나지 못할 것이라는 뜻이었다. 가마는 그 요구는 거부했다. 부하 선원들이 굶어 죽으면 죽었지 그렇게는 하지 않을 거라고 대답하자, 발레는 이렇게 말했다. "굶어 죽겠다면야 할 수 없지요." 팽팽하기 그지없는 대치였다.

이런 긴장된 상황에서도 가마는 부하 한 명을 몰래 해안에 대기 중인 포르투갈 보트에 보내 다음과 같은 지시를 전달하게 했다. "대기 중인 보트는 우리 배들이 있는 곳으로 가서 좀 더 안전한 위치로 이동하라는 내 명령을 전달하라."[15] 그 메시지를 받은 보트는 현지 배들의 추적을 피해 용케 포르투갈 배로 무사히 돌아갔다. 일종의 편집증이 가마 일행을 사로잡았다. 가마는 포르투갈 배들이 절대 입항해서는 안 된다고 생각했다. "일단 입항하면 쉽게 나포될 것이고, 그러면 그들은 나부터 죽이고 나머지 사람들도 죽일 것이다. 우리가 이미 그들의 손아귀 안에 있으니 말이다."[16]

혹시 이것이 지상에서의 마지막 밤이 아닐까 하는 불안이 계속 엄습해 왔다. 포르투갈의 일지는 엄청난 공포 속에서 보낸 하루를 기록했는데, 그들이 살아남아야 한다는 생각에서 나온 기지로 순간순간 버텼음을 볼 수 있다.

우리는 그날을 몹시 불안하게 보냈다. 밤에는 낮보다 더 많은 사람이 우리를 포위했다. 이제 우리가 억류된 영빈관 구내에서 산책하는 것이 허용되지 않았다. 타일을 깐 작은 안뜰에 갇혀 있어야 했고, 많은 간수가 우리를 에워쌌다. 우리는 다음 날이면 우리가 서로 헤어질 것이라고 예상했다. 아니면 그들이 우리에게 해를 입힐 것이라고 생각했다. 간수들이 우리에게 무척이나 역정을 냈기 때문이다. 그렇다고 해서 우리가 그 마을에서 나는 특산물로 마련된 저녁 식사를 즐기지 못한 것은 아니다. 그날 밤 내내 우리는 100명이 넘는 보초들에게 감시를 당했다. 그들은 칼, 전투용 양날 도끼, 방패, 활과 화살 등으로 완전 무장을 하고 있었다. 이들 중 일부가 자러 간 동안에 나머지 일부가 보초를 섰다. 그들은 이런 식으로 교대해 가며 밤새 우리를 감시했다.[17]

그런데 그다음 날 아침, 이 같은 문제가 느닷없이 다 사라져버렸다. 일지 작성자는 "간수들이 좋은 얼굴로 되돌아왔다"라고 기록했다.[18] 그들은 왕의 지시를 전했다. 만약 포르투갈 사람들이 물품을 해안에 전부 내려놓는다면 떠나도 좋다는 것이었다. 그들은 신경질 내던 가마가 이해하지 못했던 점을 설명했다. "그 나라에서는 해안에 도착한 배는 즉시 가져온 물품과 선원을 해안에 상륙시켜야 하고, 그 물품을 팔고자 하는 자는 물품이 다 팔릴 때까지 자기 배에 돌아가면 안 되는 것이 무역 관습이라고 했다."[19] 가마는 즉시 형에게 전갈을 보내 물품을 일부 보내되 전부 내놓지는 말고 지시했다. 그렇게 하여 일부 물품이 하역되었다. 포르투갈 사람 두 명이 뒤에 남아 그 물품들을 판매하고, 잡혀 있던 사람들은 석방되어 배에 돌아갈 수 있게 되었다. "그 소식을 듣고 우리는 뛸 듯이 기뻐했다. 짐승이나 다름없는 사람들 손에서 벗어날 수 있게 해주신 하느님께 감사 기도를 올렸다."[20]

사무드리는 이 낯선 방문객들을 어떻게 처리해야 할지 다소 당황스러웠을 것이다. 그들은 기존에 알려진 상인의 범주에 들지 않는 사람들이었다. 그렇지만 위대한 왕이 보낸 사절임은 분명했다. 사무드리는 상업 마인드가 있는 사람이었고, 자신의 항구를 찾아오는 배들과 무역을 해야만 국부가 커질 터였다. 그래서 혹시 있을지도 모르는 상업적 기회를 경솔하게 물리쳐 버릴 수도 없었다. 하지만 그의 등 뒤에 있는 무슬림 상인들은 이교도 침입자들에게 적대적이었다. 그들이 포르투갈 사람들을 죽이려 했는지는 불확실하지만, 그 적대감은 상업적·종교적 동기 못지않게 강했다.

포르투갈 사람들은 투구의 면갑面甲을 내린 전투 태세로 인도의 해안을 찾아왔다. 그들은 수십 년 동안 북아프리카에서 성전을 치르며 단련되었기에 전투에 임하는 차선책은 의심, 공격적 인질 잡기, 절반쯤 칼집에서 빼낸 칼, 기독교인과 무슬림 사이의 이분법 등이었다. 그 이분법에서 힌두교의 존재는 고려되지 않았다. 이처럼 역정을 내는 단순한 태도로는 인도양의 복잡한 상황에 잘 적응할 수 없었다. 그곳에서는 힌두인, 무슬림, 유대인, 심지어 인도 기독교인까지 모두가 통합되어 다민족 무역 지대를 형성하고 있었기 때문이다.

마침내 포르투갈 배에서 상품이 하역되어(늘 그렇듯이 물품 전체는 아니었다) 판다라니 해항의 전시관에 전시되었다. 왕은 상인들을 보내 그 물품을 살펴보게 했다. 그들은 판매하겠다고 내놓은 한심한 물품을 한번 쓱 둘러보았다. "그들은 땅에다 침을 뱉으며 '포르투갈! 포르투갈!' 하고 말했다."[21] 가마는 불평하면서 왕에게 상품을 캘리컷 안으로 가져갈 수 없겠느냐고 물었다. 사무드리는 호의를 보이기 위해 발레에게 그 요청을 들어주라고 지시했다. 단, 물품 운송비는 가마 측에서 부담해야 한다고 했다. 일지 작성자는 포르투갈인들의 의심과 오독의 경향을 고스란히 내보이면서 이렇게 기록했다. "그렇게 한 것은 그들이 우리를 골탕 먹이려는 의도가 있어서였다. 왕에게 우리가 도둑이고 곧 뭔가 훔치려 한다는 보고가 들어갔던 모양이다."[22]

어쨌든 포르투갈 방문객들은 이제 그 도시의 상업 활동에 소규모로나마 참여할 기회를 잡았다. 선원들은 자발적으로 자신들이 판매할 상품을 조금 가져왔다. "팔찌, 옷, 새 셔츠, 사소한 물품 등이었다."[23] 그들은 교대로 세 명씩 해안에 상륙할 수 있었다. 하지만 판매 결과에 크게 실망했다. 잘 만들어진 셔츠를 본국에서 거래되는 가격의 10분의 1 정도밖에 못 받은 것이다. 다른 물품들도 제값을 받지 못하기는 마찬가지였다. 하지만 그들은 그 대가로 향신료와 보석을 소량 살 수 있었다. 그 후 몇 주 동안 그들은 말라바르 사회의 다양한 사회 계층을 분석하기 시작했다. 캘리컷으로 들어오는 길에 그들은 낮은 카스트의 사람들인 몇몇 ('기독교인') 어부들과 접촉했다. 그들은 결코 적대적이지 않았다. 포르투갈 선원들은 "식사하고 잠을 자고 가라"는 초대를 받았다.[24] 잠을 잔다는 것은 말라바르 여자들의 성적 접대를 받으라는 완곡어법이었다. 어부 가족들은 배에 올라와 그들의 물고기를 빵과 바꿔 갔다. 너무 많은 사람이 찾아오는 통에 "응대를 마치고 나면 어느덧 밤이 되었다."[25] 그들은 가난하기 짝이 없는 사람들이었다. 그들이 돛을 고치는 선원들의 손에서 비스킷을 빼앗아 가는 바람에 "선원들은 먹을 것이 없었다." 가마는 일종의 선린 정책으로서 배를 찾아오는 어른들과 아이들에게 먹을 것을 주라고 지시했다. "그들로 하여금 우리 얘기를 좋게 말하게끔 유도하기 위해서였다."

문화적으로 궁금증이 많은 포르투갈 사람들은 사회 내 계급 구분을 목격하고서 놀랐지만, 그들은 재빨리 배우는 사람들이었다. 비공식적으로 상품 거래를 하면서 몇 주를 보내는 동안, 그들은 인도양 무역의 구조와 리듬을 깨우쳤고 공급 연결망을 대충 파악했다. 그들은 그 정보를 소중히 축적해두었다가 나중에 활용할 계획이었다. 캘리컷은 생강, 후추, 계피의 주요 생산지였다. 하지만 더 질 높은 계피는 "실론이라는 섬에서 생산되었다. 그 섬은 남쪽으로 여드레 더 항해해야 나오는 곳이었다."[26] 정향은 "말라카라는 섬"에서 많이 생산되었다. 뱃길로 50일 걸리는 아라비아반도에서 오는 '메카 배들'은 향신료를 홍해로 가져갔고, 이어 일련의 수송로를 통과하여 카이로와 나일강 상류의 알렉산드리아로 가져갔다. 그러면 베네치아와 제노바 상선들이 알렉산드리아에 접근하여 향신료를 실어갔다. 포르투갈 사람들은 불충분한 수송로, 카이로로 가는 노상의 강도들, 카이로의 술탄에게 지불해야 하는 엄청난 관세 등, 이 향신료 무역의 통과 지점과 애로 사항을 일일이 기록했다. 포르투갈 사람들은 바로 이런 공급망을 깨뜨리고 그 자리에 들어서고자 했다.

7월과 8월은 캘리컷에서 무역이 중단되는 달이었다. 몬순이 아라비아와 페르시아만에서 출발하는 다우선을 밀어주기에는 아직 이른 시기였기 때문이다. 그러나 포르투갈 방문객들은 다우선을 기다리는 동안 엄청나게 쌓인 향신료 상품을 보았을 것이고, 몬순 장마로 축축해진 공기 속으로 퍼져나가는 향신료 냄새를 맡았을 것이다. 또 그 물품 중에 중국에서 건너온 도자기와 나전 칠기, 구리와 가공된 금속, 황과 보석 등도 보았을 것이다. 포르투갈이 그때까지 인도와 그 같은 무역 거래가 없었던 것은 그리 놀라운 일이 아니었다. 그들은 아주 오래전으로 소급되는 신비한 방문객 얘기도 들었다. 그 방문객들은 "독일인처럼 머리카락을 길게 길렀고, 입 주위 이외에는 수염을 기르지 않았다." 그 방문객들은 엄청난 기술력을 갖춘 나라에서 온 사람들임이 분명했다.

그들은 동체 갑옷, 투구, 면갑, 장창에 부착된 무기 등을 갖추고서 상륙했다. 그들의 선박은 우리가 사용하는 것보다 포신이 다소 짧은 봄바드 대포를 갖추고 있었다. 그들은 2년마다 20척 내지 25척의 선단으로 다시 찾아왔다. 그들은 자신들이 누구인지 또 어떤 상품을 이 도시에 가져오려 했는지 말하지 않았다. 그저 아주 좋은 리넨과 놋쇠 제품을 가지고 왔을 뿐이다. 그들은 향신료를 싣고 갔다. 그들의 배는 스페인의 배처럼 돛대 네 벌을 갖추고 있었다.[27]

중국 명나라의 정화 선단을 파편적으로 묘사한 문장이다. 정화 선단은 물러간 지 꽤 오래되었기에 인도양에다 누군가 다른 사람이 채워야 할 권력의 공백을 남겨놓았다. 바다를 떠도는 방랑자들이 그러하듯이, 그들은 유전적 흔적을 뒤에 남겨놓고 갔다. 캘리컷과 말라바르 해안의 인구에는 중국계가 섞여 있었다.

8월 초가 되자 떠날 준비가 다 되었다. 거래할 수 있는 것은 거의 다 했기에, 가마는 아랍 선박들이 많이 몰려오는 데다 바람이 출발에 불리해지기 전에 빨리 떠나고 싶어 했다. 그러나 문제는 그 항해길이 인도양의 관습적 항해 리듬과는 몹시 어울리지 않았다는 것이다.

그래도 거래가 조금이라도 이루어졌다는 사실에 고무된 가마는 그 도시에 항구적인 상업 기반을 남겨놓고자 애를 썼다. 그는 사무드리에게 선물을 보내며 이제 곧 떠나려 하는데 몇 명을 뒤에 남겨놓아 상업 활동을 계속하고 싶다는 뜻을 전했다. 동시에 포르투갈로 함께 갈 사절(혹은 인질)을 보내달라고 요청했다. 가마는 선물에 대한 답례로 향신료를 몇 포대 내려달라는 부탁도 했다. "사무드리가 원한다면 그 가격을 치를 용의가 있다"라는 말도 했다.[28]

그사이에 사무드리와의 관계는 다시 냉랭해진 상태였다. 가마의 메신저인 디오구 디아스는 나흘이나 기다려서야 겨우 사무드리를 만날 수 있었다. 왕은 가마의 선물을 쳐다볼 생각도 하지 않으면서 대리인에게 보내라고 말했다. 그런 뒤, 포르투갈 사람들에게 거래세를 내라고 요구했다. "그 세금을 낸다면 떠나도 좋다고 말했다. 이것이 그 나라의 관습이니 그 나라를 찾아오는 사람은 그것을 지켜야 한다고 했다."[29] 디아스는 가마에게 돌아가 그 메시지를 전하겠다고 대답했다. 그러나 그는 상품과 함께 무장 병력에 의해 영빈관에 억류되었고, 포르투갈 배에 다가가는 보트를 띄워서는 안 된다는 명령이 내려왔다. 사무드리는 포르투갈 배들이 세금을 내지 않고 떠날까봐 우려했던 듯하다.

다시 한번 양측의 관계는 악화되었다. 가마는 캘리컷을 출입하는 상인들은 세금을 내야 한다는 것, 또 포르투갈 사람들이 뒤에 남겨놓은 물품이 충분한 담보가 되지 못한다는 것을 잘 이해하지 못했다. 가마는 왕의 그런 행동을 이렇게 해석했다. "저 기독교인 왕"은 상업에 뜻이 있는 무슬림들에게 휘둘리고 있다. 그들은 왕에게 이렇게 말했을 것이다. "저들은 도둑이다. 일단 저들의 배가 캘리컷으로 항해하도록 허용되면 메카에서 더는 배가 오지 않을 것이다. … 아니, 그 어디에서도 배가 오지 않을 것이다. … 저들은 내놓을 만한 물건을 가지고 있지 않으니 사무드리는 그 거래에서 아무런 이득도 얻을 수 없을 것이다. 저들은 가져가기만 할 뿐이어서 결국 당신 나라는 황폐해질 것이다."[30] 무슬림들이 "우리를 체포하여 죽이라며 왕에게 엄청난 뇌물을 먹었다"라는 포르투갈 사람들의 공포는 정확한 사실이 아니었지만, 그 기본적인 전략적 추정은 정확한 것으로 나중에 밝혀진다. 포르투갈이 득세하면 무슬림은 설 자리가 없었으니 말이다. 이 기간에 가마는 두 튀니지 사람에게서 계속 조언과 자문을 받았다. 이들은 가마가 상륙할 때 만났던 사람들로, 포르투갈 사람들이 이 혼란스러운 세계를 이해하는 데 매우 중요한 역할을 했다.

한편 디오구 디아스를 비롯해 잡혀 있던 포르투갈 사람들은 바다에 떠 있는 배에 메시지를 전할 수 있었다. 그들이 현지 인질로 잡혀 있다는 내용이었다. 사무드리의 부하들이 가마가 그렇게 파악했다는 사실을 아직 몰랐기 때문에, 가마는 은밀한 계획을 세울 수 있었다. 8월 15일 밤, 소수의 현지인을 태운 보트가 나타나 포르투갈 배에 보석을 팔고 싶어 했다. 아마 그 보트는 보석 거래보다는 포르투갈 배의 동향 파악이 목적이었을 것이다. 가마는 부하들이 인질로 잡혔다는 사실을 아는 내색은 전혀 비치지 않고, 마치 아무 일도 없다는 듯이 육지에 나가 있는 디오구 디아스에게 편지를 썼다. 이 상인들이 아무런 위협도 느끼지 못하자, 곧 더 많은 현지 상인이 배를 찾아왔다. "우리는 그들을 환영하면서 식사를 대접했다."[31] 8월 19일에 스물다섯 명이 배를 찾아왔는데 그중에는 "신분 높은 사람 여섯 명"(높은 카스트의 힌두인)도 포함되어 있었다.[32] 가마는 좋은 기회라고 생각하고 그들 중 열여덟 명을 억류하고서 디아스 일행을 돌려달라고 요구했다. 8월 23일, 그는 포르투갈로 돌아가겠다고 거짓 위협을 하면서 해안에서 약 20킬로미터 떨어진 곳으로 이동하여 사무드리의 반응을 기다렸다. 이튿날에는 다시 돌아와 도시가 보이는 곳에다 닻을 내렸다.

서로 경계하는 협상이 시작되었다. 한 보트가 다가와 디아스와 인질들을 맞교환하자고 제안했다. 의심 많은 가마는 디아스가 이미 죽었다고 짐작했고, 그런 제안은 "우리를 나포할 수 있는 메카의 배들이 도착할 때까지" 시간을 벌기 위한 지연술이라고 추정했다.[33] 그는 더 단호한 태도를 취하며 디아스 일행이 돌아오지 않는다면 봄바드를 발사할 것이고 인질의 목을 전부 다 베어버리겠다고 위협했다. 그는 해안 아래쪽으로 내려가면서 협박의 강도를 한층 높였다.

캘리컷 현지인들은 적잖이 당황했다. 사무드리는 디오구 디아스를 데려오라고 한 뒤에 결박을 풀어주었다. 사무드리는 말라얄람어에서 아랍어로, 다시 아랍어에서 포르투갈어로 이중 통역 과정을 거쳐 선상의 인질들을 돌려준다면 디아스를 돌려주겠다고 제안했다. 그는 "그 나라의 글쓰기 관습에 따라"[34] 디아스에게 쇠로 된 펜을 주고서 그 자신은 구술함으로써 종려나무 잎사귀를 콕콕 찔러 편지를 쓰게 했다. 마누엘 왕에게 보내는 편지였다. 그 내용은 이러했다. "포르투갈 왕가의 기사인 바스쿠 다 가마가 우리나라를 방문하여 기쁘다. 우리나라는 계피, 정향, 생강, 후추, 보석 등이 풍성하게 난다. 내가 이것들을 당신에게 내놓고 금, 은, 산호, 보라색 옷감 등과 교환하고 싶다."[35] 사무드리는 장래의 교역에 대비해 보험을 들어두려는 것이었다. 그는 해안에 석비―포르투갈의 의도를 드러내는 불길한 명함―를 세우는 것도 허용했다.

바다에서 협상은 계속되었다. 디아스는 노 젓는 배에 실려서 나왔고 해상에서 현지인 인질들과 교환되었다. 디아스를 따라온 사람들이 상하파엘호에 승선하려 하지 않아서 해상 교환이 그런 식으로 이루어졌다. 석비가 그 보트에 실렸고 인질 일부가 석방되었다. 나머지 여섯 명에 대해 가마는 "이튿날 아침에 상품을 모두 돌려주면 석방하겠다고 약속했다."[36] 그다음 날 그는 놀라운 방문객을 맞이했다. 튀니지 사람인 몬사이드가 제발 자기를 승선시켜달라고 애걸한 것이다. 그는 자신이 낯선 방문객들을 많이 도와주었기 때문에 현지인들이 자신을 적대시하고 이제 생명의 위협을 느낄 정도라고 말했다. 조금 뒤, 보트 여러 척이 상품을 실은 채 더 많은 사람을 대동하여 접근해 왔다. 협상 내용은 물품과 선상의 현지인 인질을 교환하자는 것이었으나, 가마는 그 요구를 파기했다. 그는 물품을 포기하고서 인질들을 데리고 포르투갈로 귀국할 결심을 굳혔다. 그는 작별의 대포를 한 발 쏘면서 그 해안을 떠났다. 가마는 사무드리에게 당한 모욕을 잊어버리지도 용서하지도 않았다. "조심해야 할 거야. 나는 캘리컷으로 다시 돌아오겠어. 그러면 우리가 도둑이 아니라는 것을 분명히 알게 될 거야."[37] 일지 작성자는 추가로 이렇게 기록했다. "우리는 돛을 펼치고 포르투갈을 향해 출발했다. 그처럼 많은 것을 발견한 우리의 행운을 마음속 깊이 기쁘게 생각했다."[38]

포르투갈 사람들은 이미 그들의 뒤에다 씁쓸한 유산을 남겼다. 사무드리는 협상이 파탄 나자 분노했고 보트를 여러 척 파견하여 그들을 추적했다. 그들은 8월 30일에 잔잔한 해상 위에서 포르투갈 소함대를 따라잡았다. "약 70척의 배가 우리에게 접근했다. … 붉은 천으로 만든 동체 갑옷을 입은 사람들이 그 보트에 빽빽이 타고 있었다." 그들이 사정거리 안에 들어오자 포르투갈 배들은 봄바드를 발사했고, 한 시간 반가량 배를 운항하는 상태에서 해전이 벌어졌다. "그때 갑자기 바다에서 폭풍우가 일어나 우리를 바다 한가운데로 더 밀어붙였다. 그들은 우리에게 더는 피해를 입히지 못할 것임을 알고 뱃머리를 돌렸다. 그 후 우리는 정해진 항로를 따라 계속 나아갔다."[39] 이는 인도양에서 앞으로 벌어질 수많은 해전 가운데 첫 번째 전투였다.

가마 소함대는 그런 소규모 해전과 추가 해전을 치른 후에야 비로소 난바다로 나올 수 있었다. 포르투갈 배의 상태는 좋지 않았고 식수도 부족했다. 그들은 식수원을 찾아 위쪽 해안으로 천천히 올라갔다. 그들은 현지 어부들에게서 친절한 환대를 받았고 음식물을 내준 대신에 해안 지대에 밀생하는 계피를 잘라 올 수 있었다. 9월 15일, 그들은 한 섬에 세 번째 석비를 세웠다. 며칠 뒤, 그들은 샘물이 풍부한 어느 작은 섬에 도착했는데, 그 섬의 이름을 현지 힌두인에게서 잘못 듣고 안제디바라고 명명했다.

이 시기에 그들의 움직임은 면밀하게 관찰되고 있었다. 9월 22일, 그들은 캘리컷에서 파견된 소함대에게서 두 번째로 공격을 받았는데 포르투갈 배의 대포가 기함을 파괴하자 나머지 배들은 혼비백산하여 달아났다. 낯선 배들이 해안을 돌아다니자, 현지인들은 지속적으로 관심과 의심을 가졌고, 가마는 해안 근처에서 머무르는 것이 점점 더 불편했다. 그다음 이틀 동안 어떤 보트들이 우호의 깃발을 흔들면서 포르투갈 측에 접근해 왔다. 가마는 경고 포격을 하여 그들을 쫓아버렸다. 가끔 포르투갈 배를 찾아오는 방문객들은 현지의 동정에 대해 서로 모순되는 이야기를 들려주었다. 사탕수수를 선물로 들고 온 또 다른 친선 방문도 거부되었다. 현지인들의 호기심은 사악한 적대감을 은폐하기 위한 겉치레에 불과하다는 의심이 점점 더 커졌다. 해안의 어부들은 그런 방문 중에는 티모지라는 현지의 유명한 해적이 꾸민 방문이 있다고 경고해주었다.

그들이 해변에서 베히우호의 배 밑바닥을 청소하는 동안 또 다른 방문객이 찾아왔다. 아주 잘 차려입은 그 남자는 베네치아 방언으로 말하면서 가마를 친구라고 불렀다. 그는 해줄 얘기가 많은 듯했다. 그는 자신이 포로로 잡혀서 이슬람으로 개종한 기독교인이며, "마음으로는 여전히 기독교인"이라고 말했다.[40] 그는 부자 영주의 부하인데 영주의 전갈을 들고 찾아왔다고 했다. "배와 식료품 등 원하는 건 무엇이든 그의 나라에서 가져갈 수 있다고 했다. 또 이 나라에 영구적으로 머물기를 바란다면 영주는 아주 기쁘게 생각할 것이라 했다." 처음에 그 방문객의 말은 그럴듯했다. 그러나 시간이 흘러가면서 "그는 너무나 많은 것들에 대해 너무 많이 말했고, 때로는 앞뒤 말이 서로 모순되기도 했다."[41]

한편 파울루 다 가마는 함께 따라온 힌두인들을 상대로 그의 신인도를 점검했다. "그들은 그가 자신들을 공격하러 왔던 해적이었다고 말했다." 그 정체불명의 베네치아인은 곧 체포되어 구타를 당했다. 서너 번 그런 식으로 '심문'을 받더니 그의 입에서 완전히 다른 얘기가 흘러나왔다. 그에게서 포르투갈 배들을 공격하기 위해 배들이 집결하고 있다는 얘기는 받아냈지만 더는 캐낼 수가 없었다.

분명 난바다로 나가야 할 시간이었다. 해안은 점점 더 다루기가 까다로워지고 있었다. 곧 무슬림 무역선들이 아라비아반도에서 도착할 텐데 안제디바는 그들이 식수를 얻기 위한 중간 기항지로 자주 활용되었다. 포르투갈 배들은 상하파엘호를 제외하고 뱃바닥 청소가 끝난 상태였다. 신선한 식수도 충분히 갖추었다. 현지 어부들의 도움으로 계피도 보트 가득 베어 왔다. 가마는 그가 나포한 배를 돌려주면 두둑한 보상금을 내놓겠다는 선장의 제안을 거부함으로써 마침내 공공연히 경멸감을 드러냈다. "그건 파는 것이 아니다. 그건 적의 것이므로 차라리 불태워버리는 편이 낫다."[42] 그는 그렇게 말했다. 그런 호전적 태도는 앞날에 벌어질 사태를 선명하게 예고했다.

10월 5일, 가마 선단은 난바다로 들어섰다. 불가사의한 베네치아 첩자도 함께 데리고 갔다. 그가 앞으로 쓸모가 있을 것 같았기 때문이다. 그들은 이제 항해사가 없었다. 몬순을 잘 아는 사람이라면 그런 시기에 항해에 나서지 않았을 것이다. 형편상 달리 선택의 여지가 없긴 했으나, 가마가 그런 항해가 엄청난 패착임을 사전에 알았는지는 불확실하다. 그들이 인도 해안을 떠나 1000킬로미터쯤 되는 지점에 들어섰을 때, '베네치아인'은 마침내 실토하기 시작했다. 하지만 그의 이야기는 여러 단계를 거쳐 전개되었다. 그는 사실 고아의 술탄인 지체 높은 영주의 대리인으로, 포르투갈 배를 술탄이 직접 나포할 수 있을지 아니면 사략선을 써서 나포해야 할지를 알아보기 위해 파견된 사람이었다. 술탄은 포르투갈 사람들을 인근 왕들과 전쟁을 벌일 때 써먹을 생각이었다. 가마가 볼 때, 그 정보는 서부 인도의 정치 상황과 관련해 매우 흥미로운 빛을 던져주었다. 그 정보는 나중에 유용하게 활용되고 고아의 전략적 중요성을 더욱 높여주었다. 베네치아 첩자는 실제로는 폴란드계 유대인이었는데 중부 유럽에서 자행된 유대인 박해의 희생자였다. 그는 폴란드를 떠나 방랑길에 올랐고, 여러 차례 신분 세탁을 거쳤으며, 항해 중에 필요할 때마다 정체를 바꾸었다. 그는 과거에 포르투갈에 기착했을 때 가스파르 다 가마라는 이름으로 기독교 세례를 받은 적도 있었다. 한마디로 파란만장한 인물이었다.

　인도양을 통과하는 항해는 악몽으로 떨어지는 것이나 다름없었다. 익명의 일지 작성자 기록에는 자세한 내용이 적혀 있지 않고 "빈번한 태풍 후의 평온과 지저분한 바람"[43]에 대해서만 짧게 언급되어 있다. 그러나 행간을 유심히 읽어보면 인도양에 석 달 동안 갇혀 있었음을 알 수 있다. 먼저 사기를 떨어뜨리는 역풍이 계속해서 그들을 뒤로 밀어냈고, 이어 그보다 더 무서운 적막 속에서 배들은 며칠 동안 아연처럼 뜨거운 해상에서 꼼짝달싹하지 못했다. 밤이 되면 환한 달빛이 사정없이 바다 위를 내리쬐였다. 방어물이나 기울어진 돛으로 그늘이 생겨나는 곳이라면 어디든 그 자리를 차지하려고 다들 아우성을 쳤다. 선원들은 목마름과 배고픔에 시달린 나머지 성인들의 이름을 부르며 도와달라고 울부짖었다. 비스킷에서 벌레가 기어 나왔고, 물은 썩어서 냄새가 났다. 배의 널빤지에는 정기적으로 물을 뿌려 나무가 트는 것을 막아야 했다. 안 그러면 선재가 부패해 바다에 뜰 수가 없었다.

괴혈병의 무서운 증세가 다시 나타났다. "선원들은 모두 잇몸 부패로 고생했다. 흐물흐물해진 잇몸이 치아 아래로 내려와 식사를 제대로 할 수 없었다. 다리를 비롯해 신체 부위가 퉁퉁 부어올랐고, 그 부기는 온몸으로 퍼지다가 마침내 사망에 이르게 했다." 높은 카스트의 힌두인들이 가장 먼저 희생자가 되었다. 그들은 브라만 법률에 따라 바다에 나서면 음식 먹는 것이 일절 금지되었다. 죽은 자들은 한 명씩 뱃전 너머로 내던져져 풍덩 소리를 내며 바닷속으로 가라앉았고, 선상에서는 나지막한 목소리의 기도 소리가 들려왔다. 선상에 살아남은 자들은 계속 비틀거렸다. "우리 선원 서른 명이 이런 식으로 죽었다. 전에도 이런 식으로 같은 수의 선원이 사망했었다. 각 배마다 항해에 나설 수 있는 선원이라고는 겨우 일고여덟 명이었다." 선상에서 반란이 일어날지도 모르는 상황과 관련해 간결한 문장을 구사하는 일지 작성자는 이렇게 기록했다. "우리는 매우 곤란한 지경에 이르렀고 군기의 결속력이 사라져버렸다."[44] 인도로 다시 돌아가자는 얘기도 나왔는데 심지어 배의 운항을 통제하는 항해사마저 그런 말을 했다. 서쪽에서 동쪽으로 부는 바람이 계속된다면 그렇게 할 수밖에 없다고 선장들도 동의했다. 무명의 일지 작성자는 그런 상황이 2주만 더 계속되었더라면 모두 사망했을 거라고 썼다.

절망이 최고조에 달한 바로 그 순간, 순풍이 불어와 그들을 엿새 동안 서쪽으로 밀어냈다. 1499년 1월 2일, 너덜너덜해진 배들은 아프리카 해안을 목격할 수 있었다. 지난번 인도 해안 쪽으로 건너갈 때 23일 걸린 항로가 돌아올 때는 93일이 걸렸다. 몬순의 교훈을 톡톡히 맛본 셈이었다.

아프리카 동쪽 해안을 남하하면서 그들은 모가디슈의 무슬림 항구를 통과했다. 말라바르 해안의 무슬림들에게 아직도 분노가 풀리지 않았던 가마는 그 도시에 쓸데없이 포격을 가하고서는 더 남쪽으로 내려갔다. 너덜너덜해진 배들은 1월 7일에 말린디에 도착했고 거기서 또다시 환대를 받았다. "병자들이 그토록 소망하던" 오렌지가 풍성하게 공급되었으나,[45] 많은 선원이 이미 때가 늦은 상황이었다. 말린디 술탄과는 우호적인 관계였으므로 선물이 교환되었고 그중에는 마누엘 왕에게 바치는 상아도 포함되어 있었다. 포르투갈 사람들은 해변에 석비를 세웠고 한 무슬림 청년은 "우리와 함께 포르투갈로 가고 싶어" 승선하러 왔다.[46] 그들은 적대적인 몸바사를 우회하여 계속 남하했다. 그러나 1월 13일에 이르렀을 때, 세 척의 배를 동시에 운항하기에는 선원 수가 너무 적다는 것을 깨달았다. 인도 해안에서 뱃바닥 청소를 하지 않은 상하파엘호가 가장 벌레가 많이 먹은 상태였다. 그들은 그 배에서 물품과 적색과 황금색으로 장식된 우아한 대천사 선수상을 다른 배로 옮긴 다음, 해변에서 불태웠다. 그런 뒤에 잔지바르 해안을 지나갔고 모잠비크 근처의 성조지섬에 잠시 들러 미사를 올리고 마지막 석비를 세웠다. 그러나 "비가 억수같이 내려서 십자가를 석비 꼭대기에 고정할 납을 용해하는 데 필요한 불을 피울 수가 없었다. 그래서 그 석비는 십자가가 없는 상태로 세워졌다."[47]

그들은 전보다 더 차가운 바람을 맞으며 3월 3일에 상브라스만에 기항했다가 3월 20일에 희망봉을 돌았다. "때때로 추워서 거의 죽을 지경이었지만 … 고국에 돌아가겠다는 일념 하나로 항해를 계속했다."[48] 여기서, 그러니까 4월 25일부터 익명의 일지 작성자는 갑자기 기록을 중단했다. 그 이유는 알려져 있지 않다. 포르투갈 배는 그때 서아프리카 해안에서 약간 떨어진, 히우그란드강 입구의 사주 근처에 있었다. 그 항해의 결말은 다른 사료에 기록되어 있다. 베히우호와 상가브리엘호는 풍랑을 만나 서로 헤어졌으나, 이 무렵 가마는 깊은 우환이 있었다. 그의 형 파울루가 죽어가고 있었던 것이다. 가마는 산티아구섬에 도착하자 상가브리엘호의 운항을 항해사 주앙 드 사에게 맡긴 뒤, 황급히 캐러벨선 한 척을 전세 내어 형 파울루를 아소르스 제도의 테르세이라섬으로 데려갔다. 베히우호는 계속 항해하여 테주강 하구에 들어섰고, 1499년 7월에 가마의 소식을 듣고 리스보아 근처의 카스카이스에 상륙했다. 상가브리엘호도 곧 따라서 상륙했다. 이 서사시적 항해에 동생을 따라 충실하게 근무한 형 파울루는 테르세이라섬에 도착한 다음 날 사망하여 그 섬에 묻혔다. 가마는 형의 죽음을 애도하고 8월 말경에 리스보아로 돌아왔을 것으로 보인다. 그는 산타마리아드벨렝 예배당에서 수도자들과 아흐레를 보내면서 형의 죽음을 애도했다. 그런 후 9월 초에 리스보아에 당당하게 입성했다.

그 항해는 하나의 서사시였다. 그들은 2년이나 해외에 나가 있었고 약 4만 킬로미터를 항해했다. 끈기, 용기, 행운이 겹친 위대한 업적이었다. 그들이 치른 희생은 엄청났다. 몬순의 리듬을 잘 알지 못한 대가로 선원 가운데 3분의 2가 사망했다. 그나마 운이 좋아 일부라도 살아남은 것이었다. 운이 조금만 더 나빴더라도 괴혈병과 악천후가 그들을 인도양에 수장시켰을 것이고, 선원 없는 유령선들이 텅 빈 바다를 표류할 뻔했다.

가마는 엄청난 칭송을 받았다. 그에게는 땅과 돈과 귀족 작위가 하사되었고 '인도 제국의 제독'이라는 명예로운 칭호도 함께 받았다. 마누엘은 그 항해를 기념하여 전국에서 행진식과 의례용 미사를 올리라고 지시했고, 엄청난 홍보 효과를 본능적으로 확신하면서 포르투갈의 위대한 성공을 교황청과 유럽의 여러 왕가에 알리는 작업에 착수했다. 그는 포르투갈 배들이 "인도에 도착하여 그 해안을 발견했다"는 사실을 스페인의 페르난도 왕과 이사벨 여왕에게 알리면서 은밀한 기쁨을 맛보았다. "포르투갈 배들은 다량의 계피, 정향, 생강, 육두구, 후추를 사들였으며 … 루비와 에메랄드 같은 보석들도 구입했습니다." 마누엘은 계속하여 이렇게 말하면서 약을 올렸다. "두 폐하는 기쁨과 만족을 느끼며 이 소식을 받아들이시리라 믿습니다."[49] 마누엘은 두 군주가 느낄 시샘과 불만을 짐작하면서 은근한 즐거움을 누렸다. 마누엘은 알렉산데르 보르자 교황과 휘하 추기경들에게도 기독교 땅 인도의 발견을 의기양양하게 보고했다. "교황 성하와 추기경 저하들

귀족으로 승격한 가마 가문의 문장.

도 이 소식을 공개적으로 기뻐하시며 하느님께 찬양의 기도를 올리시리라 믿습니다."[50] 이 새로운 세계에 대한 많은 정보가, 개종한 유대인 가스파르 다 가마를 통해 입수되었다는 것은 하나의 징조로 해석되었다. "하느님은 포르투갈을 하느님의 신비에 봉사할 왕국, 하느님의 신앙을 더욱 높이 현양할 국가가 되라고 명령하고 소망하셨습니다."[51] 마누엘은 이러한 징조에서 운명의 손길을 보았다.

그 항해의 상업적 파급 효과는 신속하게 유럽 전역에 퍼져나갔다. 가마 선단의 첫 번째 배가 리스보아에 접안한 그 순간에 이미 은밀한 속삭임이 베네치아까지 건너갔다. 8월 8일, 베네치아인 일지 기록자 지롤라모 프리울리는 카이로에서 건너온 소문을 기록해놓았다. "포르투갈 왕가 소속의 캐러벨선 세 척이 아덴과 인도의 캘리컷에 도착했다. 그들은 향신료 섬들을 발견하기 위해 파견되었고 그 선장은 콜럼버스다. … 만약 사실이라면 그 소식은 내게 큰 충격이다. 그러나 나는 이 소문이 그리 신빙성 있다고 보지 않는다."[52] 리스보아에 나가 있던 이탈리아 상인들은 귀국한 선원들에게서 자세한 정보를 직접 입수해, 원정대가 실제로 인도에 다녀왔고 그 총선장은 바스쿠 다 가마라는 사실을 확인했다. 인도 제국의 부를 포르투갈이 직접 접촉할 수 있으리라는 전망은 아주 분명해졌다. 그 상업적 이점은 말할 것도 없고 유럽의 기존 이해관계를 위협하리라는 것 역시 분명했다. 피렌체인 지롤라모 세르니지는 현재의 홍해 무역로는 세금과 운송비 탓에 향신료 판매 가격을 여섯 배나 높인다고 지적했다.

> 그것은 운송업자, 선박 비용, 술탄의 관세 때문에 그러하다. 따라서 다른 해로를 통해 인도에 간다면 이런 비용과 중간상을 배제할 수 있을 것이다. 그런 이유로 나는 술탄, 관련된 왕들, 그리고 무슬림이 이 사업에서 포르투갈 왕을 배제하기 위해 할 수 있는 조치는 다 할 것이라고 생각한다. 만약 왕이 … 이 항해를 계속한다면 그는 카이로에서보다 몇 배나 싸게 피사의 항구에서 향신료를 팔 수 있을 것이다. 훨씬 낮은 비용으로 리스보아를 통과하여 그곳에 물품을 가져갈 수 있기 때문이다.[53]

그렇게 되면 베네치아와 제노바는 향신료 사업의 독점권을 잃을 터였다. "따라서 그들이 이 항해를 방해하기 위해 취할 수 있는 조치는 다 취할 것이라고 믿어 의심치 않는다."

바스쿠 다 가마의 항해는 모든 사람을 깜짝 놀라게 했다. 그 항해는 유럽의 세계 지도책 제작자들에게 여러 새로운 지명을 추가하게 해주었고, 인도 제국에 관하여 새로운 정보의 금광을 드러내주었다. 가마의 항해는 전 세계의 이해 당사자들인 기독교인, 무슬림, 힌두인으로 하여금 새로운 전략적 계산을 하게 했을 것이고, 필연적으로 상업적 갈등과 노골적인 전쟁을 불러올 것이었다. 마누엘 왕으로서는 한없이 자신감을 높일 수 있는 계기가 되었다. 그에게는 "포르투갈의 왕이자 아프리카 쪽 바다에 면한 알가르브의 왕, 그리고 기니의 군주"라는 당시의 칭호에 더하여, "에티오피아·아라비아·페르시아·인도에 대한 정복·항해·상업의 군주"라는 칭호가 추가되었다. 그것은 향신료 무역을 독점하겠다는 과감한 주장이었고 포르투갈의 의도를 만천하에 드러내는 선언이었다. 그 의도는 바다도 땅처럼 소유가 가능하다는 것이었다. 가마가 돌아오기도 전에 마누엘은 다음 원정을 떠날 배들을 건조하고 있었다. 동시에 그는 가마의 항해를 기록한 해도의 정보를 철저히 보안에 부치라고 명령하면서 만약 위반하면 사형으로 다스릴 것이라고 엄명했다. 지식은 물질적 부이자 권력이었다.

2부
경쟁

독점 국가들과 성전

6

카브랄

1500년 3월 - 1501년 10월

바스쿠 다 가마가 돌아온 지 6개월 만에 대규모 선단이 벨렝의 강안에서 출발 준비를 하고 있었다. 배 열두 척과 선원 200명으로 구성되었고, 운영 자금은 피렌체와 제노바의 은행가들이 댔다. 두 이탈리아 도시는 인도 제국에서 큰 돈을 벌 기회를 잡으려고 그런 투자를 했다. 마누엘은 우유부단하고 남의 말에 잘 동요하고 변덕이 심한 사람이었다. 그러나 기원후 1500년은 메시아가 나타날 조짐이 현저했고, 유럽의 이목이 리스보아에 집중되고 있었다. 피달구 페드루 알바르스 카브랄이 총선장으로서 지휘하는 이 대함대는 신속한 후속 사업으로 계획된 것이었다. 신세계의 물질적 이득을 선취하고 동시에 가톨릭 세계로부터 십자군 운동의 선봉장이라는 찬사를 얻으려는 목적에서였다.

카브랄 원정대는 이제 정찰 임무를 수행하는 데 머물지 않고, 상업을 촉진하고 더 나아가 해당 지역을 정복하고자 했다. 16세기가 시작된 후 첫 5년 동안, 마누엘은 인도양에서 항구적 지위를 얻기 위한 사생결단의 싸움에서 성공하기 위해 다양한 규모의 원정 선단을 계속 파견했고 그런 선박이 총 81척에 달했다. 국가의 최우선 사업인 만큼 온 나라의 인력, 조선술, 물질적 지원, 전략적 비전 등을 총동원해 기회의 창문을 여는 것이 목표였는데, 무엇보다도 스페인에 앞서서 그 사업을 완수해야 했다. 그러한 원정 과정에서 포르투갈 사람들은 유럽과 인도 제국 사람들을 깜짝 놀라게 했다.

카브랄은 가마의 항해에서 획득된 모든 지식을 적절히 활용할 수 있었다. 대함대의 출발일은 이제 궁중의 점성술가들이 살핀 길조 여부에 의해 결정되는 대신, 몬순의 리듬에 따라 결정되었다. 항로는 이미 1497년의 원정대가 발견한 대로, 서쪽으로 가는 반원형 커브를 이용해 난바다로 나갔다가 다시 해안으로 접근하는 길을 잡았다. 또 페루 이스코바르, 니숄라스 코엘류 같은 항해사들(이 사람들은 가마와 동행했던 이들이다), 가마와 바르톨로메우 디아스 같은 선장들의 경험을 충분히 고려했다. 카브랄 함대는 아랍어를 할 줄 아는 사람을 통역 중간에 두어야 하는 번거로움을 없애기 위해, 포르투갈어를 할 줄 알면서 말라얄람어가 모국어인 인도인들을 동행시켰다. 유대인 개종자 가스파르 다 가마도 승선시켰다. 그가 말라바르 해안의 복잡한 정치적 문제를 잘 아는 전문가였기 때문이다. 또 다른 개종 유대인이며 마누엘왕의 주치의이자 천문학자인 주앙 파라스도 승선하여 남반구 하늘의 별을 관찰하는 임무를 맡았다. 그런 정보가 앞날의 항해에 도움이 될 것이라고 판단해서였다. 또한 캘리컷에서 엉성한 물품들을 선물로 내놓아 낭패를 당했던 일을 감안하여, 카브랄은 사무드리를 매혹할 만한 최고의 제품들을 배에다 실었다.

포르투갈 사람들은 사무드리가 다소 이단이기는 해도 기독교인 왕이라고 여전히 믿었던 모양이다. 교황의 회칙에 의거하여, 사무드리가 범한 오류를 고쳐주기 위하여 원정대에 프란치스코회 수도사들도 함께 승선했다. "이 수도사들 덕분에 인도인들은 … 우리의 신앙과 관련하여 보다 온전한 지시를 받을 것이고, 신앙의 문제를 잘 깨우치고 익혀서 하느님 섬기는 일을 더 잘하여 영혼의 구제를 얻을 수 있을 것이다."[1]

신앙도 중요하지만 그에 못지않게 중요한 것은 상업 임무였다. 캘리컷에 교역소를 설립하기 위한 인원, 업무용 장비, 물품 등이 원정대에 추가되었다. 가마 항해의 실패담을 반면교사 삼아 말라바르 해안 인도인들을 매혹시킬 만한 제품들을 선적하는 데 특히 신경 썼다. 그런 상품으로는 산호, 구리, 붉은색 안료, 수은, 고급 옷감과 거친 옷감, 벨벳, 비단, 다양한 색깔의 공단, 금화 등이 선택되었다. 아랍어를 할 줄 알며 굉장히 관록 있는 상업 대리인 아이르스 코헤아가 이 상업 업무의 우두머리였고, 여러 서기와 회계사가 그 팀의 일원으로 배속되었다. 브라질에 대한 최초의 기록을 작성한 문사 페루 바스 드 카미냐가 일지 작성자로 참여했는데, 그는 나중에 포르투갈인들이 겪은 여러 사건을 매혹적으로, 때로는 감동적으로 기록한다.

카브랄은 선원 출신이 아니라 외교관이었다. 그에게는 수행해야 할 임무가 하달되었고, 더불어 필요한 지침도 제공되었다. 그중에는 가마의 캘리컷 항해 경험에 의거하여 인도양을 원만하게 통과하는 요령, '기독교인' 사무드리와 평화롭고 수익 높은 관계를 수립하는 절차도 있었다. 전임자들보다 관련 정보를 훨씬 많이 파악한 카브랄은 필요할 때마다 여러 페이지에 달하는 이 문서를 참고할 수 있었다. 그 안에는 발생 가능한 다양한 사태에 대비한 여러 가지 대응책이 제시되어 있었다. 여기에는 문제를 일으킬 것 같은 적들에게는 준엄하면서도 폭력적인 조치를 취해야 한다는 지시도 포함되었다.

1500년 3월 9일, 벨렝에서 이루어진 출발은 이제 관습처럼 굳어진 시가 행렬로 시작했다. 먼저 참회 미사가 거행되었고 그리스도의 상흔을 상징하는 다섯 개의 동그라미가 장식된 왕실 깃발 수여식이 있었다. 이번에는 마누엘이 직접 현장에 참석하여 그 깃발을 카브랄에게 수여했고, 수도사들이 이끄는 시가행진이 벌어졌다. "왕은 그들과 함께 강변으로 내려갔다. 그곳에는 출발하는 남편과 아들을 보려는 리스보아 시민들이 운집해 있었다."[2] 그들은 정박한 채 돛을 펴는 캐럭선으로 선원들을 태운 대형 보트가 이동하는 모습을 헤스텔루 해안에 바짝 붙어서 지켜보았다. 마누엘은 보트를 타고 그 대함대를 따라 테주강 입구까지 갔다. 출발하는 배들은 그곳에서 바다의 물결을 처음 접한 뒤 뱃머리를 남쪽으로 돌릴 터였다.

그들은 가마의 경험을 밑바탕 삼아 좀 더 직진하는 남하 항로를 잡았다. 좋은 날씨 속에서 카보베르데 제도를 통과했고 멈추지 않고 나아갔다. 이처럼 해상의 기후 조건이 양호한 가운데에서도 갑자기 배한 척이 사라진 사건은 의아한 수수께끼이자 불길한 조짐이었다. 그들은 예전에 이미 확립된 반원형 항로를 따라갔다. "그들은 등 뒤에서 바람을 느끼자 항로를 남쪽으로 잡았다. 앞으로 항로를 변경해야 한다면 남서쪽이 될 것이다. 가벼운 바람을 만나자마자 반원형 코스를 잡았고 그렇게 하여 희망봉을 바로 동쪽에 두게 되었다."[3] 그들은 이 반원형 항로를 좀 더 크게 잡았음이 틀림없다. 왜냐하면 4월 21일에 서쪽 방향에서 "커다란 산맥을 처음 목격했기 때문이다. 아주 높고 둥그런 산이었는데 그 산의 남쪽으로는 저지대가 있었고 거기에 울창한 숲이 들어서 있었다."[4]

이 같은 목격은 예기치 못한 일이었지만 그 과정은 평화로웠다. 알몸의 주민들은 아프리카 서부 해안에서 만난 부족들과는 사뭇 달랐다. "이 사람들은 온몸이 검었고 알몸으로 다니는 것을 전혀 부끄러워하지 않았다. 머리카락은 길게 길렀고 턱수염을 잡아당기는 버릇이 있었다. 그들의 눈꺼풀과 눈썹에는 백색, 흑색, 청색, 적색의 물감이 칠해져 있었다. 아랫입술은 피어싱을 했다. 여자들 또한 알몸으로 다니면서 아무런 부끄러움이 없었고 몸매가 아름다웠으며 머리카락을 길게 길렀다."[5] 포르투갈 사람들은 난생처음으로 해먹 — "베틀같이 생긴 침대"[6] — 을 보았다. 그 사람들은 온순해 보였다. 그들은 포르투갈의 백파이프 음악에 맞추어 춤을 추었고 열대 해안에서 거행된 미사의 동작을 기꺼이 흉내 냈다. 그들은 "사육장의 참새들처럼" 쉬이 겁을 먹었다.[7] 선교하려던 수도사들에게 그들은 개종시키기 쉬운 사람들로 보였다.

그들은 그 땅을 '진정한 십자가의 땅'이라고 명명했다. 그곳에는 식수와 과일이 풍부했고 기이한 동물이 많았다. 그들은 해우를 잡아서 그 살을 먹었다. "해우는 돼지 같은 머리에 눈알이 작고 통같이 생긴 커다란 바다 동물인데, 이빨이 없었고 귀가 사람 팔뚝만 했다."[8] 그들은 화려하기 그지없는 색채의 앵무새도 보았는데 "어떤 것들은 암탉만큼이나 컸다. 그 새 말고도 아주 아름다운 새들이 더 있었다."[9] 그들은 배 한 척을 포르투갈로 되돌려 보내 새로 영유권을 주장할 수 있게 된 이 땅에 대해 보고하도록 했다. 그 귀국선에 주앙 파라스가 보낸 편지도 실려 있었다. 그는 편지에서 새로 제작된 천문학 기구와 위도 계산표를 가지고 남반구 별들의 방위를 정확히 짚어내는 데 어려움이 많다는 고충을 토로했다. "제가 보기에 바다에서 별의 높이를 측정하기란 거의 불가능합니다. 아무리 열심히 작업해도 또 배의 흔들림이 거의 없다고 해도 나의 측정은 네다섯 번에 한 번은 오차가 있습니다. 천체 측정은 지상에서 해야 할 것 같습니다."[10] 서기 페루 바스 드 카미냐가 보낸 또 다른 편지는 이 새로운 세계의 경이로운 일들, 그 주민인 투피남바족을 세세히 관찰하여 기록한 멋진 보고서였다. 이것이 브라질 역사의 시작이었고, 카미냐가 기록할 수 있었던 브라질에서의 마지막 일 중 하나였다. 아흐레에 걸쳐 교역과 물자 보급을 마친 5월 2일, 그들은 해방 죄수 두 명을 해안에 내려놓은 채 돛을 펼쳤다. "죄수들은 눈물을 흘렸고 현지 주민들은 그들을 위로하며 동정의 뜻을 표했다."[11]

카브랄의 함대는 넉넉히 여유를 두고 희망봉을 통과하겠다는 의도로 가마의 항로보다 한참 더 남쪽의 위도를 항해했다. 5월 12일에 그들은 "아라비아 쪽으로 매우 긴 꼬리를 드리운"[12] 혜성을 관측했는데 그 별이 일주일 이상 하늘에 떠 있어서 길조로 여겼다. 5월 24일, 남대

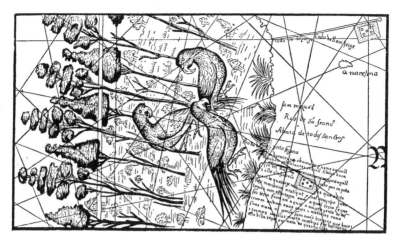

유명한 포르투갈 세계 지도인 '칸티노 세계 전도'를 근거로 다시 작성된 지도의 일부. 사상 처음으로 브라질 해안과 "암탉처럼 큰" 앵무새를 보여준다. 이 지도는 1502년경에 포르투갈 국외로 밀반출되었다.

서양의 고기압 지대로 들어섰다. 바람이 계속 그들의 등 뒤에서 불어오더니 갑자기 폭풍우가 강타했다. 그 폭풍우의 강도와 방향은 그들이 전혀 대비하지 못한 것이었다. "폭풍이 아주 갑자기 들이닥쳐서 우리는 거의 의식하지 못하다가, 돛이 돛대에 가로로 쓰러지는 모습을 보고서 알아차렸다." 순식간에 "배 네 척이 선원을 모두 태운 채 실종되었고 우리는 그들에게 도움의 손길을 뻗을 여력조차 없었다."[13] 그렇게 실종된 사람들 중에는 바르톨로메우 디아스도 끼여 있었다. 실종 지점은 희망봉에서 약간 떨어진 지점이었는데, 디아스는 12년 전에 희망봉을 최초로 통과한 적이 있었다. 나머지 배들은 세 그룹으로 재편된 후, 돛을 펼치지도 못한 상태로 스무 날 동안 폭풍우와 맞서 싸워야 했다.

　폭풍우 때 피해를 입은 배 일곱 척은 마침내 6월 20일에 모잠비크에서 재집결했다. 여덟 번째 배는 디오구 디아스(바르톨로메우의 형제)가 선장이었는데 사상 처음으로 마다가스카르섬을 관측했으나, 본대와 합류하는 것은 실패해 리스보아로 되돌아갔다. 카브랄 함대가 아프리카 동부 해안에서 받은 대접은 이전보다 더 좋지 않았다. 그래도 이제 포르투갈의 대포를 의식하는 모잠비크 술탄은 좀 더 나긋나긋하게 나왔다. 포르투갈 함대는 식수를 얻어 올 수 있었고 킬와까지 항해를 도울 항해사들을 확보했다. 킬와는 아프리카 동부 해안에서 가장 중요한 무역 도시였으나 그곳 술탄은 뜨뜻미지근하게 나왔다. 그는 캘리컷의 무슬림들과 마찬가지로 자신의 상업 지역 안에서 훼방꾼을 필요로 하지 않았다. 원정대는 모잠비크를 완전히 피해 갔다. 그들은 말린디에서 겨우 환대를 받았다. 선원들은 다시 '잇몸병'으로 고생했는데 "오렌지가 완전히 낫게 해주었다."[14] 이어 인도양을 건너가는 데 필요한 항해사를 확보했다.

그런 뒤 캘리컷에서 북쪽으로 650킬로미터 정도 떨어진 안제디바 제도에 도착했을 때, 카브랄의 명령은 아주 명확해졌다. 이 섬들은 배들이 캘리컷으로 가는 길에 식수와 보급품을 보충하기 위해 들르는 곳이었다. 바스쿠 다 가마도 이곳에서 뱃바닥 청소를 했고 식수와 보급품을 보충한 바 있었다. 카브랄 역시 그렇게 했다. 그곳은 홍해로 들어가는 아랍 배들의 중간 기착지이기도 했다. 포르투갈 사람들은 그 배를 '메카 배'라고 불렀다. 카브랄은 사무드리와 우호적 관계를 맺기 위해 할 수 있는 일은 다 할 생각이었다. 하지만 사무드리의 관할 지역 이외의 곳에서는 아랍 배라면 무조건 싸우라는 지시를 받은 상태였다.

… 만약 위에서 말한 메카의 무슬림 소속 배를 바다에서 만난다면, 그 배를 나포하기 위해 힘껏 노력해야 한다. 그뿐만 아니라 그들의 물품과 재산, 그 배에 승선한 무슬림들까지 가장 적절한 방식으로 포획하도록 하라. 그들에게 싸움을 걸어서 그들에게 최대한 피해를 입히도록 하라. 그들은 우리가 오래전부터 깊은 적대감을 지녔던 자들이다.[15]

카브랄은 나중에 사무드리를 만났을 때 이 지시 사항을 알려준다. 그리고 이제 포르투갈 사람들은 자신들의 대포가 지닌 위력을 확실히 알았다. 그들은 아랍 배들을 상대로 근접전을 벌이기보다는 멀리서 대포를 쏘아 제압할 계획이었다. 그러면 항해사와 선장 같은 귀중한 인적 자원을 생포할 수 있었다. 배에 탄 사람들을 어떻게 처리할지에 대한 지시 사항은 다소 모호하다. 최악의 경우는 이러하다. "선박 중에서 가장 낡은 배에다 그들을 한꺼번에 몰아넣고 배를 물에 가라앉히거나 불태워라."[16] 이 지시 사항을 자유롭게 해석해본다면 매우 이율 배반적으로 보인다. 먼저, '기독교인' 사무드리와 평화로운 무역 관계를 유지하려면 그 항구에 들어오는 무슬림 무역업자들을 따뜻한 환대("음식, 술, 기타 좋은 대접"[17])로 맞아야 한다. 하지만 일단 사무드리의 영해를 벗어나면 그 무슬림들을 상대로 전면적 교전을 벌어야 한다는 것이다.

여하튼 이런 지시 사항은 인도양에서 포르투갈이 벌이게 될 활동의 기본 틀을 제공했고 돌이킬 수 없는 사태들을 촉발했다. 카브랄은 아랍 배를 매복했다가 습격하기 위해 안제디바 제도에서 열닷새를 기다렸다. 그러나 배들이 오지 않았다. 그는 캘리컷으로 항해하여 그 까다로운 지시에 따라 닻을 내렸다. 구체적으로 이런 지시였다. "배들을 잘 정렬하여 훌륭한 상태로 대기시키고 깃발과 군기들로 최대한 멋지게 장식하라."[18]

지난번 가마가 다녀간 이후 늙은 사무드리는 세상을 떠났다. 이제 그의 조카가 왕국을 다스리고 있었으나 양국의 관계는 이전보다 좋아지지 않았다. 포르투갈 사람들이 납치해서 포르투갈어를 가르친 말라바르 사람들은 곧 통역사로서 아무 쓸모가 없다는 게 밝혀졌다. 그들 전부가 낮은 카스트여서 어전을 더럽혀서는 안 된다며 출입이 금지되었던 까닭이다. 포르투갈 사람들은 전과 마찬가지로 상호 인질 교환을 하자고 공격적으로 나섰다. 카브랄은 이런 사전 조치 없이 상륙하면 절대로 안 된다는 지시를 받은 상황이었다. 신경질적인 협상과 대치가 며칠 동안 이어진 끝에 총선장이 하선할 수 있는 전제인 상호 인질 교환이 합의되었다. 카브랄은 자신이 받은 지시 사항을 철저히 준수했다. 그렇지만 사무드리는 높은 카스트의 힌두인을 해상에 인질로 내놓아야 하는 상황에 화가 났다. 힌두인의 금기에 따르면 해상에서는 음식을 먹어서도 안 되고 술을 마셔서도 안 되며 잠을 자서도 안 되었기 때문이다. 그 인질들 중 일부가 헤엄쳐서 달아나려 하자 포르투갈인들은 그들을 갑판 밑의 빈 공간에 가두었다. 그러자 보복 조치로 카브랄의 인질들은 투옥되었다.

카브랄의 모든 지시는 매우 준엄한 어조를 띠었다. 포르투갈 사람들은 자신들이 교황의 승인과 하느님의 의지에 따라 인도에서의 상업 활동을 확보하기 위해 캘리컷에 왔다고 믿었다. 카브랄은 사무드리의 접견실에서 호화찬란한 선물을 내놓으며 동료 기독교인 왕에게 우호적 관계를 수립하고 싶다고 말했다. 그리고 엄중한 요구 사항도 내놓았다. 포르투갈 사람들은 가마가 뒤에 남기고 간 물품들에 대한 배상, 특혜 관세, 낮은 향신료 가격, 안전한 교역소, 사망한 상인의 물품은 국고에 귀속된다는 통상적 원칙 적용의 면제 등을 요구했다. 카브랄은 사무드리에게 캘리컷 이외의 지역에서 무슬림을 상대로 성전을 벌이겠다는 의사도 명확하게 밝혔다. "그렇게 하는 것이 우리가 선대로부터 물려받은 유산이기 때문이다."[19] 또 캘리컷에서 활동하는 무슬림 상인도 모두 쫓아내라고 사무드리에게 요구했다. "그가 기독교인 왕인 만큼 당연히 그런 일을 해야 하기 때문이다." 그렇게 하면 사무드리는 "지금까지 무슬림에게서 취한 이득을 그대로 받을 뿐만 아니라 더 많은 것을 누릴 수 있을 것이다."[20] 그리고 프란치스코회 수도사들이 신앙과 관련하여 그가 가진 잘못된 교리를 시정해줄 것이다. "그렇게 하면 하느님께 봉사할 수 있을 것이고 그리하여 영혼의 구원을 얻을 수 있을 것이다."[21] 카브랄은 그때까지도 인도양의 문화적·종교적 현실을 완전히 오해하고 있었던 것이다.

무려 두 달 반에 걸친 지루한 협상, 대치, 양동 작전—가마와 마찬가지로 카브랄은 떠날 것처럼 위장 작전을 폈다—끝에 무역 협정이 체결되어 물품 거래를 위한 무역소가 설치되었고 상업 대리인 아이르스 코헤아가 운영하게 되었다. 그래도 양측 사이에 의심이 남아 있었고, 현지어인 말라얄람어로 직접 의사소통하지 못하고 아랍어로 중역해야 하는 것은 심각한 문제였다. 코헤아는 아랍어밖에 할 줄 몰랐기 때문이다. 그래서 사무드리와의 의사소통은 무슬림 중개인의 통역을 통해야만 가능했다. 포르투갈 사람들이 오는 것을 못마땅하게 여기는 중개인을 거쳐서 의사소통하는 것은 아무래도 믿을 만한 일이 못 되었다.

포르투갈 사람들이 캘리컷에 피해를 입힐 만한 무력을 갖추고 있다는 사실은 사무드리의 허세 부리는 행위에 의해 드러났는데, 그 행위는 나중에 역효과를 불러왔다. 사무드리는 캘리컷에서 남쪽으로 떨어진 곳에 있는 코친 항의 한 상인에게서 귀중한 전투용 코끼리를 사들이고 싶어 했다. 그러나 그 상인은 그 구매 제안을 무시했다. 그리하여 코끼리들과 다른 상품을 실은 배가 캘리컷 해안을 지나가자, 사무드리는 포르투갈 사람들에게 그 배를 나포해달라고 요청했다. 카브랄은 그 요청을 받아들여 캐러벨선인 상페드루호를 페루 드 아타이드의 지휘 아래 바다에 내보냈다. 처음에 사무드리는 그 배에 선원이 겨우 70명만 탔다는 사실을 알고 그 시도를 의심스럽게 보았다. 그러나 그 배에는 대형 봄바드가 탑재되어 있었다.

인도인의 다우선은 잘 무장되어 있었고 선원도 300명이나 되었다. 아타이드는 해안 위쪽으로 그 배를 추적했다. 다우선에 승선한 무슬림들은 자기네 커다란 배 옆에 따라붙은 자그마한 캐러벨선을 보고 코웃음을 쳤다. 그러나 캐러벨선은 곧 포격을 시작하여 다우선의 선체를 크게 파괴했고 선상의 많은 사람을 살상했다. 다우선이 마침내 항복하자 그 배를 캘리컷으로 예인했고 전투용 코끼리들은 성대한 의식과 함께 사무드리에게 헌정되었다. 전투 중에 죽은 코끼리 한 마리는 포르투갈 선원들이 가져가서 먹어치웠다. 이 낯선 방문객들의 군사적 위력은 말라바르 해안의 위아래 양쪽에서 상당한 영향력을 떨쳤다. 동시에 사무드리로 하여금 그들을 공포의 시선으로 바라보게 했다.

한편 향신료의 선적은 천천히 진행되었다. 캘리컷에 3개월 머무르는 동안에 두 척만 만재되었다. 아랍 상인들이 선적 작업을 은근히 방해하고 있음이 분명했다. 그러는 한편 아랍인들의 배는 화물을 가득 싣고서 은밀하게 캘리컷 항구를 떠났다. 카브랄이 이에 대해 불평하자, 두 경쟁적 이해 집단 사이에 갇힌 사무드리는 그런 식으로 몰래 항구를 출발하는 무슬림 배들은 나포해도 좋다고 허가해주어 이 불청객의 마음을 달랬다. 무슬림 배들이 또다시 몰래 출발하자 카브랄은 사정없이 그 배를 나포했다. 카브랄은 처음엔 이런 도발적 행위를 망설였으나 상업 대리인 코헤아의 재촉으로 실행에 나섰다. 코헤아 자신은 현지의 유수한 무슬림들의 사주에 속아 넘어가서 그런 행동을 했다. 무슬림들의 숨겨진 의도는 도시 내에서 주민들의 격렬한 반응을 촉발하자는 것이었다. 그 사건은 소기의 효과를 발휘했다. 그 배의 나포는 물밑에서 설설 끓던 긴장이 밖으로 튀어나오게 하는 발화점이 되었다.

사무드리의 의중이 명확하게 밝혀지지 않은 상황에서, 분노한 군중이 도시 한복판의 거리에 몰려와 포르투갈 교역소를 향해 노도처럼 나아갔다. 익명의 목격자가 그다음에 벌어진 일을 기록해두었다.[22] 포르투갈 배에서 시내로 들어온 사람은 약 70명이었다. 그들은 칼과 방패로 무장하고 군중에 맞서 싸우려 했다. "그러나 군중은 무수히 많았고 모두가 창이나 칼, 방패, 활, 화살을 들고 있었다." 포르투갈 사람들은 그 위세에 눌려서 건물 안으로 들어갔다. 그 건물은 "말 탄 기수 정도의 높이인" 담으로 둘러싸여 있었다. 그들은 가까스로 건물의 바깥 출입문을 폐쇄할 수 있었다. 그들은 담장에 붙어 서서 보유한 석궁

일고여덟 대를 발사하여 인도인을 상당수 살해했다. 그리고 건물 지붕에 깃발을 올려 바다에 있는 본선에 위험 신호를 보냈다.

그 당시 몸이 아파서 친히 진압 작전에 나설 수 없었던 카브랄은 선회포旋回砲로 무장한 대형 보트를 보내 군중을 해산시키려 했다. 아무 효과도 없었다. 무슬림 군중은 바깥 담장을 파괴하기 시작했고, "한 시간 만에 완전히 허물어버렸다." 수세에 몰린 포르투갈 사람들은 이제 방 안에 갇혀 창문 앞에서 석궁을 발사했다. 코헤아는 더 저항하는 것은 무의미하다고 생각했다. 교역소가 바다에서 가까운 곳에 있었으므로 그들이 가장 바라는 바는 그 건물을 탈출하여 바다까지 달려가는 것이었다. 그러면 대형 보트가 해안에 접근해 그들을 구출해줄 것으로 보았다. 그들은 건물 밖으로 탈출했고 대다수가 해안까지 달려가는 데 성공했다. 그러나 보트는 거친 파도를 두려워하여 뒤로 물러서면서 해안으로 다가오지 않으려 해서 그들을 절망에 빠뜨렸다. 무장 군중이 이들에게 가까이 다가왔다. 코헤아는 칼을 맞아 절단이 났고 "그와 함께 50명 이상이 참살되었다." 그중에는 최초로 브라질 연대기를 작성한 페루 바스 드 카미냐와 프란치스코회 수도사 여러 명이 포함되었다. 그들은 "인도에서 발생한 최초의 순교자들"이었다. 스무 명의 포르투갈인이 바다로 뛰어들어 목숨을 건졌다. 그중에는 그 분노한 군중의 목격담을 적은 익명의 기록자도 들어 있었다. "모두 심각한 부상을 당했고" "거의 익사 직전의 상태에서" 대기 중인 대형 보트에 끌어 올려졌다. 그렇게 구조된 사람 중에는 코헤아의 열한 살 난 아들 안토니우도 있었다.

몸이 안 좋아서 정신이 몽롱한 상태였던 카브랄은 교역소를 보호해주지 못한 일에 대하여 사무드리의 즉각적인 사과를 기대했다. 그는 응답을 기다리며 하루를 보냈다. 아무런 반응도 나오지 않았다. 사무드리는 어떻게 반응해야 할지 막연한 상태인 듯했다. 카브랄은 그 침묵을 불길하게 여기며 사무드리가 전쟁을 준비하고 있으리라고 생각했다. 24시간 뒤, 카브랄은 보복 작전에 나섰다. 그는 항구에 정박 중인 아랍 배 열 척을 포획하여 선상의 아랍인을 모조리 학살하라고 명령했다. 도시 주민들은 해안에서 경악과 공포의 표정으로 그 광경을 지켜보았다.

우리는 500명 혹은 600명을 학살했다. 그리고 배의 선창에 숨어 있던 20명에서 30명을 생포하고 적재된 상품을 몰수했다. 이렇게 하여 우리는 배를 강탈하고 그 안에 있는 물건을 온전히 차지했다. 한 배에는 코끼리 세 마리가 있었는데 죽어서 그 살을 먹었고, 사람과 짐을 뺀 배 아홉 척은 모두 불태웠다.[23]

카브랄은 거기서 그치지 않았다. 밤이 되자 배들을 해안 가까이에 붙여서 포격을 준비했다. 새벽 무렵, 그는 캘리컷을 향해 맹렬한 포격을 퍼부었다. 해안에 있던 소형 대포들이 반격해 왔으나 별로 효과가 없었고, 포르투갈의 화력이 압도적이었다. 하루 종일 대포알이 도시로 날아가 건물들을 파괴했다. 일부 건물은 왕가의 소유였는데 한 왕족이 포격으로 죽기도 했다. 사무드리는 황급히 도시에서 피란을 떠났고 카브랄은 바다로 다시 들어가면서 그 길에 배 두 척을 더 나포하여 불태우고, 캘리컷 해안에서 남쪽으로 160킬로미터 떨어진 코친

(오늘날의 코치)으로 갔다. 그는 사무드리와의 협상이 성사되지 않으면 이 도시를 방문하라는 지시를 미리 받아놓은 상태였다. 캘리컷과의 관계가 최종적으로 파탄 나자, 양측 모두 상처를 입고 크게 분노했다. 그 포격은 결코 망각되지 않을 터였다. 교역소 인원의 학살은 보복을 요구했다. 그것은 장차 인도양에서 무역과 신앙을 두고 벌어질 장기 전쟁의 첫 포격이었다.

코친에 대한 정보는 아마도 가스파르 다 가마가 제공했을 것이다. 포르투갈 사람들은 그 도시의 라자가 사무드리의 봉신對臣인데, 캘리 컷의 구속에서 벗어나고 싶어 해서, 이 해안에 나타난 새로운 강자와 동맹을 맺을 용의가 있음을 알아차렸다. 그는 포르투갈인들을 따뜻하게 맞아주었다. 인질 교환도 원만하게 이루어졌다. 높은 카스트의 힌두인 두 명과 그에 상응하는 포르투갈인 두 명이 날마다 교환되었다. 신분 높은 힌두인은 바다에서 식사를 하거나 잠을 자는 것이 금지되었기에 그런 일일 교환이 벌어진 것이다.

카브랄은 2주 만에 향신료를 배에 한가득 실을 수 있었고 코친에 소규모 교역소를 항구적으로 설치하는 데에도 합의를 보았다. 포르투갈 사람들은 또한 말라바르 해안에 대하여 좀 더 많은 것을 알게 되었다. 해안의 다른 도시들, 가령 칸나노레(오늘날의 카누르)와 퀼론(오늘날의 콜람) 같은 항구들에서도 전령이 찾아와 카브랄에게 교역을 권하면서 사무드리에 맞서 동맹 세력을 확보하려 했다. 이때 포르투갈인들은 최초로 진짜 인도 기독교인들을 만날 수 있었다. 그들은 인근 크랑가노레(오늘날의 코둔갈루르)에서 온 두 사제, 요셉과 마티아스였는데 승선해서는 같은 기독교인을 만난 것에 감개무량해했다. 이 만남은 분명 포르투갈 사람들에게 위로가 되는 순간이었지만, 동시에 그동안의 환상에서 벗어나는 순간이기도 했다. 그들은 오랫동안 인도가 기독교 국가라고 생각해왔는데, 인도에는 힌두교라는 '이교'가 존재한다는 것을 알게 된 것이다. 두 사제는 인도 내에 기독교인이 많지 않다고 말했다. 성 토마스를 따르는 인도 기독교인들은 극소수이고 이교도들로 둘러싸여 있다는 것, 해안의 거의 모든 무역을 무슬림이 장악하고 있다는 것 등을 알게 되었다.

캘리컷의 사무드리는 복수를 갈망하고 있었다. 카브랄은 자신의 귀국길을 막기 위해 80척으로 이루어진 선단이 곧 도착할 것이라는 소식을 들었다. 그는 포르투갈 대포의 위력을 자신하고 있었기에 라자의 해군력 지원을 거부했다. 그는 교역소에 소수 인원을 남겨놓고 힌두인 두 사람을 데리고 즉시 난바다로 나섰다. 이 인질은 해상에서 먹지도 마시지도 않으려 했다. 사흘이 지나가자 그들은 설득을 받아들여 "아주 슬퍼하고 절망하면서 식사를 했다."[24] 이런 문화적으로 무감각한 행위는 향후 코친과의 동맹에서 어두운 그림자를 드리웠다. 13년 뒤, 코친의 라자는 마누엘에게 보낸 편지에서 포르투갈인들을 잘 대해주었는데도 그런 배은망덕한 짓을 저질렀다며 개탄했다.

카브랄은 싸울 필요가 없었다. 사무드리의 배들은 포르투갈의 대포를 의식한 나머지 멀리서 따라오기만 하고, 곧 어둠 속으로 사라지는 포르투갈 배들을 망연히 쳐다보기만 했을 뿐이다. 해안 위쪽 칸나노레의 왕은 카브랄에게 입항하여 향신료를 가득 싣고 가라고 요청했다. 그것은 포르투갈 대포에 대한 보험을 드는 행위인 동시에 캘리컷에 대항하는 동맹을 맺으려는 의사 표시였다. 카브랄 선단은 그 항구에 잠시 기항했다가 곧 인도양 항해에 나섰다.

카브랄 선단은 소규모 그룹으로 나뉘어 장거리 귀국길에 올랐다. 동아프리카 해안의 말린디에서는 무모한 작전을 벌이다가 향신료를 가득 실은 배 한 척을 잃어버리는 상업적 참사도 있었다. "그 배에서는 맨몸의 선원들 이외에는 아무것도 건지지 못했다."[25] 난파된 배는 무슬림이 나중에 포획하여 화물을 가져가지 못하도록 불태웠다. 그러나 모잠비크의 잠수부들이 물속에서 대포 몇 문을 건져 올려서 나중에 포르투갈 사람들을 공격하는 데 사용한다.

고국 리스보아에서, 마누엘 왕은 사무드리에게 제공한 풍성한 선물로 사태가 원만하게 해결되었으리라 기대하며 다음 원정대 파견할 준비를 끝내놓았다. 카브랄 선단이 힘들게 희망봉을 돌 무렵인 3월에 주앙 드 노바가 지휘하는 네 척으로 구성된 소함대가 테주강을 떠났다. 원정대의 도착 시간과 출발 시간의 간격은 아주 길었다. 한 선단이 출발하여 다음에 출발하는 선단에게 정보를 건네주기까지는 만 2년이 걸렸다. 모든 것이 몬순의 리듬에 따라 결정되었다. 해마다 포르투갈 선단은 대서양 한가운데에서 먼저 출발한 배와 길이 엇갈렸고, 2년 묵은 해상 정보를 근거로 항로를 설정했다. 물론 바다의 상황에 따라 그런 항로를 어느 정도 미세하게 조정하는 것은 전부터 시행해온 터였다.

노바는 희망봉 근처인 상브라스만에 도착했을 때, 나무에 걸린 구두 한 짝을 발견했다. 그 안에는 캘리컷의 정확한 방위를 알려주는 메시지가 들어 있었다. 그는 캘리컷을 우회하여 북쪽의 칸나노레와 남쪽의 코친으로 가서 향신료를 가득 싣고 포르투갈 대포의 위력 덕분에 사무드리의 배를 적절히 물리치면서 다시 난바다로 나왔다.

카브랄의 배는 소규모 그룹을 형성하여 1501년 여름에 리스보아에 입항했다. 돌아오는 길에 가외로 탐사 작업을 벌여서 새로운 정보를 획득했다. 아프리카 황금 무역의 요충인 소팔라 항구 일대를 탐사했고, 디오구 디아스는 홍해의 입구 일대를 면밀히 살펴보았다. 마누엘은 이미 홍해에 대한 전략적 계획을 구상해놓은 상태였다. 홍해 일대는 항해하기가 만만치 않았다. 포르투갈 사람들은 건조하고 황량한 땅을 발견했는데 그곳 날씨는 용광로처럼 뜨거웠다. 탐사에 나섰던 배의 선원들 대부분이 사망했다. "탐사선은 생존자 여섯 명만 데리고 귀환했다. 생존자도 대부분 병들어서 아팠고 물이 없어서 비가 내릴 때 빗물을 모아두었다가 마셨다."[26] 이런 정보들은 포르투갈이 편찬하는 지도의 정보를 풍성하게 만들어주었고 향후에 적절한 활용을 위해 잘 보관되었다.

선원들은 리스보아 귀항을 간절히 바랐다. 원래 항해에 나섰던 열세 척 중에 일곱 척만이 되돌아왔다. 이중 다섯 척에 향신료가 가득 실렸고 나머지 두 척은 빈 배였다. 나머지 여섯 척은 바다에서 실종되었다. 교회의 종루에서는 종들이 크게 울렸고 전국에 축하 행렬을 이루어 행진식을 올리라는 지시가 내려갔다. 포르투갈 궁정 내에서 카브랄 항해에 내려진 평가는 엇갈렸다. 들어가는 비용이 너무 크고 항해 거리가 너무 멀다는 반론이 강력하게 제기되었다. 마누엘은 이미 이 해외 사업에 투자를 많이 했고 향신료를 만재한 배들은 상당한 수익을 올려주었지만, 인명 손실은 마이너스 측면이었다. 서쪽으로 항해하여 신대륙을 발견하는 것은 흥미롭지만 그리 중요한 일이 아니었다. 캘리컷에서 평화로운 결말을 얻지 못한 것, 교역소가 성난 군중에 의해 파괴된 것, 인도 서부 해안의 주민들과 통치자들이 대부분 기독교인이 아니란 점 등은 다소 우울한 소식이었다.

그러나 마누엘은 긍정적인 소식만 유럽 전역에 알려지도록 각별히 신경 썼다. 포르투갈 선단의 인도 항해 소식에 가장 주목한 사람들은 베네치아인들이었다. 이 해양 공화국은 15세기 말에 이르러 향신료 무역을 독점 사업으로 영위했던 만큼 그 사업이 곧 생명줄이었다. 지중해의 동쪽 구석에 박혀 있는 베네치아는 이집트의 맘루크 왕조와 좋은 관계를 유지하면서 해마다 알렉산드리아에서 향신료 선적이 원활하게 이루어질 수 있도록 면밀하게 신경 썼다. 포르투갈이 이 중개자를 따돌리는 데 성공했다는 소식은 경악할 만한 일이었다. 이는 베네치아의 존재 이유를 위협하는 것인 만큼 즉각 조사해야 할 필요가 있었다. 리스보아 상황을 유심히 관찰하던 알베르토 칸티노는 페라라에게 다음과 같은 내용의 보고서를 보냈다. "포르투갈 왕은 이미 베네치아 대사에게 이런 말을 했습니다. '사람들이 생각하는 것처럼 포르투갈의 해외 사업이 순조롭게 진행되지 않는다면, 나는 그 사업을 완전히 포기할 것이다.'"[27] 베네치아는 그렇게 되기를 희망하고 기대했다. 좀 더 현실적인 목소리들은 공포에 가까운 불길한 예감을 표명했다. 베네치아 대사 '일 크레티코'는 카브랄 선단이 리스보아에 입항했을 때 현지에 있었다. 알려진 자세한 정보는 대사를 심란하게 만들었다. "그들은 내가 말하기조차 두려운 가격에 엄청난 향신료를 운송해 왔습니다." "만약 이 항해가 계속된다면 … 포르투갈 왕은 그 자신

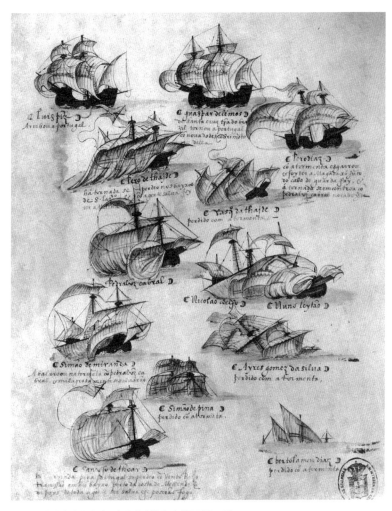

여섯 척의 배가 실종된 카브랄 선단의 항해 과정을 담은 그림.

을 금전왕金錢王으로 불러도 될 것입니다. 모두들 향신료를 얻기 위해 리스보아로 몰려들 테니까요."[28] 마누엘은 일 크레티코를 찾아가 향신료가 무사히 운송된 것을 축하해달라고 말했다. "그래서 나는 왕의 비위를 맞추기 위해 적절한 축하 인사를 해주었습니다."[29] 그러나 대사의 본심은 축하하느니 차라리 톱밥을 먹는 게 낫겠다는 심정이었을 것이다.

베네치아 현지에서 일지 작성자 지롤라모 프리울리는 만약 포르투갈이 중개인을 배제하고 산지에서 향신료를 직접 사들인다면 베네치아는 망하고 말 것이라고 예측했다. "이 새로운 소식은 우리 도시에 너무도 중대한 영향을 미칠 일이어서 나는 근심으로 잠을 이룰 수가 없다."[30] 그리고 마누엘은 그런 근심을 파고들었다. 그는 일 크레티코에게 이런 말도 했다. "귀국의 폐하께 편지를 보내 앞으로는 귀국의 배를 이곳으로 보내 향신료를 실어가기 바란다는 뜻을 밝히고자 합니다."[31] 그것은 베네치아와 포르투갈 사이에서 벌어질 은밀한 상업 전쟁의 시작이었고, 핵심은 정보력이었다. 베네치아 첩자들은 이렇게 보고했다. "그 항해의 해도를 사들이는 것은 불가능하다. 왕이 해도 내주는 자를 모조리 사형에 처했다."[32]

그러나 카브랄의 항해에 들어간 많은 비용은 마누엘의 신인도를 훼손했다. 그는 이제 말라바르 해안의 진정한 상황을 알게 되었다. 그곳에는 기독교인이 별로 없었고 그 일대의 상업은 무슬림 상인들의 손에 들어가 있었다. 하지만 왕은 야망을 꺾지 않았다. 그는 일 크레티코에게 "맘루크 술탄이 향신료를 얻는 일은 없게 만들겠습니다"라고 말했다.[33] 그는 해외 사업을 계속 밀어붙일 기세였다.

캘리컷에서 입은 손실 때문에 포르투갈은 적절한 대책을 내놓아야 했다. 카브랄이 귀국하면서 인도 전략은 바뀌었다. 이교도의 정체가 분명하게 밝혀지자 사무드리는 값비싼 선물을 일축하고 교역소를 파괴했을 뿐만 아니라, 그곳에서 근무하던 포르투갈 사람들을 학살했다. 포르투갈 사람들이 볼 때 그는 '메카 무슬림들'의 영향력 아래에 있는 게 분명했다. 따라서 앞으로 인도 제국에서의 무역은 전쟁과 함께 치러져야 했다. 호전적인 기독교 세력의 차선책인 보복 작전을 펼쳐야 한다는 점도 명백했다.

카브랄의 방문 이후 80년이 지나고서 그 사건을 기록한 이슬람 저술가는 그 원정대의 도착이 말라바르 해안의 평화가 전쟁으로 변하게 된 순간이었다고 크게 탄식했다. 바로 그 순간부터 "십자가의 예배자들"[34]이 "이슬람교도들의 재산을 불법적으로 침탈하고 그들의 상업을 억압했다."[35] 카브랄이 두 번째 원정대의 지휘를 거부하자, 마누엘은 그 자리에 바스쿠 다 가마를 임명했다.

7

미리호의 운명

❖━━━◆━◆◆━◆━━━❖

1502년 2-10월

마누엘은 인도양 무역은 공격적 행위가 필요하다고 판단해 전보다 더 큰 선단을 해마다 조직하라고 지시했다. 그리하여 1502년 봄에 테주강에서 출발한 선단은 엄청난 대규모였다. 총 스무 척의 배를 두 개 함대로 나누고 바스쿠 다 가마가 총선장으로서 지휘했다. 가마의 삼촌인 비센트 소드레도 함께 출발했는데 그는 선장으로서 휘하의 배에 명령을 내릴 수 있는 등 어느 정도 자율권을 행사했다. 가마가 왕에게 받은 교지는 후대에 전해지지 않았지만, 발생한 사건을 가지고 충분히 추론할 수는 있다. 교역소의 포르투갈 직원들을 학살한 사건에 대하여 캘리컷의 사무드리에게 배상을 요구할 것, 말라바르 해안의 반항적인 왕들을 상대로 교역 합의를 이끌어낼 것, 코친과 칸나노레의 교역소를 통해 그 해안에 마련한 소규모 거점들을 더 확대할 것 등이었다. 인도양에는 포르투갈의 대포 화력을 당해낼 것이 없다는 확신이 있었기에 이는 함포 외교를 천명한 것이나 다름없었고, 필요하다면 전면전도 불사한다는 방침이었다.

대규모 선단과 마누엘의 야망이 불러일으키는 상승 효과는 소드레에게 내린 명령에서도 분명하게 드러난다. 그의 임무는 다음과 같았다. "홍해 해협의 입구를 철저히 단속하여 메카 무슬림의 배가 그 해협을 출입하지 못하게 할 것. 그들은 우리를 많이 미워하고 있고 우리가 인도로 진출하는 것을 방해하려 하는 세력이다. 그들은 현재 카이로와 알렉산드리아를 통해 유럽 시장으로 나오는 향신료를 마음대로 통제하고 있다."[1] 이는 대규모 확전이 불가피한 지정학적·전략적 계획으로 한걸음 성큼 다가서라는 지시였다. 비센트 소드레와 그를 따라가는 동생 브라스는 가마의 삼촌들이었지만 나이는 가마와 비슷했다. 그들은 함께 성장했고 아마도 모로코 해안에서 사략선 활동도 함께 벌였을 것이다. 그들은 폭력을 좋아하는 성향도 공유했다. 가마는 사촌 이스테방도 발탁해, 그 항해는 가족 사업이 되었다.

새로운 원정대는 이제 하나의 관습이 된 출발 의식을 준비했다. 십자군 원정을 표방하는, 장엄한 리스보아 대성당에서 거행된 미사에서 가마는 '인도 제국의 제독'이라는 공식 직함을 받았고, 제국과 전쟁을 상징하는 휘장으로 온몸을 장식했다. 진홍색 공단 망토에 은으로 만든 체인을 둘렀고, 오른손은 칼을 뽑아 들고 왼손은 왕실 깃발을 들었다. 그가 왕 앞에 무릎을 꿇자 왕이 그의 손가락에 반지를 끼워주었다.

가마 대선단의 배는 대부분이 1502년 2월에 헤스텔루에서 출발했다. 선원들의 가족들이 올리는 기도와 눈물은 바람에 실려 사라졌다. 이스테방 다 가마가 지휘하는, 나머지 다섯 척으로 구성된 두 번째 함대는 4월 1일에 출발했다. 그 대규모 원정대에는 현장에서 벌어지는 사건을 직접 목격하고 기록으로 남기려는 관찰자도 포함되어 있었다. 그런 사람들로는 포르투갈인 서기 토메 로페스와 이탈리아 상업 대리인 마테오 다 베르가모가 대표적인데, 둘 다 이스테방의 함대에 승선했다. 그들은 평화로운 무역에서 무장 폭력으로 방침이 바뀐 원정대의 일지를 기록하게 된다.

카브랄의 선단이 남쪽 바다에서 상당한 피해를 입은 사건이 벌어진 이후 선원들은 다가오는 항해를 두려운 심정으로 기다렸다. 바다 경험이 별로 없는 풋내기 선원인 로페스는 포르투갈 사람들이 겪은 기후의 변화를 상세히 기록했다. 함대는 "덥지도 않고 춥지도 않은 아주 좋은 날씨" 속에서 마데이라섬을 지나 카보베르데 제도를 향해 나아갔고, 이어 남서쪽으로 방향을 틀어 바다 한가운데로 들어섰다. 적도에 가까이 다가가자 날씨는 견딜 수 없을 정도로 무더웠다. "밤이나 낮이나 숨을 쉴 수 없을 정도였다." 그러고 나서 그들은 북극성을 잃어버렸고 더위는 서서히 물러갔다. 희망봉에 근접하니 "날씨가 몹시 차가워졌다. 가까이 다가갈수록 더 추워졌고 몸을 따뜻하게 보존하기가 어려웠다. 우리는 보온을 위해 옷을 많이 꺼입었고 많이 먹고 마셨다." 날도 점점 짧아졌다. 햇볕이 나는 시간은 8시간 반 정도였고 밤이 15시간 반이었다.[2]

6월 7일, 로페스의 배는 어둠 속에서 폭풍우의 급습을 받았다. 이스테방 함대는 흩어졌다. "겨우 두 척만이 함께 있었다. 줄리아호와 우리 배였다. … 세 번째 강풍은 너무나 강력해 우리 배의 삼각돛 활대를 아래쪽으로 휘어지게 만들었고 줄리아호의 주 돛대를 꺾어버렸다. … 엄청난 바닷물이 우리 머리 위로 쏟아져 들어왔다. 너무나도 끔찍한 상황이었다."[3] 갑판을 넘나드는 높은 파도 때문에 줄리아호는 배 안으로 물이 범람했다. 바다에 떠 있기 위해 선원들은 물을 계속 밖으로 퍼내면서 맹세를 하며 추첨을 했다. 만약 이 풍랑에서 살아남는다면 그들 중 누가 보은의 뜻으로 순례 여행을 떠날지 정하는 추첨이었다. 온몸을 얼어붙게 하는 추위에 뼛속까지 물이 스며든 상태에서 그들은 어서 이 폭풍우가 지나가기만을 바랐다. 6월 9일에 날씨가 좋아졌다. "우리는 옷을 햇볕에 말리려고 밖에다 내다 널었다. 그전에 우리는 파도의 강습을 여러 차례 받아 온몸이 젖어 있었지만, 햇볕이 그리 뜨겁지 않아 몸을 다시 덥히기에는 역부족이었다. 게다가 곧 비가 내리는 바람에 햇볕이 그다지 도움이 되지 못했다."[4] 가마의 선원들은 이 구간에서 안전을 보장받고자 성스러운 유물을 바다에 던지며 위력을 발휘해주기를 빌었다. 이번에는 모든 배가 살아남았다. 그러나 동방으로 오가는 항해는 언제나 인내심의 시련을 겪는 일이었고 난파와 침수를 각오해야 했다.

포르투갈 사람들은 아프리카 동부 해안에서 무역을 하고자 했고 중간 기착지로서 안전한 발판이 되어줄 거점을 확보하고자 했다. 선박에 필요한 물품을 보급하고 풍랑이 잦은 대서양 항해에서 손상된 배들을 손보려면 그런 거점이 반드시 필요했다. 가마는 지난번에 모잠비크와 몸바사를 처음 항해했을 때 긴장된 협상을 하면서 서로 의심한 경험이 있었다. 그래서 이번에는 좀 더 완력에 의존하는 접근법을 써야겠다고 결심했다. 그는 동양식 뉘앙스와 지루한 줄다리기를 답답해했고 유럽의 대포가 위력을 발휘해 현지인들을 굴복시킬 수 있다고 자신했다. 그는 또 몬순이 아주 엄격한 훈육 주임이라는 것도 알았다. 그 바람은 사람을 기다려주지 않았다. 만약 아프리카 동부 해안 사람들이 즉각 순응하지 않는다면 힘으로 복종시킬 생각이었다.

가마는 먼저 소팔라와 모잠비크를 방문했다. 서로 의심하면서 인질을 교환하고 비밀 무기를 가지고 상륙한 후에야 비로소 비교적 괜찮은 값에 금을 구매할 수 있었다. 하지만 그의 주된 목적지이며 그 해안의 핵심 교역항인 킬와는 그를 차갑게 대했다. 가마는 깃발을 휘날리며 스무 척의 배를 모두 해안에 접근시키면서 일제히 봄바드를 발사하여 포르투갈 국왕의 장엄함과 위력을 과시했다. 그는 술탄에게 짧은 편지를 보내 접견을 요청했다. 몸이 아파서 만날 수 없다는 답신이 왔다. 가마는 신속하게 배를 해안에 접근시켜 위협적인 태도를 취하면서, 대형 보트에 머스킷 소총을 갖춘 선원 350명과 여러 문의 선회포를 장착시켜 접안하도록 지시했다. 가마 제독 자신이 이렇게 말했다. "그는 나를 만나보기를 원하지 않았다. 그러면서 내게 아주 불손하게 굴었다. 그래서 나는 휘하 선원 전원을 무장시키고 그를 박살내기로 마음먹었다. 나는 보트를 타고 그의 배 앞까지 간 뒤, 보트의 선수를 땅에다 붙이고 그가 나에게 보인 태도보다 더 불손하게 이제 나를 만나러 오라고 요구했다. 그는 동의했고, 실제로 왔다."[5]

연대기 기록자 가스파르 코헤이아가 전하는 다채로운 이야기에 따르면, 제독은 통역을 통해 그 무기력한 술탄에게 사자후를 퍼부었다.

나는 우리나라 국왕의 신하다. 당신이 여기서 지금 보고 있는 내 부하들과 배에 남아 있는 부하들은 내가 명령하는 대로 움직인다. 그러니 사실을 똑바로 알기 바란다. 내가 결정만 내린다면 당신의 도시는 한 시간 안에 쑥대밭이 될 것이다. 그리고 내가 당신의 백성들을 죽이기로 마음먹으면 그들은 모두 불타 죽을 것이다.

그는 계속하여 이런 말도 했다. "나는 당신의 귀를 잡고 해안으로 질질 끌고 갈 것이다. 당신의 목에다 쇠줄을 매달아 당신을 인도 전역에서 구경거리로 만들 것이다. 포르투갈 국왕 섬기기를 거부하면 무슨 꼴을 당하는지 모두가 보게 될 것이다."[6]

가마는 황금을 거래할 권리를 요구했고, 포르투갈 왕에게 해마다 조공을 바치고 왕의 신하임을 인정하는 의미로 왕의 깃발을 도시에 게양하라고 요구했다. 이는 총체적으로 모욕적인 행위였다. 조공은 두 번으로 나누어 납부되었다. 로페스는 다소 건조하게 이렇게 기록했다. "첫 번째 조공은 매우 성대한 의식과 함께 아주 소란스러운 가운데 즐거운 마음으로 거행되었다." 해변에 나온 거대한 무리의 여성들은 "포르투갈! 포르투갈!" 하고 끊임없이 외쳤다.[7] 아마도 기쁨보다는 공포에 의해 촉발된 외침이었을 것이다. 포함 외교의 직접적 효과는 스와힐리 해안 위아래에서 느껴지기 시작했다. 7월 22일, 가마는 말린디를 향해 나아갔고 그곳에서 오랜 친구인 술탄으로부터 따뜻한 혹은 긴장 섞인 환대를 받았다.

인도양 항해는 비교적 무난하게 지나갔다. 8월 20일에 이르러 가마 함대는 안제디바 제도에 도착하여 아무런 정당한 이유도 없이 인근 항구인 호나바르와 바르칼(바트칼)을 급습했다. 코헤이아의 기록에 의하면, 가마는 그 항구의 겁먹은 라자에게 무뚝뚝하게 이렇게 선언했다. "이 함대는 나의 군주이신 포르투갈 국왕의 것이다. 그분은 바다와 세상의 군주이며 이 해안 전체의 군주이기도 하다."[8] 함대는 여기서 더 남쪽으로 내려갔고 9월 초에 델리산 앞쪽에 도착했다. 그 산은 바다 쪽으로 툭 튀어나와 있고 배후에 석호들이 있었으며, 칸나노레 북쪽이었다. 이곳은 말라바르 해안에서 무역하는 상업 선박들이 처음이나 마지막에 들르는 항구였다. 홍해에서 오는 향신료 선박들이 식수, 땔감, 식량 등을 보급하기 위해 널리 이용하는 중간 기착지이기도 했다. 가마 함대의 배 스무 척과 선원 1000여 명은 파도를 막아주는 석호에 닻을 내렸다. 로페스에 따르면, 선상에서는 괴혈병이 다시 기승을 부렸다. 그들은 환자를 위한 텐트를 설치했고 다량의 오렌지를 공급했으나, 때는 이미 늦었다. 그 결과 60명에서 70명이 사망했다. 다른 선원들은 새로운 종류의 스트레스 증상을 보였다. 다리 사이에 커다란 종양이 생겼는데 아마도 열대 기생충이 그 원인일 것으로 짐작되었다. 하지만 치명적이지는 않았다.

델리산의 정상은 해발 270미터 정도 되는데, 아래쪽 바다를 내려다보며 해양 매복 작전을 구상하기에 좋았다. 가마와 그의 삼촌들인 소드레 형제는 청년 시절에 모로코 해안에서 그와 유사한 작전을 실행해보았을 것이다. 이들에게는 홍해를 오가는 무역을 봉쇄하라는 명령뿐 아니라 캘리컷 학살에 보복해야 할 임무도 있었고, 많은 선원이 개인적 약탈의 기회를 노리고 있었다. 1502년 9월 29일에 그런 기회가 찾아왔다. 북쪽에서 오는 대형 다우선이 포착된 것이다. 가마는 봄

가마의 두 번째 항해에 투입된 선박 수는 첫 번째 때보다 (보급선을 제외하고) 여섯 배나 많았다.

바드의 영점을 맞춘 채로 분견 함대를 이끌고 바다에 나섰다.

그다음에 벌어진 일에 대해서는 현장 목격자가 여럿 있다. 이탈리아 상업 대리인 베르가모는 너무 충격을 받아서 본국 상사商社에 보내는 편지에다 그 일을 자세히 적을 수 없을 정도였다. "우리는 그 일에 가담하지 않았고 우리가 개입할 일도 아니라는 말을 들었다." 베르가모는 그렇게 기록했다. "이 사건에 대한 구체적인 정보도 있는데, 지금은 그것을 말할 시간도 안 되고 그럴 장소도 아니다."[9] 포르투갈 서기인 로페스는 그다지 침묵을 지키지 않았다. 그는 인도양 정복 사업의 방식과 사고방식에 대해 예리하면서도 비판적인 시선을 던진 최초의 인사였다.

그 다우선의 이름은 미리호였는데, 여자와 어린아이를 포함해 약 240명의 승객을 태우고 홍해에서 돌아오는 길이었다. 그들 중 상당수가 메카 순례 여행에서 귀국하는 중이었다. 그 배는 무장을 했고 대포 몇 문을 장착했다. 다수의 부유한 캘리컷 상인들이 타고 있었고, 그중 한 사람은 맘루크 술탄의 현지 상업 대리인인 자우하르 알파키였는데, 배를 몇 척 소유한 유력 사업가이기도 했다.

가마는 미리호가 아무런 저항도 하지 않고 항복하자 다소 놀랐을 것이다. 말라바르 해안에는 잘 준수되는 규칙들이 있었다. 특정 구간에서 현지 해적들에게 나포되면 일정한 속상금을 내는 것이 관례였다. 상인들은 부유했고 그런 대금을 내면 아무 문제 없으리라 자신했다. 알파키가 먼저 협상안을 제시했다. 그는 다우선에 접근하다가 부러진 포르투갈 배의 돛대를 보상해주고 캘리컷에 가서 포르투갈 배에 가득 실을 향신료를 판매하겠다고 제안했다. 가마는 거부했다.

상인은 다시 협상을 시도했다. 가마 함대 중 가장 큰 배 네 척에다 향신료를 가득 채울 수 있게 해주고, 그에 대한 보장으로 상인 자신, 그의 여러 아내 중 한 사람, 그리고 조카를 인질로 제공하겠다고 말했다. 분명 첫 번째 제안보다 훨씬 좋은 조건이었다. 그들은 가마 함대에 인질로 남아 있겠다고 했다. 추가로 상인은 이런 약속도 했다. 캘리컷에서 압수한 모든 물품을 돌려줄 것이고 그 도시와 평화로운 관계가 수립되도록 하겠다. 이 말은 향신료 무역을 자유롭게 할 수 있게 해주겠다는 뜻이었다. 만약 15일에서 20일이 지나도 이 약속이 지켜지지 않는다면 제독은 인질로 잡은 자신을 마음대로 처치해도 좋다고 했다. 가마는 전혀 동하지 않았다. 그는 알파키에게, 가지고 있던 물건을 모두 내놓으라고 상인들에게 말하게 했다. 알파키는 깜짝 놀라면서 위엄 있게 답변했다. "내가 이 배를 인솔할 때, 그들은 내가 명령하는 대로 따랐습니다. 지금은 당신이 지휘하고 있으니 당신이 그들에게 직접 말하십시오."[10]

로페스에 의하면, 상인들은 "고문하지 않았는데도" 포르투갈 사람들이 원하는 것을 모두 내놓았다. 아마도 상당한 물품을 배에 남겨놓았을 것이다. 일부 기록에 의하면, 가마 함대의 휘하 선장들은 총선장 가마의 지나치게 뻣뻣한 고집을 비웃었다고 한다. 가마는 상인들의 항복 조건을 받아들이지도 않았고 다우선을 전면적으로 약탈하는 것도 거부했다. 로페스도 깜짝 놀랐다. 어떤 괴상한 원칙을 고집하여 이득을 볼 수 있는 행위를 깡그리 거부하는지 잘 이해가 되지 않았기 때문이다. "배에 남겨놓은 보석과 귀중품을 생각해보라. 기름, 버터, 꿀, 그 외 귀한 물품이 가득 든 항아리를!"

가마에게는 다른 계획이 있었다. 그는 다우선의 키와 삭구를 제거한 후 대형 보트를 이용해 상당히 먼 거리를 예인하게 했다. 이러한 처사를 미리호의 승객은 믿을 수가 없었고 포르투갈 함대의 많은 선원도 잘 납득하지 못했다. 그러고 나서 그는 포수들을 대형 보트에 승선시켜 화약을 쟁여서 미리호 쪽으로 발사할 준비를 시켰다. 무슬림들을 모조리 죽일 계획이었던 것이다.

이제 자신들이 얼마나 심각한 곤경에 처했는지 파악한 미리호의 승객들은 씩씩하게 대응했다. 그들은 선상에 붙은 불을 가까스로 껐고 투석물과 잔돌 등 무기가 될 만한 것은 뭐든지 손에 쥐고 저항했다. 그들은 싸우다가 죽을 각오를 했다. 대형 보트가 대포에 불을 붙이기 위해 다시 돌아왔을 때, 포수들은 남녀 할 것 없이 미리호의 승객들이 내던지는 투척물의 세례를 받았다. 포르투갈 선원들은 뒤로 물러설 수밖에 없었다. 그들은 심하게 손상된 다우선에 포격을 시도했다. 그러나 대형 보트에 실린 선회포가 너무 가벼워서 다우선에 심각한 피해를 입힐 수 없었다. 멀리서도 그들은 여자들이 보석과 귀중품을 내밀며 제독에게 목숨만은 살려달라고 호소하는 모습을 볼 수 있었다. 어떤 여자들은 어린아이들을 선측 바깥으로 내밀며 호소했다.

로페스는 이렇게 기록했다. "우리는 그들이 자비를 호소한다는 것을 알 수 있었다." 로페스의 기록은 점점 더 심란해지고 이해하지 못하는 어조를 띤다. "남자들은 몸동작으로 속상금을 낼 용의가 있다고 표시했다. … 그 돈이면 페즈에 포로로 감금된 기독교인들을 전부 석방시킬 수 있었고 또 우리 군주에게도 엄청난 부를 안겨줄 수 있었다."[11] 가마는 몸을 숨긴 채 비밀 현창을 통해 이 모든 광경을 무덤덤하게 지켜보고 있었다. 그는 아무런 반응도 보이지 않았다. 다우선에서는 승객들이 매트리스, 의자, 기타 물건들을 가져와 바리케이드를 쌓기 시작했다. 그들은 자신들의 목숨을 아주 높은 가격에 팔기로 작정했다.

닷새 동안 키와 삭구를 박탈당한 미리호는 뜨거운 바다 위를 떠돌았다. 일지 작성자 로페스가 탔던 배는 포획한 작은 무슬림 배를 선미에 매단 채로 미리호를 바싹 추적했다. 닷새째 되는 날, 그들은 그 배를 끝장내라는 지시를 받았다. 로페스는 이렇게 썼다. "우리는 모든 것을 볼 수 있었다. 그날은 10월 3일 월요일이다. 나는 그날을 평생 잊지 못할 것이다."[12]

로페스의 배는 미리호를 바싹 따라와 선측에 붙었다. 지근거리에서 대포가 다우선의 갑판에 커다란 구멍을 냈다. 그러나 포르투갈 사람들은 다우선 승객들의 투쟁 정신을 과소평가했다. 미리호는 갑자기 포르투갈 배에 쇠갈고리를 던져 고정시켰다. "그 일은 너무 갑작스럽고 너무 맹렬했기 때문에 우리는 돛대 꼭대기에서 돌멩이 하나 던질 겨를이 없었다." 갑자기 전세가 역전되었다. 포르투갈 사람들은 기습을 당해 불리해졌다. "우리 중 상당수가 무기를 휴대하지 않았다. 비무장 승객들을 상대로 싸운다고 생각했기 때문이다."[13] 그들은 황급히 무슬림 죄수들을 가둔 갑판 아래 선창의 자물쇠를 잠갔고 맹렬한 공격에 맞서야 했다. 미리호는 그들보다 선고船高가 높았는데 그 승객들은 갑판에서 투척물을 비처럼 내던졌다. 너무 억수같이 쏟아져서 포수들은 대포에 접근할 수가 없었다. 그들은 석궁을 쏘아 승객 몇 명을 죽였으나 대형 보트에 탄 선원은 마흔 명에 불과했다. 중과부적인 그들은 위축되었다. "선원 하나가 갑판에 모습을 드러내면 이삼십 개의 돌과 화살 몇 개가 날아들었다."[14]

두 배는 갈고리에 의해 서로 붙어 있었다. 하루 종일 맹렬한 싸움이 이어졌다. 무슬림들은 너무나 분노하여 아무런 고통도 느끼지 못할 정도였다. "그들은 우리를 상대로 맹렬한 기세로 몸을 내던졌다. 아주 놀라운 광경이었다. 우리는 그들을 죽이고 부상을 입혔으나 그들은 겁먹지 않았고 부상의 고통도 느끼지 못하는 듯했다."[15] 로페스는 주위의 상황이 나빠진다는 사실을 알아차렸다. "우리 모두가 부상을 입었다."[16] 14명에서 15명의 선원이 약간 지대가 높은 앞갑판에 갇혀 있었는데 다우선 승객들이 거기로 달려들었다. 이 선원들 대부분이 그 자리를 포기하고 갑판 아래로 달아났다. 로페스와 선장인 조반니 부오나그라치아만이 거기에 남아 목숨을 건지기 위해 싸웠다. 선장은 어디선가 흉갑을 꺼내와 자신을 보호하려 했는데 하도 잔돌 세례를 받는 통에 흉갑 묶는 줄이 끊어져 나갔다. 공격하는 승객들이 바로 앞까지 왔을 때 선장의 흉갑은 바로 아래로 흘러내렸다. 선장은 전투의 소음 속에서 몸을 돌려 크게 소리쳤다. "이 배의 서기인 토메 로페스, 이제 모두가 가버렸는데 이제 여기서 무엇을 할 수 있겠는가?"[17]

이제 앞갑판을 빠져나가야 할 시간이었다. 두 사람은 그곳에서 달아났고 앞갑판은 미리호의 승객들이 장악했다. "그들은 커다란 함성을 질렀다. 마치 우리를 이미 정복한 듯한 태도였다."[18] 무슬림들은 이제 뒷갑판도 장악했다. 선장과 서기를 지원하러 온 선원들은 상황이 가망없음을 알고 바닷속으로 뛰어들었고 다른 포르투갈 보트에 의해 구조되었다. 배에 남은 선원은 별로 없었고 거의 모두가 부상을 당했다. 포르투갈 보트에 건너온 무슬림이 부상을 입으면 그 자리를 메우기 위해 다른 승객이 미리호에서 파도처럼 건너왔다. 그 과정에서 무슬림 몇 명이 바다에 빠져 익사했다. 소수의 포르투갈 선원들은 앞갑판 바로 아래에 집결해 승객들의 공격을 최대한 막아내려 애썼다. "그들은 우리 선원 한 명을 죽였고, 두세 명에게 부상을 입혔다. 돛이 어느 정도 보호해주기는 했지만, 날아드는 돌로부터 우리를 방어하는 데 어려움을 겪었다."[19]

하지만 다른 포르투갈 배가 재빨리 아군을 돕기 위해 다가오자 다우선의 상황은 끝을 보게 되었다. 캐럭선인 조이아호는 다우선에 승선할 것처럼 양동 작전을 폈다. 그것이 전세를 역전시켰다. 공격자들은 갑자기 자신들의 배가 걱정되었다. 그들은 미리호로 되돌아가서 고정 갈고리를 풀었다. 포르투갈 배에 남아 있던 지친 선원들은 이제 살았다며 간신히 안도의 한숨을 내쉬었다.

미리호 승객들은 배를 방어해보려 했지만 여의치 못했다. 이제 파멸은 시간문제였다.

가마는 예닐곱 척의 대형 배로 뒤쫓으며 키 없는 다우선이 해상에서 떠돌게 내버려두었다. 파도가 너무 높아서 그 배에 올라가기는 불가능했고 미리호에 타고 있던 무슬림들은 언제 죽을지 모르는 채 끔찍한 공포 속에서 죽음의 고통을 견뎌야 했다. 포르투칼인들은 사흘 낮, 사흘 밤을 하늘에 공포를 쏘아대며 그 희생물을 쫓아다녔다. 닷새째 되는 날 오전에 한 남자가 미리호에서 헤엄쳐 건너와 한 가지 제안을 내놓았다. 자기 목숨을 살려주면 그 배의 키에 케이블을 걸어 그 배를 감아 들여서 불태우게 해주겠다는 것이었다. 그는 약탈할 물건도 없다고 밝혔다. 모든 귀중품과 물품, 식량은 바다에 내던진 상황이었다. 포르투갈 사람들은 가져갈 것이 없었다. 로페스는 무슬림들의 용기와 감투敢鬪 정신에 마지막으로 경의를 표했다. "우리는 전투 중에 화살을 맞아 부상을 입은 승객이 그 화살을 뽑아내 다시 우리에게 던지며 계속 싸우는 모습을 보았다. 그는 자신의 부상을 전혀 의식하지 못하는 듯했다."[20] 그는 매우 위축된 어조로 결론을 맺었다. "결국 그렇게 끝났다. 그처럼 치열한 싸움을 벌이고 엄청난 잔인함을 내보이고 아무런 연민의 감정도 없이 제독은 그 배를 불태워 그 안에 탄 승객들을 산 채로 소사시켰다."[21]

배가 침몰하기 전, 가마는 그 배에서 꼽추 항해사와 어린아이 약 스무 명을 빼내 와, 그들을 기독교도로 개종시키라고 명했다고 한다.

미리호를 천천히 목 졸라 죽인 사건은 후대의 많은 포르투갈 논평가들에게 충격을 안겼고 수수께끼를 남겼다. 특히 인도인 역사가들은 그 사건을 배에 실려온 서구 제국주의의 서막을 알리는 의미심장한 사건으로 진단했다. 그것은 두 자급자족하는 세계 사이에서 벌어진 최초의 무력 충돌이었고, 두 세계의 기준점은 서로 배타적이어서 설명이 불가능했다. 한 무슬림 통치자는 이렇게 말했다. "누가 누구에게 바다를 항해해서는 안 된다고 하다니, 전대미문의 일이다."[22] 포르투갈 사람들에게 해적이라는 딱지가 붙긴 했지만, 가마의 약탈을 넘어선 해양 폭력의 동기가 무엇인지는 쉽사리 이해되지 않는다. 그는 아마도 시범 사례로 폭력을 써야겠다는 극단적 생각을 했던 것 같은데 그가 이런 사고방식을 가진 유일한 사람은 아니었다. 포르투갈 사람들은 치열한 경쟁, 뿌리 깊은 증오, 항해와 포술砲術에서 선진 군사 기술의 활용 등이 판치는 세상에서 온 이들이었다. 그들은 모로코 해안에서 투구의 면갑을 내리고 흘낏 바라보았던 이슬람 세계에 대한 편협한 견해를 그대로 간직한 채 인도양으로 왔다. 1494년에 체결한 토르데시야스 조약에 의해 세계의 바다를 반분한 이베리아 국가들은 독점 무역과 십자군 운동 의무, 이 두 가지를 철저하게 믿었다.

말라바르 해안 일대에서 미리호가 맞이한 운명은 결코 잊지도 용서하지도 못할 일이다. 그 사건은 그 후 몇백 년 동안 기억되었다. 스페인 속담에 큰 죄는 기다란 그림자를 던진다는 말이 있다. 그러나 가마가 벌인 일은 이제 겨우 시작이었을 따름이다. 그의 혈압은 서서히 상승하는 중이었다.

8

분노와 복수

1502년 10-12월

가마는 명목으로만 우호적인 항구인 칸나노레로 항해했다. 그 항구에는 소규모 포르투갈 교역소가 있었다. 그 무렵 신경질적인 바스쿠 다 가마는 상대방의 의도를 하나같이 의심했고 누가 뭐라고 해도 마음이 누그러질 기미가 없었다. 그는 상륙하여 라자 만나기를 거부했다. 그리하여 양측이 서로 위엄을 과시하는 바람에, 해상에서의 만남은 어색하기 짝이 없게 진행되었다. 한쪽은 함선의 갑판에서 바다 쪽으로 내민 자그마한 평대 위에 서 있었고, 다른 한쪽은 배의 선미루船尾樓 위에 서서 협상을 진행했다. 외교적 수인사와 선물 교환이 끝난 뒤, 교역 조건에 대한 문제가 곧 의제로 떠올랐다. 라자는 그런 문제들을 논의할 처지가 아니었다. 향신료 협상은 그 도시의 상인들과 진행해야 하는데 그 상인들은 무슬림이었다.

가마는 말라바르 해안 전역에 정착된 정경 분리를 이해할 수가 없었다. 해안 지역을 통치하는 힌두인 엘리트들은 정치 권력을 지닌 반면, 무슬림 신하들은 경제적 활동을 열심히 했다. 가마를 만나러 온 상인들은 높은 가격을 요구했다. 포르투갈의 상품들이 너무 평범해서 사들일 수 없었기 때문이다. 상인들이 보인 그런 반응에 가마는 온몸이 마비될 정도로 분노했다. 그는 왜 라자가 그런 상인들을 자신에게 보냈느냐고 물으며 말했다. "그도 잘 알고 있다시피, 기독교인은 무슬림을 오래전부터 미워해왔고 또 최악의 적으로 여기고 있소."[1] 라자는 가마와의 우정을 그리 높이 평가하지 않는 듯이 보였다. 라자가 자신과 직접 거래하기를 거부하자 가마는 이튿날 일찍 배에 선적되어 있던 향신료 자루들을 돌려줄 생각이었다.

이런 와중에 포르투갈인 상업 대리인인 파이 호드리게스가 사태를 중재하기 위해 찾아왔다. 가마는 그에게 곧바로 그 도시에서 떠나라고 명령했다. 호드리게스는 곧장 반발했다. 자신은 제독의 부하가 아니고 돌보아야 할 상품과 의무가 있으니 그렇게 할 수 없다고 했다. 이런 반발은 가마의 기분을 더욱 악화시켰다. 그는 마지못해 떠나면서 라자에게 경고를 날렸다. 만약 기독교인 포르투갈인들에게 피해를 입힌다면, "그의 카피르*들은 그 일에 대해 엄청난 대가를 치를 것이다."[2] 해안 전역에서 따돌림 당할 위기에 처한 가마는 화려한 나팔 팡파르를 울리고 허공에 공포를 쏘아대며 그 항구를 떠났다.

---

* 남아프리카 반투족의 일파인 카피르족을 가리킨다. 여기서는 무슬림 상인들의 대용어로 쓰였다.

그는 시빗거리를 찾아서 남쪽 캘리컷으로 내려갔다. 그곳으로 가는 길에 칸나노레의 속국인 자그마한 항구에 포격을 가했고, 한 배에 가득 탄 무슬림을 생포했다. 라자는 가마가 떠난 후에 분노를 달래는 편지를 보내왔다. 그 취지는 이러했다. 설사 가마 함대가 그의 '카피르들'을 죽인다 해도 그 일이 포르투갈 왕과 맺은 평화를 깨뜨리지는 못할 것이며, 라자는 모든 사실을 있는 그대로 가마에게 솔직하게 밝힐 것이다. 그 편지는 파이 호드리게스가 작성했음이 분명했기에 가마의 분노는 조금도 수그러들지 않았다.

그러나 캘리컷에서는 미리호의 운명이 이미 널리 알려진 터라 사무드리는 심사숙고했다. 포르투갈 사람들이 우연히 말라바르 해안을 찾아온 방문객이 아니라는 것은 이제 분명해졌다. 그들은 해마다 찾아왔고, 손댈 수 있는 선박이란 선박은 모조리 나포했다. 만약 그들이 지상에 근거지를 마련한다면 이 불청객이 일으키는 위험은 폭발적으로 커질 것이다. 지난해에 왔던 배 네 척은 포르투갈 사람들이 현지의 무장저항을 무력화할 수 있음을 보여주었고, 금년에는 엄청난 규모의 함대가 찾아왔다. 프랑크인 문제에 대한 해법을 찾아내는 것이 정말 중해졌는데, 그들의 기술적 우위를 감안하면 쉬운 일이 아닐 것 같았다.

사무드리는 두 가지 상반되는 조치를 취했다. 가마가 아직 칸나노레에 머물며 평화적 관계를 맺고자 할 때 그에게 편지를 보내, 자신은 기독교인들과 우정을 나누고 싶은 마음뿐이라고 말했다. 지난해 포르투갈인들이 자신의 도시에 남겨두고 간 물품에 대해서는 보상하겠다는 뜻도 밝혔다. 교역소의 포르투갈 직원들이 죽은 문제와 관련해서는 금전이나 보상으로 해소될 문제는 아니지만, 포르투갈 사람들이

'메카 배'나 다른 배들의 승객을 그에 못지않게 살해했으므로 그것으로 충분히 복수했다고 생각할 수 있을 것이다. 그러면서 사무드리는 그 문제는 피장파장이 된 게 아니냐는 뜻을 밝혔다. 그 편지의 어조는 사뭇 공손했다.

반면에 사무드리는 반항하는 봉신인 코친의 라자에게는 사뭇 다른 내용의 편지를 보냈다. 두 도시가 협력해야 한다는 생각을 강조하면서 공동으로 대적해야 하는 상황을 명확하게 분석했다. "유일하게 확실한 한 가지 해결안이 있소. 우리가 이 방법을 채택하지 않는다면 우리 모두가 낭패를 보고 정복당할 것이오. 그 해결안은 인도 전역[말라바르 해안]에서 포르투갈인들에게 어떤 가격이든 아예 향신료를 팔지 않는 것이오." 하지만 사무드리에게는 불행하게도 코친 라자는 계속 반항했고, 이처럼 현지 정계政界가 분열된 상황은 결국 그들 모두를 패망시키는 요인으로 작용한다. 코친의 라자는 이렇게 대답했다. "나는 포르투갈인들과 평화롭게 지내고 있습니다. … 그래서 달리 행동할 이유가 없습니다."[3] 더욱이 라자가 그 편지를 코친에 머물던 포르투갈인들에게 보여주었고 그들은 다시 그 편지를 가마에게 전했다. 결국 제독은 두 편지 다 받아보게 되었고, 인도인은 이중적이라는 그의 견해는 조금도 바뀌지 않았다.

1502년 10월 26일, 가마는 캘리컷에 접근하면서 무슬림 포로 두 명을 돛대에 매달아 교살했다. 두 사람은 미리호에서 생포된 어린아이들의 '증언'을 근거로 단죄되었다. 어린아이들은 그들이 지난해 카브랄의 부하들을 살해하는 모습을 보았다고 증언했다. 또 다른 무슬림이 그다음 날 포르투갈 교역소에서 물품을 훔쳤다는 죄목으로 칼에 배를 무자비하게 찔러 죽였다. 10월 29일, 가마 함대는 캘리컷에서 약간 떨어진 바다에 닻을 내렸다. 일지 작성자 로페스는 이렇게 기록했다. "우리는 그 도시의 일부만 조금 볼 수 있었다. 그 도시는 커다란 종려나무로 둘러싸인 평평한 계곡에 자리 잡고 있었다."[4] 사무드리의 사절이 배를 찾아와 이미 편지로 밝힌 조건을 반복해서 말했다. 가마는 조금도 양보할 생각이 없었다. 인명과 재산 피해에 대한 배상이 전적으로 이루어져야 하고, "상인이든 거주민이든" 무슬림은 모두 축출해야 한다.[5] 그렇지 않으면 사무드리와 그 어떤 평화 조약이나 협약을 맺을 수 없다. 왜냐하면 이 세상이 시작된 이래 무슬림은 기독교인의 적이었고 그 반대도 마찬가지이기 때문이다. 그러므로 메카에서 오는 배들이 이 항구를 출입하거나 교역하도록 허가해서는 안 된다. 이것의 그의 요구 사항이었다.

그런 조건은 사실 수용 불가능했고 가마도 틀림없이 그 점을 알고 있었을 것이다. 사무드리는 가마가 내건 조건에 최대한 유화적인 답변을 내놓았다. 그는 포르투갈 사람들과 평화롭게 지내고 싶다는 의사를 먼저 밝힌 다음, 무슬림들은 아주 오래전부터 그곳에서 살아왔다고 말했다. 이 도시에는 4000세대에서 5000세대가 살고 있고, 정직하고 충성스러우며 유익한 봉사 활동을 많이 한다고 첨언했다.

가마는 그 답변을 모욕이라고 생각했고 그 편지를 가지고 온 전령을 억류했다. 점점 더 신경질적인 메시지가 오가면서 그날 하루 동안 관계는 더욱 악화되었다. 이런 와중에 일부 어부들이 평화 관계가 이미 수립되었다고 생각하여 어선을 띄워 바다에 나왔다. 포르투갈 사람들은 그 어부들을 생포했고, 그런 뒤에는 식료품이 가득 실린 다우선을 나포했다. 사무드리는 혈압이 올랐다. 그런 행위는 바다의 우호 정신에 위배되었다. "기독교인들은 무역보다는 절도와 침략 행위에 더 관심이 많습니다. … 나의 항구는 언제나 열려 있습니다." 사무드리는 계속 말했다. "따라서 제독은 메카 무슬림을 방해하거나 쫓아내서는 안 됩니다. 만약 제독이 이 조건들을 받아들인다면 나는 그에 따라 행동할 것입니다. … 그러나 그렇게 하지 않는다면 즉각 항구에서 떠나야 하며 더는 머물러서는 안 될 것입니다. 여기에 머물도록 허락되지 않을 것이며, 인도 전역의 어떤 항구에도 기항해서는 안 될 것입니다."[6] 가마는 문화적 조롱을 하는 듯한 답신을 보냈다. 포르투갈 왕은 종려나무 가지고도 당신 정도의 왕은 만들어낼 수 있다, 떠나라는 명령은 아무런 효력도 없을 것이고 오히려 당신은 느긋이 빈랑 열매를 씹지 못하는 날을 맞게 될 것이다, 오늘까지 내가 만족할 수 있는 답변을 보내라, 그렇지 않으면 재미없을 것이다.

그날 저녁, 가마는 모든 배를 해안에 바싹 대라고 지시했다. 사무드리 대포의 표적이 되는 것을 최소화하기 위해 선수를 해안 쪽으로 돌리고 닻을 내리게 했다. 사위가 어두워지자 그들은 많은 현지 주민이 제등提燈을 가지고 해안으로 내려오는 모습을 보았다. 그들은 밤새 대포를 거치할 포좌와 참호를 만들려고 땅을 팠다. 로페스는 이렇게 기록했다. "새벽이 되자 우리는 더 많은 사람이 해안으로 오는 것을 볼 수 있었다."[7] 가마는 배를 해안에 더 가까이 대어 준비를 완료하라고 지시했다. 오후 한 시에도 회신이 없으면 그들은 생포한 무슬림들은 돛대에, 힌두인 어부들은 활대에 목매달 계획이었다. "그렇게 높이 매달면 해안에서 충분히 볼 수 있었기 때문이다." 답변은 오지 않았고

2부 경쟁

"그리하여 서른네 명을 목매달았다."

곧 많은 사람이 해안으로 나와 경악하면서 그 처참한 광경을 쳐다보았다. 그중에 자신들의 친척이 없는지 확인하려는 것이었다. 그들이 공포에 떨며 보는 동안, 포르투갈 배들이 대포를 두 번 쏘아 군중을 해산시켰다. 곧이어 다른 포들도 불을 뿜었다. "지속적으로 포탄과 파편의 바람을 일으켜 엄청난 파괴를 저질렀고 많은 사람을 죽였다."[8] 로페스는 현지인들이 모래밭에 엎드리거나, 달아나거나, "큰 뱀처럼" 포복하여 기어가는 것을 보았다. "우리는 껄껄 웃으며 그들을 비웃었고, 해변은 곧 소개疏開되었다."[9] 반격의 시도도 있었으나 인도 대포는 위력이 별로 없었다. "그들의 포격은 신통치 않았고 대포알을 다시 장전하는 데 시간이 많이 걸렸다." 그리고 포르투갈의 포탄이 근처에 떨어지자 현지인 포수들은 곧 대포를 버리고 달아났다. 함포 사격은 저녁때까지 쉴 새 없이 계속되어 목조 가옥을 구멍 내고, 종려나무를 쓰러뜨렸다. "나무가 쪼개지는 소리가 너무나 요란해서 마치 도끼로 세게 내려치는 것 같았다. 도시 내 피폭 지역에서 사람들이 도시 밖으로 달아나는 광경도 볼 수 있었다."[10]

그러나 가마는 거기서 멈추지 않았다. 그날 저녁 늦게 일을 촉진시키고 공포를 더욱 조장하고자 활대에 매달린 시신을 끌어내리라고 지시했다. 그런 뒤 그 시신들의 머리와 손과 발을 절단하고 동체만 남은 시신을 바다로 내던지게 했고, 머리가 잘린 시신을 어선 하나에 가득 채우게 했다. 그런 다음 편지를 작성하여 말라얄람어로 번역해서 그 편지를 어선 이물에 잘 보이게 고정시켰다. 그리고 그 어선을 해안 쪽으로 밀었다. 편지 내용은 이러했다.

포르투갈 대포의 위력은 인도양에서 무적이었다.

나는 당신의 생산물을 사거나 팔면서 돈을 지불하기 위해 이 항구를 찾아
왔다. 그리고 여기에 이 나라의 생산물이 있다. 나는 이제 이 선물을 당신
에게 보낸다. 이것은 당신들의 왕을 위한 것이기도 하다. 만약 당신들이 우
리의 우정을 바란다면, 당신의 보장 아래 이 항구에서 가져간 모든 것에
대가를 지불해야 한다. 더욱이 당신들이 우리로 하여금 소비하게 만든 화
약과 대포알에 대해서도 지불해야 한다. 만약 그렇게 한다면 즉각 우리의
친구가 될 수 있다.[11]

어선에 실린 시체들은 해안으로 밀려갔다. 사람들은 조심스럽게
해안에 나타나 어선과 이물에 나붙은 편지를 살펴보았다. 가마는 포

격을 멈추게 하여 현지인들이 자신의 선물이 어떤 의미인지를 깨닫게 했다. 로페스는 그다음에 벌어진 일을 기록했다. 그들은 보트의 내용물을 보았을 때,

얼굴빛이 바뀌었고 사태의 심각성을 깨달았다. 그들은 얼이 빠져서 방금 목격한 것을 믿지 못하는 듯했다. 어떤 사람들은 한걸음에 달려와 그 머리들을 보더니 역시 한걸음으로 그곳에서 달아났다. 어떤 사람들은 그 머리들을 잡고서 팔을 멀찍이 내민 채 가져갔다. 우리는 해안에서 아주 가까운 곳에 있었으므로 그 모든 장면을 볼 수 있었다. 우리는 그날 밤에 잠을 이룰 수 없었다. 바다가 뱉어낸 그 시신들을 앞에 두고 해안에서 엄청난 통곡과 기도 소리가 들려왔기 때문이다. 그들은 밤새워 촛대와 제등의 불빛에 의존하여 참호를 보수했다. 우리가 그 도시에 불을 지를까봐 두려웠던 것이다.[12]

새벽에 열여덟 척에 탑재된 대포들이 다시 불을 뿜었다. 해안 근처에 있던 집들은 이미 다 파괴되었다. 이번에는 표적을 좀 더 뒤쪽으로 잡아서 부유하고 중요한 인물들의 큰 집을 향해 포격했다. 도시에서는 사람들이 다 달아난 듯했다. 원하기만 했다면 가마는 그 도시를 완전히 초토화할 수도 있었을 것이다. 어쩌면 그는 포격으로 사무드리를 굴복시킬 수 있다고 생각했을 것이다. 포격은 오전 내내 계속되었다. 봄바드에서 포탄 총 400발이 도시로 날아갔다. 어떤 선박들은 포르투갈인들이 끌고 간 다우선을 구조하려고 때늦게 시도했다가 포격을 받고 황급히 퇴각했다.

그다음 날 가마는 그 유혈 보복의 현장을 뒤로한 채 코친을 향해 출발했다. 캘리컷에는 해상 봉쇄에 필요한 캐럭선 여섯 척과 캐러벨선 한 척을 남겨서 비센트 소드레에게 지휘를 맡겼다. 코친행을 결정한 것은, 그 항구에서는 약간의 지원을 기대할 수 있었기 때문이다. 코친의 라자는 포르투갈의 가장 믿을 만한 동맹이었으나 그런 충성심도 결국에는 아무런 보상도 받지 못했다. 하지만 캘리컷 사무드리의 구속에서 벗어나고 싶은 생각이 아주 강했기에 포르투갈 사람들을 따뜻하게 환영했다.

말라바르 해안은 포르투갈 사람들의 소란스러운 방문으로 몹시 혼란스러운 상황에 빠졌다. 힌두인 왕들과 무슬림 상인들 사이의 긴장 관계는 심지어 코친에서도 마찰을 일으켰다. 향신료 선적은 가격이 합의되지 않은 채 시작되었다가 중단되는 과정을 되풀이했다. 상인들은 전략적 순간들을 선택하여 그런 정중동靜中動의 작전을 펼쳤다. 일지 작성자 로페스는 이렇게 기록했다. "때때로 그들은 향신료 가격을 높게 불렀다. 어떤 때는 우리의 상품을 받지 않았다. 그들은 이처럼 날마다 새로운 요구 조건을 내걸면서, 갑자기 우리 배에 선적하는 일을 멈추었다. 이 때문에 제독은 매일 해안으로 나가봐야 했다. … 그들은 어떤 조건에 대하여 그와 합의를 보면 곧바로 선적을 재개했다. 그러다가 갑자기 다시 멈추는 식이었다."[13] 어쩌면 가마는 자신이 무한정 화만 낼 수는 없다는 걸 알았을 것이다. 그 해안에서 유일한 동맹 도시인 코친마저 단절시킬 수는 없었으니까. 게다가 코친에서 거래하면 현지의 온건한 조언도 들을 수 있었다. 이 과정에서 포르투갈 사람들은 인도 아대륙에 대한 지식을 넓힐 수 있었다. 그들은 실론에 관한 얘기도 들었다. "그곳에서 300리그 떨어진 곳에 있는 아주 부유하고 큰 섬이라고 했다. 산이 높고 계피나무가 무더기로 자라고, 보석이 많고, 진주가 풍성하게 채취되는 섬이라는 것이다."[14] 이는 아주 매혹적인 전망이었다. 그리하여 장래 반드시 탐사해보아야 할 곳들의 명단에 추가되었다. 이웃 항구들에서 성 토마스의 추종자들인 기독교인 집단이 포르투갈 배를 찾아와 마누엘 왕에게 복종하겠다는 마음을 드러내고 향신료 선적을 도왔다.

캘리컷에서 소드레 형제의 해상 봉쇄는 그 도시를 어려움에 빠지게 했고 사무드리는 여전히 포르투갈 문제에 대한 해법을 찾고 있었다. 그는 포르투갈 함선의 막강한 화력과 공격 행위를 고려해, 이 불청객들을 상대로 직간접적인 수단을 동원, 현지인들 사이의 공동 전선을 구축하려고 적극적으로 시도했다. 그의 전략은 소모전이었다. 가마의 상업 대리인들과의 향신료 협상을 일부러 지연시키면 포르투갈 배들은 오래 머물 수밖에 없고 그러면 몬순에 갇히게 될 터였다. 이 때문에 코친 상인들은 시작-중단 전략을 구사했던 것이다. 그러나 가마가 해상 봉쇄 작전을 펴자 사무드리는 다시 협상에 나설 수밖에 없었다.

사무드리는 한 번 더 협상을 시도했다. 그는 한 브라만을 가마에게 보내 새로운 평화 제안을 내놓았다. 가마는 그럭저럭 강한 인상을 받았다. 브라만은 인도의 최고 사제이자 최고 카스트에 속한 사람들이었다. 이 사절을 통해 사무드리는 피해 보상과 새로운 우호 조약을 제안했다. 가마는 그 방문객의 이야기가 다소 앞뒤가 안 맞는 대목도 있었지만 그를 진지하게 받아들일 생각이었다. 힌두인 사제는 개인적으로 포르투갈에 가보고 싶다고 말했고, 그의 향신료를 포르투갈 배에 실을 수 있느냐고 물었다. 그 브라만과 몇몇 인질은 가마와 함께 캘리컷으로 돌아갔다.

캘리컷에 도착하자 브라만은 자기 아들들을 선상에 남겨두고 다시 돌아오겠다고 약속하고선 해안에 상륙했다. 그는 돌아오지 않았고 그 대신 다른 힌두인이 와서 가마에게 피해 보상액을 받아가려면 "한 신사"를 상륙시키라고 요구했다. '신사'라는 말을 듣는 순간, 가마는 폭발했다. 신사는커녕 선실 소년조차 보낼 생각이 없다는 것을 사무드리에게 꼭 전하라고 요구했다. 나는 사무드리에게 빚진 것이 전혀 없다. 만약 사무드리가 줄 것이 있다면 그가 직접 배로 가져와야 한다. 사무드리는 분노를 달래려는 듯한 답신을 보내왔다. 다음 날이 저물기 전에 그 문제는 모두 해결될 거라는 내용이었다. 그러나 저녁 무렵에 제독의 인내심은 한계에 달했다.

캘리컷에 열대의 밤이 찾아왔다. 새벽이 오기 전 어두운 시각, 가마 배의 보초들은 한 어선이 항구를 떠나는 것을 보았다. 좀 더 가까이 다가오자 보초들은 그것이 서로 묶인 보트 두 척임을 알아보았다. 보초들은 선실에서 잠든 가마를 깨웠다. 그는 재빨리 옷을 갈아입고 갑판으로 나와 그 보트를 보고 사무드리가 약속을 지키려나 보다 하고 생각했다. 하지만 곧 완전히 다른 사태가 진행되고 있다는 것이 분명해졌다. 그들은 70척에서 80척에 이르는 어선이 바다로 출정하는 모습을 목격했다. 한동안 보초들은 그 배들이 어선이라고 생각했다. 그러나 그 보트에서 대포 소리가 울리면서 착각이었음을 알아차렸다.

그들의 대포에서 발사된 포탄은 물 위를 스치듯 날아와 가마가 탄 기함에 구멍을 내기 시작했다. 곧 그 보트들이 기함을 둘러쌌다. 빗발 같은 화살이 날아와 갑판에서 얼씬거리는 선원을 맞혔다. 포르투갈 선원들도 돛대 꼭대기에서 돌 덩어리를 던졌으나, 공격자들이 너무 가까이 다가와 포격하는 바람에 포수들이 대포를 제대로 작동시킬 수 없었다. 그들은 캐럭선 고물에 결박되어 있던, 나포한 다우선에다 불을 질렀다. 그 불길이 캐럭선까지 번지기를 바라는 의도였다. 하지만 다우선을 결박했던 밧줄은 곧 절단되었다. 현지인 배 대부분은 가벼운 대포, 활, 화살로 무장한 채 기함 주위를 빙빙 돌았다. 기함은 닻줄을 끊고 닻을 포기한 채 현장에서 벗어나는 수밖에 없었다. 그러나 가마의 기함은 외부인이 밤중에 그 케이블을 끊어버리지 못하도록 평소에 튼튼한 체인으로 안전하게 설비되어 있었다. 그래서 포르투갈 선원들은 계속 적의 공격을 받는 가운데 도끼로 그 케이블을 힘들게 절단해야 했다. 하지만 마침내 그 케이블을 끊어냈을 때 바다가 너무 잠잠한 바람에 그 배는 새벽의 바다 위에서 멈추어 선 상태가 되었다. 그리하여 적선에서 쏟아지는 발사체에 고스란히 당할 수밖에 없었다.

가마의 기함을 살려준 것은 순전히 우연한 행운의 결과였다. 한 척의 캐럭선과 두 척의 캐러벨선으로 이루어진 비센트 소드레의 소함대가 칸나노레 쪽에서 갑자기 등장한 것이다. 바다는 잔잔하기 그지없었고, 포르투갈 배들은 힘들게 노를 저어 현지 소형 배들 쪽으로 나아가면서 대포를 쏘았다. 현지인 공격자들은 마침내 물러갔다. "포격 때문에 어떤 자들은 팔이나 다리가 떨어져 나가고 없었고 어떤 자들은 현장에서 즉사했다."[15]

원래 의심 많은 사람이었던 가마는 그런 함정에 빠져든 것에 이중으로 화가 났다. 또다시 인질들의 시신이 캐러벨선의 활대에 높이 매달려 해안 쪽에 전시되었다가 현지인의 보트에 내던져졌고, 뱃머리에 더 살벌한 통지문이 부착되었다.

오, 비참한 인간이여, 너는 나를 불렀고 그래서 나는 너의 요청에 따라 이곳에 왔다. 너는 할 수 있는 것을 다 했고, 할 수만 있었다면 그 이상의 것도 하려 했을 것이다. 너는 받아 마땅한 징벌을 받았다. 내가 다시 여기에 돌아오면 너는 갚아야 할 빚을 지불해야 할 것이다. 그 대가의 지불은 돈으로는 안 될 것이다.[16]

(바스쿠 다 가마의 서명)

9
소규모 거점들

1502년 12월-1505년

가마는 1503년 2월에 리스보아를 향해 출발했고 인도 해안에 두 취약한 거점인 칸나노레와 코친에 교역소를 남겨두었다. 모욕을 당해 화가 난 캘리컷 사무드리는 포르투갈 해적들을 몰아내려는 자신의 계획에 협조하지 않는 코친의 라자에게도 분통을 터뜨렸다. 포르투갈 침입자들과 평화적 협상은 불가능하다는 것이 분명해졌다. 게다가 아주 불길하게도 그들은 정기적으로 찾아올 모양이었다. 몬순이 끝나는 시점에 맞추어 그들의 선단은 되돌아왔다. 때로는 소함대였는가 하면 때로는 엄청난 무력을 갖춘 대규모 함대였다. 그들은 하늘 높이 휘날리는 깃발과 함포 사격으로 존재를 과시했다. 그들은 무조건 향신료를 내놓으라고 무리한 요구를 했고, 오랜 세월 인도 해안에 정착해온 무슬림 공동체를 쫓아내라고 강요했다. 그들은 힌두 문화의 금기를 무시했고 기존의 교전 수칙을 깡그리 위반하는 엄청난 무력행사로 위협적인 조건을 내세우며 윽박질렀다.

포르투갈인들은 이제 말라바르 해안을 항해하는 배에서 통행료를 받으려 했다. 그들은 카르타스cartaz라는 안전 운행증을 발행하여 우호적인 국가들의 선박을 보호했다. 이는 상업 행위에 사실상 조세를 부과하는 행위였다. 곧 그 제도는 모든 상선은 포르투갈이 지배하는 항구만 출입할 것을 의무로 삼을 것이고, 그 항구에서 거래되는 모든 물품의 수입세와 수출세를 징수하려 들 것이다. 성모 마리아와 예수의 초상이 새겨진 카르타스는 인도양의 무역에서 획기적 변화를 의미했다. 유럽인들이 등장하면서 바다가 더는 자유로운 무역 지대가 아니게 되었다. 카르타스 제도는, 무력으로 단속하는 정치적 공간인 영해라는 낯선 개념을 낳았고 더 나아가 바다를 제패하겠다는 포르투갈인들의 야망을 적나라하게 드러냈다.

인도양 무역에 가해진 이런 위협의 전반적 파급 효과는 이제 더 큰 세계로 퍼져나갔다. 1502년 12월, 향신료 무역의 장래를 우려하던 베네치아 사람들은 카이로의 술탄에게 행동을 촉구하고자 캘리컷에 위원회를 설립했다. 그들은 베네데토 사누토를 카이로에 사절로 파견하여 "신속하고 은밀한 해결책을 촉구"하기로 했다.[1] 이 일은 신중하게 추진하는 것이 무엇보다 중요했다. 기독교인 형제들에게 대항하여 무슬림을 돕는다는 스캔들이 터지면 곤란하므로, 베네치아의 작전은 아주 미묘했지만 사누토의 임무는 명확했다. 향신료 무역로를 봉쇄한 포르투갈의 조치가 술탄에게 큰 위협이 된다는 점을 알릴 것, 술탄이 사무드리에게 압력을 넣어 포르투갈 침입자들을 물리치게 할 것, 이 집트를 통해 거래되는 향신료의 관세를 낮추어(그러면 베네치아에 크게 도움이 될 것이다) 포르투갈과 경쟁할 수 있게 할 것 등이었다.

한편 카이로의 술탄 알아시라프 칸수 알가우리는 신경 써야 할 다른 일이 많았다. 지방에서 반란이 터졌고, 베두인 부족민들이 메카와 메디나로 가는 순례길의 통행을 위협했으며, 맘루크 제국의 국고는 텅 비어 있었다. 게다가 이제 인도양에 포르투갈 원정대가 불쑥 나타난 것이다. 이는 당황스럽고 이해가 잘 안 되는 현상이었다. 포르투갈인들의 무자비한 침입에 대하여 연대기 기록자 이븐 이야스는 이렇게 보고했다. "프랑크인들의 대담함은 끝이 없다."

프랑크인들은 알렉산드로스 대왕이 건설한 커다란 제방에다 큰 구멍을 내는 데 성공했다고 한다. … 그것을 중국해〔인도양〕를 지중해에서 분리하는 산속에다 만들었다고 한다. 프랑크인들은 이 구멍을 더 확대하여 지중해에 있던 자신들의 배가 홍해로 들어가게 하려는 것이다. 이것이 그들의 해적질이 시작된 원천이다.[2]

맘루크 제국 치하의 카이로라는 아라비안나이트의 세계에서는 이런 환상이 널리 유통되었다. 술탄은 베네치아인들의 호소에 마이독경으로 나왔다. 관세를 깎아달라는 얘기는 그리 솔깃한 제안이 되지 못했으나, 포르투갈인들이 저지르는 무자비한 행동은 점점 더 심해졌다. 술탄은 성지인 메카와 메디나의 수호자였을 뿐만 아니라 이슬람교 신자들의 옹호자였다. 홍해의 봉쇄는 그의 국고 수입에 영향을 미치는 정도이겠지만, 하지 순례길을 자유롭게 열어놓고 무슬림을 폭넓게 보호하는 일은 맘루크 정권의 정통성과 관련된 문제였다. 미리호의 운명은 그에게 깊은 충격을 안겨주었다. 가마가 아직 코친에 머물던 1502년 겨울에 있었던 두 번째 사건은 조만간 포르투갈 문제를 해결해야 한다는 경각심을 불러일으켰다.

가마의 삼촌 비센트 소드레는 말라바르 해안의 북쪽 해역을 단속하는 임무를 수행하기 위해 뒤에 남았다. 그리하여 그는 포르투갈과 우호적 관계를 맺은 칸나노레 해안에 나가 있었는데 이때 그곳 라자에게서 부유한 무슬림 상인 소유의 배를 나포해달라는 요청을 받았다. 그 배들이 관세를 내지 않고 항구를 떠나려 한다는 것이었다. 조카 가마 못지않게 폭력적 성향을 지닌 소드레는 만약 라자가 원한다면 그 배들을 불태워버릴 생각이었다. 라자는 그런 식의 대응은 원하지 않았고 관세를 납부한다면 그것으로 충분하다고 말했다.

그 무슬림 상인은 마이마마 마라카르였는데 마지못해 항구로 되돌아와 관세를 납부한 뒤, 칸나노레의 라자와 포르투갈 국왕에게 욕설을 퍼부으며 다시 항구에서 출발했다. 그 일에 대해 라자의 불평을 접한 소드레는 제멋대로 법을 집행했다. 그는 상인을 발가벗긴 다음 돛대에다 묶어놓고 마구 구타했다. 그런 뒤 포르투갈 사람들이 모로코의 무슬림에게 가했던 몹시 불쾌한 모욕 행위를 했다. 그것은 '메르딤보카merdimboca'라는 치욕적인 고문인데 '입안에 똥 처박기'라는 뜻이다. 소드레는 여기에다 색다른 요소를 하나 추가했다. 상인의 입안에 짧은 꼬챙이를 집어넣어 재갈을 물린 후, 그 꼬챙이를 통해 돼지기름이 듬뿍 밴 베이컨 조각을 그의 입안에 흘려 넣었다. 고문을 당한 상인은 그런 모욕을 면하게 해준다면 엄청난 돈을 내놓겠다고 제안했다. 소드레의 답변은, 미리호 희생자들이 목숨만은 살려달라고 호소했을 때 가마가 보인 반응과 비슷했다. "물건은 돈 주고 살 수 있지만 왕들과 대공의 명예는 돈으로는 안 돼."[3] 마라카르는 인도양 무역계에서 유력 인사였기에 이런 치욕적인 시련을 당하자 반드시 복수하고 말겠다는 열망으로 불타올랐다. 1504년, 그는 몸소 카이로를 방문해 이슬람 신자들의 옹호자인 맘루크 술탄에게 이런 모욕적 처사를 보고하면서 이 저주받을 이교도들을 응징해달라고 호소했다.

다시 말라바르 해안 얘기로 돌아오면, 캘리컷의 사무드리도 복수를 벼르고 있었다. 술탄은 향신료 왕국들 안에 포르투갈이 항구적 기지를 확보할 때 발생할 위험을 잘 알고 있었다. 가마가 불가피한 몬순 때문에 귀국했을 때, 사무드리가 코친의 라자를 공격하여 그곳의 신생 포르투갈 교역소를 파괴하리라는 건 익히 짐작되는 일이었다. 그래서 비센트 소드레 소함대에 포르투갈 교역소와 코친의 라자를 보호하라는 임무가 부과되었던 것이다. 동시에 소드레에게는 홍해를 봉쇄하면서 캘리컷을 오가는 무슬림 배들도 파괴하라는 임무도 떨어졌다.

홍해 봉쇄는 돈이 되는 일이었고 소드레의 취향에도 맞는 임무였다. 동생 브라스의 사주와 도움을 받은 소드레는 코친 라자와 포르투갈 교역소가 자제를 호소하는데도 자신의 호주머니를 두둑하게 채우기 위해 북쪽으로 항해했다. 이처럼 노골적으로 동포 보호 임무를 방기한 사태에 항의가 없었던 건 아니다. 휘하 두 선장이 비센트를 따라가지 않고 위기에 처한 도시를 지키기 위해 코친에 그대로 머물렀다.

소드레 형제가 북쪽으로 출발하자 사무드리는 재빨리 움직였다. 그는 대군을 이끌고 코친으로 진격했고 미리 코친의 라자에게 편지를 보내 놓았다. "기독교인들에게 거점을 제공한 결과를 보라. 우리는 그들 때문에 엄청난 피해를 입었다." 그러니 지금 당장 그 기독교인들을 모두 넘겨주도록 하라. 만약 그렇게 하지 않는다면 "나는 당신 땅으로 쳐들어가 도시를 완전히 파괴하고 기독교인들과 그들의 물품을 남김없이 몰수할 것이다."[4]

이 우레와 같은 메시지는 차가운 반응을 이끌어냈을 뿐이다. 코친 라자는 기독교인들과 운명을 함께하기로 결심했고 생사와 무관하게 자신의 결정을 고수하기로 마음먹었다. 포르투갈 사람들은 이런 꿋꿋함을 기사도 정신으로 여겨 높이 평가했으나 장기적으로 볼 때 라자는 그리 큰 보답을 얻지는 못했다. 라자에게 보낸 편지에서 사무드리가 포르투갈 침략자 편을 들 때 나타날 결과를 현실적으로 분석해주었을 텐데도 라자는 굳건하게 버텼다. 라자는 병사들을 해안으로 내보내면서 죽든 살든 자기 조카이며 후계자인 나라얀과 운명을 함께하라고 명령했다. 사무드리는 최초에 몇 번 승리를 거둔 후 나라얀의 부하 장교들에게 뇌물을 주어 불만을 품게 했고 결국 나라얀을 살해하게 유도했다. 그리하여 코친은 함락되었다. 힌두인 군사 카스트의 법률에 따라 코친 전사 200명은 의례적 죽음을 맹세했다. 그들은 삭발하고 캘리컷으로 진격해 마주치는 족족 죽이다가 마침내 최후의 일인까지 적의 칼을 맞아 죽었다.

그러나 죽은 나라얀이 라자와 포르투갈 사람들에게 시간을 벌어주었다. 그들은 코친에서 철수하여 해안 근처 비핀이라는 작은 섬으로 후퇴했다. 사무드리는 코친을 완전히 불태워버렸으나, 몬순 시기여서 그 섬으로 쳐들어가지는 못했다. 그는 폭풍우와 거친 파도가 말라바르 해안을 덮치기 전에 현지에 소수의 수비대를 남겨놓고 캘리컷으로 돌아갔다. 그는 8월에 다시 돌아와 저항하는 자들은 모조리 죽이겠다고 맹세했다. 포르투갈 사람들은 언제 죽을지 모르는 상태로 그 섬에서 간신히 버티고 있는 형국이었다. 그러나 라자는 포르투갈 배들이 항해 계절의 리듬에 맞추어 반드시 돌아온다고 확신했다.

한편 홍해에서 나오는 무슬림 배들을 약탈하느라 바빴던 소드레 형제는 난파를 당해 어느 작은 섬에 머무르고 있었다. 그때 비센트는 바다에 빠져 죽었고 부하들에게 증오의 대상이었던 그의 동생 브라스는 난파에서 살아남았으나 그 후 부하들에게 살해된 것으로 보인다. 한 경건한 연대기 기록자가 볼 때 그 죽음은 인과응보였다. "그것은 당연한 징벌이었다. 두 형제는 코친의 라자를 돕지 않았고 동포들을 그처럼 심각한 위험 속에 내버려둔 죄악의 결과로 그런 죽음을 당했다."[5]

이제 소드레 형제가 도와줄 수 없는 상황에서, 소규모 포르투갈 식민 요원들과 최측근 수행자들만 거느린 코친 라자는 구조를 기다리며 비핀섬에 갇힌 꼴이 되었다. 1503년 9월이 시작되자 그들의 믿음은 리스보아에서 항해해 온 포르투갈 배 두 척에 의해 보상을 받았다. 그해에 보낸 향신료 구매용 함대의 첫 번째 부대였는데, 선장은 프란시스쿠 드 알부케르크였다. 바로 뒤이어 2주 후에는 배 네 척이 더 그 섬에 들어왔다. 그 함대는 포르투갈이 일찍이 길러낸 가장 재능 있는 두 지휘관을 데리고 왔다.

이 두 번째 함대의 총선장은 프란스시쿠의 사촌인 아폰수 드 알부케르크였다. 이 선장은 인도양의 사건 방향을 결정적으로 바꾸어놓아 전과는 완연히 다른 세계를 형성하고 온 유럽에 충격을 안긴다. 1503년에 마흔이 약간 넘은 나이였던 그는 국왕을 위해 평생 군사 활동을 해온 사람이었다. 신체가 날씬하고 매부리코에다 날카로운 눈빛, 이미 하얗게 세기 시작한, 허리까지 오는 턱수염 등 특이한 외모를 갖고 있었다. 그는 이탈리아에서는 오스만 튀르크를, 북아프리카에서는 아랍인을, 포르투갈에서는 카스티야인을 상대로 싸웠다. 모로코 전투에서는 동생이 바로 곁에서 쓰러져 죽는 모습을 보았고 왕세자 시절의 주앙 2세를 수행하여 전쟁터에 나서기도 했다. 그는 가마와 마찬가지로 피달구의 명예 규율을 철저히 몸에 익혔고, 이슬람 세계를 뼛속 깊이 증오했으며, 보복과 징벌적 복수를 철저하게 믿었다.

그는 사생아 아들이 하나 있기는 했지만 결혼하지 않았고 국왕에게 철저히 충성을 바쳤다. 또 굉장히 정직해서 부정부패를 몰랐고, 항해 기술, 육군과 해군을 통솔하는 능력, 요새 건설과 제국 통치에 관련한 자신의 능력을 철저히 확신했다. 그러나 마누엘은 처음에는 아폰수 드 알부케르크를 경계했다. 한번은 알부케르크가 마누엘 왕에게 이런 보고서를 올렸다. "폐하께서 제게 열두 개 왕국을 통치하라고 맡기신다면, 아주 신중하고 분별력 있고 지혜롭게 그 왕국을 다스릴 능력을 저는 갖추고 있습니다. 제가 무슨 특별한 재주를 지녀서가 아니라, 제가 그런 일들에 경험이 많고 선과 악을 구분할 줄 아는 나이에 도달했기 때문입니다."[6] 그는 모든 일을 서둘러서 해치웠고, 악마와 같은 정력의 소유자였으며, 어리석은 자들을 용납하지 못했다. 아폰

아폰수 드 알부케르크.

수는 사람들을 분열시키기는 했지만, 마누엘의 카리스마 넘치는 사명감과 세계 제국의 야망을 공유했다. 그는 마침내 자신의 시간이 왔다고 확신했다.

역시 유능한 두아르트 파셰쿠 페레이라도 말라바르 해안에 파견되어 총선장인 아폰수 밑에서 선장으로서 활약한다. 그는 선원, 지도자, 전략 천재, 지리학자, 실험 과학자, 수학자 등 팔방미인이었다. 페레이라는 1494년 토르데시야스 조약이 체결될 때 참여했던 천문학자 중 한 명이다. 브라질이 공식적으로 발견되기 이전에 그 지역을 은밀히 다녀온 탐험가이기도 했다. 그는 침팬지가 도구를 사용하는 능력이 있다는 사실을 최초로 서면 보고했다. 또 그 당시에는 전례가 없을 정도로 자오선의 호狐가 휘어지는 각도를 정확하게 측정했다. 인도양의 조류도 기록했고 그 지식을 선용할 줄도 알았다. 후대의 서사시인인 카몽이스는 페레이라를 가리켜 포르투갈의 아킬레우스라고 칭송했다. "그는 한 손에는 펜을 들고 다른 한 손에는 칼을 들었다."[7]

마누엘은 사촌 관계인 두 알부케르크 중 어느 누구에게도 전권을 부여하지 않았기에 두 사람의 관계는 급속히 나빠졌다. 경쟁심이 강한 아폰수는 황급히 리스보아에서 출발했으나 도중에 폭풍우를 만나 상선 한 척을 잃었다. 그는 몹시 험악한 기분으로 말라바르 해안에 도착했는데 프란시스쿠는 벌써 도착하여 코친에 있던 사무드리의 수비대를 쫓아버리고 라자를 다시 왕위에 앉혀놓고서 의기양양하게 기다리고 있었다. 게다가 그 도시에 나오는 후추의 물량을 모조리 사들여 놓기까지 했다.

두 사람의 긴장된 관계는 예기치 못한 상황 탓에 더욱 악화되었다. 당초 그들이 마누엘에게서 받은 지시는 향신료를 구매하여 귀국하라는 것이었다. 포르투갈 교역소는 위협받고 있었고, 교역소 보호 임무를 맡았던 소드레 형제는 사망했고, 사무드리가 곧 다시 돌아와 교역소를 파괴할 것이 거의 확실했다. 이런 사정 때문에 그들은 주어진 임무만 완수하고 귀국할 수가 없었다. 현지 주재 상업 대리인과 동료들은 안전한 요새와 수비대가 마련되지 않는다면 더는 머무르지 않겠다고 공식적으로 통보했다. 따라서 왕의 서면 지시에서 벗어날 필요가 있었다. 프란시스쿠는 미적거리는 코친의 라자를 설득해 요새의 부지를 제공하고 건설 사업에 필요한 자재와 인력을 대라고 설득했다. 요새는 코친의 기다란 반도 끝에 건설되어, 커다란 내부 석호의 입구,

배후의 강과 마을을 보호할 터였다.

그리하여 목조 요새 건설이 황급히 진행되었다. 상업 대리인으로서 그 항해에 따라나선 토스카나 사람 조반니 다 엠폴리는 이렇게 기록했다. "모든 배가 요새의 건설에 힘을 보탰다."[8] 흙, 나무, 돌 등의 보관 창고를 갖춘 네모꼴의 원시적 요새는 짓는 데 한 달 정도밖에 안 걸렸다. 엠폴리는 그 요새를 이렇게 묘사했다. "아주 든든한 요새였다. … 그 주위에 참호와 해자가 깊이 파여 있었다. 그리고 충분한 병력의 수비대를 배치하여 방어력을 강화했다." 이 일은 포르투갈의 제국주의적 정책에서 획기적 이정표를 수립했다. 이 요새는 인도 땅에 최초로 건설된 단단한 근거지로, 그 준공식은 1503년 11월 1일 만성절에 온갖 의례를 갖추어 엄정하게 기려졌다. 그들은 가장 좋은 옷을 떨쳐입고 사방 벽에는 깃발을 휘날리며 엄숙한 미사에 참석했다. 라자도 그 완공된 건물을 보기 위해 코끼리 등에 설치된 호화로운 탑차에 올라타고 전사들에게 둘러싸여 현장에 나타났다.

사촌 형제는 힌두인 동맹에게 내적 불화를 보이지 않으려고 조심했지만, 둘 사이의 분위기는 아주 험악했다. 형제는 향신료들의 비율, 건설 작업의 속도, 심지어 요새의 명칭 등 온갖 것을 두고 의견이 불일치했다. 이런 불화에 경악한 한 수도사가 형제 사이를 중재하게 되었다. 프란시스쿠는 요새 이름을 알부케르크 성으로 명명하기를 바랐으나, 마누엘의 메시아적 왕권에 매혹된 아폰수는 왕의 이름을 붙이고 싶어 했다. 결국 아폰수의 의견이 채택되었다. 무절제, 경쟁심, 조급함이 때때로 아폰수의 판단력을 흐려놓았는데, 이미 그런 성격이 아폰수 리더십의 특징을 이루고 있었다.

사무드리와의 적대적 관계는 더욱더 나빠져서 툭하면 소규모 전투가 벌어졌다. 그러다가 양측은 냉소적 휴전에 합의했다. 포르투갈 사람들은 리스보아로 싣고 갈 후추 물량을 수송선에 가득 싣기로 했고, 사무드리는 새로운 공격 계획을 세웠다. 하지만 그 합의는 곧 포르투갈에 의해 깨졌다. 정당한 이유 없이 향신료의 위탁 판매장을 공격해 양측 사이에 다시 전쟁이 시작된 것이다. 그러나 사무드리는 때를 기다렸다. 몬순의 계절적 리듬만큼이나 확실하게, 1504년 초가 되면 향신료를 만재한 포르투갈 선단이 귀국의 닻을 올리게 되어 있었다. 포르투갈 사람들도 그 사실을 알고 있었다. 캘리컷의 사무드리는 포르투갈 사람들을 깨끗이 몰아내기 위해 새로운 군대를 동원하기 시작했다.

1504년 1월이 되자 알부케르크 형제는 귀국해야 할 필요가 더욱 급박해졌다. 동쪽에서 불어오는 바람은 곧 사그라들 것이다. 마누엘은 두 선단에 동시에 움직이라고 지시했으나 결국 그렇게 되지 못했다. 칸나노레의 프란시스쿠가 너무 느린 속도로 향신료를 선적해 아폰수는 더는 기다릴 수가 없었다. 1월 27일, 그는 사촌을 현지에 내버려두고 귀국의 닻을 올렸다. 프란시스쿠는 마침내 2월 5일에 출발했다. 그들은 마누엘 요새와 코친 왕국을 보호하기 위해 소수 병력만 뒤에 남겨두고 갔다. 두아르트 파셰쿠 페레이라 휘하의 수비대원 90명과 소형 배 세 척이 다였다. 수비대원은 모두 자원한 인력이었다. 귀국선에 오른 선원들이 볼 때 그건 죽음에 맞닥뜨리기로 약정한 것이나 다름없었다. "하느님이 두아르트 파셰쿠와 그 부하들의 영혼에 안식을 내리시기를."[9] 포르투갈 선원들은 말라바르 해안이 시야에서 벗어나 보이지 않자 그런 말을 중얼거리며 몸에 성호를 그었다. 코친의 라자도 뒤에 남겨진 동맹군의 빈약한 수에 경악했다. 지구 반대편에서 증원군이 도착하려면 이제 8개월을 기다려야만 했다.

아폰수 선단의 귀국 항해는 폭풍우, 역풍, 보급품 부족, 행운의 변덕스러운 뒤바뀜 등, 인도 개척 사업의 고질적 역경을 고스란히 겪어야 했다. 조반니 다 엠폴리는 그 악몽 같은 여행에 대한 생생한 기록을 남겼다. 그들은 기니 해안에서 조금 떨어진 해역에서 바람이 전혀 불지 않아서 앞으로 나아가지 못하고 같은 자리에서 무려 54일이나 기다려야 했다.

우리에겐 식수가 별로 없었다. … 포도주나 여타 물품도 없었다. 돛과 기타 다른 물품도 낡았다. 선원들은 아프기 시작했고 닷새 만에 우리 배에서도 76명을 배에서 바다로 내던져야 했다. 그리하여 배에 남은 사람은 우리 아홉 명뿐이었다. … 우리는 절망의 나락으로 깊이 떨어졌다. 배는 널판을 갉아먹는 벌레 때문에 가라앉고 있었다. 하느님의 도움이 없는 한 구제될 희망이 손톱만큼도 없었다. … 너무 열악한 상황이어서 필설로 다 설명하기가 어렵다.[10]

그렇지만 그들은 거의 숨이 넘어갈 시점에 리스보아에 가까스로 도착했다.

바람은 우리에게 불리한 역풍이었다. 우리가 배에 태워서 데려온 피부가 검은 사람들은 고도가 높은 곳에 도달해 추위를 느끼자마자 죽어가기 시작했고, 항구에 입항하기 직전 우리는 또다시 역풍을 맞아 배가 침몰하기 직전까지 갔다. 우리의 상황은 너무나 처참했고, 만약 우리가 반나절이라도 더 바다 위에 머물러야 했다면 우리는 강 입구에서 바닥에 가라앉아 목숨을 잃고 말았을 것이다.[11]

하지만 그들은 '비교적' 형편이 나았다. 프란시스쿠의 소함대는 2월 5일에 칸나노레에서 출발했는데, 그 후 다시는 모습을 드러내지 못했고 배들은 남쪽 바다 어딘가에서 바닷속으로 삼켜졌다. 왕의 귀에 들어간 현지 소식은 아폰수의 보고서뿐이었다.

한편 캘리컷의 사무드리는 1504년 3월에 코친을 향해 진격했다. 그는 5만에 달하는 대군을 동원했다. 그 자신의 왕국과 봉신 도시에서 징집한 병사들이었고, 그중에는 말라바르 해안의 군사 카스트인 나야르족 사람들로 편성된 대부대도 포함되었다. 나야르족은 캘리컷의 무슬림 공동체가 적극적으로 지원하는 부족이었다. 그 외에 전쟁 수행에 필요한 짐과 보조 장비가 많았다. 가령 전투용 코끼리 300마리, 대포, 코치 항을 포위하기 위한 약 200척의 선박 등. 코친의 라자는 이제 가망이 없다고 판단했다. 그는 헛된 죽음을 당하느니 차라리 동쪽에서 부는 바람을 이용하여 아라비아 해안으로 건너가 겨울을 보내는 게 어떻겠느냐고 포르투갈 사람들에게 제안했다. 그러면 라자가 자신이 뒤에 홀로 남아 사무드리에게 항복하겠다는 얘기였다.

그러나 두아르트 파셰쿠 페레이라는 그곳에 싸우러 왔다. 그는 지금 상황이 포르투갈의 앞날에 매우 중대하다고 생각했다. 만약 코친을 잃어버린다면 다른 우호적인 항구도 캘리컷에 항복하고 말 것이다. 그러면 포르투갈의 사업은 완전히 끝장날 것이다. 그는 알부케르크가 여기 있던 지난 몇 달 동안 이미 사무드리의 부대와 교전해보았고 그 과정에서 인근 지형을 세세히 살펴볼 수 있었다. 코친은 대양의 가장자리를 향해 길게 내뻗은, 혀처럼 생긴 땅 위에 있었고 그 뒤에 석호가 있었다. 그 일대는 개펄, 섬, 조류에 의해 만들어진 작은 시내, 울창한 종려나무 등으로 뒤덮인 복잡한 미로여서 매복 작전을 펴는 데 이상적이었다. 페레이라는 후퇴할 생각이 없었고 그 지형을 이용해 싸워보고자 했다.

페레이라는 즉각 응답했다. 그는 라자에게 사무드리를 물리칠 것이고 그렇게 하지 못한다 해도 "필요하다면 당신을 위해 싸우다 죽겠다"라고 말했다.[12] 코친은 마지막 저항 지역이 될 것이고 포르투갈의 테르모필라이*가 될 것이라고 단언했다. 페레이라는 부하 150명과 캐럭선 한 척, 캐러벨선 두 척, 상당한 규모의 보트 두 척 등, 배 다섯 척을 갖고 있었다. 코친 사람들은 장병 8000명을 동원할 수 있었지만 그중 몇 명이나 이 인기 없는 대의를 위해 싸워줄지 의문이었다. 라자는 페레이라가 정신이 나갔다고 생각했다. 그러나 페레이라의 저항은 성공했다. 1504년 가을에 상당한 규모의 증원 선단이 리스보아에서 코친에 당도했을 때 포르투갈 수비대장 페레이라와 부하들 거의 전원이 여전히 살아 있었고, 사무드리는 치욕 속에서 퇴각한 뒤였다.

---

* 그리스 동부에 있는 산길. 기원전 480년 페르시아 왕 크세르크세스의 대군을 맞닥뜨린 스파르타의 장수 레오니다스는 휘하 장병 300명과 함께 이곳을 지키다 전사했다.

그사이 페레이라는 멋진 전략적 승리를 이끌어냈다. 페레이라는 염수가 흐르는 하천과 수로로 둘러싸인 반도 끝에 있는 코친에 접근하려면 조수간만에 따라 수심이 달라지는 비좁은 하천을 몇 개 건너야 한다는 것을 파악했다. 간조와 달의 형상 사이에 밀접한 관계가 있음을 과학적으로 연구한 최초의 인물 중 하나였던 페레이라는 밤하늘의 달 모양을 보고 그 같은 하천을 언제 건널 수 있을지 미리 예측할 수 있었다. 따라서 적의 공격 지점을 미리 알아내 필요한 곳에다 소규모 선박과 병사를 투입할 수 있었다. 그 하천에는 쇠줄로 묶은 날카로운 쇠꼬챙이 장애물이 설치되어 물 밖으로 튀어나와 있었으나 그의 배들은 밑바닥을 단단한 목재로 튼튼하게 보강해놓아서 별문제가 없었다. 사무드리의 군사 작전은 전략적으로 유연성이 없었을뿐더러 사전에 누설되었다. 폭이 좁은 하천을 건너서 공격하려 할 때마다 포르투갈의 화력이 날카로운 쇠꼬챙이 위를 건너오려는 나야르 전사들에게 집중되었다.

페레이라는 현지 주민들의 사기를 드높이는 데에도 성공했다. 나야르 전사들은 들판에서 일하는 낮은 카스트의 농민들과 마주쳤을 때 그들로부터 호미와 삽의 공격을 받았다. 그러나 높은 카스트의 나야르 전사들은 그런 농민들과 상대하면 자신들의 신분이 오염될까 두려워 겁을 먹고 현장에서 도망쳤다. 사무드리는 4개월에 걸쳐 대규모 공격을 일곱 차례 감행했으나 모두 실패했다. 전투와 콜레라로 사상자 수가 늘어나자 그는 용기를 잃었다. 1504년 7월, 말도 못하게 체면이 깎인 사무드리는 철수했으며, 왕위를 조카에게 물려주고 종교 생활로 은퇴했다. 이제 그 조카가 사무드리가 되었다.

1504년 가을에 코친을 구원해준 선단은 상당한 규모였다. 엄청난 수의 보병과 선원, 뛰어난 화력을 갖춘 캐럭선 열네 척으로 구성되었는데 그중 다섯 척은 새로 건조한 대규모 선박이었다. 사무드리가 비참하게 퇴각했다는 소식이 말라바르 해안에 퍼졌고, 새로 도착한 포르투갈 선단 소식도 주변의 무역 도시와 통치자에게 깊은 인상을 남겼다. 포르투갈 사람들은 무적불패 같아 보였고 그들 쪽으로 귀순하는 자들도 늘어났다. 포르투갈 선단이 코친에 도착했을 때, 사무드리의 또 다른 봉신인 타누르 왕은 포르투갈에 충성을 맹세했다. 메카 무슬림의 분위기는 매우 어두웠다. 기존 교역소들이 하나둘씩 무슬림과의 사업을 접었기 때문이다.

엄청난 저항력, 대응 조치의 치열함, 선박들의 기동성, 화력의 우수성, 감투 정신 등으로 미루어볼 때, 포르투갈인들은 저항 불가능한 세력처럼 보였다. 말라바르 해안뿐만 아니라 동아프리카의 종려나무 무성한 사주에서도 카이로와 제다의 대상隊商들을 배신하는 사례가 발생했다. 1504년 말, 다수의 상인이 가족과 물품, 장비를 챙겨서 이집트로 돌아갔다. 그해 마지막 날에 로페스의 선단은 이들을 호송하는 배를 나포하여 거의 2000명에 달하는 무슬림을 살해한 것으로 짐작된다. 그것은 사무드리가 아랍 세계의 상업적 우군들과 맺은 동맹에 가한 치명타였다. "이 패배와 함께 사무드리는 자신이 망했다고 느꼈다. 이제 좋은 시절은 다시 회복하기 어려웠다. 잃은 것이 너무 많았고 무어인들이 캘리컷에서 철수하고 있었기 때문이다. 게다가 그 도시에 대기근이 발생하여 주민들이 모두 소개되는 바람에 텅 비어버렸다."[13] 캘리컷의 좋은 시절은 끝나가고 있었다. 포르투갈 사람들은 말라바르 해안을 항구적으로 점령할 수 있겠다는 자신감 넘치는 희망 아래 1505년 새해를 맞이했다. 마누엘은 그것을 기정사실화하면서 그다음 여행을 계획했다.

전통적인 무역 제도에 생겨난 이 같은 단절의 여파는 점점 더 넓게 퍼져나갔다. 베네치아 사람들은 장거리, 질병, 난파 등의 사유가 포르투갈의 향신료 무역로를 좌절시키길 희망했다. 매해 3월 테주강에서 시작되는 왕복 약 4만 킬로미터라는 항해 거리는 뛰어난 항해술의 금자탑이었다. 그러나 그 항해는 인력이 엄청나게 손실될 위험을 동반했다. 리스보아 사람들이 헤스텔루 해변에서 사라져가는 배들을 하염없이 바라보며 눈물을 흘린 데에는 다 이유가 있었다. 1497년(가마의 첫 항해)에서 1504년 사이에 인도로 항해한 5500명 중에서 3분의 1에 해당하는 1800명이 돌아오지 못했다. 그 대다수가 해상 난파에 의해

난파에 의한 인명 손실은 포르투갈 사람들의 마음을 괴롭히는 문제였다.

익사했다.

하지만 그 보상은 엄청났다. 왕실은 경비를 제외하고 매년 100만 크루자두라는 엄청난 금액을 벌어들이는 것으로 추산되었다. 리스보아 부두에서 퍼지는 향신료 냄새는 원양 항해선을 타겠다는 사람들을 불러 모았다. 배를 타는 위험을 기꺼이 감수할 사람은 많았다. 포르투갈은 천연자원이 부족했고 유럽의 정치적·경제적 중심축에서 멀리 떨어진 변방 지대였다. 그런 만큼 동방의 매혹을 물리치기가 어려웠다. 프랑스의 프랑수아 1세는 마누엘을 가리켜 '잡화점 왕'이라고 경멸하듯 불렀다. 무역으로 살아가는 군소 국가의 왕이 보여주는 세속적 허세를 부러워하면서 조롱한 말이다. 그러나 포르투갈 왕의 이러한 면모는 중세 유럽에서 원양 사업 못지않게 창의적이었다. 포르투갈 왕들은 엄청난 독점 수익을 올리는 상업 자본주의자였다.

이처럼 벌어들이는 수익 덕분에 마누엘은 리스보아 중심가를 완전 새로운 모습으로 개조할 수 있었다. 1500년에 테주강의 양쪽 둑을 정비하여 널찍한 공간을 확보한 후 그곳에다 새로운 왕궁을 지었다. 왕은 강을 내려다보는 궁궐에서 인도 제국의 부를 싣고 들어오는 배들을 직접 볼 수 있었다. 강변에 자리한 왕궁은 찬란한 제국주의 선언인가 하면 상업 활동의 중심부였다. 왕실의 정체성을 확립하는 데에서 제국주의와 상업은 서로 밀접하게 연결되어 있었다. 왕궁 바로 옆에는 인도관, 세관, 목재와 노예와 플랑드르와의 교역 등을 다루는 정부 기관들, 왕실 조폐국, 무기고 등 각종 행정 기관이 들어섰다.

16세기의 초창기 몇 년 동안 리스보아는 활발하게 움직이는 상업 도시가 되었다. 이곳은 유럽의 가장 역동적인 중심지 가운데 하나였고, 돈과 에너지가 흘러넘쳤으며, 왕실이 앞장서서 마음대로 물품의 가격을 정하는 벤처 상업 도시로 운영되었다. 상업적·기술적 인프라는 대부분 해외에서 사들인 것이었다. 포르투갈의 항해술은 경쟁자가 없을 정도로 뛰어났지만, 그 나라에는 사업가 기질을 지닌 중산층이 없었다. 그런데 대포 제작자와 포수가 필요했던 만큼이나 인도 제국에서 물품을 사고팔 현지의 상업 대리인도 필요했다. 또 사업 감각이 뛰어난 도매상, 소매상, 은행가, 투자자도 있어야 했다. 그리하여 리스보아는 피렌체, 제노바, 볼로냐, 안트베르펜, 뉘른베르크, 브뤼허 등지에서 우수한 인력을 유치했다. 1503년에서 1504년 사이에 푸거 가문*의 막강한 은행이 리스보아에 설립되었다. 이제 유럽 향신료 무역의 중심지인 베네치아의 명성은 심각한 위협을 받게 되었고 이탈리아와 해외의 베네치아 경쟁자들은 은근히 그것을 고소하게 생각했다. 포르투갈의 무역이 희망봉의 험준한 바위 위에서 좌초될 것이라는 프리울리의 경건한 희망은 지나치게 낙관적인 것으로 판명되었다. 1504년 2월, 베네치아의 원로원은 가마의 두 번째 항해를 통해 엄청난 양의 향신료가 수입되었다는 보고를 우울한 심정으로 청취했다. 그와 대조적으로 알렉산드리아에 나가 있던 베네치아 상인들은 향신료 공급이 턱없이 부족해서 고통스러워했다. 비록 베네치아에는 알려지지 않았지만, 그런 공급 부족은 포르투갈인 때문이라기보다는 맘루크 제국의 내부 문제로 발생한 일이었다.

---

* 15세기와 16세기에 유럽 재계를 지배한 저명한 독일 상업·금융 가문. 자본주의적 개념을 정립하고 유럽 대륙의 여러 나라에 영향력을 행사하는 등 자본주의 초창기에 무역 회사의 전형을 보여주었다.

16세기의 리스보아와 테주강.

1504년 봄, 베네치아의 캘리컷 위원회는 포르투갈의 입지를 약화시키기 위해 은밀한 작전을 새롭게 펼치기로 의결했다. 그들은 첩자 두 명을 파견하기로 했다. 먼저 레오나르도 다 카마세르를 포르투갈로 보내 향신료 무역의 현황을 자세히 조사하게 했다. 그는 상인으로 행세하면서 현지의 향신료 사업 정보를 최대한 많이 수집해 암호로 작성한 보고서를 보내기로 했다. 두 번째 첩자인 프란체스코 텔디는 보석상 행세를 하며 카이로로 건너가 술탄을 접견하고, 인도 제국에서 벌어지는 포르투갈의 사업을 훼방하는 은밀한 작전을 펼쳐달라고 호소하기로 했다. 베네치아 총독궁의 한 공간에 자리 잡은 캘리컷 위원회는 거기서 더 나아가 다음과 같은 황당한 계획도 고려했다. 술탄을 설득하여 수에즈에 운하를 파게 할 수는 없을까? 그렇게 하면 유럽까지 물품을 수송하는 데 드는 비용이 크게 줄어들지 않을까? 이러한 아이디어가 술탄 알가우리에게 제출되었다는 증거는 없다. 아무튼 텔디는 술탄을 만나 많은 베네치아 상인이 리스보아로 가서 향신료를 사고 싶어 한다는 것, 그리고 마누엘 왕이 그렇게 해달라고 부추기고 있다는 것 등을 알리라는 지시를 받았다. 물론 베네치아 정부는 기존의 무역 동맹들을 우대하고 싶지만 지금의 여러 조건이 매우 나쁘다는 것도 암시하라는 지시도 받았다. 무언중에 그런 점들을 암시함으로써 술탄이 기존과는 다른 조치를 취하도록 압력을 넣으라는 뜻이었다. 사실을 말해보자면, 베네치아나 맘루크 제국이나 향신료 무역에 관한 한 공통의 이해관계를 갖고 있었으나 상호 불신의 골이 깊어서 서로 변죽만 울려대는 꼴이었다.

이 두 첩자가 출발하기도 전에 인도양 쪽에서 엄청난 수모와 고통을 당하고 있다는 외침이 들려왔던 터라 카이로의 술탄은 뭔가 조치를 취해야 한다는 생각을 하고 있었다. 그는 바티칸의 지원과 기독교도들의 결의를 시험하기 위해 좀 더 강력한 접근책을 쓰기로 결정했다. 3월에 그는 프란치스코회 성직자인 마우로 신부를 베네치아로 파견하여 노골적으로 위협했다. 포르투갈을 인도양에서 철수시켜라. 그렇게 하지 않으면 예루살렘의 기독교 성소들을 파괴하겠다. 베네치아 사람들은 4월에 마우로 신부를 만났을 때 다소 모호한 플레이를 펼쳤다. 술탄에게 그런 행동을 하지 말라고 요청하는 척하면서 온갖 암시와 우회적 언사로 그의 심정을 동정한다는 뜻을 전달한 것이다. 첩자 텔디는 술탄에게 다음과 같이 답변하라는 지시를 받았다. 베네치아는 술탄의 의사에 공개적으로 편을 들 수는 없다. 또 기독교 국가들도 예루살렘을 적극적으로 방어하고 나설 것 같지 않다.

베네치아는 뜨거운 감자를 돌리듯이 그 불청객을 교황에게 재빨리 넘겨버렸다. 교황 율리우스 2세는 그 놀라운 협박을 황급히 마누엘에게 전달했다. 처음에는 포르투갈 왕궁에 편지를 보냈고 그다음에는 술탄의 편지를 가지고 온 마우로 신부를 직접 포르투갈로 보냈다. 그가 이듬해 6월 이전에 리스보아에 도착하지 않아, 마누엘은 답변을 어떻게 해야 할지 충분히 생각할 시간이 있었다. 술탄의 메시지가 실제로 도착하면 포르투갈 사람들에게 상당한 영향을 미칠 수 있을 것이나, 술탄이 바라는 대로 인도양에서 철수하는 일은 있을 수 없었다.

한편 카마세르의 포르투갈 첩보 임무는 처음부터 삐걱거렸다. 그가 리스보아에 도착하기도 전에 그 도시에 나가 있던 베네치아의 경쟁자인 피렌체 상인들이 그 사실을 폭로해버렸다. 그리하여 카마세르가 나중에 밝힌 바에 의하면, 그는 "끔찍한 감옥에 투옥되었다."[14] 왕 앞으로 불려 나온 그는 말을 잘해서 감옥에서 풀려났다. 그는 리스보아에서 2년 동안 머무르며 베네치아 정부를 위해 아주 소중한 정보들을 수집했다. 그러나 마누엘은 외국의 첩보 활동을 점차 경계하게 되었다. 카마세르가 그 도시에 도착하고 한 달 뒤, 왕은 지구본의 제작과 해도의 재작성을 금지하는 칙령을 내렸다. 포르투갈이 힘들게 얻어서 축적한 정보를 꼬치꼬치 캐묻는 훼방꾼들에게 내주지 않겠다는 것이었다.

포르투갈은 상업 경쟁이 점점 더 치열해지자 베네치아 사람들을 가장 나쁘게 여겼다. 1504년에 사무드리에게 대포 두 문을 제작해준 서양인이 베네치아가 보낸 자들이었다고 굳게 믿었기 때문이다(오해일 가능성이 높다). 해양 공화국인 베네치아가 카이로에 국가 차원에서 기술 지원을 하지는 않았지만, 알렉산드리아의 대포 제작에 들어가는 구리 막대를 수출하려는 상인들은 얼마든지 있었다. 그런 상인들은 아랍 세계의 결심을 더욱 굳게 했다. 지중해 지역에는 여기저기 떠돌아다니는 선원, 대포 제작자, 포수, 전문 기술자, 추방자, 범죄자 들이 있었다. 그들 중 일부는 아프리카 해안에서 가까운 베네치아 식민지인 크레타와 키프로스 출신이었을 것이다. 그들은 고용해주는 사람이 누군지 따지지 않고 자신들의 기술을 팔아넘길 용의가 있었고, 1505년에 이르러 이들 중 일부는 카이로로 흘러 들어갔다. 이처럼 아랍 세계 내에서 압력이 서서히 배가되고 있었기에 곧 술탄은 결정적 행동에 나설 수밖에 없었다.

10

인도 왕국

1505년 2-8월

1505년 2월 27일 리스보아에서 반포된 제국주의적 칙령의 과장된 문장은 인도 사업에 관여하는 모든 사람에게 이렇게 말했다.

포르투갈의 왕이자 아프리카 쪽 바다에 면한 알가르브의 왕이고, 기니의 군주이며, 에티오피아·아라비아·페르시아·인도를 정복해 항해하고 상업 거래를 개척한 동 마누엘은 하느님의 은총으로 이렇게 말한다. 그러니 짐이 인도에 건설한 요새의 수장, 판사, 상업 대리인 … 짐이 선단을 구성하여 파견한 선박의 선장, 귀족, 기사, 항해사, 행정가, 선원, 포수, 보병, 장교와 분대장, 그리고 관련된 모든 자는 들어라. …

마누엘 왕이 거론한 인원은 저 말단 한직까지 계속된다. 이어 본론이 나온다. "이 위임장을 증거로 삼아, 짐은 동 프란시스쿠 드 알메이다를 깊이 신임함을 밝힌다. … 짐은 그에게 위에서 언급한 모든 선박과 인도 지역의 총선장 지위를 부여했고 앞으로 3년간 그 지위를 유지할 것이다."[1]

그전까지 포르투갈 귀족들은 마누엘의 계획에 완강히 저항해왔다. 인명 손실이 크고, 사무드리의 저항이 완강하며, 캘리컷에서 포르투갈 사람들이 학살되었고, 포르투갈 귀족들은 가까운 모로코에서의 십자군 운동을 지원하며, 경쟁 군주들의 질시가 두렵다는 것이었다.

그러나 1505년에 이르러 이상주의자와 전문가로 구성된 최측근의 자문을 받은 왕은 인도 사업을 계속 밀고 나가는 것이 자신의 운명이라고 확신했다. 2월 27일에 반포한 칙령은 완전히 새로운 전략을 제시했다. 그것은 엄청난 야망을 밑바탕에 깔고 있는 장기 계획이었다. 먼저 군사력으로 뒷받침되는 항구적 제국을 인도에 건설한 다음에는 인도양 전역의 무역을 석권하겠다는 것이었다. 마우로 신부가 예루살렘 문제에 대한 교황의 우려를 전달하기 위해 오는 중이라는 사실을 의식한 마누엘은 그 불청객이 친히 리스보아에 도착하기 전에 행동에 나서고 싶었을 것이다. 좀 더 큰 무대로 시선을 돌려보면, 일련의 국제적 사건도 포르투갈에 유리하게 전개되었다. 이탈리아는 전쟁으로 몸살을 앓고 있었고, 베네치아는 오스만 제국과 싸우느라 정신이 없었으며, 맘루크 제국은 국력이 쇠퇴되고 있었고, 스페인은 유럽 문제에 말려들어 다른 데 신경 쓸 여력이 없었다. 기회의 창문이 열렸고 운명의 순간이 다가왔다. 마누엘은 포르투갈과 인도를 오가는 시차가 있으니 리스보아에서 인도에서의 상업 활동을 통제하는 것은 비현

프란시스쿠 드 알메이다.

실적이라고 판단했다. 또한 마누엘이 비록 성격이 불안정하고 의심이 많긴 했지만, 그래도 현지에서 사업을 효과적으로 수행하려면 대리인을 정해 오랫동안 권한을 위임할 필요가 있다는 건 알았다.

　동 프란시스쿠 드 알메이다는 왕의 두 번째 선택이었다. 처음에는 트리스탕 다 쿠냐가 총선장으로 지명되었으나, 이 노련한 선원은 갑자기 앞이 보이지 않는 증세로 괴로워했다. 아마도 비타민 결핍 때문이었을 것이다. 그는 나중에 시력을 회복했지만 왕은 그것을 하느님이 내린 경고라고 생각하여 지명을 철회했다. 알메이다는 인도 사업에 지명된 사람들 중 고위 귀족 출신으로는 첫 인사였다. 그는 나이가 55세 정도였고 군사·외교·항해 경험이 아주 풍부했다. 또 마누엘이 국정의 일부를 위임하고 싶어 하는 인물로서 개인적 자질을 두루 갖추었다. 알메이다는 돈의 유혹에 전혀 흔들리지 않고 부정부패를 모르는 청렴한 사람이었고, 타인에게 관대했으며, 가정에 얽매이지 않는 홀아비였고, 신앙심이 돈독하고 판단력이 원숙했다. 많은 이들이 인도 진출을 희망하는 이유는 돈을 벌 수 있다는 희망 때문이었다. 하지만 알메이다는 소드레 형제 같은 사적인 탐욕이 전혀 없었다. 그는 돈 되는 향신료보다 보이지 않는 명예를 더 소중히 여겼고 또 적들을 맞이하여 어떻게 싸워야 하는지 잘 알았다.

알메이다에게는 총선장에 그치지 않고 총독이라는 높은 지위까지 수여되었는데, 명목상 왕의 전권을 행사할 수 있는 사람(부왕viceroy)이라는 뜻이었다. 이 지위가 무엇을 의미하는지는 일주일 뒤에 반포된 〈의무Regimento〉라는 문서에 명시되어 있었다. 이 문서는 총 143개 항목으로 이루어져 있는데, 세부적인 장절로 나누어 왕이 총독에게 실행하길 바라는 의무와 왕의 엄청난 야망을 달성하기 위해 총독이 해야 할 일을 매우 구체적으로 적시해놓았다.

알메이다는 희망봉을 돌아간 다음에는 스와힐리 해안부터 장악하라는 지시를 받았다. 그의 주된 공격 목표는 황금 무역의 요충지인 소팔라와 킬와였다. 〈의무〉가 추천한 방식은 이러했다. 먼저 우호적인 태도를 유지하면서 접근하여 그 두 항구를 기습 공격한 다음, 무슬림 상인들을 모조리 투옥하고 그들의 재산을 몰수하라. 이어 여러 요새를 건설하여 황금 생산지를 장악하라. 여기서 확보된 황금은 말라바르 해안에서 향신료를 사들일 때 사용하라. 요컨대 평화를 가장한 전쟁 행위를 지시한 것이다. 이어진 사항들은 이러하다. 시간을 낭비하지 말고 인도양을 항해하여 요새 네 채를 더 건설하라. 먼저 중간 기착지인 안제디바 제도에 하나, 그리고 우호적인 도시들인 칸나노레, 퀼론, 코친에 각각 하나씩 건설하라. 그다음에 북쪽으로 항해하여 홍해 입구, 그러니까 사제왕 요한의 왕국과 가까운 곳에다 요새를 하나 더 건설하라고 했다. 그 요새를 거점으로 술탄의 향신료 무역을 완전히 봉쇄하고, "인도 사람들이 포르투갈 이외의 상인들과 거래할 수 있다는 망상을 완전 불식시켜라."[2] 선박 두 척을 아프리카 동부 해안에 남겨두어 '아프리카의 뿔'까지 바다를 항구적으로 단속하도록 하라.

〈의무〉는 이어 골치 아픈 캘리컷 문제로 시선을 돌렸다. 전임 사무드리 못지않게 적대적인 현 사무드리는 화전 양동 작전을 펴도록 하라. 만약 그가 무슬림 축출에 협조하는 데 동의한다면, 그와 평화 관계를 수립하라. 만약 동의하지 않는다면, "그에게 전쟁을 걸어서 그의 도시를 완전히 파괴하라. 수륙 양면의 병사를 최대한 동원하여 있는 힘껏 모든 것을 파괴하라."[3]

전략적 요충지를 간과하지 말 것. 홍해를 봉쇄한 후 차울, 캄바이, 호르무즈 등 이슬람 도시 국가와 왕국에 선단을 파견할 것. 이들 도시 통치자들에게 연간 조공을 바치라고 요구할 것. 카이로와 홍해 아랍 상인과의 상업적 관계를 단절하라고 요구할 것. 홍해 일대를 지나가는 모든 무슬림 배를 나포할 것. 이런 작업에 들어가는 비용을 마련할 수 있도록 해마다 향신료 선단을 가득 채워서 즉시 리스보아로 보낼 것.

마누엘의 야심은 거기서 그치지 않았다. 총독은 향신료로 선박을 가득 채운 후에는 실론, 중국, 말라카와 "아직 발견되지 않은 그 외의 땅들"[4]을 발견하여 새로운 개척지를 개발해야 했다. 이런 땅들을 발견하면 포르투갈 소유령임을 널리 알리기 위해 석비도 세워야 했다. 알메이다에게 주어진 임무 목록은 대단히 광범위했다.

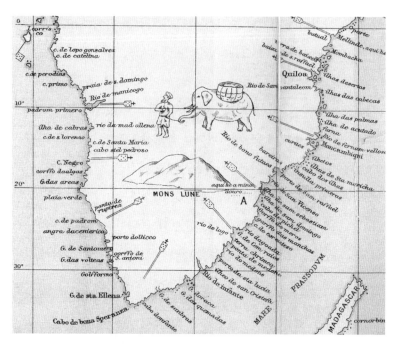

1502년 포르투갈에서 제작된 지도의 남아프리카 부분. 해안선에서 석비가 세워진 부분이 표시되어 있다.

〈의무〉는 예기치 못한 사태에 직면하면 총독이 어느 정도 재량권을 발휘해도 좋다고 명시했지만, 실제로는 지시한 일들을 철저히 지키라는 명령과 다름없었다. 마누엘은 알메이다에게 정복하라고 지시한 세계를 본 적도 없었고 보고 싶은 마음도 없었다. 그러나 〈의무〉는 인도양의 요충지를 놀라울 정도로 정확하게 파악하고 있음을 보여주고 그 땅들을 통제하여 포르투갈 제국을 수립하려는 매우 권위적인 지정학적 시각을 드러냈다. 이런 지식과 정보는 과거부터 굉장히 놀라운 속도로 축적되어온 것들이었다.

이 새로운 세계에 들어선 지 불과 7년 사이에 포르투갈 사람들은

7000만 제곱킬로미터가 넘는 인도양이 어떻게 작동하는지, 가령 그 주요 항구, 바람, 몬순의 리듬, 항해 가능성, 연결 통로 등이 어떤 상태인지 상당히 정확하게 파악했다. 그리고 그들은 이미 인도양 너머를 바라보고 있었다. 지식 획득의 방법은 아프리카 서해안을 힘들게 항해하던 시절에 계발되었다. 그 시기에 포르투갈 사람들은 지정학적·문화적 정보를 전문적으로 관찰하고 수집하는 수준에 도달했다. 그들은 현지 제보자와 항해사를 발탁하고, 통역사를 고용하고, 여러 언어를 배우고, 과학적 관심을 기울여 천문지리를 객관적으로 관찰하고 최고로 좋은 지도를 제작하여 관련 정보를 아주 효율적으로 관리했다. 항해 선단에는 천문학자들을 승선시켜 탐사 지역의 별자리를 관찰하게 했다. 해안 중요 지점들의 정확한 위도를 파악하는 것은 국가 차원의 사업이 되었다. 두아르트 파셰쿠 페레이라 같은 사람들이 직접적인 관찰을 통해 고대 천문학의 지혜를 교체했고, 르네상스 학문의 기준에 따라 천체를 과학적으로 관찰했다. 신세계에 관한 정보는 그 중심축인 리스보아의 인도관으로 집결되었다. 인도관은 왕실 직속 기관이어서 그곳에 수집된 정보는 다음 항해 선단에게 귀중한 자료로 제공되었다. 이런 피드백과 적응 체제는 신속하면서도 효율적이었다.

마누엘은 소수 고문관의 자문을 받으며 알메이다에게 건넬 〈의무〉를 작성했다. 그 고문관 중 영향력 높은 인사로는 가스파르가 있었다. 그는 바스쿠 다 가마가 첫 번째 인도양 항해에서 납치해 온 인물로, 베네치아 사람 행세를 해온 폴란드계 유대인이었다. 그는 포르투갈의 인도 사업 첫 10년 동안 현지 전문가 겸 통역가로서 소중한 자원이었다.

그는 정체성이 모호한 사람으로, 상황의 변동과 당시 후원자의 필요에 따라 신분과 이름을 적절히 바꿔온 자였다. 처음에는 자기 이름을 가스파르 다 가마라고 했다가, 마누엘 왕에게는 가스파르 다 인디아라고 자신을 소개했고, 이제는 "총독에 대한 사랑으로" 자신의 이름을 가스파르 드 알메이다로 고쳤다.[5] 그는 자신의 새로운 고용주에게 그가 듣고 싶어 하는 말만 해주는 경향이 있었으나 현지 사정에는 해박했다. 그는 인도양에 대한 지식이 상당했고 그 지역을 널리 여행한 듯이 보였다. 코친에 먼저 접근해보자고 권한 사람도 그였고, 실론, 말라카, 수마트라에도 다녀온 듯했다. 그는 홍해의 전략적 중요성을 잘 이해했다. 바로 이 정보가 마누엘의 1505년의 원대한 계획에 스며들었다.

가스파르는 무슬림의 목을 곧바로 노려야 한다고 주장했다. 아덴을 공격하고 홍해를 봉쇄하여 맘루크의 무역을 먼저 질식시키면 사무드리는 자연스럽게 포르투갈의 신하로 넘어오게 되어 있다는 생각이었다. 그렇게 하지 않고 말라바르 해안에 요새를 건설하는 일은 금전과 인력이 너무 많이 들어갈 거라고 비판했다. 그리하여 요새 건설 전략은 향후 몇 년 동안 뜨거운 논쟁거리가 된다. 마누엘은 그 계획을 받아들였으나 순서는 받아들이지 않았다. 그는 먼저 인도 땅에다 확실한 근거지를 수립한 후, 그것을 바탕으로 무슬림 무역을 말살시키고자 했다.

왕을 둘러싼 고문단의 다른 인물들은 인도양에서 펼쳐지는 놀라운 사건들을 더 거창하게 확대해석해 조언해주기를 좋아했다. 그들 중에는 왕의 두 번째 아내 '아라곤의 마리아'도 들어 있었는데 그녀는 마누엘의 운명은 하느님이 직접 점지했다고 굳게 믿었다. 핵심 고문관인 두아르트 갈방도 그렇게 생각했고, 마누엘의 인도양 대권을 현지에서 실현시키는 임무를 맡은 아폰수 드 알부케르크도 그런 세계 제국의 꿈을 열렬히 지지했다.

이런 최측근들의 조언을 종합해서 알메이다에게 내린 〈의무〉가 작성되었고 항해 선단도 그에 따라 편성되었다. 선단 규모는 거대했다. 무려 스물한 척이었는데 가마가 8년 전에 첫 항해에 나섰을 때보다 일곱 배나 큰 규모였다. 총선장 아래의 선장도 주앙 드 노바, 1510년대에 세계를 일주 항해하는 페르낭 드 마갈량이스(마젤란), 알메이다의 용감한 아들 로렌수 등 당대의 기라성 같은 최고급 선원이었다. 특히 로렌수는 "고상한 귀족이었고 … 그 누구보다도 완력이 강했으며, 온갖 무기를 능숙하게 다룰 줄 아는 전사였다."[6]

등록한 선원은 총 1500명으로, 바다 건너에 새로운 포르투갈 제국을 건설하기 위해 사회 각계각층에서 선발한 작은 포르투갈과도 같았다. 가장 높은 계급인 귀족에서 가장 낮은 계급인 범법자에 이르기까지 다양한 인원으로 구성되었다. 개종한 유대인, 흑인 노예, 죄수도 있었고 외국인 모험가와 상인도 끼어 있었다. 이들은 모두 자원자였다. 이들은 항해와 전투에 필요한 기량을 갖추었을 뿐만 아니라 새로운 국가를 건설하라는 임무를 부여받았다. 직능별로는 구두 제작자, 목수, 신부, 행정가, 재판관, 의사 등 다양했다. 독일인 포수와 플랑드르 포수로 이루어진 소부대도 있었고, 독일과 피렌체의 은행가와 상업 자본가가 돈을 대어 출정하는 개인 배 세 척도 있었다. 가스파르도 또 다른 베네치아인 통역사와 함께 그 선단을 따라갔다. 심지어 소수의 여성도 남장을 하고서 몰래 승선했다. 그들의 이름은 곧 명단에 등록되었다. 이자벨라 페레이라, 리아노르, 브란다, 이느스 호드리게스.

그 선단은 요새용 대포뿐만 아니라 선박에 탑재하는 대포, 교역할 물품들, 가령 납, 구리, 은, 왁스, 산호 등을 실었다. 그뿐 아니라 창틀이나 장식용 돌 같은 사전 조립 물품, 소형 선박을 건조하는 데 필요한 목재, 다량의 건설 자재와 도구도 선적했다. 그들은 신세계에 오래 머무르기 위해 떠나는 것이었다.

이 원정대의 특별하고 중요한 임무는 1505년 3월 23일에 리스보아 대성당에서 거행된 미사에서도 엿볼 수 있다. 연대기 기록자 가스파르 코헤이아는 이 연극적 사건에 대해 매우 과장된 기록을 남겼는데 그 내용은 이러했다. 미사가 끝난 후 왕의 깃발을 수여하는 예식이 뒤따랐다. 그 깃발은 "그리스도의 십자가가 붉은 공단으로 장식된 하얀 능직 깃발이었고, 가장자리는 황금으로 장식되고 황금 술이 달렸으며, 황금 별로 장식되었다." 왕은 커튼 뒤에서 앞으로 나와 자신의 총독에게 "진정한 십자가의 징표"인 그 부적을 수여했고, 그 후에 축복과 권면의 일장 연설을 했다. 최대한 위대한 업적을 쌓고, "많은 이교도와 해외 백성을 개종시켜야 한다"는 내용이었다.[7] 알메이다와 귀족들과 선장들은 무릎을 꿇고 왕의 손에 입을 맞췄다. 이어 부둣가까지 내려가는 화려한 행렬이 시작되었다. "인도의 부왕이자 총독인 동 프란시스쿠 드 알메이다"와 휘하 선장들은 말을 타고 갔고 수행원들은 걸어서 갔다. 화려한 외투를 걸치고, 검은 공단 모자를 쓰고, 최고급 마구로 장식된 말에 오른 알메이다는 행렬에서 단연 돋보였다. 그는 중간키에 위엄 있는 풍모를 자랑했고 엄청난 권위와 위압감을 풍기는, 머리가 약간 벗겨진 신사였다. 그의 앞뒤로는 도금 미늘창을 든 병사 80명이 호위했다. 병사들은 회색 구두와 검은색 벨벳 상의를 착용했고 손에는 붉은 공단 모자를 들고 있었다. 말을 탄 수비대장은 직책의 상징인 지휘봉을 들고 앞장섰다. 마누엘은 자신의 임무와 운명을 그런 식으로 외부에 투사했다.

행렬은 그렇게 엄숙한 분위기를 띠면서 구불구불한 거리를 걸어 부둣가로 내려갔다. 연대기 기록자 코헤이아는 뒤쪽에 있어서 이런 행렬을 세세히 보지 못했는데도 상상력을 발휘하여 그 행사의 세부를 더욱더 호화찬란하게 묘사한 것으로 짐작된다. 알메이다의 아들 로렌수는 매우 호화로운 복장을 하고 깃발을 들고 있었다. 총선장 예하의 선장들과 귀족들도 그에 못지않은 화려한 옷을 입었다. 왕, 왕비, 궁정의 귀부인들은 창가에 붙어 서서 그들이 지나가는 모습을 지켜보았다. 총독이 제일 먼저 승선했다. 기함은 깃발과 군기로 화려하게 장식되어 있었다. 이어 우렁찬 예포의 발사와 함께 닻들이 올려졌고 배들은 테주강을 따라 헤스텔루로 가서, 벨렝의 성스러운 예배당에서 추가로 축복 의식을 받았다. 그들은 이렇게 의식을 모두 마치고 수태고지의 날이기도 한 성스러운 3월 25일에 출발했다.

그 원정대는 이제 하나의 관습이 되어버린 손실과 고난을 겪었다. 캐럭선인 벨라호는 뱃바닥에 구멍이 나서 가라앉기 시작했는데, 그 속도가 완만하여 선원과 배에 선적한 물품 모두 다른 배로 옮길 수 있었다. 남위 40도 지점인 브라질 인근 해안을 지나갈 때 알메이다 함대는 엄청난 풍우와 폭설의 내습을 받았다. 기함은 갑판에 있던 선원 두 명을 잃었고 배들은 서로 흩어졌다. 6월 말에 희망봉을 돌아간 뒤,

알메이다는 〈의무〉에 명시된 바와 같이 지략과 용맹을 최대한 발휘하며 아프리카 동부 해안을 공격했다. 그들은 6월 22일에 최초의 공격 목표인 킬와에 도착했다. 석 달 동안 난바다에 있다가 육지를 보니 너무나 멋진 광경이 나타났다. 반짝반짝 빛나는 초록 종려나무 사이에서 풀 이엉을 올리고 하얗게 회칠이 된 집들이 보인 것이다. 상하파엘호에 승선한 독일인 서기 한스 마이어가 볼 때, 그곳은 안락과 풍요의 땅이었다. 붉은 땅은 "아주 비옥했고 기니에서와 마찬가지로 옥수수 농사를 많이 지었다." 단정한 울타리를 두른 정원에서는 사람 키 높이의 풀들이 자랐고 먹을거리가 풍성하게 나왔다. "버터, 꿀과 밀랍, … 나무에 매달린 벌집, … 달콤한 오렌지, 라임, 무, 자그마한 양파." 감귤류는 괴혈병을 앓는 선원들에게는 특효약이었다. 그곳은 못 견딜 정도로 덥지는 않았다. 초원에는 풀이 우거져서 소가 무럭무럭 자랐다. 바다에는 물고기가 풍부했고 항구로 접근하는 배들 주위로 고래가 불쑥불쑥 고개를 내밀었다.

킬와는 인구 약 4000명의 번창하는 소도시로, "코르도바의 무슬림 사원처럼" 아치형 지붕을 두른 모스크가 많았다. 마이어에 의하면, 그 도시의 무슬림 상인들은 "영양 상태가 좋고 기다란 턱수염을 길렀는데" 일견 무척 사나워 보였다.[8] 캐러벨선과 같은 무게인 50톤 규모의 다우선들이 야자나무 껍질 밧줄로 서로 연결된 채 항구에 계류되어 있었고, 들판에서는 흑인 노예들이 열심히 경작을 했다. 킬와는 스와힐리 해안 전역에서 아라비아반도와 인도 구자라트 지구 국가들을 상대로 소팔라 황금, 목면 옷감, 값비싼 향수, 향신료, 은, 보석 등을 거래했다. 그곳은 자급자족하는 인도양 무역 연결망의 요충지여서 그 일대에서 이미 여러 세기 전부터 무역이 행해졌다. 이제 그 도시는 그런 종래의 연결망을 끊어놓기 위해 뛰어든 세력의 힘을 온전히 느끼게 된다.

그 당시 그 도시를 다스리던 술탄은 인기 없는 왕위 찬탈자로, 이미 포르투갈 외교의 투박한 방식을 경험한 바 있었다. 1502년에 바스쿠다 가마는 그를 목줄을 달아서 개처럼 인도 전역을 끌고 다니겠다고 위협한 바 있었다. 그는 포르투갈 왕에게 굴복했고 그 나라의 깃발을 게양하고 해마다 조공을 바치겠다고 마지못해 동의했다. 하지만 알메이다 함대가 그곳을 다시 찾아왔을 때 조공은 2년 치가 밀려 있었고, 포르투갈 깃발은 찾아볼 수 없었다. 가마가 처음 그 해안을 방문했을 때 그는 아프다고 하면서 불청객을 물리치려 했다. 이번에는 손님이 있다는 핑계를 둘러댔다. 그는 알메이다의 비위를 맞추려고 식료품을 선물로 잔뜩 보냈으나 아무런 효과가 없었다.

총독은 이를 불쾌하게 생각하며 이튿날 아침 선단에 봄바드 대포를 설치한 채 해안 근처 지점까지 바싹 다가갔다. 그는 화려하기 그지없는 예복을 차려입고 상륙하여 접견을 요청했다. 이번에 술탄은 고위 관료 다섯 명을 보내 조공을 바치겠다고 약속했다. 이에 알메이다는 더는 인내할 수가 없었다. 그는 사절들을 구금하고 그 도시를 포격할 준비를 했다. 6월 24일 새벽, 공격 개시 명령이 떨어졌다. 알메이다가 제일 먼저 상륙하여 해변에 포르투갈 깃발을 꽂았다. 최전선에서 병사를 지휘하고 싶은 본능이 작동한 것인데, 이는 그의 무모한 성격을 보여주는 최초의 사례였다. 이 부자 도시를 약탈할 수 있다는 욕심에 병사들의 공격 의지는 하늘을 찌를 듯했다. 그리고 공격은 아주 쉬운 일로 판명되었다. 무력 침공이 현실화하자 술탄은 주민들과 함께 달아났다. 병사들이 왕궁에 도착해 보니 한 늙은이가 창문에 기대어 안전판인 양 포르투갈 국기를 흔들며 "포르투갈! 포르투갈!" 하고 외쳤을 뿐이다.[9] 왕궁의 문들을 도끼로 빠개어 열어보니 술탄과 그의 보물은 모두 사라지고 없었다. 프란치스코회 수도사들은 사람들 눈에 잘 띄는 건물에다 십자가를 세우고 〈테데움〉(주를 찬미하는 노래)을 부르기 시작했다.

도시의 다른 지역에서는 약탈 행위가 전면적으로 벌어졌다. 엄청난 전리품을 챙겼으나 〈의무〉의 지시대로 분배되지는 않았다. 병사들은 왕을 부자로 만들기 위해 원정에 나선 것이 아니라 개인적 이익을 위해 먼바다를 건너온 이들이었다. 마누엘은 나중에 병사들의 그런 소행이 불만족스럽다고 말했다. 그다음 날인 6월 25일은 성 야고보 축일이었는데 그 성인은 이슬람을 상대로 싸우는 성전의 수호성인이기도 했다. 병사들은 허물어진 집들의 석재를 가져다가 인도양 최초의 석조 요새를 15일 만에 건설했다. 수비대가 조직되어 임무를 부여받았고 술탄이 비우고 떠난 왕좌에는 술탄의 경쟁자인 부유한 상인이 화려한 의식 속에서 즉위했다. 코친 왕에게 주려 했던 황금 왕관은 잠시 그의 머리 위에 얹어졌다. 그는 포르투갈 왕에게 영원한 충성을 맹세했고, 더 중요하게는 연간 조공을 맹세했다. 이어 황금 실로 가장자리를 수놓은 화려한 진홍색 옷을 걸치고, "포르투갈 방식의 안장이 얹힌 말을 타고, 화려한 옷을 입은 수많은 무슬림의 수행을 받으며 도시 전역을 행진했다." 통역사 가스파르가 그 왕의 앞에 서서 외치는 사람 역할을 하면서 그게 무슨 행사인지 모르는 사람들을 위해 설명을 해주었다. "이분이 너희들의 왕이다. 그에게 복종하고 그의 발에 입을 맞추어라. 그는 언제나 우리의 주군인 포르투갈 왕에게 충성을 바칠 것이다."[10]

알메이다는 몹시 기뻐하는 어조로 국왕에게 보고서를 올렸다. "폐하, 킬와에는 제가 이 세상에서 알고 있는 그 어느 곳보다 좋은 항구가 있고 땅이 매우 비옥합니다. … 우리는 여기에서 요새를 짓고 있습니다. … 프랑스 왕이 부러워할 만큼 강력한 요새입니다." 그리고 왕에게 약속했다. "제가 살아 있는 동안에 폐하는 동양 세계의 황제가 되실 것이고, 서양의 다른 황제들보다 더 위대해지실 것입니다."[11]

괴뢰 통치자를 세웠으므로, 해외 정복에 열성적인 총독은 기다란 공격 명단 중 다음 도시를 향해 황급히 나아갔다. 그는 먼저 배 두 척을 '아프리카의 뿔' 쪽으로 파견하여 그 일대 바다를 감시하게 했고 이어 소팔라를 봉쇄하기로 했다. 리스보아에서 추가 함대가 이곳에 도착하면 이 도시도 굴복시켜 두 번째 요새를 건설할 수 있을 터였다.

알메이다는 원래 이 지점에서 곧장 인도양을 항해하여 인도 해안으로 가게 되어 있었다. 하지만 그는 자신에게 부여된 재량권을 사용하려는 의도를 벌써 내보이고 있었다. 그는 몸바사를 공격하여 아프리카 동부 해안 조공 도시의 수를 늘리기로 결심했다. 몸바사의 술탄은 지금까지 포르투갈에 저항해왔는데 그 도시는 아랍 무역의 요충지였다. 섬에 의해 보호되는 두 항구는 스와힐리 해안의 어느 항구보다 우수했고 공격하기가 까다로운 목표물이었다. 이제 불청객 포르투갈인들이 정기적으로 돌아온다는 사실을 알게 된 술탄은 요새의 돌출부에 대포를 여러 문 설치해 요새의 방어 능력을 강화했다. 그 대포들은 4년 전 가마 원정대가 바닷속에 수장시킨 난파선에서 잠수부들이 건져온 것들이었다. 대포 조종술은 이슬람으로 개종한 배신자 선원이 가르쳐주었다.

알메이다의 선단이 몸바사로 접근하자, 이 대포들이 불을 뿜어서 배 한 척에 명중했다. 하지만 단명한 성공이었다. 포르투갈 배들이 그에 맞서 포격하자, 그중 한 발이 요새 돌출부에 있던 화약고에 명중했다. 무슬림 포수들은 경악하면서 파괴된 포좌에서 황급히 도망쳤다. 알메이다는 해안에 한 무리의 병사를 상륙시켜 포르투갈 왕에게 평화적으로 굴복할 것을 술탄에게 요청했다. 하지만 개, 똥개, 돼지고기를 먹는 자라는 포르투갈어 욕설만이 되돌아왔다. … 몸바사는 킬와처럼 목을 비트는 대로 가만히 있는 닭이 아니었다. 자신의 의도를 더 명확히 하려는 듯, 술탄은 포르투갈에 맞서는 엄청난 군사력을 열거했다. 보병이 4000명이고 흑인으로 구성된 궁수가 500명이며 도시에는 대포가 더 있고 또 보병 2000명이 해안 쪽으로 오고 있다고 늘어놓았다. 술탄은 몸바사를 지키기 위해 전면전을 불사했고, 그 도시를 차지하려는 알메이다의 결의는 더 확고해졌다.

몸바사는 언뜻 킬와와 비슷해 보였으나 실제로는 훨씬 더 크고 웅장했다. 단단하게 밀집된 도심은 전형적인 아랍 수크(시장)의 형태였다. 비좁은 도로가 밀집해 있었고 막다른 골목과 통로의 미로였다. 웅장한 석조 건물도 있었고 어떤 것은 3층 높이를 자랑하기도 했으나 대부분 갈대 이엉을 얹은 목조 가옥이었다. 알메이다는 여기에서 좋은 기회를 엿보았다. 그는 먼저 도시에 포격을 가한 다음에 약탈하는 작전을 세웠다. 선발대는 가옥을 향해 화약 덩어리를 던졌다. 화염이

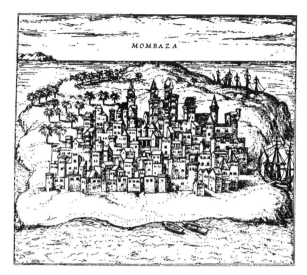
몸바사섬.

피어올랐고 곧 이웃으로 번져갔다. 금세 도시의 상당 부분이 불타올랐다. 연대기 기록자들은 이렇게 서술했다.

… 도시 전역에서 피어오른 불길은 오후 내내 불타올랐고 밤중에도 주위를 환하게 밝혔다. 끔찍한 광경이었다. 도시 전체가 불타는 것 같았다. 목조 가옥들은 불에 타서 땅바닥으로 폭삭 주저앉았고 돌과 모르타르로 지은 집들도 곧 불이 붙어 폭삭 가라앉았다. 그 집들은 그 속에 있던 엄청난 재산과 함께 파괴되었다.[12]

이튿날 아직 새벽이 오기 전, 여전히 도시가 불타오르는 상태에서 알메이다의 군대는 네 갈래 방향으로 공격을 개시했다. 그들은 강력한 저항에 맞닥뜨렸고 곧 두 사람이 간신히 교행할 수 있는 비좁은 골목길에서 시가전을 벌여야 했다. 현지 여자들은 집의 발코니와 옥상에서 포르투갈 병사들을 향해 돌과 타일을 던졌다. 화살과 창도 비처럼 쏟아졌다. 너무나 신속한 공격이어서 "우리 병사들은 머스킷 소총을 발사할 겨를이 없었다."[13] 병사들은 잠시 벽 뒤로 물러서서 엄폐물과 엄폐물 사이로 신속하게 이동했다.

병사들은 거리에서 거리로 힘들게 이동하면서 이미 소재를 파악해 둔 왕궁을 향해 나아갔다. 스와힐리 사람들은 필사적으로 방어하면서 야생 코끼리들을 포르투갈 진중으로 몰아넣었으나 아무 소용도 없었다. 공격자들은 화려한 옷을 입은 한 무리의 사람들이 황급히 달아나는 모습을 보았다. 술탄과 그 수행원들이었다. 공격자들은 곧 왕궁에 난입했으나 거기에서는 아무것도 발견하지 못했다. 또다시 프란치스코회 수도사들은 십자가를 세웠고 포르투갈 깃발이 "포르투갈!"이라는 함성 속에서 게양되었다. 그런 뒤 약탈이 시작되었다. 가가호호 문을 부수고 들어가 사람과 물자를 약탈하여 배로 가져왔다. 몸바사는 스와힐리 해안에서 주요 무역 중심지인 만큼 거기서 챙길 수 있는 물품은 상당했다. "다량의 화려한 옷감, 비단, 황금, 카펫, 말안장 천, 특히 어디에 내놔도 손색 없는 카펫은 다른 귀중한 물품들과 함께 포르투갈 왕에게 전달되었다."[14] 알메이다는 개인들의 절도 행각을 예방하기 위해 약탈의 범위를 체계적으로 제한하고자 애썼다. 각 선장에게는 약탈할 수 있는 구역이 배정되었다. 약탈한 물건들은 한 군데에 집결시켜서 분류한 뒤, 〈의무〉에서 제시된 방식에 따라 분배되어야 했다. 약탈할 물건을 발견한 사람은 그 물건 가치의 20분의 1을 지급받기로 되어 있었으나 실제로는 지켜지지 않는 경우가 잦았다.

대다수 선원들은 기독교 신앙과 왕에 대한 충성심 때문에 인도 제국으로 건너온 것이 아니라 부자가 되려고 출정한 것이었다. 나중에 마누엘에게 올라간 보고서는 이렇게 전했다. 몸바사에서 전리품을 훔친 병사들을 모두 처벌하려 한다면 알메이다는 휘하 병력의 대부분을 잃을 것이다. 보통 사병들 및 피달구의 개별적 욕망과 왕명을 수행하려는 총독의 책임감 사이에 존재하는 팽팽한 긴장은 포르투갈이 수세기에 걸쳐 해외 사업을 벌이는 동안 계속해서 존재했다. 강직하고 부정부패를 모르는 알메이다는 자신이 통제하기 어려운 노골적인 규정 위반에 심한 혐오감을 느꼈다.

도시의 총격전에서 안전하게 떨어진 종려나무 숲속으로 대피한 술탄과 수행원들은 몸바사가 약탈되고 전소되는 광경을 지켜보았다. 포르투갈 사람들은 지쳐서 더는 추격할 수가 없었다. 양측의 사상자 수는 늘 그렇듯이 비대칭적이었다. 700명의 무슬림이 거리와 가옥에서 쓰러져 죽었으나, 포르투갈 병사는 다섯 명만 죽었다. 물론 부상당한 병사는 많았다. 한편 200명 정도가 죄수로 생포되었는데 "그중 상당수가 외양이 좋은 밝은 피부색의 여자들과 15세 이하의 어린 소녀들"이었다.[15]

그다음 날 술탄은 저항이 무의미하다는 것을 깨달았다. 그래서 킬와 통치자 같은 신세는 면해야겠다고 생각하여 평화의 신호로 엄청나게 큰 은판을 선물로 보냈고 도시 전체를 포르투갈에 바치면서 항복했다. 알메이다는 호의의 표시로 상당수 포로를 풀어주었고 도시로 되돌아오는 사람들의 생명과 재산을 지켜주겠다고 약속했다. 술탄은 거액의 조공을 지불했고, 앞으로도 해마다 조공을 바친다는 조건으로

"해와 달이 사라지지 않는 한" 영구적으로 지속되는 평화 조약에 서명했다.[16] 8월 23일에 알메이다는 피의 흔적을 뒤에 남긴 채 스와힐리 해안을 떠났다. 수 세기 동안 지속된 무역 제도는 포탄 세례를 받고서 포르투갈에 굴복했다.

깊은 상처를 입은 술탄은 옛 경쟁자인 말린디 술탄에게 구슬픈 신세 한탄의 편지를 보냈다.

사이드 알리, 하느님이 당신을 보호하시기를. 불을 가지고 모든 것을 불태워버리는 엄청난 군주가 이 지방을 방금 거쳐 갔다는 것을 당신에게 알려드리고 싶습니다. 그는 강력하고도 잔인하게 이 도시로 밀고 들어와 남녀노소를 불문하고 주민들을 닥치는 대로 살해했습니다. … 사람들만 살해되고 불태워진 것이 아니라 천상의 새들도 땅에 떨어졌습니다. 이 도시에는 죽음의 악취가 너무 지독해서 나는 감히 그곳에 들어가지를 못하겠습니다. 그 누구도 자신이 가져간 엄청난 재물의 수량을 정확하게 파악하지 못할 것입니다.[17]

11

맘루크 제국

1505년 6−12월

알메이다의 임무는 이미 아주 엄청났으나, 본국 리스보아의 마누엘 왕은 거기에 만족하지 않고 더 엄청난 인도양 전략을 지속적으로 계발했다. 포르투갈 궁정에 감돌던, 메시아 국가 분위기는 날이 갈수록 더욱 두드러졌다. 최측근 고문관들은 마누엘이 위대한 업적을 달성하기 위해 하느님의 특별한 선택을 받은 왕이라는 믿음을 부추겼다. 그들은 여러 가지 예표를 제시했다. 우선 그의 이름이 메시아 같은 분위기를 풍겼고, 그보다 승계 가능성이 더 높았던 왕위 후보자들이 여섯 명이나 있었으나 모두 사망해 왕위에 오른 특수한 상황이 있었고, 리스보아 부두에 계속 해외의 자산이 흘러들어 오고 있고, 해외 원정 사업이 신속하게 수행되고 있다는 점이 모두 하느님의 선택을 보여주는 징조라는 것이었다. 전임 왕들은 75년이나 걸려서 간신히 희망봉을 돌아갔는데, 마누엘은 단 한 번의 시도로 약속의 땅 인도에 원정대를 보내는 데 성공했다. 이런 사실은 하느님의 기적이라고 볼 수 있고, 새로운 평화의 시대가 왔음을 알리는 증좌이며, 어쩌면 이 세상이 신속하게 종말을 향해 나아가는 것으로 해석할 수도 있었다. 포르투갈 왕가의 문장에 들어간 다섯 개의 점은 그리스도의 다섯 상흔으로 해석되었고, 유대인에게 개종이냐 추방이냐를 선택하도록 강요하면서 유대인을 학대한 것은 국가를 정화하기 위한 사업으로 정당화되었다. 이 모든 일은 포르투갈이 하느님에게 새로운 선택을 받은 민족이며 더 나아가 하느님의 원대한 계획을 수행할 민족이라는 열병 같은 믿음이 구체적으로 발현된 형태였다. 인도 제국에서 향신료를 성공적으로 수송해 올 때마다 국가의 목표는 점점 더 확대되었다.

그 목표를 좀 더 구체적으로 말해보자면, 먼저 무슬림 세상을 붕괴시키는 것이었다. 마누엘의 최측근 인사들은 성경의 〈요한 묵시록〉에서 무슬림 세상이 암호문으로 제시되어 있다고 생각했다. 카이로의 맘루크 왕조는 "바빌론이라는 엄청난 창녀"와 동일한 존재로, 반드시 타도해야 할 대상이었다. 성전이라는 뿌리 깊은 사상은—"거룩한 포르투갈 왕실은 순교자들의 피로 구축되었고 그들의 가호에 의해 지구 끝까지 세력을 떨치기로 되어 있다"[1]—포르투갈 국가 차원의 사업이었고 해외의 넓은 전선으로 확대되어야 했다. 마누엘의 최측근은 이제 황제 칭호를 사용해야 한다고 왕에게 건의했다. 두아르트 파셰쿠 페레이라는 포르투갈이 발견한 것들을 다룬 자신의 저서에서 왕을 "카이사르 마누엘"이라고 불렀다.

포르투갈의 야심 찬 해외 사업은 분명 온 세상에 기독교의 복음을 전하겠다는 메시아적 분위기와 이상을 품고 있었고, 마누엘의 해외 전략에는 그 같은 기독교 신앙이 밑바탕에 깔려 있었다. 이러한 분위기와 전략은 1505년 6월 초에 교황 율리우스 2세에게 보낸 보고서에서도 분명히 드러난다.

따라서 기독교인들은 이렇게 희망할 수 있습니다. 이슬람의 배신 행위와 이교 행위는 곧 철폐될 것이고 … 오랜 시간 이 개들에 의해 짓밟혀 황폐해진 그리스도의 성묘는 … 예전의 자유를 회복하여 마침내 기독교 신앙은 온 세상에 널리 퍼져나갈 것입니다. 이 임무를 좀 더 원활하게 성취하기 위해 우리는 기독교인들 중 가장 중요하고 강성한 자〔사제왕 요한〕와 동맹 맺기를 희망하며, 그에게 사절을 보내 많이 도와달라고 요청했습니다.

마누엘의 사절은 더 열띤 어조로 장대하고 화려하기 짝이 없는 보고문을 이렇게 마무리했다. 한마디로 교황 성하가 온 세상을 곧 접수하게 될 것이라는 얘기였다.

성하의 포르투갈을 접수하십시오. 포르투갈뿐만 아니라 아프리카 땅의 상당 부분도 접수하십시오. 에티오피아와 인도의 광대한 땅도 접수하십시오. 인도양도 접수하십시오. 성하의 이전 교황들은 알지 못했던 동양의 순종을 접수하십시오. 이 모든 것이 성하를 위해 예비되었습니다. 이미 성하께서는 위대하시지만 하느님의 자비로 더 위대해지십시오.[2]

교황은 인도국이라고 지목된 광대한 땅에 종교적 권위를 행사할 수 있을 것이다. 그런 나라를 구축하기 위해 알메이다가 파견되었으나, 마누엘의 야망은 이미 〈의무〉의 범위 밖으로 내달리고 있었다. 이러한 흐름은 마누엘의 사절이 교황에게 보고문을 낭독한 일주일 후에 더 분명해졌다. 그리고 이때 성소를 파괴하겠다는 술탄의 위협이 마침내 마우로 신부를 통해 직접 리스보아에 전달되었다. 하지만 그 위협의 효과는 의도했던 바와 정반대로 나타났다. 마누엘은 술탄의 협박을 일축했다. 술탄에게 보내는 도전적인 답변을 마우로에게 들려 로마로 돌려보냈다. 만약 술탄이 기독교 성소들을 파손한다면 마누엘 자신이 십자군을 조직하여 현지에 보내겠다는 내용이었다. 그는 포르투갈의 십자군 운동 역사의 기억을 소환하면서 이교도를 싹 쓸어버리겠다고 위협했다. 그는 이 일에 하느님의 재가를 받았다고 주장했다. 이러한 위협은 리스보아에서 어떤 결정적 계획으로 굳어졌는데, 맘루크를 파괴할 뿐만 아니라 기독교 세계를 위해 성소들을 반드시 회복하고 말겠다는 내용이었다. 마누엘은 영국 왕 헨리 7세, 스페인 왕 페르난도, 교황 율리우스 2세, 프랑스 왕 루이 12세, 신성로마제국의 황제 막시밀리안에게 은밀하게 사절을 보내 지중해를 경유하여 성지로 가는 해상 십자군 운동을 제안했다. 이에 막시밀리안을 제외하고 아무도 호응하지 않았지만 마누엘은 좌절하지 않았다.

이 장대한 프로젝트는 1505년 이후 무려 15년 동안 포르투갈 사람들의 사고방식을 지배했다. 그 계획을 수립한 사람들은 포르투갈 왕궁 내 소규모 폐쇄적 집단이었고, 상업상의 엄청난 반대, 경쟁 군주들의 질투심, 맘루크 술탄의 적개심 등을 피하고자 철저히 비밀에 부쳤다. 그 계획에 신의 섭리와 세상의 종말에 대한 중세의 종말론이 영감을 주었다면, 그 전략은 당시에 알려진 세상에 대한 최신 정보에 바탕을 두었고 그 범위는 전 세계적이었다. 그런 계획의 일부는 이미 알메이다의 〈의무〉에 들어가 있었다. 먼저 맘루크를 경제적으로 질식시킨 뒤, 홍해에서 직접 쳐들어가라고 적시했다. 이 새로운 장대한 계획은 양면 협공 작전을 의미했다. 마누엘은 지중해를 통과하여 성지로 가는 해상 십자군 운동을 제안하는 동시에, 서유럽 국가들이 일치단결하여 모로코의 무슬림 권력을 공격하자고 주장한 것이다.

이슬람 세계를 완전히 파괴하는 것이 이제 그 정책의 핵심이 되었고, 그런 만큼 인도는 그 자체가 목적이 아니라 공격의 발판 역할을 하는 데 더 의의가 있었다. 이슬람이 파괴되면 장거리 해로_{海路}마저 포기할 수도 있었다. 일단 홍해가 기독교권에 편입된다면 무역은 더 안전하고 더 단거리인 홍해에 의존할 수도 있었다. 향신료 수입에서 나온 자산의 인플레 거품이 마누엘 왕으로 하여금 계속 꿈꾸도록 부추겼다. 7월, 교황은 마누엘에게 2년 동안 십자군 운동에 과세를 허용했고 십자군 운동에 참여한 사람들에게 전대사를 내려주었다. 이러한 사상을 공개적으로 표명하는 것은 엄격하게 제한되었지만, 마누엘은 모든 기독교권을 대표하는 메시아적 황제라는 호칭을 열렬히 소망하는 듯했다.

한편 베네치아의 첩자 카마세르는 리스보아 부두에서 인도로 오가는 포르투갈 선단의 돈벌이 화물을 널리 수집했다. 마누엘이 항해 정보를 엄격히 통제했음에도 불구하고 그는 놀라울 정도로 관련 정보를 많이 파악했다. 그는 본국에 다음과 같은 보고서를 보냈다. "저는 인도로 가는 항로의 해도를 보았습니다. 그 지도에는 포르투갈 사람들이 거래하는 장소와 새로이 발견한 장소가 빼곡히 표시되어 있습니다."[3] 그는 선단의 규모, 톤수, 싣고 가는 화물, 선장, 좌절과 난파, 수송해 온 향신료의 수량, 여행 횟수, 판매 절차와 판매가, 향신료 거래와 행정 기반 시설에 관한 각종 정보 등을 꼼꼼하게 기록했다. 연례 향신료 선단이 귀국한 1505년 7월 22일, 그는 현지에 있었던 터라 그 선단이 수입해 온 육두구, 장뇌, 생강, 계피, "가치가 4000두카트나 나가는 진주들"[4]의 수량을 세심하게 기록했다. 그는 전해 12월에 있었던 판탈라이니의 승리 소식도 들었다. 그 전투 때 무슬림 상선 열일곱 척이 파괴되어, "메카로 가던 향신료가 모두 불타버렸고 … 엄청난 손실이었으며 … 포르투갈인 22명이 사망하고 70명에서 80명이 부상을 당했다." 그리고 그 원정대의 규모에 대해 다소 혼란스러운 기록을 덧붙였다. "그 항해는 18개월이 걸렸는데, 나가는 데 5개월, 선적하는 데 3개월 반, 그리고 돌아오는 데 6개월 반이 걸렸다. 그 배들은 좀 더 일찍 돌아올 수도 있었는데 상태가 좋지 않아서 모잠비크에서 12일간 지체되었다. … 첫 번째 배는 그 여행을 24개월 8일 만에 마쳤다."[5]

장사 수완이 뛰어난 베네치아 사람들은 리스보아에 하역되는 엄청난 수량의 향신료가 무엇을 의미하는지 잘 알았다. 그들은 인도로 가는 장거리 항로가 비실용적인 것으로 판명되기를 빌고 또 빌었다. 그러나 포르투갈 항해 선단의 입출국 리듬은 일정하게 유지되었다. 거의 주기적으로 해마다 선단이 파견되었다가 돌아왔다. 카마세르는 그 항해가 베네치아의 이해관계를 어떻게 위협하는지 굉장히 현실적으로 파악했다.

항해하기가 어렵다고 해서 포르투갈의 인도 사업이 중단되지는 않으리라 생각합니다. 그 사업은 정기적으로 안정적으로 유지되고 있으며, 의심할 나위 없이 그 나라 왕은 바다를 지배할 것입니다. 인도 사람들은 해양 무역을 보호할 능력이 없고, 포르투갈 국왕의 해운 능력과 포술에 저항할 수 없기 때문입니다. 인도인의 배에는 대포가 없어서 취약합니다. … 현재 그들의 배에는 대포가 탑재되어 있지 않습니다.[6]

베네치아에 유일하게 남은 방안은 또다시 은밀하게 맘루크 술탄을 자극하여 행동에 나서게 하는 것이었다. 알메이다가 몸바사를 약탈하던 1505년 8월, 그들은 카이로에 보낼 또 다른 사절 알비세 사구디노에게 이렇게 지시했다. "입회자 없이 술탄과 단둘이서만 얘기를 나누어라. … 우리는 술탄이 강력한 조치를 취했는지 간절히 알고 싶다. … 캘리컷 문제와 관련해서는 당신이 필요에 따라 적절히 말할 자유를 부여한다." 술탄에게 사태의 심각성을 인지시키기 위해 사절은 그에게 "엄청난 수량의 향신료가 도착했음을 알리는, 포르투갈에서 온 보고서"를 보여주라는 지시를 받았다. 바로 카마세르가 보낸 보고서였다.[7]

베네치아 사람들은 카이로에서 포르투갈을 못마땅하게 여기는 여러 목소리들 중 하나였을 뿐이다. 무슬림 배 불태우기, 무슬림 상인들에 대한 폭력, 하지 순례 훼방하기, 성지 메카가 파괴될지 모른다는 우려 탓에 이슬람권에서는 포르투갈에 대한 증오가 깊어지고 있었다. 아랍 연대기들은 인도양에서 포르투갈이 무슬림에게 저지른 폭력을 자세히 묘사한다.

… 그들은 여행, 특히 메카로의 순례를 막고 있다. 무슬림들의 재산을 파괴하고, 주거지와 모스크를 불태우고, 배를 나포하고, 문서와 서류를 무시하면서 더러운 발로 마구 짓밟는다. … 메카로 가는 순례자들을 살해하고 … 하느님의 예언자를 향해 공개적으로 욕설을 퍼붓고 … 무거운 족쇄로 묶고 … 신발로 때리고 불로 고문한다. … 간단히 말해서 그들은 이슬람교 신자들을 다룰 때 연민이라고는 손톱만큼도 없다.[8]

무슬림을 향한 공격만이 아니라 맘루크 술탄의 조세 수입도 크게 위협했기에, 이제 포르투갈과의 일전은 불가피한 일이 되었다.

향기로운 향락의 정원과 정교한 의식 절차에 따라 일상생활이 이루어지는 카이로에서 볼 때 인도양은 머나먼 곳에 있는 바다처럼 보였다. 그해 7월에 술탄은 이 도시에서 새 아내를 맞이하기로 되어 있었다. 한 연대기 기록자는 이렇게 서술했다. "그녀가 도착하자 장대한 광경이 펼쳐졌다."

그녀는 황금으로 장식된 가마를 타고 왔다. 머리 위로는 화려한 양산과 장식용 새가 가마의 우아한 분위기를 돋우었다. 그녀가 가는 길 앞에 자그마한 금화와 은화가 뿌려졌다. 신부의 신방 문 앞에 깔린 비단 카펫은 기둥이 늘어선 응접실까지 이어졌다. 공주들이 그녀 앞에서 걸어갔고 마침내 그녀는 마침내 옥좌에 앉았다. 그녀가 편히 사용할 수 있도록 술탄이 그 응접실을 미리 독창적인 방식으로 다시 단장해놓은 것이다.[9]

8월에 "관습에 따라" 관개로灌漑路 개통식이 있었다. 해마다 범람하는 "축복받은 나일강"에서 넘쳐나는 강물을 잘 분산시키기 위한 관개로였다. 술탄은 "전에도 그랬듯이 매우 장엄하게" 예언자의 탄신을 축하했다.[10]

그러나 먼 곳에서 문제가 발생했다는 소문을 더는 억누를 수 없었다. 그다음 달, 술탄은 세 원정 부대의 준비 상황을 점검하는 열병식을 가졌다. 두 부대는 아라비아반도의 내부 반란을 진압하기 위한 것이었고, 나머지 하나는 "인도 해안에서 준동하는 프랑크인들의 침입을 막기 위한 것이었다. 다수의 병사가 동원되었고 각종 군사 장비도 활발하게 준비되었다."[11] 11월 4일, 원정 부대는 출정 준비를 끝마쳤다. 병사들은 야전 식량과 넉 달 치 봉급을 선불로 받았다. 병사들은 대부분 북아프리카 출신이었고 개중에는 아나톨리아 출신의 투르크인과 흑인 궁수로 이루어진 소부대도 있었다. 한마디로 이슬람 용병으로 구성된 혼성 부대였는데, 포르투갈 사람들은 이 이슬람 용병을 '후므Rume'라고 불렀다.* 석공, 목수, 기타 기능공도 제다의 요새와 그 주위를 둘러싼 성벽을 튼튼하게 만들기 위해 그 부대를 따라갔다. 메카와 이슬람 세계의 중심부를 공격해 올지 모른다는 공포가 이미 퍼

---

* 오스만 제국 사람들은 자신들을 일러 룸(포르투갈어로는 '후므'로 발음한다)이라고 불렀는데, 이는 투르크어로 '로마인'이라는 뜻이다. 1500년대 초, 오스만 제국은 고대 로마인이 한때 통치했던 영토에 가장 근접한 영토를 보유하게 되었다. 이런 오스만 제국의 사람들이 '이슬람 세계의 로마인'으로 묘사된 데에는 그럴 만한 이유가 충분했다. 오스만 제국의 7대 술탄인 메메트 2세는 1453년에 비잔티움 제국 수도 콘스탄티노플을 점령했고, 카이사르 칭호를 사용하면서 오스만 제국이 새 로마 제국이라고 선포했다. 유럽 대다수 기독교인이 볼 때, 무슬림 세력에 의한 '두 로마' 중 하나인 콘스탄티노플의 함락은 세상의 종말이나 다름없는 일이었다. 그래서 서구에서는 이슬람을 경멸하는 뜻으로 '룸'이라는 말을 사용하게 된다.

져 있었던 것이다. 그들은 수에즈 항구에서 홍해를 향해 출발했다.

이 원정 부대의 기술적 준비가 어떠했는지는 신비에 가려져 있다. 맘루크 제국은 해양 국가가 아니었다. 왕조는 사실 인도양을 오가는 무슬림 상인들의 개인 무역에 부과하는 세금에 기대어 살아왔기에 전함 선단이 없었고 배를 건조하는 데 필요한 목재가 늘 부족했다. 목재는 레바논의 지중해 연안에서 수입해 나일강을 타고 들어오거나, 아니면 수에즈까지 약 130킬로미터 떨어진 사막을 낙타나 수레로 운반해야 했다. 대포를 제작하는 데 들어가는 금속의 수입도 이와 비슷한 어려움을 겪었다. 그러나 그들은 합동 원정 부대를 위해 선박과 대포에 들어가는 자재를 열심히 조달했다. 마누엘은 1505년에 로도스섬의 정보통을 통해 맘루크 제국의 이 같은 움직임을 보고받았다. 로도스섬의 지배자인 성 요한 기사단 소속의 포르투갈인 안드레 두 아마랄이 관련 정보를 리스보아에 전달했던 것이다.

나중에 포르투갈 사람들은 수에즈 부두의 배들이 베네치아에서 절단·가공·공급된 목재로 건조되었고, 배의 건조 과정은 베네치아의 관리가 감독했다고 주장했다. 1517년에 헨리 8세 왕궁을 출입하던 포르투갈 대사가 베네치아 대사에게 이에 대해 불평을 터뜨리자, 당연히 상대방 대사는 그런 사실을 철저히 부인했다. 평온한 공화국인 베네치아는 다른 데에도 골칫거리가 많아서 그런 데까지 신경 쓸 여력이 없다고 했다. 베네치아는 전쟁보다는 가격이 더 나은 무기라고 생각했다. 나중에 그 도시의 '10인 위원회'에 다음과 같은 보고가 들어갔다. "포르투갈의 인도 사업을 중단시키는 가장 확실하고 빠른 방법은 향신료의 가격을 낮추어서 리스보아보다 베네치아가 더 싸게 만드는 것이다."[12] 그들은 그런 접근 방식을 거듭 시도했으나 술탄에게는 통하지 않았다. 그렇지만 대포를 만드는 데 필요한 구리 막대를 베네치아 상인들이 개인적으로 맘루크 제국에 제공했을 가능성은 있다. 그들은 과거에도 그렇게 했다. 또 베네치아 공화국에서 온 프리랜서 기술자들이 조선공이나 대포 제작공 자격으로 수에즈에서 유럽식 배를 건조하고 카이로에서는 대포를 제작했다.

술탄이 조직한 군대는 맡은 임무를 충분히 완수할 것으로 기대되었다. 1100명의 병사들은 1505년 겨울에 쿠르드인이며 노련한 해군 지휘관인 후사인 무스리프의 인솔 아래 수에즈로 행군했다. 그들은 유럽식 캐럭선 여섯 척과 갤리선 여섯 척에 나누어 타고 해협을 따라 제다로 가는 항해에 나섰다. 최근에 접수한 정보에 따르면, 포르투갈이 인도양에 배 네 척을 띄워놓고 코친이라는 항구를 장악하고 있었다. 이는 알메이다가 현지에 도착하기 전인 1505년의 여름에는 사실에 부합하는 내용이었다. 하지만 그가 도착한 이후로는 사정이 사뭇 달라졌다.

8월 27일, 알메이다는 처음으로 말라바르 해안을 볼 수 있었다. 마이어는 그 해안이 "높다란 봉우리와 키 큰 푸른 나무가 가득했다"라고 적었다.[13] 포르투갈의 인도 해안 근거지는 여전히 취약한 상태였다. 무슬림 상인 엘리트들의 반대에도 불구하고 현지 힌두인 군주들의 승인 아래 세워진 몇 개의 교역소가 전부였다. 그 외에 코친에 세운 목조 요새가 하나 있었는데 그것도 두아르트 파셰쿠 페레이라가 뛰어난 감투 정신을 발휘하여 아슬아슬하게 버티는 것이었다. 사실 알메이다의 정부 청사는 기함의 갑판이었다. 그는 일련의 튼튼한 군사 기지를 신속하게 건립하여 포르투갈의 입지를 강화하라는 지시를 받았는데, 구체적으로 말하면 먼저 평화적 동맹을 시도하되 여의치 않으면 전면전도 불사하라는 것이었다. 그는 이 지시에 따라 먼저 무인도인 안제디바에 상륙했다. 이 섬은 포르투갈 사람들의 후방 기지로, 매복 중인 무슬림 배들을 척후하는 전초 기지로 매우 유용하다고 판단했다. 이 섬에는 한 달 만에 그럴듯한 요새가 건설되었다. 그런 뒤, 남쪽으로 항해하여 예정에 없던 호나바르 항구에 들어갔는데, 말 거래를 두고 그 항구의 라자와 언쟁이 붙었고 결국 전투가 벌어졌다. 이는 알메이다의 항해에서 자주 벌어지는 소규모 전투 중 하나였는데, 도시는 부분적으로 파괴되었고 배 여러 척이 불태워졌다. 그 배들은 말라바르 해안의 악명 높은 해적인 티모지의 소유였는데, 이 해적은 7년 전에 가마도 만난 적이 있었다.

이 항구의 공격은 알메이다의 아들 로렌수가 지휘를 맡았는데 얼마나 치열하게 공격했는지 그 후로 그는 '악마'라는 별명을 얻었다. 이 전투에서 로렌수는 칼을 맞아 죽을 뻔했으나 가까스로 피했다. 알메이다도 발에 화살을 맞았다. 그 상처는 총독에게 "고통보다는 분노를 안겨주었다."[14] 그러나 무모한 용기를 숭상하는 명예 의식은 포르투갈 사업 전체에 엄청난 영향을 미치는 위험 요소가 된다. 아무튼 그런 과감한 공격을 받자 라자는 평화를 호소하며 해마다 조공을 납부하기로 약속했다. 티모지도 포르투갈의 대의에 동참하겠다고 맹세했는데, 이는 의미심장한 사태 발전이었다. 불타서 연기 나는 도시들과 가라앉은 배들에 대한 소식은 몬순을 타고 말라바르 해안 일대에 널리 퍼져나갔고, 포르투갈은 그 해역 일대를 굴복시킬 수 있었다.

마누엘은 알메이다에게 곧바로 코친으로 건너가 배에 향신료를 가득 싣고 겨울 귀국에 대비하라고 일렀고, 포르투갈 교역소가 이미 들어선 칸나노레 항구는 들르지 말라고 지시했었다. 총독은 이 지시를 따를 수 없었다. 칸나노레 항구에 구축한 포르투갈의 상업적 지위가 사익을 추구하는 현지 무슬림 상인들의 위협 때문에 위태로워졌다는 소식을 들었기 때문이다. 그곳에 머무르는 폭풍우 같은 여드레 동안, 그는 나르싱가의 강력한 힌두인 왕이 보낸 사절을 접견했다. 그 사절은 총독에게 해안의 항구를 마음대로 사용해도 좋고, 왕의 여동생을 마누엘에게 시집보낼 생각이 있으며, 칸나노레 왕이 포르투갈 선단의 입항을 환영한다는 뜻을 전했다. 마이어는 힌두인의 화려한 예식과 인도의 조밀한 인구수를 흥미롭게 관찰했다.

〔왕은〕 종려나무에 매다는 장식을 설치하라고 지시했고 많은 사람의 호위를 받으며 다가왔다. 그는 칼, 단검과 창, 궁수, 나팔, 피리 등을 갖춘 전사 3000명을 데리고 왔다. 칸나노레에서 왕궁까지 거리는 2리그였고 연도에는 마을이 거리처럼 늘어서 있었다. 그가 텐트에 도착할 무렵에 6000명 이상이 뒤따라왔다. 텐트에는 쿠션 두 개가 놓인 소파가 있었다. 그는 무릎까지 내려오는 고급 목면 옷을 입었고 허리는 띠로 묶었으며 머리에는 갈리시아 모자와 비슷한 비단 모자를 썼다. 그리고 시동이 무게가 8마르크mark 〔황금〕는 될 법한 황금 왕관을 들고 서 있었다.[15]

서구인들이 뒤에 남긴 초토화 소문을 익히 들어서 알고 있던 그 힌두인 왕은 무슬림 공동체의 압력에 휘둘리지 않기로 결심했다. 그는 포르투갈 교역소 강화 작업을 허락했고 요새 짓는 데 필요한 석재를 제공하겠다고 말했다. 알메이다는 요새의 기초 작업을 하는 동안만 거기에 머물렀다가 곧 남쪽으로 내려갔다. 그는 그곳에 150명의 병사와 궁수를 남겨 단단한 구조물을 건립하라고 지시했다. 이 수비대는 곧 포위 공격을 받는다.

만성절인 11월 1일에 알메이다는 코친에 입성했다. 그 도시는 마누엘의 인도 계획 전체에서 볼 때 매우 중요한 요충지로, 포르투갈이 믿을 만한 유일한 동맹국이었다. 알메이다는 그곳에 도착했을 때 이전 왕 트리뭄파라는 은퇴하여 종교 생활을 하고 있고, 왕위 계승법에 따라 그의 조카인 남베아도라에게 왕위가 넘어갔음을 알게 되었다. 물론 그러한 계승에 대해 경쟁자들이 시비를 걸고 있었다. 여기서 알메이다는 일종의 식민주의적 속임수라고 할 만한 조처를 취한다. 즉 코끼리, 나팔, 행렬식, 황금 왕관과 귀중한 선물의 하사 등이 등장하는 화려한 예식을 거행하여 남베아도라의 왕국에 합법적 주권을 부여했다. "동 마누엘 국왕은 서구의 가장 위대한 왕, 동양 바다들의 왕, 그리고 코친에서 통치하는 자들의 군주 자격"으로 남베아도라에게 그런 권리를 주었다.[16]

포르투갈 사람들은 지난 50년 동안 아프리카 해안에서 이런 정교한 전략을 가다듬었다. 대관식에 뒤이어 알메이다는 다소 부정직하게 다음과 같은 요청을 했다. 현재의 목조 요새는 석조 요새로 교체되어야 한다. "그 요새는 앞으로 총독과 다른 고위 관리들이 행정을 펼칠 행정부가 될 텐데, 이들은 이 일대의 무역과 정복 사업을 조직할

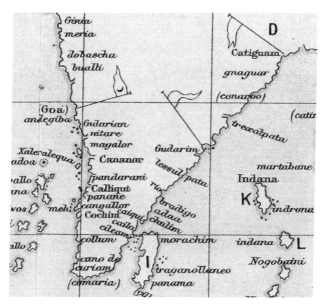

1502년 포르투갈에서 제작된 지도의 인도 부분. 신화에 가까운 일련의 섬 사이에
스리랑카가 보인다.

것이다. 그렇게 해야 왕국의 배들이 말라바르 해안의 다른 곳으로 가
지 않고 오로지 이곳에서만 화물을 선적할 수 있을 것이다."[17] 석조 건
물은 전통적으로 왕과 브라만의 특권이었기에 왕은 마지못해 그 요청
을 수락했다. 왕은 요새가 완공되면 그 건물이 어디까지나 왕의 소유
이므로 열쇠를 자신에게 넘겨주겠다는 약속도 있었기에 설득되었다.
그러나 말라바르 해안 일대의 통치자들은 프랑크인들이 포좌 위에 대
포를 갖춘 튼실한 요새 뒤에 틀어박히고 나면 그들을 물러가게 하기
는 불가능하리라는 것을 잘 알았다.

그러나 역사가 바후스가 전한 대로, 알메이다의 설득력 있는 연설
에는 앞으로의 일을 멀리 내다보는 원대한 전략이 숨어 있었다. 알메

이다는 이렇게 선언했다. "동 마누엘 왕이 이런 발견에 나선 일차적 의도는 이 지역의 왕족들과 의사소통하고자 하는 욕구 때문이었다. 그렇게 하면 자연히 무역이 촉진될 텐데, 그러한 활동은 인간의 필요에서 생겨난 것이며 서로 폭넓게 의사소통하는 일련의 우정이 필수적 전제 조건이다."[18] 그것은 장거리 무역의 근원과 혜택을 꿰뚫어본 선지자와 같은 식견이었다. 이는 가마에서 시작된 글로벌화의 필연적 결과였다.

1505년의 마지막 몇 달과 1506년의 첫 몇 달 동안, 알메이다는 몹시 바빴다. 마치 자신에게 열린 기회의 창문이 말라바르 해안의 통치자들의 변심으로 돌연 닫히지나 않을까 걱정하는 사람 같았다. 게다가 그에게는 완수해야 할 〈의무〉의 요구 사항들이 있었다. 그중에서도 그는 부와 안전을 가장 우선시했다. 코친에서는 향신료를 선단에 가득 채우는 일이 중요했고, 코친과 칸나노레에 각각 요새를 건설하는 일도 그에 못지않게 중요했다. 그는 아주 근면하면서도 열정적으로 일했다. 그의 서기에 의하면, 배에다 향신료를 선적할 때 "총독은 그 업무를 계속 감독했다. 그는 늘 현장에 나와 향신료 무게 재는 작업에 입회했는데 밤중에도 그렇게 했다." 그는 언제나 존재하기 마련인 속임수의 유혹을 사전에 차단하고자 했다. 함량 미달로 무게를 속이는 수도 있고 '우연히' 향신료 포대가 터져서 내용물을 일부 편취하는 경우도 있었기 때문이다. 코친에 요새를 건설하는 문제에 대해서도 그는 똑같이 열의를 보였다. "그는 날마다 아침이 오기 두세 시간 전에 일어나 석공들과 함께 일했다. … 그런 다음에 해가 지고 나서 두 시간이 지나도록 일했다."[19]

알메이다는 선박의 보수, 병원 설립, 제국 행정을 위한 기반 시설의 건설 등 그 밖의 일도 부지런히 했다. 그의 옆에는 언제나 재정 감독관, 행정 서기, 정의 구현을 감독하는 조사관, 상업 대리인, 선장 등이 수행했다. 그 외에 각 요새의 수비대장, 상업적 거래에 능숙한 상업 대리인, 정부 보조 관리, 가게 주인, 필경사, 참모장, 경찰서장, 법원 관리, 세금 징수관, 장례 절차와 유언 검인 관리관 등이 언제나 대기했다. 병원, 주택, 예배당, 교회도 건설되었다. 해상 안전은 그의 아들 로렌수가 장악한 압도적 해군력에 의해 유지되었다.

알메이다는 뛰어난 행정가였고 부정부패를 모르는 왕실 이익의 옹호자였다. 그는 특히 정직, 군기, 공정 거래를 강박적일 정도로 강조했다. 향신료 선단을 귀국시킬 때에는 제국의 재무 관리를 매우 꼼꼼하게 기록한 장부를 함께 보냈다. 그는 다소 과장된 어조로 왕에게 이렇게 말했다. "폐하, 제 말을 믿어주십시오. 제 허락 없이 저 몰래 이 도시에 들어올 수 있는 사람은 없고, 단 1헤알도 절도되는 일이 없습니다. … 여기에서는 포르투갈에서와 마찬가지로 모든 것이 안전하게 잘 관리되고 있습니다."[20] 그는 개인의 부정부패에 맞서 끊임없이 싸웠다. 킬와를 점령하여 물품, 금, 은 등을 잔뜩 약탈할 때에도 자신의 승전 기념물로 단지 화살 하나만 챙겼을 뿐이다. 그는 왕에게 이렇게 보고했다. "저의 보상은 폐하께 봉사하는 것입니다. 저의 행동이 그러한 마음을 증명해줄 것입니다."[21] 그는 총독에게 배정되는 소량의 후추만 자기 몫으로 가져가면서 일반 병사에게 돌아가는 혜택을 특히 중시했다. 그러나 그들의 분투노력에도 불구하고 밀린 봉급은 언제나 기한보다 늦게 지불되었다.

향신료 선단은 코친에서 신속하게 선적되었고 1505년 겨울에 편대의 순서에 따라 연달아 출발했다. 아홉 척이 리스보아로 무사히 돌아갔는데 그중 한 척인 노후한 대형 선박 프롤드라마르('바다의 꽃')호는 배 바닥에 물이 스며드는 바람에 모잠비크에 기항하여 그곳에서 겨울을 나야 했다. 향신료 무역에서 나오는 수익은 인도 사업의 효율적이고 질서 정연한 상업적 운영을 증명해주었다. 사실 알메이다는 그런 원만한 운영을 인도 사업의 핵심으로 인식했다. 베네치아인 카마세르는 배들이 연달아 귀국하는 모습을 지켜보았고, "그 배의 서기관이 기록한 장부에 나와 있듯이" 화물에 대해 본국에 자세히 보고할 수 있었다.[22] 그는 리스보아에서 화물을 다루는 솜씨가 점점 더 세련되게 바뀌어 매우 효율적이라고 보고했다. "모든 것이 인도관에서 하역되었는데 그곳은 하역을 위해 최근에 신설된 세관입니다. 배들은 저마다 보관 창고를 갖고 있었습니다. 세관에는 보관실이 20개 있었는데 거기에 후추를 가지런히 보관했습니다."[23] 그는 1505년에서 1506년으로 넘어가는 겨울에 알메이다가 보낸 화물의 가치가 "아주 엄청난 액수"임을 알아보았다.[24] 그는 향신료의 무게가 3만 5000퀸틀quintal이라고 확인했는데, 이는 글로벌 무역에서 전례 없는 수송량이었으며 1517년에 이르기까지 독보적인 수치였다.

1505년 12월에 마누엘에게 보고서를 올렸을 때, 알메이다는 위대한 업적의 목록을 상기시킬 수 있었다. 총독은 넉 달 동안 바싹 집중하여 정착 사업의 기반을 단단히 닦으면서 포르투갈이 앞으로 이 해역에서 영구히 머무를 것이라는 사실을 대내외에 천명했다. 그는 이제 마누엘이 항해의 군주라는 칭호에 만족하지 말고 그보다 더 장대한 칭호를 사용해야 한다고 건의했다.

폐하는 인도 제국의 황제라는 칭호를 사용해야 마땅하다고 생각합니다. …
킬와, 몸바사, … 말린디, 모가디슈, … 등의 왕들이 폐하를 군주라고 부르
고 자신들을 폐하의 봉신이라고 부르니 말입니다. … 그리고 폐하는 다른
해안(인도 해안)에서도 위풍당당하고 평화로운 요새를 갖고 계시고 폐하의
보호 없이는 그 무엇도 이 바다를 통과하지 못합니다. 바테칼라(바트칼)와
호네바르(호나바르)는 폐하의 봉신이 되어 조공을 바치겠다고 제게 약속했
습니다. … 따라서 폐하가 황제 칭호를 쓰는 것은 정의로운 일이며 사실에
합당한 조치입니다.[25]

동시에 알메이다는 〈의무〉의 지시 사항 모두를 자신이 완수할 수는
없음을 알았다. 요새 건설과 향신료 발송을 최우선 사업으로 결정한
다음, 그는 마누엘에게 다음과 같이 보고했다. "폐하, 저는 금년에 홍
해에는 가지 않기로 결정했습니다. 제가 제일 먼저 하기를 바라시는
일이긴 하지만 말입니다."[26] 그러면서 먼저 요새를 단단히 건설해야
하고 향신료 선단을 적시에 선적한 이후에 비로소 홍해 진출을 시도
할 수 있다는 사유도 제시했다. 그런 와중에도 사무드리 문제는 여
전히 미해결 상태였다.

알메이다의 보고서가 그다음 해 중반쯤에 리스보아에 도착했을
때, 왕은 전국에서 축하 미사를 올리고 의례적인 행렬식을 거행하라
고 지시를 내렸다. 그리고 인도국의 창건을 확정한 일련의 위대한
사건들을 기념하는 획기적인 태피스트리를 제작하기로 마음먹었다.

킬와 왕의 대관식, 몸바사 점령, 말라바르 해안에서의 요새 건설 등을 기념하려는 의도였는데, 완성되면 장대하기 그지없는 선전 효과를 낼 터였다. 교황은 마누엘에게 '가장 기독교적인 왕'이라는 칭호를 내리는 것을 고려했다. 그러는 중에 마누엘의 야망은 더욱더 하늘 높이 솟구쳤다. 그리고 1506년 5월, 포르투갈과 경쟁 관계인 스페인의 항해 대리인 크리스토퍼 콜럼버스가 바야돌리드에서 사망했다. 그는 죽을 때까지도 자신이 인도 제국을 발견했다고 확신했다.

12

'끔찍한 자'

1506년 1월–1508년 1월

프란시스쿠 드 알메이다가 수익성 높은 인도 제국을 안정시키려 공을 들이는 동안, 리스보아의 마누엘 왕은 지휘 체계에 변화를 줄 생각을 하고 있었다. 국왕이 세상의 저편에서 벌어지는 일을 거의 다 예측할 수는 없었고, 연락도 오래 지체되어서 현지 정세에 관련된 국왕의 일 처리는 그야말로 모순 덩어리였다. 국왕이 알메이다에게 내린 명령은 장황할 정도로 자세했다. 그러나 국왕은 남을 의심하는 성격이었고 게다가 질투하기 좋아하는 궁정 신하들의 무고에 늘 노출되어 있었다. 마누엘 왕은 어리석고, 타락하고, 사리사욕을 추구하는 자들 사이에서 진정 훌륭한 자들을 구별해낼 능력이 없었다. 1503년 겨울, 코친에서 홀로 포르투갈의 대업을 구원하는 위업을 세운 두아르트 파셰쿠 페레이라가 본국으로 귀환한 뒤 세상에서 잊힌 일도 있었다.

마누엘은 알메이다가 진행하던 사업을 설명하는 첫 보고서를 받기도 전에 그를 교체할 새로운 책임자를 현지에 보내기로 결정한다. 바로 아폰수 드 알부케르크였다. 알부케르크는 하느님이 자신에게 이슬람을 완패시켜 인도양에서 쫓아내고 예루살렘을 탈환하는 운명을 부여했다는 마누엘의 믿음을 공유했는데, 그 믿음을 장차 더 확대해나간다. 이렇게 해서 알부케르크는 이제 국왕이 선택한 거룩한 사업의 선두 주자로 떠오른다.

1506년 2월 27일, 마누엘이 공공연하게 알메이다에게 완벽한 신뢰를 표현한 지 겨우 1년이 지난 후, 그 후임자로 내정된 새로운 인물이 비밀문서에 서명했다.

나 아폰수 드 알부케르크가 우리 주군이 계신 자리에서 선언하노니 프란시스쿠 드 알메이다 경이 인도에서 돌아오거나 사망할 경우, 그가 현재 수행하는 인도 총독직의 계승 문제를 어떻게 처리할지에 대해 그 누구에게도 밝히지 않을 것을 맹세한다. 내가 간직한 이 문서는 효력을 발휘하여 내가 그 직책을 맡을 때까지 그 누구에게도 알려지지 않을 것이다.[1]

마누엘은 약 3년 뒤에 알부케르크가 (부왕으로서의 권한이 축소된 채로) 총독 직책을 알메이다에게서 인수하도록 이미 정했지만, 이 사실은 정해진 시기까지 비밀로 지켜질 예정이었다. 그러는 사이 그는 알메이다에게 서신을 보내, 알부케르크에게 여러 지역에서 행동을 취할 수 있는 권한을 부여했다고 알렸다. 사실 그건 왕이 이미 알메이다에게 부여한, 인도양의 서쪽 절반에서 행사할 수 있는 독점적 권한과 중

복되었다. 이 같은 조치는 몇 년 뒤 두 사람 사이에 혼돈과 적대감을 불러일으키는 요인이 된다. 그러는 동안 귀국한 선장들의 험담과 궁정 경쟁자들의 비방성 악담 때문에, 알메이다를 대하는 마누엘의 어조는 점점 더 모질게 바뀌었다.

1506년, 봄을 위해 준비되는 향신료 함대는 총 열다섯 척의 배로 구성되었고, 트리스탕 다 쿠냐가 총괄하기로 했다. 그가 직접적으로 권한을 행사하는 배는 아홉 척이었고, 알부케르크는 여섯 척을 거느리고 동행했다. 이 함대는 모두 인도양에 진입하여 소코트라에 기지를 세울 작정이었는데, 이곳은 홍해 입구 근처에 있는 작은 섬으로, 기독교인이 지배한다고 추정되는 지역이었다. 따라서 이집트와 중동의 시장으로 향하는 무슬림들의 수송을 봉쇄하여 근절시키기에 이상적인 근거지였다.

리스보아는 16세기 초에 들어서 아주 역동적이고 떠들썩하며 격변하는 도시였다. 테주 강둑의 부두에 쏟아져 들어오는 인도 제국의 자산 덕분에 진취적인 상인, 장인, 항해사, 그리고 한 방의 재산을 노리는 사람들이 향신료 냄새와 사치품 수요에 이끌려 '새로운 베네치아'로 몰려들었다. 부둣가는 전반적으로 '잡화점 왕'의 열망을 반영하여 웅장한 제국 스타일로 설비되었으나, 그와 동시에 리스보아는 발작적 열정이 드러나는 불결한 도시가 되었다. 1506년 1월에 역병이 발발했는데 감염균은 아마도 그 강을 오르내리는 선박을 통해 테주강으로 들어왔을 것으로 의심되었다. 곧 하루에 100명이 죽어나갔고, 왕은 도시의 소개를 심각하게 고려했다. 4월이 되자, 왕궁을 리스보아에서 약 150킬로미터 떨어진 아브란트스로 옮겼다. 도시는 근심의 분

리스보아 부둣가.

위기가 가득했다. 교회의 미사에선 역병에서 우리들을 구원해달라는 기도가 날마다 울려퍼졌고, 두건 달린 의복을 입은 사람들이 참회하며 거리를 방황했다. 함대의 선원을 충원하는 일은 난제가 되었다. 아무도 리스보아 주민과 함께 항해하려 하지 않았기 때문이다.

출항일이 다가오자 늘 그랬던 대로 원정 함대는 4월 5일에 벨렝에서 대기했고, 전송 의식을 수행했다. 알부케르크는 인원을 채우고자 어쩔 수 없이 감옥에 있던 죄수들을 선원으로 충원했고, 그렇게 하여 그 원정대에는 다루기 어려운 불안정한 요소가 하나 더 추가되었다. 선원들은 제멋대로이고 난폭했다. 알부케르크는 장차 살라망카를 통틀어서 따진 것보다 더 많은 실랑이와 칼부림이 자신의 함대에서 벌

2부 경쟁

어진다고 말하게 될 판이었다. 무슬림에 대한 깊은 증오와 폭력적인 해적질 경험을 겸비한 이 악당 선원들은 곧 통솔하기 힘든 병력으로 판명된다.

출항하기로 계획된 날, 알부케르크는 또 다른 문제와 직면했다. 그의 키잡이이자 경험이 풍부한 항해사인 주앙 디아스 드 솔리스가 나타나지 않은 것이다. 솔리스는 아내를 살해하고 이미 국경을 넘어 스페인으로 도망친 상태였다. 알부케르크는 자기의 재능을 과소평가하는 사람이 전혀 아니어서 직접 배를 조종하기로 했다. "나는 함대에서 가장 뛰어난 키잡이로, 내 배를 인도로 직접 몰고 갈 수 있다."[2] 그들이 항해를 떠나고 보름 뒤, 리스보아는 일촉즉발의 상황에 직면했다. 도시에 머무르도록 허락됐던 최근 개종한 유대인들, 즉 새로운 기독교인들이 이단의 못된 짓을 저지르며 역병을 전염시킨다고 고발된 것이다. 도미니크회 수도사들이 이끄는 히스테리에 빠진 군중이 거리에서 그들을 공격했다. 집단 학살이 벌어져 유대인 2000여 명이 죽은 후에야 비로소 질서가 회복되었다.

쿠냐와 알부케르크는 친척 관계였지만, 두 사람의 원정은 1503년 아폰수 드 알부케르크가 사촌 프란시스쿠와 함께했던 원정과 마찬가지로 불화로 점철되었다. 두 사람은 서로 상대방 때문에 부아가 났다. 알부케르크는 공식 사령관인 쿠냐에게 종속된 부하 신분이었지만 비밀 임명으로 자기 능력을 더 확고히 신뢰하게 되어, 기질적으로 그 누구에게도 복종하지 않으려 했다. 포르투갈의 원대한 관점에서 볼 때, 그들의 임무는 상업 참사였다. 함대는 여러 차례 폭풍을 만났고, 그 때문에 뒤로 밀려 거의 아프리카 해안까지 갔으며, 새로 발견한 마다 가스카르섬을 탐험하겠다는 쿠냐의 충동적 욕구로 항해가 더 지연되었고, 소말리아 해안에서의 약탈로 정해진 항로에서 벗어나기까지 했다. 그 결과 여섯 달 만에 해치워야 했던 일이 열여섯 달이 지나고 나서야 가까스로 완수되었다. 명목상 기독교 소속이라고 알려진 첫 목표 소코트라섬은 실제로는 무슬림 요새였으므로 습격해야 했다. 홍해 입구를 순찰하는 건 전략적으로 쓸모없는 일이었고, 설상가상으로 새로운 주둔군을 지원할 보급품도 빈약했다. 그 결과 쿠냐는 1506년의 항해 시즌에 인도 해안으로 가서 향신료를 싣고 돌아오는 일을 완수할 수 없었다.

한편 1505년에 출발한 맘루크 제국의 해상 원정은 그에 못지않게 느린 속도로 진행되고 있었다. 함대 사령관 후사인 무스리프는 분명 프랑크인과의 대결을 서두르지 않았고, 또 그의 원정 사업은 따로 해야 할 일이 많았다. 그가 지사를 맡고 있는 제다의 요새화야말로 가장 우선적으로 실행해야 할 사업이었다. 따라서 그는 포르투갈이 공격해 올 가능성에 대비하여 튼튼한 방어 시설 구축하는 작업을 직접 감독했다. 당시 메카 공격에 대한 리스보아의 위협은 상당했기에 맘루크 함대는 1506년 내내 홍해 일대를 단속했다. 게다가 베두인족이 일으킨 반란도 진압해야 했다. 이런 첫 군사적 행동의 결과는 소모적이었다. 맘루크 함대가 1507년 8월에 아덴에 도착했을 때는 탈영과 패전으로 배가 열두 척에서 여섯 척으로 줄어든 상황이었다.

인도양에서 전해진 나쁜 소식은 카이로에 서서히 알려졌다. 연대기 기록자 이븐 이야스는 이런 말을 남겼다. "최근 프랑크인이 보이는 뻔뻔함에는 한도가 없다. 스무 척이 넘는 그들의 배는 건방지게도 홍해를 가르고 나아가고 있으며, 인도에서 온 상선을 공격하고, 매복했다가 호송대를 공격하여 화물을 마구 약탈한다. 그러느라 많은 수입품이 제대로 들어오지 못하며, 이집트에서 터번과 모슬린을 구하기가 지극히 어렵다."[3] 하지만 사무드리의 도움과 지하드(성전) 정신을 바탕으로, 맘루크 함대 내에서는 범이슬람 동맹이 마침내 불법 침입자를 박살 낼 것이라는 자신감이 충천했다.

그러는 사이 알메이다의 함대는 계속 말라바르 해안을 따라 항해하며 무슬림의 상업에 손실을 입혔다. 그에 따라 아라비아 상인들은 배를 다른 향신료 시장으로 돌렸다. 점점 더 많은 상인이 남쪽으로 향해 몰디브의 저지대 환상 산호섬으로 갔고, 그곳에서 식료품과 담수를 보급한 후 실론으로 항해했다. 알메이다가 아들 로렌수를 보내 몰디브 해로를 차단하게 했지만, 항해사들은 도중에 길을 잃고 말았다. 그리하여 로렌수의 배들은 해류를 따라 남쪽인 실론으로 가게 됐는데, 이것이 포르투갈로서는 최초의 실론섬 상륙이었다. 그들은 협정을 체결하고 십자가를 해안에 세웠다.

하지만 알메이다 총독이 처한 상황은 점점 더 암울해졌다. 국왕 마누엘의 팽창주의 방침을 따르려면 무엇보다 말라바르 해안에 안정적인 근거지를 유지해야 했다. 나아가 청동 대포를 갖추어 상대를 제압할 수 있는 잘 훈련된 해군력이 절대적으로 필요했으며, 국가의 위신을 단단히 확립해야만 비로소 그 군사력을 유지할 수 있었다. 무엇보다도 해안의 도시 국가에 프랑크인과 거래를 하면 상당한 이점이 있다는 사실을 널리 알려야 했다. 그렇지만 1506년 한 해 동안 말라바르 해안에 자리 잡은 도시 국가들이 포르투갈인에게 품은 확신은 흔들리기 시작했다.

　몇 달 만에 안제디바 요새의 건설은 실수였음이 드러났다. 포르투갈인은 가는 곳마다 현지인들의 기득권을 침해했다. 이곳은 비자푸르 술탄의 속령이었고, 이곳을 지나쳐 다불 항구로 들어가는 배는 관세를 지불해야 했다. 술탄은 외부의 침입자들을 용납하지 않으려 했다. 몬순이 부는 계절이 시작되자마자 한 포르투갈 배신자가 현지인들의 지휘관이 되어 포르투갈 함대를 공격해 왔고, 그 결과 요새가 포위되었다. 로렌수가 곧 도착한다는 소식이 들려오자 그들은 퇴각하기 전에 배 세 척을 불태웠다. 이제 포르투갈이 요새를 유지할 수 없다는 것이 명백해졌다. 안제디바는 지리적으로 적대적인 비자푸르에 지나치게 가까웠고, 천연자원도 지극히 부족했다. 그해 말, 알메이다는 마누엘에게 보고하지 않은 채 요새를 포기하고 해체하기로 결정했다. 이는 국왕의 지혜롭고 웅장한 계획에 반한 행동이어서 결코 좋게 받아들여지지 않았다. 동시에 이런 결정은 무슬림 상인들에게 포르투갈 세력을 쫓아낼 수 있다는 희망을 안겨주었다.

　그 후 더 심각한 타격이 두 번이나 더 있었다. 포르투갈은 인도양에서 이루어지는 사업에 전례 없는 분열상과 군국주의를 가져왔다. 말라바르 해안의 토착 무슬림, 그중에서도 코친과 칸나노레에 있던 마필라의 상인들 몇 명이 새로 나타난 포르투갈에 충성을 맹세했다. 이들은 포르투갈이 인도양을 독점할 것이라는 전망에 동의했기에, 해상 운송을 할 때 포르투갈의 보호를 받는 안전 통행권을 얻었다. 1506년 말, 북향하여 차울 항구로 가는 무슬림 배들을 로렌수가 호위한 것도 이런 보호의 의무를 실천한 행위였다. 로렌수는 안제디바 요새를 해체하러 가는 길에 잠시 적대적인 다불 근처에 정박했는데, 그때 우호적인 항구의 토착민으로 확인된 몇몇 무슬림 상인이 배로 찾아와 도움을 간청했다. 코친과 칸나노레에서 온 그들의 배엔 상품이 풍성하게 실려 있었다. 그 배들이 다불 항구에 도착한 지 얼마 안 되어 곧 메카에서 보낸 함대가 그곳에 입항했다. 메카 배들은 이제 포르투갈의 동맹 상선들을 약탈하려 했다. 상인들은 로렌수를 찾아와 그들이 당장이라도 상선을 공격할 것 같다며 도움을 간청했다.

로렌수는 전투를 벌이기로 마음먹었지만, 그러기 전에 선장 회의를 소집해야 한다는 아버지의 지시를 따랐다. 그날 저녁 회의석상에서 여섯 선장 중 네 명이 전투에 반대했고, 다수결로 뜻이 정해졌다. 반대자들은 상인들의 요청이 함정일지도 모르며, 아군은 다불 항구 근처의 강어귀를 잘 알지 못하는 데다, 작전이 여의치 않을 경우 퇴각이 가능한지 알 수 없다고 주장했다. 또 그들은 차울까지 배를 호위해야 한다는 지시를 받은 점을 로렌수에게 상기시키며 개전에 우려를 보였다. 이런 발언은 신중한 것일 수도, 혹은 악의적인 것일 수도 있었다. 노련한 선장들 중엔 알메이다의 스물다섯 난 아들에게 복종해야 한다는 점을 불쾌하게 여기는 사람도 있었다. 로렌수는 놀라서 할 말을 잃은 채로 선장들의 말을 들었다. 그는 선장 회의에서 내린 결정을 받아들여 퇴각을 결정했지만, 반대표를 던진 선장들에게서 서명이 담긴 진술서를 받아내는 신중한 태도를 견지했다. 그러나 전투에서 전리품을 챙기고 싶어 안달이 난 함대의 기사와 수병 들은 퇴각 결정에 화를 참지 못했다.

그러다 피할 수 없는 일이 벌어졌다. 포르투갈에 우호적인 상인들이 약탈당하고 휘하 선원들이 살해된 것이다. 캘리컷의 배들은 로렌수의 함대가 칸나노레 요새를 지나쳐 항해할 때 희롱하듯 포를 발사했다. 포르투갈은 그때 처음으로 싸움을 포기했다. 상인들의 선박 보호를 거부한 일은 포르투갈에 우호적인 여러 말라바르 항구의 민심을 악화했다. 알메이다는 이 소식을 듣고 경악했다. 그는 아들을 포함해 선장 모두를 군법 회의에 회부했다. 투표에서 개전에 반대한 자들은 모두 투옥되어 강등되었고, 포르투갈로 귀국 조치되었다. 로렌수의 명성엔 물음표가 남았다.

다불 사건은 향후 기다란 그림자를 드리웠다. 역사가 바후스는 이 사건이 선장과 지휘관에게 미친 결과를 이렇게 요약했다. "전투 여부를 결정할 때 … 설혹 위험하다고 하더라도 명예로운 행동을 취해야 했고, 목숨을 보전하겠다는 이유로 전투를 반대해서는 안 되었다."[4] 그 뒤 포르투갈 사람들은 신중한 태도를 취할 수 없게 되었다. 아무리 황당한 작전이라 할지라도 그 작전을 거부하면 비겁하다고 비난받을 것이라는 생각을 다들 하게 되었다. 사람들 눈에 잘 띄는 용맹을 보여야만 했다. 그리하여 명예를 중시하는 피달구들은 원거리 포격보다는 백병전으로 적을 물리치는 것을 더 강조하게 되었다.

1506년 겨울, 포르투갈에 충성하는 현지 상인들에게 다불 사건보다 더 심각한 손실이 발생했다. 쿠냐의 함대가 도착하지 못한 것이다. 가마가 1498년에 처음으로 방문한 이래 향신료를 사러 나선 리스보아 함대가 오지 않은 건 그때가 처음이었다. 칸나노레와 코친의 항구들은 팔지 못한 상품들의 재고가 넘쳐났다. 상인들은 프랑크인과의 독점 계약을 후회하기 시작했고, 좀 더 믿음직한 메카 교역이 재개되

2부 경쟁

기를 갈망했다.

칸나노레는 특히 불만이 팽배했다. 그곳의 무슬림 공동체는 포르투갈 요새가 강화되자 경악했다. 요새가 현지 시장에 어떤 영향을 미칠지 잘 알았기 때문이다. 상인들은 페르시아만 일대에서 이루어지는 무척 수익성 높은 마필 거래가 사라질지도 모른다며 두려워했다. 포르투갈인들은 호르무즈에서 짐이 실린 배를 통째로 나포하기 시작했고, 상인들은 귀중한 화물인 코끼리를 여러 마리 잃었는데 이는 로렌수가 적대적 도시인 퀼론을 공격하는 동안 벌어진 일이었다. 로렌수가 몰디브와 실론 방향에서 벌인 탐사 작업은 무슬림 공동체의 불안을 증폭시켰을 뿐이다. 무슬림 상인들은 그들의 모든 시장을 염려하기 시작했다. 도시 안에서 포르투갈인들은 내부의 사회 계층을 붕괴시키고 현지 관습을 어기기 시작했다. 낮은 카스트 신분의 여자들이 주둔 중인 포르투갈 군인과 결혼했고, 새로운 혼합 공동체가 나타나면서 기독교로 개종하는 사람들이 생겨났다. 이런 현상은 무슬림의 분노를 부채질했다. 또 포르투갈인은 붉은 고기를 먹고 싶은 유혹을 못 이기고 때때로 소를 잡아먹었는데, 이는 힌두교 신자들과의 긴장 관계를 심화했을 따름이다. 칸나노레의 통치자는 포르투갈 왕에게 보내는 편지를 여러 번 써서 자신이 느끼는 불안을 토로했다. "포르투갈과의 우호로 얻은 달콤함이 독약으로 변할지도 모릅니다."[5]

칸나노레의 통치자가 1507년 4월에 사망하자, 사무드리는 영향력을 발휘하여 빈 왕좌에 자신에게 우호적인 후보를 앉혔다. 바로 이때 여러 구의 시신이 물결에 떠밀려 도시의 해변에 나타났다. 죽은 사람들 중엔 유력 무슬림 상인의 조카도 있었다. 비난의 손가락이 바로 현지 상선을 가로막은 한 포르투갈 선장 쪽을 가리켰다. 그 선장은 알메이다 주둔군 지휘관의 서명이 있었는데도 안전 통행권이 위조되었다고 선언하고는 바다를 통행하던 선원들을 죽인 것이다. 그는 바다에 죽은 사람들의 시신을 내던지기 전에 확실히 가라앉히려고 돛으로 시신을 둘둘 감싸 무게를 더했다. 하지만 해류로 돛이 풀렸고 그 시신들은 해변으로 표류해 육지의 친척들을 깊은 슬픔에 빠지게 했다.

이 사건은 말라바르 반란을 광범위하게 부추기는 신호탄이 되었다. 전사 1만 8000명이 도시로 모였고, 사무드리는 대포 24문을 보냈다. 곶에 자리 잡은 포르투갈 요새는 육지와 차단되었고, 해상으로 식량을 공급받기도 어려워졌다.

인도양에서 몬순은 모든 일의 리듬을 좌우했다. 배가 언제 항해할 수 있는지, 전쟁을 언제 시작할 수 있는지, 향신료 함대가 언제 도착할 수 있는지, 언제 떠나야 하는지가 모두 이 계절풍에 달려 있었다. 중요한 순간을 놓치면 몇 달을 허비할 수도 있었다. 포르투갈의 적들은 폭풍이 닥쳐오면 해군력에 의지하는 포르투갈의 힘이 취약해진다는 것을 재빨리 계산에 넣었다. 그들은 그 폭풍이 다가오는 시기에 맞춰 공격을 개시했다. 4월에 날씨가 악화되기 시작했다.

칸나노레가 공격당했다는 소식이 코친에 전해진 건 성 금요일이었다. 대응할 시간이 빠듯하다는 사실을 깨달은 알메이다는 한순간도 낭비하려 하지 않았다. 그는 집집마다 방문하면서 사람들에게 식량과 무기를 내놓으라고 요구했다. 성당에서는 기적극이 공연되는 중이었다. 예수의 무덤을 지키는 로마 백인대장으로 분장한 사람들은 정강이받이와 흉갑을 그 자리에서 벗어던져 공물의 요구에 응했다. 해수면이 상승하는 바다에서 로렌수는 챙길 수 있는 물자를 전부 챙겨서 칸나노레로 출항했다. 그는 바람이 거세게 바뀌기 전에 가까스로 병력과 물자를 육지에 내려놓았지만, 몬순에 갇혀 맹렬한 포위 공격을 견디는 요새의 대장 로렌수 드 브리투와 주둔군 400여 명을 뒤에 남겨두고 코친으로 물러날 수밖에 없었다. 쿠냐와 알부케르크가 황량한 소코트라섬을 점령하고 수비대를 남긴 뒤 헤어져 각자 제 갈 길을 간 8월까지 칸나노레의 포르투갈 요새는 포위 공격을 받았다. 쿠냐는 향신료 함대와 함께 정해진 시간보다 1년 늦은 시점에 인도로 향했고, 알부케르크는 아라비아해를 순찰하러 떠났다. 쿠냐의 함대는 포위 공격을 견디며 굶주리는 칸나노레의 포르투갈 주둔군을 8월 말에 구했고, 이렇게 하여 마침내 반포르투갈 연합이 무너졌다.

쿠냐와 알부케르크는 소코트라섬에서 헤어질 때 거의 말을 주고받지 않았다. 알부케르크는 짜증이 나고 몹시 화가 난 상태였다. 그는 벌레 먹은 선박 여섯 척과 부식된 장비, 부족한 보급품, 그리고 고작 400명의 부하와 함께 뒤에 남겨졌다. 마지막으로 모욕을 가하려는 듯 쿠냐는 선상의 나팔을 모두 끌어모아 요란한 소리를 내며 떠났다. 나팔 불기는 외국 항구에서 함대의 특권과 위세를 드러내고 전투에서 병력을 단결시키는 데 필수 행위였다. 알부케르크는 휘하 선원들에게 식량을 제공해야 했을 뿐만 아니라 소코트라에 남겨진 영양 결핍 상태의 주둔군에게도 보급품을 제공해야 했다.

알메이다에게 보낸 마누엘 국왕의 서신에서 지시한 대로 그의 업무는 "홍해 입구를 지키고, 무슬림 화물선을 나포하고, 그런 화물선

중에 찾아낼 수 있는 귀한 화물을 모조리 확보하고, 제일라, 바르바라, 아덴과 같은 유용한 항구에서 협정을 체결하고, 호르무즈로 가서 이 지역에 관한 모든 걸 배우는 것"이었다.[6] 알부케르크는 이런 국왕의 지시에 따라, 홍해에서부터 아라비아반도를 따라 페르시아만을 가로질러 인도 북서부 해안에 이르는 거대한 작전 지역을 담당했다. 그는 국왕의 지시를 자기 방식대로 다소 신축성 있게 해석하기로 마음먹었다.

인력과 물자의 부족, 조잡한 배들, 부적합한 무기, 마누엘 왕의 지휘 서신에서 공격하라고 되어 있는 지역들에 다소 유화적으로 나가라는 알메이다의 지시 등에도 불구하고, 알부케르크는 극악무도한 휘하 선원들을 데리고 아라비아 해안을 따라 우레와 같은 공세를 펼쳤다. 현대 오만의 황량한 해안가의 소규모 항구들은 침공 불가능한 아라비아 사막 덕분에 안보가 든든해서 놀라울 정도로 부유했다. 그들은 대추, 소금, 생선을 수출하는 건 물론 인도 아대륙의 전쟁 군주들에게 마필을 제공하는 값비싼 거래로 생계를 유지했다.

몇 주 지나지 않아 알부케르크는 그 해역에서 포르투갈 정복자들 중에서도 이례적인 평판을 받고 '끔찍한 자'라는 특이한 별명을 얻어 해외 정복의 역사에 오래 남는 인물이 되었다. 포르투갈 깃발로 장식된 누더기 배로 구성된 알부케르크 함대는 오만의 교역항에 차례로 입항했고, 포르투갈 국왕에게 복종할 것을 일방적으로 요구했다. 선원들은 나팔을 지니고 있지 않아 육지에 가까이 접근해 사람들 눈에 띌 만한 거리가 되면 배 위에서 크게 함성을 질러 호전성을 드러내야 했다. 알부케르크는 상대방에게 깊은 인상을 남기고 불안하게 만들기

1502년 포르투갈에서 제작된 지도에서 알부케르크의 작전 지역. 홍해 입구 근처의 소코트라(카코토이아), 아덴 동쪽의 아라비아반도 해안, 페르시아만 입구 등이 보인다.

위해 선미 갑판에서 회견하겠다고 요구했다. 지역 통치자가 보낸 겁먹은 사절들은 배에 올라 신중하게 조성된 살벌한 분위기를 맞닥뜨려야 했다.

포르투갈 총선장은 회색 벨벳으로 지은 옷을 입고 모자를 썼으며, 목 둘레에 금줄을 걸쳤고, 어깨 주위로는 진홍색 망토를 걸쳤다. 그는 화려하게 조각된 의자에 앉았고, 그 옆에서 휘하 선장들이 최대한 휘황찬란하게 꾸미고 서 있었다. 배경에는 아름다운 족자들이 장식되어 있었다. 칼을 칼집에서 뽑아 들고 선 선장들은 현지 사절들에게 명백한 메시지를 전했다. 항복하라, 그렇지 않으면 전쟁을 치러야 할 것이다.

알부케르크는 동양식 외교의 의례적 절차에는 별로 관심이 없었다. 그는 선물을 거부했다. 사절들에게는 총선장은 곧 싸워야 할 상대에게선 선물을 받지 않는다는 형식적인 설명을 했다. 알부케르크는 긴 수염을 휘날리고 단호한 태도를 보이며 상대방에게 겁을 주었다. 이런 연출된 쇼에는 엄청난 심리적 허세가 깃들어 있었다. 수적으로 크게 열세인 데다 조국으로부터 수천 킬로미터 떨어진 상황인데도, 총선장은 부하들에게 매일 다른 옷을 입으라고 주문했다. 이는 방문자들에게 자신이 부릴 수 있는 부하의 수를 크게 부풀려 선전하려는 책략이었다.

오만 해안가에 있는 항구 가운데 일부는 온순하게 항복했다. 다른 항구들은 저항하다가 약탈당했다. 리스보아 감옥에서 나온 범죄자 출신 선원들은 떼로 몰려가 현지 도시를 약탈하고, 사람을 죽이고, 시가지를 불태웠다. 본보기를 보이기 위한 공포는 전쟁의 무기였고, 앞으로 해안에서 마주할 저항을 억누르려는 의도를 노골적으로 드러냈다. 이런 방식에 의해 연안의 작은 항구가 연달아 불타올랐다. 그렇게 불을 지를 때마다 이슬람의 모스크는 무시로 파괴되었다. 해안의 교역 중심지이자 "무척 아름다운 가옥들이 늘어선 대단히 우아한 도시"인 무스카트에서 벌인 파괴 행위는 특히 야만적이었다.[7] 배의 포수들이 "무척 크고 아름다운 건물이자 대부분이 훌륭하게 조각된 목재로 지어지고, 상부는 치장 벽토로 마감한" 무스카트의 모스크 지지 기둥을 잘라내려 하자, 그들 머리 위에 있던 건물이 붕괴했다.

알부케르크는 그들이 죽었다고 생각하고 포기했지만, 연대기 기록자는 그 후에 벌어진 일을 이렇게 적었다. "주님 덕분에 그들은 멀쩡히 살아서 나왔고, 상처나 멍든 곳도 없었다. … 우리는 겁을 먹었지만, 살아 나온 그들을 보고 주님께서 그들에게 행한 기적에 감사 기도를 올렸다. 그 후 타버린 모스크에 다시 불을 붙였고, 이제 흔적도 남지 않았다."[8] 그런 하느님의 뜻을 보여주는 기적 덕분에 알부케르크는 자신이 성스러운 임무를 수행하고 있다는 생각이 더 확고해졌다. 쿠라야트 항구에서 최대한 유용한 보급품을 모두 챙긴 뒤, "그는 도시에 불을 지르라고 명령했다. … 불이 맹렬하게 타올라 가옥, 건물, 그리고 여태껏 본 것 중에 가장 아름다운 건축물인 모스크 등 전부가 잿더미가 되어 도시에 남은 것이 없었다."[9] 알부케르크는 현지인들에게 포르투갈 함대의 공포를 전하는 데 몰두했다. "그는 붙잡은 무슬림들의 귀와 코를 자르라고 명령했고, 그들이 당한 수치의 증거로 그것들을 호르무즈에 보냈다."[10]

알부케르크가 과도하게 잔인한 기질의 소유자라는 점은 점점 더 명확해졌고, 이는 불운한 오만 사람들에게 재앙이었을 뿐 아니라 총선장 휘하 포르투갈 선장들에게도 불행한 일이었다. 함대의 총선장은 각각의 배를 맡은 선장들과 협의하는 게 보통이었고, 종종 함대 전체의 표결에 따르는 것이 통상의 절차였다. 하지만 똑똑하고 성마르며 자기 능력을 확고히 믿는 알부케르크는 부하 선장들의 눈치를 보지 않았고, 협력할 생각도 없었다. 선장들은 형식적으로 오만 원정의 개시를 통지받았지만, 몇 주가 지나자 알부케르크와의 관계가 점점 나빠졌다. 9월 중순이 되자 선장들은 페르시아만 입구 안쪽까지 와 있었고, 그들에게 배정된 홍해 입구를 봉쇄하라는 핵심 임무에서 차츰 이탈하고 있었다. 아라비아 해안으로 올라가는 알부케르크에겐 한

가지 분명한 목적지가 있었는데, 바로 호르무즈섬이었다. 이곳은 페르시아와 인도양 사이에 있으며 페르시아만 운항의 중심축인 해안에서 조금 떨어진, 건조하고 작은 바윗덩어리였다. 엄청나게 부유한 교역소인 그 섬은 위대한 아랍 여행자 이븐 바투타가 "참으로 감명 깊은 시장 골목을 갖춘 훌륭한 대도시"이자 높고 당당한 가옥이 있는 곳이라고 언급한 바 있다. 일찍이 중국의 정화 선단은 이곳에 들렀을 때 "이 지역 사람은 … 무척 부유하며 … 빈곤한 가정이 없다"라고 분명하게 말했다. 그곳 주민들은 페르시아만의 유명한 진주조개 양식장을 운영했으며, 인도 아대륙에서 전쟁 중인 제국들 사이에서 끊임없이 생겨나는 수요에 맞추어 아라비아 말을 대량으로 보냈다. 페르시아 속담 중엔 "세상이 반지라면 호르무즈는 반지의 보석이다"라는 말도 있었다.[11] 알부케르크는 그 도시의 명성과 전략적 가치를 속속들이 파악했다.

호르무즈에 대한 공격적 행동은 "협정을 체결하라"라고 한 마누엘의 지시에 반하는 것이었다.[12] 알부케르크가 현지에 도착했을 때 항구는 상선이 가득했지만, 그는 습관적으로 자기 방식대로 협상 절차를 진행했다. 우선 왕의 사절이 보낸 선물을 죄다 거부했다. 그의 답변은 간단했다. 포르투갈 국왕의 속국이 되든가, 아니면 도시가 파괴되든가 둘 중 하나라는 것이었다. 호르무즈 재상인 흐바가 아타는 고작 여섯 척의 배를 끌고 와서 그런 소리를 늘어놓는 알부케르크를 심각한 과대망상증 환자 취급했지만, 1507년 9월 27일 아침에 포르투갈 청동 대포가 굉음을 울리며 훨씬 더 큰 규모의 무슬림 함대에 포격을 가해 막강한 화력으로 상대를 압도했다. 대포의 뜨거운 맛을 본 호르무즈 재상은 빠르게 강화를 요청했고, 마누엘을 주군으로 받아들여 매년 많은 공물을 바치는 데 동의했다.

알부케르크는 이러한 승리에 하느님의 손이 작용했다고 여겼다. 승전 직후 그는 마누엘에게 보낸 보고서에 이렇게 썼다. "주님께서 내리신 위대한 기적 … 그것을 전투 사흘 뒤, 현지의 우리 모두가 직접 보았습니다."

900구가 넘는 무슬림의 시신이 물 위를 둥둥 떠다녔는데, 그 상당수는 몸통, 팔과 다리에 수많은 화살이 박혀 있었습니다. 제 함대에 궁수와 화살이 없었는데도 말입니다. 저희는 죽은 현지 귀족들의 시신에서 엄청난 양의 금과 칼을 획득했습니다. 이들의 칼에는 은과 보석이 장식되어 있었습니다. 함대의 선원들이 보트에다 이런 전리품을 모으는 데만 엿새가 걸렸고, 몇몇 선원은 자신들이 개인적으로 발견한 보물 덕분에 엄청난 재산을 손에 넣었습니다.[13]

이러한 포격의 기적은 마누엘이 인도양에서 전개하려는 성스러운 임무의 당위성을 확증해주는 듯했다. 포르투갈 사람들은 승리를 거두었을 뿐만 아니라 물질적 소득도 함께 올렸다.

알부케르크의 호르무즈 공략은 여기서 끝나지 않았다. 그는 요새를 세울 권리를 달라고 고집했다. 이 시점에 휘하 선장들과 총선장의 관계는 최악에 이르렀다. 각 배의 선장들은 이런 무자비하고 약탈적인 행동이 무의미하다고 생각했다. 이건 국왕의 명령을 따르는 것도 아니었고, 홍해를 봉쇄하라는 원래의 임무를 방기하는 행위였으며, 게다가 소코트라 주둔군은 긴급히 식량을 재보급할 필요가 있었다. 호르무즈는 이미 국왕에게 항복했고, 새로운 요새에 주둔할 사람도 충분치 못했다. 이렇게 주둔군으로 남을 사람들은 값진 포상을 챙길 수 있는 홍해 입구로 돌아가야 이득이 있는데, 알부케르크는 그들의 불평을 깡그리 무시했다. 그것도 모자라 심지어 선장들조차 육체노동을 해야 한다고 고집을 부리기까지 했다. 작업을 팀 단위로 해야하므로 선장도 예외가 될 수 없다는 논리였다. 이 공사는 호르무즈 주민 모두가 지켜보는 가운데 수행될 터였기에, 높은 계급인 선장과 피달구는 그 같은 지시를 자신들에 대한 인신공격으로 받아들였다.

네 선장은 총선장 알부케르크가 타당한 불평마저 무시해버리는 심히 엄격하고 까다로운 사람임을 알아차렸다. 설사 그가 마누엘 국왕을 대신하여 인도양 통제라는 거대한 전략적 계획을 구축하는 인물이라 할지라도, 국왕의 지시문에 그런 말이 명백하게 나와 있지 않았을뿐더러 총선장은 휘하 선장들을 제대로 설득하지도 못했다. 그를 직접 대면해보면 아주 위협적인 분위기를 풍겨 사람들은 그의 분노에 겁을 먹었다. 그는 순전히 위압적인 태도로 무슬림의 바다를 제압하려는 것 같았다. 노련한 주앙 드 노바를 포함한 네 선장은 알부케르크가 위험한 사람이고 어쩌면 미쳤는지도 모른다고 생각했다. 폭언을 들은 그들은 자신들의 고충을 문서에 남겨놓았다.

총선장님, 우리가 이렇게 문서로 뜻을 전하는 이유는 총선장님이 항상 격노하며 답을 하시기에 감히 입으로 뜻을 전할 수가 없기 때문입니다. 총선장님은 국왕 폐하께서 우리와 상의하라는 명령을 내리신 적이 없다고 자주 말씀하셨는데, 지금 이 일이 중대하기 그지없으므로 우리는 총선장님께 조언을 드릴 수밖에 없다고 생각합니다. 그렇게 하지 않으면 처벌을 받아 마땅할 테니 말입니다.[14]

1507년 11월, 알부케르크에게 전달된 첫 편지는 찢겨서 산산조각 났다. 두 번째 편지를 제출하자 그는 쳐다보지도 않고 접어서 요새에 건설되고 있던 석재 출입문 아래에 처박았다. 그러다 휘하 선원 네 명이 호르무즈로 망명하여 이슬람교로 개종한 일이 일어났다. 현지 재상인 흐바가 아타가 그들을 돌려보내길 거부하자, 알부케르크의 분노는 하늘을 찔렀다. 그는 나중에 알메이다에게 이렇게 털어놓았다. "그때 나는 화를 참지 못했습니다." 그는 선장들에게 해안으로 가서 "살아 있는 모든 걸 죽이라고 명령했다. 그들은 자기 의지와 상관없이 그 명령에 따랐지만, 어쩔 수 없이 그런 일을 할 수밖에 없었기에 기분이 좋지 않았다. 그들은 해안으로 가서 … 남자 노인 둘을 죽였지만, 도저히 명령을 수행할 기분이 아니었다. 그들은 동물 네다섯 마리를 죽이고는 우연히 만난 더 많은 사람에게 빨리 도망치라고 말했다." 연대기 기록자에 따르면, 그들은 알부케르크가 "저주받았으며, 악마에 씌었다"라고 생각했다.[15]

알부케르크는 이런 거센 반대에 맞닥뜨렸는데도 아랑곳하지 않고 호르무즈에 전면전을 강행했다. 그는 우물에 독을 풀었고, 성벽에 포격을 퍼붓기 시작했다. "선장들은 절망에 빠졌다. … 그리고 끊임없이 탄원했다. … 하지만 알부케르크는 조금도 신경 쓰지 않았다. 그들은 함대는커녕 노를 쓰는 보트도 지휘하기에 부적합할 만큼 정신 나

간 총선장을 따르고 싶은 마음이 없었다." 이런 불복종에 격노한 알부
케르크는 한번은 "주앙 드 노바의 멱살을 잡고 그와 싸우려 했고, 주
앙은 정당한 사유도 없이 자신을 공격하여 부상을 입힌다고 소리 지
르기 시작했다. 선장들은 알부케르크가 주앙의 수염을 잡아 뽑으려는
장면을 목격했다."[16]

연대기 기록자는 그때의 정황을 다음과 같이 기록했다. "알부케르
크가 휘하 선장들의 간절한 고충을 듣고도 아무 생각이 없음을 알게
되자 선장들은 … 모여서 상의한 후에 인도로 떠나기로 결정했다."[17]
1508년 1월 중순, 네 선장은 함대를 떠나 코친으로 항해하여 알메이
다 총독에게 자신들의 관점에서 여태까지 벌어진 일들을 보고했다.
알부케르크는 부하 선장들의 그런 항명 행위에 격분했다. 그는 이제
배가 두 척밖에 없었기에 하는 수 없이 호르무즈 포위 공격을 포기해
야 했다. 그는 굶어 죽기 직전인 주둔군의 고통을 덜어주고자 배를 돌
려 소코트라섬으로 갔다.

홍해 순찰의 실패는 앞으로 큰 대가를 치르게 된다. 천천히 나아가
던 맘루크 함대는 1507년 8월에 아덴에 도착했다. 알부케르크가 그
해 9월에 오만 해안을 급습하는 동안 맘루크 함대는 몰래 아라비아해
를 빠져나가 구자라트의 디우 항으로 가서 그의 배후에 자리 잡았다.
포르투갈 사람들은 맘루크의 함대가 그곳에 이미 와 있다는 사실을
전혀 알지 못했다.

13

차울 전투

―――◆――――

1508년 3월

로렌수 드 알메이다는 인도 서부 해안을 따라 해상 작전을 펼치느라 쉴 새 없이 바빴다. 1507년 12월 말, 매년 포르투갈에서 오가는 향신료 함대가 떠난 뒤 그는 다시 호송 임무를 수행했다. 이듬해 1월에는 코친에서 한 상선 함대를 호위하여 말라바르 해안까지 나아갔다. 그러는 중에 그는 아랍 상인들의 배를 불태울 기회를 잡았고, 사무드리에게 우호적인 여러 항구를 공격하여 파괴했다. 이 젊은 지휘관은 생각하면 여전히 괴로운 추억이 떠오르는 다불 항구로 호전적으로 접근하여 항복 문서를 받아내고 즉각 조공을 바치게 했다. 2월이 되자 상선들, 그들과 동행하는 포르투갈 캐럭선, 갤리선, 캐러벨선은 최종 목적지인 차울의 교역 종착지에 도착했다. 차울은 굽이진 강어귀에 자리 잡고 있었다.

항해의 계절은 거의 끝나가고 있었다. 곧 몬순이 불어오는 날씨가 해상 운송을 가로막을 테고, 포르투갈인은 코친에 틀어박혀 몇 달 동안 강요된 무료함을 견디면서 기운을 회복하고 선박을 수리할 것이었다. 함대의 선원들은 지쳐 있었다. 로렌수는 전에 다불에서 입은 상처를 회복하는 중이었고, 요새는 해안을 따라 항해하며 모아온 전리품으로 가득했다. 날씨는 점차 무더워졌다. 한편 포르투갈인이 호위해 준 코친 상인들은 게으름을 피우며 느긋하게 교역을 하고 있었다. 한 달이 지났다. 2월이 지나 3월로 접어들었다. 저지대인 차울은 견딜 수 없이 습하게 바뀌는 중이었다. 포르투갈인들은 허랑방탕하게 술 마시고 춤추는 여자에게 돈 쓰는 것 말고는 할 일이 없었기에 나태함 속으로 빠져들었다. 로렌수는 답답해서 몸부림치고 있었다. 한편 아폰수 드 알부케르크의 소함대가 곧 그들에게 합류할 것이라는 기대도 있었다.

포르투갈인들이 코친 상인들의 화물 적재를 기다리는 동안에 로렌수의 귀에 다소 은밀한 소문이 들려왔다. 이집트 함대가 디우 쪽으로 오는 중이라고 했다. 맘루크 함대는 캄바이만에서 300여 킬로미터 남짓 떨어진 구자라트 교역의 핵심 항구인 디우에 머물렀는데, 프랑크인들을 상대로 지하드를 수행하러 오는 중이며, 부대가 '백인'(투르크인이었을 것이다)으로 구성된 데다 무척 열성적이며 무장도 훌륭하게 갖추고 대포도 장착했다고 했다.

이런 소문은 다양한 통로로 전해졌다. 차울의 지역민에게서, 디우에서 로렌수를 보러 온 존귀한 브라만에게서, 그리고 마침내 총독에게서 로렌수에게 전해졌다. 하지만 알메이다 총독은 진지하게 고려할 만한 위협은 아니라고 확신하여 고작 배 한 척을 보내 맞대응했을 뿐이다. 설령 아군의 선박이 절망적으로 수적 차이가 난다 하더라도 포르투갈의 포격을 상대할 태세가 된 무슬림 함대가 있다는 증거는 없었다. 그리하여 로렌수는 그런 소문에 거의 신경 쓰지 않았다.

사실 이집트 함대는 이미 반년 전에 디우에 도착했었다. 지루하고 종잡을 수 없는 항해로 엄청난 소모전을 겪으며 더디게 이동한 뒤였다. 맘루크 함대 중 두 척은 반란을 일으켰고, 도중에 아라비아에서 군사 작전을 펼칠 때 함대에 탄 인원 중 4분의 1이 죽었다. 총선장 후사인 무스리프는 디우의 통치자에게서 다소 조심스러운 환영을 받았다. 디우 통치자 말리크 아야즈는 자수성가한 사람이었다. 카프카스 산지의 군사 노예였던 그는 구자라트의 무슬림 술탄 밑에서 권력을 얻었고, 소형 갤리선 함대를 거느리고 디우를 거의 개인 영지처럼 다스리고 있었다. 상황 판단이 빠르고, 실용적이고, 지극히 교활한 아야즈는 해양 세력들 사이의 균형을 현실적으로 고려하는 사람이었다. 그가 외부 세계와 진행하는 교역은 이집트로 목화와 터번을 수출하는 것이었는데 포르투갈인의 해상 봉쇄로 위축되고 있었다. 따라서 디우를 독립국으로 유지하려면 인도양에서 점점 커지고 있는 포르투갈의 패권과 그것을 분쇄하려는 무슬림 사이에서 잘 운신해야 했다. 이제 아야즈는 자신이 어려운 상황에 처했으며, 조만간 프랑크인의 '방문'을 받을 것임을 알았지만, 그렇다고 성전을 수용하지 못하면 자신이 섬기는 강력한 지배자인 구자라트 술탄의 손에 자신의 소국이 파멸할 수 있다는 점도 잘 알았다. 그는 이미 포르투갈 총독과 비밀 협상을 시도했으며 매우 신중하게 작전을 펼쳐야 한다고 생각했다.

맘루크 함대의 총선장 후사인은 명백한 전략적 계획을 품고 지하드를 위해 단결하라는 메시지를 전하고자 이 지역으로 들어왔다. 그 메시지에 적극적으로 호응한 사람 중에는 1503년 비센트 소드레에게 모욕을 당한 아랍 상인 마이마마 마라카르도 있었다. 마라카르는 사무드리를 대신하여 카이로를 찾아가 맘루크 제국의 술탄을 알현한 적이 있었다. 마라카르는 혐오스러운 기독교 침입자들에게 대항하여 범이슬람 전선을 강력하게 구축해야 한다고 호소했다. 그는 자기 돈을 들여 꽤 큰 배를 한 척 마련해 디우로 왔다. 그는 무장 병력 300명을 거느리고 있었는데, 다수가 그의 부족 출신인 능란한 궁수였다. 그들은 복수와 신앙을 위해 목숨을 바치겠다고 맹세했고, 그들의 배 역시 대포와 탄약으로 잘 무장되어 있었다.

이집트인들은 차울에 첩자를 여럿 두었는데, 그들은 더위를 버티지 못하고 몸이 나른해진 포르투갈인보다 훨씬 많은 정보를 확보했다. 그들은 로렌수의 병력이 얼마나 규모가 작은지 잘 알았다. 로렌수는 작은 캐럭선 세 척, 캐러벨선 세 척, 갤리선 두 척을 보유했고, 이들 배를 전부 합해도 병력은 대략 500명 정도였다. 후사인의 목표는 그들을 급습해 전멸시키는 것이었고, 이어 몬순이 다가오기 전에 캘리컷을 봉쇄하는 포르투갈 캐러벨선들과 맞붙은 뒤, 코친과 칸나노레의 포르투갈 요새들을 고립시키는 것이었다. 후사인은 곧바로 현지 통치자 아야즈에게 지원을 요청했다. 아야즈는 적극적으로 호응해주는 것 외에 달리 대안이 없었다. 그리하여 아야즈의 작은 함대와 더불어 후사인은 45척으로 구성된 함대를 이끌었다. 작은 갤리선 40척에 갤리온선 한 척과 캐럭선 네 척이었는데 갤리온선과 캐럭선은 수에즈에서 유럽 조선공이 제작한 것이었다. 맘루크 함대가 로렌수의 포르투갈 함대를 상대로 벌이려는 해전은 인도양의 권력과 교역을 차지하려는 중대한 일전이 될 터였다.

이슬람 함대는 3월의 한 금요일을 공격 개시일로 선택했다. 그런 사정도 잘 알지 못한 채, 차울의 포르투갈인들은 쿤달리카강의 둑에서 빈둥거리며 시간을 보내고 있었다. 코친 상인들의 배는 여전히 북쪽 강둑에서 차울을 바로 옆에 두고 화물 적재 작업을 마무리하는 중이었다. 포르투갈 선박들은 강 주변에 어수선하게 정박해 있었다. 로렌수의 기함 상미겔호와 그를 보좌하는 능숙한 부선장 페루 바헤투의 배 상안토니우호는 강물 한가운데에 닻을 내렸다. 다른 배들은 뱃머리를 육지로 향한 채 남쪽 해안 가까이에 정박했다. 선원 다수가 상륙한 상태였고, 로렌수도 다른 귀족과 함께 창을 던지며 놀면서 휴식을 취하는 중이었다.

미풍이 바다로 불어오는 정오 무렵, 망을 보던 포르투갈 선원들은 유럽 캐럭선과 갤리온선이 바다에 떠 있는 모습을 보았다. 그들은 오래 기다린 알부케르크의 함대가 마침내 왔다고 여기고 기꺼운 마음으로 환영하려 했다. 선원들은 느긋하게 관심을 보이며 함대의 접근을 바라봤지만, 한 노병이 다가오는 함대의 삭구를 유심히 살펴보더니 후배들에게 이렇게 소리쳤다. "난 당장 무장해야겠어. 다른 사람들도 모두 그렇게 해야 해!" 그는 흉갑을 가지러 갔고, 재빨리 갑옷을 착용하기 시작했다. 그의 주변에 우두커니 서 있던 다른 선원들은 허둥지둥하는 그의 모습을 조롱하듯 바라보며 재미있어했다. 그러자 노병은 톡 쏘듯이 말했다. "저 알부케르크 함대라고 하는 것 말이야, 돛에

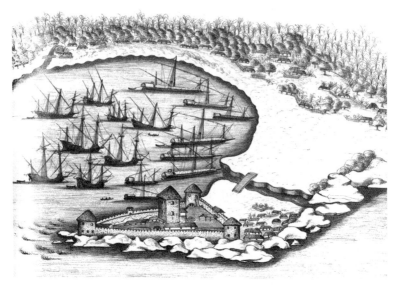

인도양 해안을 따라 해양 작전을 펼칠 때, 포르투갈인들은 노가 장착된 갤리선과 범선을 활용했다.

십자가가 없어. 무함마드의 깃발이 나부끼고 있다고. … 이보게, 오늘 나 혼자 바보짓을 한 것이고 해질녘에 자네들이 지금처럼 계속 웃을 수 있다면 얼마나 좋겠나. 난 주님께 그렇게 되게 해달라고 빌겠네.”[1]

그 배들은 강어귀로 들어서고 있었다. 캐럭선 뒤에는 갤리선 여섯 척이 질서 정연하게 노를 젓고 있었다. 이제 모든 이가 이 선박들이 붉은색과 흰색으로 이루어진 깃발과 검은 초승달을 선명하게 새긴 삼각기를 게양한 모습을 알아보았다. 그 함대의 모습은 인상적이었고, 전사들은 훌륭한 터번을 쓰고 햇빛을 받아 빛나는 갑주 위로 멋진 색상의 비단을 두른 모습이었다. “이런 모습으로 강으로 들어오며 갑판을 댈 때 울려퍼진 수많은 나팔 소리와 그들이 지닌 번뜩이는 무기는 맘루크 함대를 더욱 두려운 존재로 보이게 했다. 이렇게 적이 전진해 오자 우리 선원들은 마침내 그들이 후므라는 걸 깨달았다."[2] 이제 적선들의 주 돛이 접혔고, 양쪽 측면엔 발사 무기를 물리칠 그물이 덮여 있었다. 그들은 공격에 나서려고 윗옷을 벗은 상태였다.

포르투갈 함대는 극심한 공포를 느꼈다. 선원들은 서둘러 보트로 달려가 노를 저어 앞바다에 있는 배로 갔고, 갑옷을 착용하고 칼, 투구, 소총을 허겁지겁 집어 들었다. 화약을 채우지도 않은 대포도 황급히 앞쪽으로 밀어냈다. 노잡이들은 정신이 나간 채로 갤리선을 돌리려 했는데, 그래야 전면의 대포를 활용할 수 있었기 때문이다. 이곳저곳에서 고함이 터져 나오며 엄청난 소란이 벌어졌고, 한 가지 명령이 내려지면 그에 반대되는 또 다른 명령이 내려졌다. 그나마 혼란한 가운데에서도 어느 정도 규율을 잡을 시간이 있었던 건, 후사인이 꾸물거리는 아야즈의 소형 갤리선들을 기다리며 강어귀에서 잠시 멈춘 덕분이었다.

아야즈는 곤경에 빠진 척 연기를 하며 외부에 정박하고 있었는데, 실은 그 싸움에서 누가 이길지 지켜보는 것이 목적이었다. 그리고 승패가 결정되면 그에 맞춰 승자 편에 붙어서 움직일 생각이었다. 후사인은 포격 한 번 받지 않고 취약한 코친 상인들의 갤리선들을 지나쳐 이렇다 할 저지 없이, 강 한가운데서 함대의 나머지 배들과 격리되어 위험한 처지에 놓인 상미겔호와 상안토니우호를 향해 나아갔다. 그는 선제공격으로 로렌수의 기함을 박살 내겠다는 의도를 노골적으로 드러냈다.

양측의 거리가 좁혀지자 무슬림 대포 두 문이 배의 측면에서 공격을 시작했다. 대포알이 상미겔호를 관통했지만 아무도 죽지는 않았다.

단지 선수부터 선미까지 크게 흔들렸다. 포르투갈인들은 처음으로 인도양에서 대포 포격을 받아야 하는 수세에 내몰렸다. 탄력 있는 짧은 활을 든 무슬림 궁수들은 윙윙거리는 소리를 내며 화살을 발사했다. 화살은 마치 "소낙비처럼" 쏟아졌고, 1분에 20개가 날아왔다.[3] 상미겔호의 돛대에는 온통 화살이 들이박혔고, 선원 열에 셋은 화살에 맞아 다쳤다. 하지만 선원들은 석궁과 소총을 마구 쏘아대며 저항했고, 포병들은 충분히 시간을 들여 대포의 화약을 재고 강력한 반격을 가했다. 고막을 찢는 듯한 포격의 굉음이 울리는 가운데 양쪽 배들은 포연 속으로 가뭇없이 사라졌다가는 다시 나타났다.

상미겔호에서 발사된 여덟 번의 포격은 400명의 전사가 탄 무슬림의 배에 적중했다. 이런 일제 포격을 당하자 그들이 선측에 쳐둔 그물은 전혀 쓸모가 없었다. 포탄은 빽빽이 몰린 무슬림 선원들의 대열을 관통했고, 갑옷을 박살 냈으며, 사지를 절단했다. 나무로 만든 유산탄이 비오듯 쏟아져 사람들이 더 많이 죽어나갔다. 무슬림 갑판엔 일대 혼란이 펼쳐졌다. 총선장 후사인은 건널판자를 포르투갈 배에 걸쳐서 갑판으로 넘어가려 했지만, 여의치 못하자 단념했다. 해안의 바람과 조류 덕분에 후사인은 갤리선 두 척의 지원을 받으며 포르투갈 캐럭선들을 지나 반대편 해안 상류에 정박했고, 다른 배들도 후사인의 뒤를 따랐다.

후사인의 기함에 가해진 심각한 손상을 알아챈 로렌수는 여세를 몰아 승부를 결판 지으려 했다. 그러기 위해선 선두의 캐럭선들이 노를 갖춘 배들에 의해 견인되어 적선에 가까이 다가가야 했다. 그러나 갤리선들이 지원을 제대로 하지 못하는 바람에 그러한 접근이 서투르게 시행되었다. 포르투갈의 의도를 알아챈 적장 후사인은 무슬림 갤리선들을 앞으로 내세워 포르투갈의 부서지기 쉬운 예인 보트들을 상대로 빗발치듯 포격을 가했다. 그 결과 예인 보트들은 물러설 수밖에 없었고 포르투갈의 공격은 중단되었다.

이로써 긴박한 하루가 끝났다. 포르투갈과 맘루크 양쪽 함대는 작은 싸움터에 갇혔고, 서로 마주 보는 강둑에 정박했으며, 떨어진 거리는 고작 800여 킬로미터밖에 되지 않았다. 코친 상인들의 배는 도시 앞에 정박했는데 전혀 공격을 받지 않았다. 양측은 부상자들을 돌보고 손실을 계산했다. 후사인의 배들은 크게 파손되었고 사상자가 놀라울 정도로 많았다. 화약 재고도 고갈되는 중이었다. 밤이 되어 어두워지자 포르투갈 선장들은 작전 회의에 참석하고자 상미겔호로 다가왔다. 그들은 제대로 된 정보가 없어서 장차 작전을 어떻게 펼쳐야 할지 확신하지 못했다. 그들은 통역사 가스파르 드 알메이다의 아들이자 유창하게 여러 언어를 구사하는 발타자르를 상륙시켜 차울에서 정보를 수집하게 했다. 가스파르는 후사인이 아야즈의 협공을 기다리는 중이며, 그가 도착하면 다시 공격에 나설 것이라는 정보를 입수했다. 그러는 동안 후사인은 도시 주민들을 자기편으로 끌어들이려 열심이었다. 하지만 현지인들은 당분간 주의 깊게 중립을 유지하며 전투가 어떻게 결판나는지 지켜보려 했다.

날이 밝자 로렌수는 후사인이 빽빽한 수비 대형으로 배를 재정렬한 모습을 확인할 수 있었다. 배들은 해안을 따라 배치되었고, 서로 사슬로 묶였으며, 뱃머리를 강을 바라보게 두고서 건널판자까지 놓아 공격받을 경우 선원들이 이 배에서 저 배로 재빨리 움직일 수 있게 해놓았다. 전술의 관점에서 보면 이는 자살 행위나 마찬가지였다. 후사인의 캐럭선들은 이제 뱃전 포격을 할 수 없었고, 그렇다고 뒤로 도망갈 수도 없었다. 후사인은 무슬림 함대의 공격 대형을 포기하고, 아야즈 함대가 오길 기다리며 옹기종기 모인 진지 방식의 수비 형태로 바꾸어놓은 것이다. 하지만 아야즈는 여전히 앞바다에서 빈둥거리며 기회를 보기만 했다. 그러는 사이에 후사인의 함대는 포격하기에 딱 좋은 고정된 목표로 바뀌어버렸다.

후사인이 몰랐던 건, 적의 생각도 그에 못지않게 왜곡되어 있었다는 점이다. 아침에 상미겔호에서 작전 회의가 열렸을 때 무슬림 함대의 태도는 분명해 보였다. 그래서 공격하자는 결정이 내려졌다. 공격하려면 육지 쪽으로 바람이 부는 한낮까지 기다려야 했다. 두 가지 전략적 선택이 있었는데, 하나는 앉아 있는 오리 같은 이집트 배들을 상대로 포격을 가하는 것이었고, 다른 하나는 친히 적선에 올라 급습하는 것이었다.

한 연대기 기록자가 적어놓은 연설(날조 가능성이 있다)에 따르면, 로렌수의 포대 감독인 독일인 미헬 아르나우는 단순한 해결책을 제시했다. "대장님과 선원들을 위험에 빠뜨리지 마십쇼. 대장님이 바라는 건 아무런 위험 없이도 해낼 수 있으니까요. 위험은 저와 제 동료에게만 돌리십시오." 포대 감독의 작전은 이것이었다. 로렌수 대장이 그가 가리킨 곳으로 캐럭선들을 배치하는 걸 허락해달라는 것. 그렇게만 해준다면 포르투갈 함대의 모든 선원이 배에서 내리고 포병만 남아 적의 함대에 일제 포격을 가해, 주위가 어두워질 무렵에는 적선을 모조리 물속으로 가라앉힐 수 있다는 것이었다. "만약 그렇게 되지 않는다면 제 손을 자르라고 명령하셔도 좋습니다."

선실에 모인 사람들에게는 다불 교전에서의 실패라는 그림자가 길게 드리워져 있었다. 로렌수는 적선들을 생포하여 명예와 신뢰를 회복할 필요가 있었다. 간단하고 치명적인 해결책인 원거리 포격은 명예를 중시하는 피달구들로서는 비겁한 행위나 마찬가지였다. 군사적 영광은 개인적인 용기, 백병전, 전리품 획득을 통해 얻을 수 있었다. 따라서 연대기 기록자 코헤이아는 일이 다 지나고 난 뒤에 얻은 지혜에 따라 이런 말을 남겼다. "명예와 부를 얻자는 열망에 휩싸여 … 독일인 포수의 조언은 무시되었다. 그들은 칼로 영광을 얻고자 적의 배에 오르기로 결정했다."[4] 냉철한 부선장 페루 바헤투는 아르나우의 의견을 지지했을 가능성이 있다. 하지만 원거리 포격을 하자는 의견은 무시되었다. 작전 회의에서 선택된 방식은 후사인의 조건에 맞춰 적선에 승선하여 싸우는 쪽이었다. 후사인 함대에 손상을 입혔음에도 불구하고, 병사들이 적의 갑판에 올라가 제압하는 임무는 간단치 않았다. 적의 캐럭선은 로렌수의 함대보다 훨씬 크고 높았다. 적은 갑판에서 비가 쏟아지듯 화살을 퍼부을 수 있었으며, 자주 바뀌는 바람, 조석력潮汐力, 역류를 고려하면 판자를 댈 수 있는 위치로 범선을 움직이는 건 까다로운 일이었다. 그래도 적선을 직접 공격하는 계획이 수립되었다. 상미겔호와 상안토니우호는 후사인 기함의 이물과 고물에 각각 달려들기로 했다. 다른 배들은 전선의 나머지 장소에서 교전에 나서, 적이 기함을 도우려 이동하는 것을 저지하면서 가벼운 캐러벨선과 갤리선으로 무슬림 함대의 갤리선을 공격하기로 했다.

토요일 이른 오후, 조수가 밀려들고 바다에서 바람이 불어왔다.

포르투갈 배들은 닻을 올리고 강을 따라 올라오기 시작했다. 공격 전열을 이끄는 상미겔호가 목표에 접근하자 그 배 쪽으로 다시 화살이 빗발치듯 쏟아졌다. 포르투갈인들은 혹시 확보할지도 모르는 귀중한 전리품에 손상을 입히고 싶지 않아 포격을 제한했다. 후사인의 높은 배에서 웅웅거리며 화살이 날아오는데도 상미겔호는 공격 목표에 계속 접근했다. 그런데 10미터 정도를 남겨놓고 공격 계획이 흐트러지기 시작했다. 바람이 다른 방향으로 움직이다 멎었다. 이제 상미겔호는 해류를 따라 앞으로 나아갔다. 해류의 힘은 상미겔호가 적의 기함을 따라잡게 하기에 충분했고, 상안토니우호도 그 뒤를 따랐다. 바로 그때, 후사인은 그런 적선의 움직임을 보고서 비상한 대응 방식을 취했다. 다가오는 공격 방향에서 벗어나기 위해 후사인의 선원들은 앞쪽 닻줄을 느슨하게 하고 강둑에 매인 선미의 줄을 잡아당김으로써 배들을 기슭에 가까이 붙게 했다. 그렇지만 해류의 힘 때문에 상미겔호의 키는 진로를 수정할 수 없었고, 목표물을 지나쳐 계속 앞으로 나아가기 시작했다.

갑판장 부관은 배가 목적지를 지나쳐 멀리 흘러가는 것을 막고자 닻을 내리기로 반사적으로 결정했고, 뒤에 있던 배들도 충돌을 피하고자 똑같이 닻을 내렸다. 이렇게 해서 공격의 움직임이 갑자기 멈추었다. 로렌수의 함대는 전열이 흐트러진 채, 강에서 움직이지 못하고 그대로 서고 말았다. 이런 갑작스러운 운행 중지에 격분한 로렌수는 손에 칼을 쥐고 갑판으로 나아가 공격을 망친 자를 죽이려고 했다. 갑판장 부관은 어떻게 할지 잠시 망설이다가 도망칠 마음으로, 배 너머로 뛰어내려 기슭으로 헤엄쳐 갔다. 그는 결국 거기서 적에게 붙잡혀 살해되었다.

로렌수의 선원들이 볼 때 상황은 이제 무척 위험했다. 상미겔호는 닻을 내린 채 적의 배 가까이에 머물면서 조류를 따라 하릴없이 흔들리고 있었다. 유리한 위치에 있던 적선들은 갑판에 화살을 비롯한 무기를 언제든지 빗발치게 할 수 있었다. 그런 상황에서 단단한 갑옷을 착용하지도 않고 그대로 몸을 드러내는 것은 현명하지 못한 행동이었다. 포대 감독 아르나우는 사정 범위에서 몸을 구부린 채 다시 로렌수에게 다가와 닻줄을 움직여 배를 옆으로 틀면 직사 거리에서 이집트 배를 포격하여 수장시킬 수 있다고 제안했다. 로렌수는 전리품과 명예도 없이 전장을 떠난다는 생각이 들어서 그 제안에 동의하지 않았다. 적함에서 날아오는 무기들이 계속 갑판으로 떨어졌다. 상미겔호의 교전 위치는 점점 더 위험해졌다. 선원들은 적의 공격에 고스란히 노출되었고, 거의 무모하다 싶을 정도로 용맹한 로렌수는 적의 공격에 무방비로 노출된 갑판에서 날카로운 목소리로 계속 이런저런 명령을 내렸다. 첫 번째 화살이 그를 스치고 지나갔고, 두 번째 화살은 얼굴에 명중했다. 피가 줄줄 흐르는 채로 그는 마침내 닻을 올려 눈보라처럼 몰아치는 발사 무기를 피하라고 지시했다. 상미겔호와 상안토니우호는 하류를 통과해 화살이 미치지 않는 거리에 정박했다.

그러는 사이 포르투갈 갤리선 두 척과 가벼운 캐러벨선 한 척은 잦아드는 바람 속에서 움직일 수 있어서 형편이 다소 나은 편이었다. 그들은 움직이지 못하는 아군 캐럭선을 우회하여 전선보다 조금 더 들어간 곳에 정박한 이집트 갤리선에 달려들었다. 그들은 적선에 갑판을 대려고 접근하면서 웅웅거리며 날아오는 화살을 뚫고 계속 노를 저어갔다. 보호 장비 없이 갤리선에 승선한 노예들이 하릴없이 화살을 맞아 노를 붙잡은 채 죽어나갔지만, 포르투갈의 공격은 계속되었다. 그들은 정박한 배들을 선수로 들이받았다. 쇠사슬 갑옷, 강철 흉갑과 투구를 입어 잘 보호된 포르투갈 병력은 저항을 뚫고 적선에 올라타, 갑판을 급습하여 사슬로 묶인 노잡이들을 짓밟고 장창, 미늘창, 거대한 양손검으로 적을 무찌르며 강물로 떨어뜨렸다.

후사인 함대는 고도로 훈련된 무장 집단의 돌격을 막아내기 어려웠다. 배들은 마치 도살장과 다를 바 없는 상태로 변했다. 갑판은 사상자들의 피로 흥건하여 미끄러웠다. 이집트 함대원들은 그 자리에서 죽거나, 배 너머로 몸을 던지거나, 연결된 건널판자를 통해 인접한 다른 갤리선으로 황급히 도망쳤다. 각 배의 적병을 말끔히 정리하자 포르투갈인들은 도망치는 적을 쫓아갔고, 그들이 달아난 배 쪽으로 건널판자를 놓았다. 바다로 뛰어든 자들은 노 젓는 보트에 탄 다른 포르투갈인들에게 사냥당했고, 해안으로 가는 길은 캐러벨선들에 의해 차단되었다. 어량魚梁에 갇힌 참치처럼 꼼짝 못 하게 된 이집트 선원들은 보트에서 인정사정없이 날아오는 포르투갈의 작살에 맞았다. 그야말로 학살이었다.

버려진 갤리선 중 네 척은 전리품으로 예인되었고, 그러는 동안 상미겔호와 상안토니우호는 원거리에서 이집트 캐럭선들의 삭구를 노려 발포했다. 요행으로 적선 한 척의 돛대 꼭대기 망대가 부서져 떨어졌고, 배에 탄 무슬림은 전부 다 죽었다. 다른 돛대 꼭대기의 망대도 포기했다. 성전이라는 대의를 위해 싸우다 죽은 무슬림 중엔 마이마마 마라카르도 있었다. 선미 갑판에 서서 쿠란 구절을 읽으며 아군을 격려하다가 그렇게 되었다.

갤리선에서는 학살이 벌어졌고, 캐럭선에 탄 무슬림 선원들은 포르투갈의 포격에 겁을 먹었으며, 동료 선원들에게 닥친 참사에 충격을 받았다. 사정이 이렇게 돌아가자 로렌수가 다시 전투에서 우위를 점한 것처럼 보였다. 그러자 로렌수는 다시 후사인의 기함을 공격하여 완승을 거두어야겠다고 생각했다. 그리하여 상미겔호에서 열린 작전 회의에서 앞으로 어떻게 할지 열띤 논쟁이 벌어졌다. 바람은 불지 않았다.

로렌수는 배의 보트들로 범선을 끌어 두 번째 공격에 나서길 바랐다. 선장들 사이에선 꺼리는 분위기가 역력했다. 함대원들은 육체적으로 완전히 고갈된 상태였다. 다수가 다쳤는데 로렌수 자신도 예외가 아니었다. 날도 이미 많이 저물었고, 적이 사기를 가다듬어 맹렬하게 저항하면 참사가 벌어질 수도 있었다. 다시 아르나우는 안전한 거리에서 포격하면 적의 배를 침몰시킬 수 있다고 제안했다. 로렌수는 계속 백병전을 고집했다. 그는 적의 배를 침몰시키는 것보다 아버지 알메이다에게 전쟁 전리품을 멋지게 보여주길 바랐고 또 지난번 다불에서 겪은 낭패로 그렇게 해야 할 필요를 느꼈다. 선장들은 투표로 사령관의 뜻을 거부할 수 있었지만, 다불 사건 이후 그렇게 하기를 꺼렸다. 신중함이냐, 용맹이냐 하는 문제는 맘루크 해군과의 전투가 새로운 국면에 접어들었음에도 쉽게 결정되지 못했다.

이제 거의 해가 지고 어둑어둑해지고 있었다. 탁 트인 바다 쪽을 바라보던 그들은 강어귀로 들어오는 가벼운 갤리선 대열을 볼 수 있었다. 43척의 소형 갤리선을 이끌고 등장한 말리크 아야즈였다. 전투 결과를 기다리느라 고뇌하며 하루를 보낸 디우 통치자는 더는 늦어지면 안되겠다는 결론을 내리고 행동에 나선 것이다. 이슬람의 대의를 실천하는 데 망설이거나 겁을 내면 디우 통치자 자리를 보전하는 것도 위험했기 때문이다. 후사인 함대는 아야즈의 등장에 기쁨의 함성을 질렀다. 그들은 포르투갈인들을 목매달겠다는 몸짓을 해 보였으며, 대다수가 무슬림인 차울 공동체는 일이 어떻게 전개되는지 지켜보겠다는 입장이었는데 이젠 공공연하게 이슬람의 승리를 열렬히 바라는 태도를 보이기 시작했다. 그들은 해안으로 나와 지친 포르투갈인들에게 화살을 마구 쏘아댔다. 상미겔호의 작전 회의는 다시 선택을 재고해야 했다. 그들은 이제 강어귀에서 적을 셋이나 마주하게 되었다. 낮에 벌어진 전투 때문에 까맣게 잊고 있었지만, 그들이 책임져야 하는 도시 근처의 코친 갤리선들은 점점 더 심각한 위험에 빠져들고 있었다.

아야즈의 접근 방식은 조심스러웠다. 후사인을 지지하며 전열 전면에 서지 않고, 아침에 포르투갈인들이 점령했던 자리인 강의 남쪽 둑에 휘하 함대를 배치했다. 그는 여전히 향후에 전개될 해전의 결과에 대해 신중한 태도를 견지했다. 그러면서도 후사인 함대와 접촉하기 위해 배 세 척을 보내기도 했는데, 로렌수가 그 배들을 물리쳐버렸다. 밤이 되어서야 아야즈는 비로소 후사인을 만나러 갈 수 있었다. 맘루크 제독은 부족한 화약과 포탄을 제공받길 바랐다. 또 아야즈가 약 200명 정도의 병력을 잃은 대낮의 전투가 끝난 뒤에야 뒤늦게 나타난 처사에 대해서도 불편한 기색을 숨기지 않았다.

포르투갈 함대의 분위기는 심각했다. 낮에 공격과 후퇴를 하며 겪은 우여곡절 이후에 함대원들은 기력을 잃었고, 화약도 떨어져가고 있었다. 어둠 속에서 바다를 가로질러 무슬림들이 의기양양하게 내지르는 함성이 들려왔다. 다친 로렌수는 고열에 시달리며 침대에서 벗어나지 못했고, 주치의는 방혈放血 치료를 위해 그에게서 피를 뽑아냈다. 상미겔호에서 선장들은 격렬한 논쟁을 벌였다. 날이 밝으면 화물을 가득 실은 코친 갤리선들이 심각한 위험에 처할 것임이 분명했다. 그 배들이 파괴된다면 자신들의 체면 손상은 이루 말할 수 없을 것이고 포르투갈의 신뢰도가 크게 훼손될 터였다. 현실적인 해결책은 어둠을 틈타 밤바람을 타고 몰래 전투 해역을 빠져나가는 것이었다. 하지만 이런 제안에 사령관 대행인 페루 바헤투는 격렬하게 반대했고, 다른 선장인 페루 캉도 반대쪽에 표를 던졌다. 그는 이렇게 말했다. "우리가 저지른 잘못으로 달아나더라도 최소한 적에게 그렇다는 티는 내지 맙시다. 이렇게라도 체면을 유지하면 포르투갈은 인도에서 평판이 나빠지지 않을 것이오. 먼저 말라바르 해안으로 배들을 보낸 뒤, 우리가 아침 햇살을 받으며 떠난다면 적은 우리가 두려워서 전장에서 도망친다고 주장하지는 못할 겁니다."[5] 결국 다시 명예 문제였다. 두 사람은 다른 선장들을 설득하여 동이 트면 출항하고, 나포한 갤리선들을 배 뒤에 달아 끌고 감으로써 적들을 일부러 모욕하기로 했다.

달빛이 환한 자정 무렵에 코친 상선들은 계류용 밧줄을 조용히 풀고 바람을 받으며 바다로 나아갔다. 동이 틀 때가 가까워지자 포르투갈인들도 은밀하게 뒤따랐다. 휘파람도 외치는 소리도 없었다. 그들은 닻을 들어 올리기 시작했고, 어떤 경우엔 닻줄을 잘라 해저에 닻을 그대로 남겨두기도 했다. 이 전략은 모욕적인 퇴각에 협력하길 거부했던 고집 센 바헤투 때문에 성공적으로 실천되지 못했다. 그는 대놓고 보란 듯이 배에 딸린 보트에 올라타 닻을 끌어올렸다. 그의 모습은 즉시 적에게 발각되어 사격 대상이 되었다. 닻을 되찾자 그는 다시 배에 올랐다. 로렌수도 이젠 어느 정도 체력이 회복되었다. 로렌수는 상미겔호는 마지막으로 떠나야 한다고 강력하게 주장했으며, 바헤투의 저돌적인 태도에 동의하면서 직접 닻을 들어 올리는 일을 감독했다.

이때 후사인도 손상되지 않은 캐럭선 두 척의 닻을 조용히 끌어올렸고, 아야즈도 포르투갈이 전장에서 도망치는 중이라고 판단하고 마침내 자신의 '위력'을 드러낼 때가 되었다는 결심을 굳히고 휘하 소형 갤리선에 전투를 준비하라고 지시했다. 보트에 타고 있던 로렌수가 닻을 끌어올리고 있는데, 그의 뒤에 있던 선장이 겁을 잔뜩 먹은 채 점점 더 주위가 환해지고 있으며 적도 공격을 준비하고 있다고 말했다. 그가 닻줄을 절단하는 바람에 로렌수는 잠시 기함 밖에서 오도 가도 못 하는 상황에 처했다.

썰물때가 되자 무슬림들은 강 하류에 있던 적을 추격했다. 포르투갈 선박 대다수는 공격해 오는 적을 물리치고 강어귀를 벗어났다. 하지만 상미겔호는 여전히 뒤처져 있었고, 나포한 갤리선 중 한 척을 끌고 가느라 속도가 더 느려졌다. 따라서 그 기함은 적들에게는 가장 공격해볼 만한 매력적인 목표가 되었다. 후사인은 적의 기함을 쓰러뜨릴 수 있다는 생각이 들자 즉시 공격에 총력을 기울였다. 상미겔호의 선장은 떠나는 배들의 뒤를 재빨리 따라가지 않고, 적 함대 사이에 거리를 확보하고자 일부러 더 먼 강둑을 향해 나아갔다.

아야즈의 소형 갤리선 함대가 쏘아 올린 가벼운 포격은 기함의 키를 맞혀 배를 쓸 수 없게 하는 것이 목표였다. 돌로 된 포탄 하나가 홀수선에 가까운 기함의 선미 부분을 맞히고 판자에 구멍을 냈다. 상미겔호의 어떤 선원도 이 사실을 알아차리지 못했다. 그들은 달려드는 소형 갤리선들과 후사인의 캐럭선 두 척을 물리치는 데 온 신경을 집중했다. 포르투갈 기함은 선창에 비축된 쌀에 물이 천천히 스며드는 상태로 앞으로 나아갔다. 여전히 아무도 그런 침수를 눈치채지 못하는 사이에 배는 점점 더 무거워지고 반응도 둔해졌다. 그러다 바람이 그쳤다. 상미겔호는 즉시 남쪽 기슭을 향해 배를 밀어내는 물결에 떠밀렸다. 남쪽 기슭에는 보트를 계류하려고 어부들이 물에다 박아놓은 말뚝이 여러 줄 있었다. 물결에 실려 떠가던 기함은 이런 장애물들 사이에 걸려들고 말았고, 점점 늘어나는 무게 때문에 마비 상태가 됐다. 이제 꼼짝달싹할 수가 없었다. 파유 드 소자가 선장을 맡은 포르투갈 갤리선은 기함을 정체 상태에서 예인하려 했지만, 헛된 일이었다. 선원들은 도끼로 말뚝을 잘라내려고 배 밖으로 나왔다. 그럴 때마다 선창에 들어찬 물의 무게가 상미겔호를 말뚝에 더 단단히 달라붙게 했다. 배는 이제 눈에 보일 정도로 명백히 기울었다. 갑판이 비스듬히 올라가고 뱃머리가 공중을 바라보았다.

한동안 선원들은 왜 이런 문제가 생겼는지 이해하지 못했다. 배가 기울어진 상태가 아주 뚜렷해져서야 비로소 선미가 강바닥에 끌리고 있다는 사실을 분명하게 인식할 수 있었다. 로렌수는 키잡이를 선창으로 보내 무슨 일이 생겼는지 살피게 했다. 어둠 속에서 그 선원은 상황의 진실을 알아내고서 경악했다. 선창은 물과 쌀이 뒤섞인 채 곧 죽이 되어 있었다. 그는 얼굴이 잿빛이 된 채로 돌아와 총선장에게 보고했다. 물을 퍼내는 건 불가능했다. 침수된 물이 너무 깊고 물 먹은 쌀이 방해하여 양수기를 제대로 쓸 수 없다는 얘기였다. 게다가 물을 퍼내는 데 배치할 정도로 건강한 사람도 극소수였다. 사실 배는 회복 불능 상태였다. 현상을 보고한 뒤 키잡이는 "다시 선창으로 내려갔고, 선원들은 그가 두려움을 못 이기고 죽었다고 말했다."[6] 나포한 갤리선을 끌던 줄을 끊으라는 명령이 떨어졌다. 아야즈는 상미겔호가 다친 사냥감임을 알아채고 소형 갤리선들로 포위하기 시작했고, 그러는 동안 후사인의 캐럭선 두 척도 더 가까이 다가왔다.

파유 드 소자는 여전히 자신의 갤리선으로 기함을 빼내는 데 열중했다. 이제 공포가 함대를 전염시키기 시작했고, 선원들은 싸우려는 자와 도망쳐서 나중에 이야기를 전할 자로 나뉘었다. 갤리선에 탄 선원 다수가 다쳤고 상미겔호가 전혀 움직이지 못하는데 적선들은 가까이 접근해 오고 있었다. 몇몇 선원은 나중에 노잡이들이 침몰하는 상미겔호를 들어 올리려고 애쓰다가 예인 밧줄이 끊어졌다고 주장했는데, 진상은 절단했을 가능성이 더 높다. 갤리선은 물결에 밀려 강 하류로 떠내려갔고, 소자는 다시 기함을 어떻게든 움직여볼 생각에 배를 돌리려 했으나, 선원들은 그렇게 할 수도 없었을 뿐 아니라 그럴 의욕도 없었다. 다른 배들도 곤경에 시달리는 기함을 도와 회복시키려고 열심히 노력했지만, 이미 강 하류로 너무 멀리 밀려와서 도움을 줄 수가 없었다.

아야즈와 후사인은 이제 적을 확실히 죽일 시간이 되었다는 사실을 직감했다. 불어나는 물의 무게로 기울고 있는 상미겔호는 점점 더

키가 낮아졌다. 소형 갤리선들과 캐럭선들은 빗발치듯 화살 공격을 해댔다. 피달구들이 반드시 해내야 하는 일은 로렌수를 살려서 탈출시키는 것이었다. "그의 생존 여부가 포르투갈의 명예와 직결되었기 때문이다."[7] 그들은 갑판장에게 지금 노를 저을 수 있는 적정 수의 선원과 보트를 준비하여 총선장의 도피를 도우라고 지시했다. 하지만 로렌수는 그런 식으로 도망치려 하지 않았다. 그는 싸우다 죽을 생각이었다. 부하들이 어서 탈출해야 한다고 고집하자 그는 미늘창을 들이대며 앞으로 그런 말 하지 말라고 부하들을 겁주었다.

물은 계속 배로 흘러들었고, 배에 남은 온전한 사람은 고작 서른 명정도에 불과했다. 로렌수는 여전히 서 있을 수 있는 자들을 세 집단으로 나눴고, 각 집단은 임명된 지휘관에 따라 선미, 가장 큰 돛대, 앞갑판에서 상미겔호를 지켰다. 갑판장의 신경은 긴장을 이기지 못하고 무너졌다. 그는 보트를 매어둔 줄을 풀고 물결을 타고 급히 상안토니우호로 떠났다. 거기서 그는 충실한 바헤투에게 지원을 요청하러 왔다고 거짓말을 했다. 바헤투의 범선은 출렁거리는 물결 앞에서 무력했다. 보트에 오른 그는 갑판장에게 가장 인접한 갤리선인 상크리스타방호로 가라고 지시했다. 그 배는 곤경에 빠진 기함을 예인할 가능성이 있어 보였다. 바헤투는 그 배의 선장인 디오구 피레스에게 할 수 있는 모든 것을 동원하라고 지시하며 "로렌수의 생존이 당신 손에 달렸다"라고 말했다.[8] 피레스는 갤리선에 탄 노예들에게 빨리 노를 저으라고 명령했다. 하지만 그들은 지쳐서 꼼짝도 하지 못했다. 상황이 너무 절박했던 터라 격분한 바헤투는 칼을 들고 그들을 위협하기 시작했다. 그는 일곱을 죽이고 나서야 더 강요해봤자 헛된 일임을 깨달았다. 그러고선 포르투갈 자유민들에게 고개를 돌렸으나, 그들도 "되도록이면 배를 젓고 싶어 하지 않았다."[9] 그는 그들을 노 젓는 자리에 강제로라도 앉히려 했지만, 가망 없는 시도였다. 이제 할 수 있는 일은 자신의 배로 돌아가, 하늘에서 불어오는 바람이 방향을 바꾸어 상미겔호를 밀어내길 바라는 것뿐이었다. 하지만 이는 기적을 바라는 것과 같은 일임이 시시각각으로 분명해지고 있었다.

상미겔호는 일대 아수라장이었다. 소형 갤리선들이 발사하는 포격이 움직이지 못하는 선체를 강타했다. 구름처럼 몰려오는 화살이 웅웅 소리를 내며 공기를 갈랐고, 포연은 점점 더 무방비 상태로 빠져드는 기함의 시야를 가렸다. 갑판은 가파른 각도로 기울었다. 대포 몇 대는 물에 잠겼다. 비축한 화약은 물에 젖어 쓸 수 없게 되었다. 수비하는 자들은 배에 오르려는 무슬림의 첫 번째 침투와 그다음 침투를 격퇴했다. 그들은 "죽더라도 복수하고 죽겠다는 사람처럼 싸웠지만" 배는 그들 곁에서 부서져갔다.[10] 갑판은 흡사 도살장 같았는데 죽은 사람과 죽어가는 사람이 이곳저곳에 널브러져 있었고, 잘린 머리와 다리가 제멋대로 굴러다녔으며, 흥건한 피가 나무판자 위로 흘렀다. 쪼개져서 삐죽삐죽해진 목재, 밧줄, 버려진 무기, 크게 외치는 소리와 비명이 서로 뒤섞여 일대 아수라장이 되었다.

키가 크고 환한 갑옷을 입어 눈에 확 띄는 로렌수는 놓칠 수 없는 주목 대상이었다. 가벼운 대포에서 발사된 포탄이 그의 넓적다리를 맞혀 다리를 절단했다. 그는 주체할 수 없을 정도로 피를 흘리기 시작했다. 여전히 의식은 있어도 생명이 꺼지고 있다는 걸 안 로렌수는 돛대 밑에 의자를 놓아 앉혀달라고 요청했다. 얼마 뒤 또 다른 포탄이 날아와 그의 흉부에 적중했고 그는 곧바로 전사했다. 그의 시종인 로렌수 프레이르는 몸을 앞으로 숙여 쓰러진 대장을 보며 눈물을 흘렸는데, 그 역시 공격을 받고 주인 곁에 함께 쓰러졌다. 이제 살아남은 자들에게 배가 곧 침몰하리라는 점은 명백했다. 로렌수의 시신이 전쟁 전리품으로 적의 손에 넘어가 가죽이 벗겨지고 속에 짚을 채워 이슬람 세계에서 구경거리로 전시되는 건 도저히 견딜 수 없는 일이었다. 그 일을 필사적으로 막고자 그들은 물이 밀려드는 선창으로 시신을 끌고 갔고, 주인에게 충실했던 시종의 시신도 함께 챙겨왔다.

포르투갈인들은 계속 싸웠다. 더는 걸을 수 없는 자들도 어떻게든 몸을 지탱하고 결연하게 칼을 움켜쥐었다. 무슬림들은 멀리서 상미겔호를 마구 두들겨댔다. 이제 그들은 더 가까이 다가오고 있었다. 세 번째, 네 번째, 다섯 번째 승선 시도가 격퇴되었다. 아야즈의 병사 중 다수가 죽었다. 여섯 번째로 승선을 시도할 즈음, 배는 이미 앙상한 몰골이었다. 적의 포격에 대한 응사는 없었다. 승리의 함성이 울렸고, 무슬림들은 배로 뛰어올라 생존자들을 검거했다. 정복은 빠르게 약탈로 이어졌다. 승자들은 눈알을 번들거리며 침몰하는 배에서 건질 수 있는 물건을 열심히 살폈다. 무슬림 전사들이 칼끝을 들이대고 위협하며 포로 몇 명을 앞세운 채 전리품을 찾아내고자 물에 잠긴 선창으로 내려갔고, 100명에 가까운 선원을 선창으로 몰아넣었다. 이렇게 많은 사람이 일시에 몰려드는 바람에 하갑판이 붕괴했고, 모두가 그만 어두운 물속으로 가라앉아 익사했다. 거의 모두가 부상자인 열여덟 명이 포로로 붙잡혔다. 이때 마지막으로 저항 행위가 있었다. 포르투 출신 선원 안드레 페르난데스는 돛대 꼭대기의 망대로 올라가, 침몰한 배 꼭대기에서 자신을 몰아내려는 시도에 적극적으로 저항하며 모두 물리쳤다. 그는 이틀 동안이나 그곳에 머물며 아래에 있는 자들에게 돌을 던지고 모욕을 가했다. 마침내 아야즈는 그 용감한 선원에게 안전 통행을 허락했고, 그는 이 말에 회유되어 돛대에서 내려왔다.

후사인의 캐럭선 두 척은 파괴된 상미겔호에서 떨어져 나와 강어귀 안팎에서 닻을 내리고 지켜보던 다른 배들을 추격하기 시작했다. 몇몇은 닻줄을 자르고 코친을 향해 남쪽으로 수치스럽게 도망쳤다. 하지만 바헤투는 그 자리를 그대로 지켰고, 돛을 접은 채 싸움을 준비했다. 이집트 배들은 싸울 의사가 없어서 뒤로 물러났다.

아야즈는 로렌수를 산 채로 붙잡는 특권을 얻지 못하자 실망했다. 그는 여전히 시신이라도 발견할 수 있을지 모른다는 기대를 품었다. 하지만 이 용맹한 사람의 시신은 판금板金 갑옷의 무게로 물에 가라앉아 사라졌고, 배의 바닥에 난 구멍으로 빠져나가 차울강으로 쓸려갔을 것으로 추측된다. 그의 시신은 끝내 발견되지 않았다. 연대기 기록자 카스타녜다는 이런 글을 남겼다. "그렇게 하여 로렌수의 삶은 끝났다. 80명의 포르투갈인이 그와 함께 죽었고, 그중엔 주앙 호드리게스·파카냐, 조르즈 파카냐, 안토니우 드 상 파유, 함대 중개인 디오구 벨류, 그리고 페루 바헤투 형제가 있었다. 다른 이들의 이름은 전하지 않는다."[11]

명예, 영광, 공포, 전리품을 향한 탐욕과 불운이 바로 이런 상처를 안겼다. 포대 감독의 조언을 따랐더라면 멀리서 이집트 함대를 통째로 파괴할 수도 있었을 것이다. 하지만 그것은 포르투갈인의 방식이 아니었다. 그 대가로 그들은 엄청난 상처를 입은 채 그 해역을 떠났다. 그들은 차울 해전에서 약 200명을 잃었다. 알메이다 총독의 아들이 전사한 일로 카이로의 술탄은 위신을 세웠고, 무슬림 세상의 용맹도 크게 위세를 떨쳤다. "인도양에 들끓던 유럽인"을 상대로 얻은 승리가 몇 달 뒤 카이로에 전해지자 도시민들은 열광했다. 이븐 이야스는 이렇게 전했다. "전승 소식에 황홀해진 술탄은 사흘 동안 내내 북을 울리라고 지시했다. 후사인은 남아 있는 유럽 군대를 끝장내고자 지원 병력을 요청했다."[12]

후사인은 분명히 새로운 인력을 필요로 했다. 차울 해전의 승리는 희생이 너무 컸다. 그는 거의 800명 정도의 병력 가운데 600~700명을 잃었다. 이제 그의 병사들은 유럽 대포의 위력에 두려움을 느꼈다. 디우의 통치자 아야즈는 이집트 사령관에게 포르투갈 포로 열여덟 명을 넘겨주기를 거부했다. 그는 포로들을 잘 대우하고 상처를 잘 치료해주겠다고 보장했으며, 그들을 디우의 귀빈들에게 자랑스럽게 선보이기도 했다. 현명하고 신중한 아야즈는 이 전투의 후폭풍이 분명히 불어올 거라고 짐작했다. 이 포로들은 그때를 대비한 협상용 카드였다.

포르투갈 배들은 코친을 향해 도망쳤고, 분노하고 슬퍼하는 총독과 마주했다. 그들의 뒤에 세 척의 커다란 배가 나타나자 혼란이 가중되었다. 하지만 이들이 가까이 다가오자 돛대 꼭대기에 포르투갈 깃발이 걸려 있는 것이 확인되었다. 그 배들은 아폰수 드 알부케르크의 지휘에 반항했던 네 선장의 배로, 그들은 알부케르크에 대한 불평을 털어놓기 위해 코친으로 온 것이었다.

14

'프랑크인의 분노'

───◆◈◆───

1508년 3-12월

차울 생존자들과 함께 코친으로 돌아온 반란 선장들은 격분한 알부케르크를 호르무즈에 그대로 놔두고 떠나버렸다. 그러자 알부케르크는 휘하에 배가 고작 두 척밖에 남지 않은 터라 수치스럽게도 포위를 포기할 수밖에 없었고, 굶주려 죽기 직전인 주둔군을 구하러 소코트라섬으로 돌아갔다. 그는 도시를 점령하겠다는 희망을 품고 8월에 호르무즈로 다시 향했지만, 완공되지 않은 요새가 자신을 향해 무기를 겨누고, 거리들이 차단되었다는 것을 확인하고는 다시금 그곳에서 퇴각할 수밖에 없었다.

1508년 중반에는 인도양을 사이에 두고 편지가 이쪽저쪽으로 오간 건 물론이고 보고서도 리스보아로 올라갔다. 알부케르크는 알메이다에게 분노에 찬 서신을 보냈다.

이 작자들이 탈영하지만 않았더라도 보름이면 호르무즈는 항복했을 것입니다. … 대체 무슨 불만이 있었기에 그렇게 떠났는지 도저히 이해할 수가 없습니다! 그자들이 제가 학대했다고 주장한다면, 그들이 제가 했다고 하는 행동을 글로 정리해주실 것을 총독 각하께 간청합니다. … 그렇다 하더라도 전시에 탈영한 그들의 범죄와 해악은 무엇으로도 용서될 수 없을 것입니다. … 각하께서는 그들에게 어떤 처벌이든지 내리셔야 합니다. 그게 당연합니다![1]

비난이 담긴 알메이다의 답신은 발송되지 않았는데, 로렌수의 죽음에 대한 억울한 심정과 맘루크 함대를 가로막는 데 실패한 알부케르크의 책임을 은근히 지적한 내용이었다.

총선장, 나는 폐하께서 그대에게 명하신 주된 목표가 홍해 입구를 지키는 것이었다는 걸 상기시키고자 하오. 그렇게 했다면 인도에서 향신료가 그곳으로 들어갈 수 없었을 것이오. 하지만 그대가 호르무즈에서 체류하는 바람에 상황이 전적으로 변했고, 홍해 입구는 포기해야 했소.[2]

알부케르크는 총명하고, 두려움을 모르고, 도덕적으로 부패하지 않았으며 전략적으로 뛰어난 사람이었다. 하지만 알부케르크의 냉담하고 오만하고 강박적이고 다소 이기적인 성격은 많은 사람들과 멀어지는 요인이 되었다. 1508년 후반에 호르무즈에서 네 선장이 탈주한 사건은 차후 역사의 판단이 나뉜 것처럼, 당시 포르투갈이 지배하는 대양 전역에서 심각한 의견 분열을 야기했다. 그것은 파벌 싸움으로 이어졌다. 이 사건으로 알부케르크는 지도자로서 종종 요령 없고 고립된 사람이라고 인식되었다. 비록 정복자로서 강력한 힘을 증명하기는 했지만, 호르무즈 탈주 사건으로 그의 명성은 다소 상처를 입었다. 그는 도시를 점령하기 전까지 절대 수염을 다듬지 않겠다고 맹세했다. 도시 점령은 그의 개인 수첩에서 반드시 해결해야 할 사건으로 남았다.

수염도 코친에서는 한 가지 쟁점이 되었다. 피달구들 사이에서 남자의 수염은 남성성, 지위, 전투 실력을 드러내는 신성불가침의 상징이었다. 위대한 포르투갈 정복자의 초상화는 거의 똑같은 자세로 자랑스럽게 서 있는 모습을 보여준다. 양손으로 허리를 짚고, 검은 벨벳으로 지은 옷을 입고, 소맷단은 물들인 비단으로 장식되었다. 배경에는 그들의 문장과 칭호가 그려져 있으며, 전쟁의 신 마르스처럼 길고 검은 수염을 아래로 늘어뜨리고 단호한 표정을 짓는 게 보통이었다. 알부케르크가 자신의 수염을 뽑은 것에 격분한 주앙 드 노바는 그 모욕의 증거로서 일부러 그 뽑힌 수염을 종이에 싸서 간직했다가 알메이다 총독에게 엄숙하게 내보였다. 이런 물증은 노바에게 동정적인 시선을 보내던 귀족들에게 강력한 인상을 남겼다.

알메이다 총독은 탈주한 선장들에게 아무런 처벌도 내리지 않았고, 오히려 그들을 자신의 함대 소속으로 편입시켰다. 알부케르크가 보기에 더 좋지 못한 처사는 총독이 호르무즈의 호바가 아타에게 서신을 보내 자신이 벌인 행위에 대해 사과했다는 것이었다. 재상은 희희낙락하면서 어안이 벙벙한 그에게 그 편지를 보여주었다. 하지만 1508년에 알메이다는 속으로 다른 여러 문제를 생각했다. 차울 대참사와 아들의 전사는 총독의 가슴에 깊은 상흔을 남겼다. 또 그는 전략적으로도 '후므' 함대가 바다에서 상존한다면 포르투갈 계획의 존속에 커다란 위협이 된다는 점을 간파했다. 총독은 개인적으로 아들 로렌수를 위해 복수를 결심했다. 그는 이렇게 말했다고 한다. "닭을 먹는 자는 수평아리노 먹어야 한다. 그렇지 않으면 대가를 치러야 한다."[3]

새로운 군사 작전을 준비하는 데는 거의 아홉 달이 걸렸다. 이렇게 일을 지연시킨 원인 중 첫째는 몬순이었고, 다음은 향신료 함대였다. 함대에 향신료를 실어 포르투갈로 보내는 일은 최우선으로 고려해야 할 사항이었기에 총독의 계획은 자연히 연기되었다. 알메이다가 차울에서 들려온 소식으로 입은 상처를 덧나게 만든 것은 점점 더 냉담해지는 마누엘의 어조였다. 총독은 국왕의 신뢰를 잃었다. 국왕이 1507년에 보낸 서신에는 온갖 불만과 위압적인 명령이 가득했다. 총독에 반대하는 선장들과 총독을 시기하는 조신들의 불평이 차츰 왕에게 먹혀든 것이다. 알메이다는 월권, 실정, 말라카 확보 실패, 국왕에게 지속적인 정보 제공 실패 등으로 비난을 받았다. 그의 관할 지역 안에서 알부케르크가 유사한 임무를 맡은 것도 그에게는 큰 타격이었다. 1508년, 알메이다는 알부케르크가 연말에 자신을 대체할 후임자라는 사실까지 알게 되었다. 마누엘의 전략적 포부의 범위가 점점 더 넓어지고 국왕과 총독 사이에 가로놓인 시간과 거리상의 지연 탓에, 리스보아에 있는 국왕이 우선적으로 여기는 일과 인도에 있는 알메이다의 그것은 달라졌고, 두 사람 사이에는 엄청난 해석의 간극이 생겨났다.

1508년 말이 되자, 총독은 '후므' 함대를 파멸시키는 것이 임기 만료 전에 완수해야 할 최우선 사항이자 마지막 기회라는 걸 분명히 깨달았다. 12월이 되자 그는 코친에서 선박 열여덟 척과 1200명으로 구성된 막강한 함대를 동원했다. 이 원정 병력엔 알부케르크가 처벌을 요청했던 탈주한 네 선장도 포함되었다.

알메이다는 출발하기 전날에 국왕에게 보낼 장문의 보고서를 작성했다. 총독은 자신이 유언장을 쓰고 있는지도 모른다고 생각했기에 먼저 개인적인 슬픔을 표현한 뒤, 자신의 행동을 정당화하고, 자신에게 겨눠진 비난을 일일이 거론하면서 반박하고, 국왕에게 사과하며 자신의 죽음을 준비하고 있다고 한꺼번에 토로했다. 이 글은 정말로 일과 의무 탓에 체력이 완전히 고갈된 사람이 남기는 유언이었다. 인도는 포르투갈 사람들을 소모시켰다. 불순한 기후, 부정부패, 조국으로부터 멀리 떨어진 현장, 주변 적들의 적개심 등은 포르투갈인들의 식민지 주재에 엄청난 소모를 일으키는 요인이었다.

지고하고 용맹하신 국왕 폐하께

제가 폐하께 이렇게 서신을 보내길 바란 것은, 제 영혼에 상처를 입힌 문제들에 대하여 진언하고 싶어서입니다. 제게 무슨 일이 벌어지든 간에, 저는 그 문제들에 대해 명확히 말씀드려야겠다고 결심했습니다. … 제 아들은 하느님의 뜻에 따라, 또 제 죗값에 상응하는 바에 따라 목숨을 잃었습니다. 베네치아인과 술탄의 무슬림이 제 아들을 죽였습니다. … 그 결과, 이 지역 무슬림들은 장차 확연히 우위에 설 것이라는 희망에 차 있습니다. 제가 보기에 올해는 그들과의 힘 겨루기를 피할 수 없을 듯하며, 그것이야말로 제가 가장 바라던 일입니다. 하느님의 도움으로 우리는 바다에서 그들을 완전히 제거하여 두 번 다시 이 땅으로 돌아오지 못하게 해야 하기 때문입니다. 주님께서 이런 식으로 저의 삶을 마무리하게 해주신다면, 저는 추구하던 바를 얻을 수 있을 것입니다. 그러면 저는 주님께서 자비롭게 제 아들을 데려간 곳에서 영광스럽게 다시 아들을 만날 수 있을 것입니다. 이어 기꺼이 제 아들과 폐하를 위해 죽을 것입니다.[4]

(프란시스쿠 드 알메이다의 서명)

역린을 건드릴지 모르는 이런 모험적인 보고서에는 지독한 경고가 깃들어 있었다. "말라카에서 호르무즈에 이르는 지역에는 페즈와 튀니지 왕국에서보다 더 많은 무슬림이 살고 있습니다. 그리고 그들 모두가 우리에게 피해를 입히고 있습니다."[5] 그는 1508년 12월 5일에 총독 선실에서 서신 작성을 마쳤다. 알메이다는 분명히 알았다. 자신이 결전을 치를 준비가 됐으며, 이 결전이 인도에서 포르투갈의 운명을 결정하리라는 것을. 그리고 기꺼이 죽을 준비가 되어 있었다.

그 편지는 코친 해안으로 접근해 오는 배들이 발견되었을 때 밀봉되기 직전이었다. 알메이다의 함대는 그 배들을 적선으로 간주하고 교전하러 나섰다. 하지만 가까이 다가가자 접근 중인 배들이 포르투갈 깃발을 달고 있음을 발견했다. 알부케르크가 마침내 총독 자리를 넘겨받고자 코친으로 온 것이다. 그는 거의 2년 반 동안 바다에 나와 있었다. 그의 배 시르느호는 나무판자가 썩어서 벌레가 우글거리고,

선창에서 물고기가 헤엄칠 정도였다. 무려 30명이 배를 물에 띄우려고 밤낮을 가리지 않고 배에 고인 물을 퍼내야 했다.

그 후 두 사령관 사이에 불편한 만남이 이어졌다. 처음에는 우호적인 분위기였다. 알부케르크는 정중하게 인도 총독직을 자신이 넘겨받겠다고 진언했다. 알메이다는 자신의 임기가 1월까지이며 디우에서 결전을 치르기 위해 곧 출항할 것이라고 말했다. 어떤 기록에선 알부케르크가 자신이 대신 함대를 이끌고 그 공격 임무를 완수하겠다고 제안했다고 하고, 또 다른 기록에선 원정에 합류하라는 알메이다의 제안을 이런저런 변명을 대며 거절했다고 한다. 여하튼 알부케르크는 호르무즈에서 자신을 버리고 떠나버린 네 선장과 함께하는 것이 영 내키지 않았을 것이다. 그다음 날 아침, 알메이다의 함대는 이집트 함대를 사냥하고자 닻을 올리고 항해를 떠났다.

공포와 복수, 그리고 무력의 과시. 알메이다는 개인적으로도 전략적으로도 강력한 힘을 과시하며 인도 서부 해안으로 나아갔다. 그는 아들의 죽음에 복수하고자 했고, 이슬람 세력과의 최종 대결이 불가결하고 긴급하다고 보았다. 알메이다는 마누엘의 지시를 해석할 때 지나치게 조심스러워한다는 비난을 듣곤 했다. 알부케르크에게 인도 총독직을 넘겨주길 거부한 그는 이제 공공연히 국왕에게 항명하는 중이었다. 그는 이집트 함대와의 최종 결전이 포르투갈 해외 사업의 안위에 절대적으로 필요하다고 확신했다. 동시에 아들의 복수도 반드시 해야만 했다. 그는 법률의 정의를 자기 마음대로 시행하기로 마음먹었다. 나중에 리스보아로 귀국했을 때 어떤 결과가 자신을 기다리든지 개의치 않기로 한 것이다.

무슬림이 차울에서 거둔 '승리'는 인도양에서 포르투갈인을 내쫓을 수 있다는 새로운 기운과 희망을 불어넣었다. 사무드리는 가증스러운 침입자를 최종적으로 뿌리 뽑고자 디우에 주둔한 함대에 합류할 배를 준비하고 있었다. 하지만 그 속내를 자세히 들여다보면 이집트가 이끄는 연합체는 분열되고 불안했다. 후사인은 포르투갈인이 다시 오는 건 시간문제이며, 절대로 낙관할 수 없는 상황이라는 것을 잘 알았다. 그는 근거리에서 유럽 대포의 화력을 경험한 바 있었기에 그것을 두려워했다. 게다가 그의 함대는 차울에서 심각한 피해를 입었다. 휘하 병력은 물론이고 그들에게 지급할 자금마저 부족했고, 아야즈와의 동맹도 여간 다루기가 까다롭지 않았다. 후사인으로서는, 그 해역에서 후퇴하여 술탄의 분노에 맞서는 것은 도저히 선택 가능한 카드가 아니었다. 그가 할 수 있는 건 본국에서 증원군을 바라는 것뿐이었다. 그는 아야즈가 잡아두고 있는 포르투갈 포로들을 어떻게든 죽여서 그들의 가죽을 벗기고 그 속에 짚을 가득 채워 카이로로 보내고 싶어 했다. 그래야 자신의 전투 성과를 직접 보여줄 수 있었기 때문이다. 하지만 아야즈는 그 일에 협조하지 않았다. 그는 계속해서 포로들을 철저히 감시하게 하면서, 이슬람 세계의 분노와 포르투갈 세력의 흉포함 사이에 갇힌 채 어떻게 하면 그 상황을 교묘히 돌파할 수 있을지 심사숙고했다.

포르투갈이 무력을 앞세우며 다가오는 건 머지않아 닥쳐올 일이었다. 알메이다는 최근에 리스보아에서 도착한 증원군 덕분에 중국의 정화 선단이 물러간 이후 인도양에서 가장 뛰어난 함대를 보유하게 되었다. 그는 단호한 기세였고, 북쪽으로 항해하면서 해안을 급습하여 현지의 무역 소국들에게 일방적 항복을 요구했으며, 선원들을 먹일 식량을 공급하라고 요구했다. 1508년 12월 말이 되자 다불에 도착했다. 그곳은 아들 로렌수가 2년 전 비참하게 공격에 실패했던 곳이었다. 당시 로렌수는 다불이 이집트 함대와 한패라고 의심했었다. 1508년의 마지막 날에 총독은 다불의 강어귀로 배를 이끌고 와 신중하게 진로를 정했고, 강력한 응징을 하겠다는 열의에 불탔다.

다불은 부유한 무슬림의 교역항이었다. 이중 목책으로 잘 보호되었고, 목책 앞엔 참호를 파두었으며, 상당한 화력의 포대를 갖추고 있었다. 당시 항구에는 구자라트 상선 네 척이 들어와 있었는데, 그 광경을 본 알메이다의 분노는 배가되었다. 공격 전날, 총독은 휘하 선장들을 모아놓고 자극적인 의견을 피력했다. 포르투갈과 그들의 적은 수적으로는 포르투갈이 중과부적이니 아주 극단적인 방법을 쓰는 것이 정당하다고 주장하면서 이렇게 말했다. "단순히 도시를 점령할 뿐만 아니라 적에게 엄청난 공포를 심어주어야 하네. 정신적으로 철저하게 충격을 줄 필요가 있어. 지금 저들이 내 아들과 다른 동포들을 죽이고 거드름을 피우며 오만하게 구는 걸 그대들도 잘 알지 않나."⁶

그들은 이런 명령을 토씨 하나 틀리지 않고 철저히 이행했다. 12월 31일에 동이 트자 포르투갈 선박들은 맹폭을 시작했고, 이어 동시에 방책의 양쪽으로 상륙 작전이 펼쳐졌다. 적군이 참호에서 벌인 저항은 이런 협공으로 박살 났다. 목책은 무너졌다. 다불 병력이 혼란스럽게 뒤로 도망치자 포르투갈인들은 그들을 추격했다. 중무장하고 판금 갑옷으로 보호되는 포르투갈 군인에게 적군의 화살은 그다지 위력을 발휘할 수 없었다. 그들은 곧 물밀 듯한 기세로 도시 안으로 밀고 들어갔다. 그들이 다불에서 벌인 끔찍한 학살은 유럽의 해외 정복 역사에서 흑역사의 하루로 기록되었다. 그 사건으로 포르투갈인들은 그 후 오랫동안 인도에서 저주의 대상이 되었다.

깜짝 놀란 현지 주민들은 산지사방으로 흩어졌다. 학살은 무차별적이었고, 살아 있는 자를 남겨두지 않겠다는 목표가 뚜렷했다. 대혼란 속에서 한 귀족 여자는 밖으로 끌려 나와 땅에 내동댕이쳐졌고, 데리고 있던 모든 하인과 함께 학살당했다. 어린아이들은 겁에 질려 떠는 어머니의 품에서 강제로 떼어져, 발을 붙잡힌 채 공중에 거꾸로 매달려 달랑거리다가 무자비하게 벽에 던져졌다. 남녀노소는 물론 도시를 돌아다니던 신성한 소와 떠돌아다니던 개들도 전부 칼을 맞고 쓰러졌다. "마침내 살아 있는 건 아무것도 없었다."[7] 구자라트 상선들은 전부 불태워졌다. 몇몇 장소에서 단호한 저항이 있었으나 아무 소용도 없었다. 날이 저물 무렵, 알메이다는 모스크에서 휘하 부하들을 재편성하여 시내의 거리를 안전하게 확보하라고 지시했다. 이튿날 아침, 그는 도시를 자유롭게 약탈해도 좋다고 허용했다. 각각 20명 정도로 구성된 여러 집단이 도시로 들어가 약탈한 물건들을 가지고 해안으로 돌아왔다.

하지만 시간이 흘러가면서 총독은 걱정이 되기 시작했다. 부하들의 무질서한 약탈과 취기를 틈타 현지 주민들이 다시 모여서 저항에 나설지도 몰랐다. 그래서 도시에 몰래 불을 놓으라고 지시했다. 그 결과 지하실에 숨은 사람들은 산 채로 불타 죽었고, 외양간에 묶인 동물들도 마찬가지였다. 여자와 어린아이는 불타는 건물에서 비명을 지르며 도망쳤지만, 총독은 파견대를 보내 그들도 일일이 살해했다. 도시는 대혼란 그 자체였다. 소들의 커다란 울음소리, 왕족의 마구간에서 불이 붙은 말들의 울음소리, 사람의 비명, 살이 타는 냄새, 도시의 물자 대부분이 파괴되는 광경이 뒤범벅됐다. 불이 잦아들자 약탈자들은 잿더미를 갈퀴로 훑고, 여전히 시신이 있는 지하실을 쿡쿡 찔러보고, 우물 속을 살폈는데, 혹시 아직도 못 찾은 귀중품이 거기에 들어 있지나 않은지 확인하기 위해서였다.

해안을 따라 형성된 정착지들을 파괴하고자 항해를 멈춘 알메이다는 1509년 1월 5일에 병력을 다시 승선시키고 북쪽 해안으로 떠났다. 무슬림이 얼마나 죽었는지 구체적인 수치는 전해지지 않지만 엄청난 규모였고, 포르투갈인 사망자 수는 무시해도 될 정도로 적었다. 차울에 도착했을 때 알메이다는 위압적으로 조공을 요구했고, 무슬림 함대를 상대로 승리를 거두고 돌아가는 길에 그것들을 거두어갈 생각이었다. 뭄바이 근처 마힘섬은 주민이 이미 떠나버려서 텅 비어 있었다. 다불 참사 소식이 바람처럼 빠른 속도로 해안 전역에 전해진 것이다. 이 대학살은 가마의 미리호 파괴 사건과 비견되었다. 그것은 용서받지 못할 행동으로, 인도인과 무슬림의 기억에 오래 남는다. 피해를 입은 해안 전역에서 사람들은 새로운 욕설을 만들어냈다. "당신에게 프랑크인의 분노가 닥치길!"[8]

알메이다는 어서 이집트 함대를 찾아내어 파괴하려는 일념으로 디우로 올라갔다. 그는 아야즈에게서 받은 서신을 갖고 있었다. 아야즈는 곧 벌어질 전투를 후사인과 함께 준비하고 있었지만 속으로는 영 내키지 않았다. 아야즈의 서신은 총독과의 우호를 추구했고, 차울에서 붙잡힌 포로는 자신이 잘 보호하면서 훌륭하게 대우하고 있다고 장담했다. 게다가 이 서신은 맘루크 함대의 배치에 관한 유용한 정보를 제공했다. 아야즈는 또다시 양쪽에 발을 걸치는 기회주의적 태도를 보였다.

아야즈는 다불이 당한 끔찍한 참사 소식을 들어서 알고 있었기에 자신에게 징차 어떤 일이 닥칠지 불안해하며 떨었다. 그는 알메이다의 답신을 받았다. 정중하게 격식을 차렸지만, 심각하게 위협적인 내용이었다.

나 총독은 명예롭기 한량없는 말리크 아야즈에게 전하는 바요. 나는 휘하 기사들과 함께 그대의 도시로 가는 중이며, 차울에서 포르투갈 함대와 싸울 때 내 아들을 살해한 뒤 그곳에 피신한 자들을 색출하고자 하오. 지극히 높은 곳에 계신 신을 믿는 나는 그들에게 보복하고, 그들을 돕는 자들도 똑같이 다루고자 그곳에 가는 중이오. 내가 그들을 찾지 못한다면 그대의 도시는 무사하지 못할 것이오. 이 일은 내 모든 걸 쏟아부어서라도 할 가치가 있고, 차울에서 그들에게 큰 도움을 준 그대에게도 마찬가지요. 내가 도착할 때 그대가 이 모든 걸 사전에 숙지하도록 이렇게 미리 알리는 바요. 나는 항해 중이고, 지금 봄바임(뭄바이)섬에 있소. 이 사실은 이 답신을 가져온 자가 증명할 것이오.[9]

15

디우

1509년 2월

1509년 2월 2일, 포르투갈 함대가 시야에 들어오자 무슬림의 작전 회의에서는 망설임과 불신이 차올랐다. 캐럭선 6척, 갤리선 6척, 구자라트 캐럭선 4척과 아야즈의 소형 갤리선 함대로 구성된 무슬림 함대는 이제 30척으로 줄었고, 여기에 캘리컷에서 보낸 가벼운 선박 70척이 추가될 가능성이 있었다. 그들의 병력은 4000명에서 5000명 정도였다. 그 배들은 디우로 들어가는 강어귀 안쪽에 있었고, 이런 지리적 조건은 지난번 차울의 경우와 유사했다. 무슬림들과 현지인들은 앞으로 일을 어떻게 진행해야 할지 의견 충돌이 컸다.

후사인은 포르투갈인들이 긴 항해를 마치고 아직 준비가 안 된 상태일 때 바다에서 그들과 싸워야 한다고 하면서 속전속결을 원했다. 아야즈는 그건 싸움이 여의치 않게 진행되는 경우, 이집트인들이 곧

바로 도망할 구실을 만들기 위함이라고 생각했다. 그렇게 되면 그 결과를 자기 혼자서 뒤집어써야 할 것이 분명했다. 그는 해안 포대의 보호를 받을 수 있고 주민의 도움도 충분히 받을 수 있는 강 안쪽에서 싸워야 한다고 고집했다. 이는 사태가 불리하게 돌아갈 경우, 육지로 도망치겠다는 속셈을 드러내는 태도였다. 아야즈는 자기 함대와 캘리컷에서 보낸 배를 출항시키길 거부했다. 알메이다의 위협적인 태도가 머릿속에 맴돌던 아야즈는 다른 곳에 급한 볼일이 있다고 둘러대면서 전투에 일절 참여하지 않는 게 최선이라고 판단했다. 후사인은 아야즈의 속셈을 다 알고 있다면서, 아야즈에게 그의 캐럭선들을 지금 즉시 출항시키라고 명령했다. 아야즈는 도시로 들어오라는 전갈을 받고 시내로 들어가더니 후사인의 명령을 무시하라고 지시했다.

이렇게 하여 양쪽 군대 사이에 교착 상태가 이어졌고, 두 사령관은 상호 불신으로 서로를 구속하고 방해했다. 후사인은 바다에서 무익한 장거리 포격전을 벌이다가 이윽고 강 안쪽에서 싸우는 일이 불가피하다는 것을 받아들여야 했다. 아야즈는 이제 전투에 참여할 수밖에 없었지만, 또다시 자신의 개입과 손실을 최소화하며 전투에 참여했다는 성의만 표시하려 들었다. 그는 항구의 입항을 불가능하게 만드는 쇠사슬을 쳐서 포르투갈인들의 진입을 사전에 봉쇄할 수도 있었고, 그렇게 하면 그들은 하는 수 없이 되돌아가야 했을 것이다. 하지만 아야즈가 일부러 그렇게 하지 않은 것은 철저한 계산이 깔린 조치였다. 만약 항구를 봉쇄한다면 알메이다에게 적대적 조치를 취했다고 인식될 테고, 그러면 조만간 엄청난 대가를 치러야 할 것이다. 포르투갈 함대가 곤경에 빠진 맘루크 함대를 전멸시킨다면 아야즈에게는 이득이 되는 일이고 그 후에 총독을 상대로 평화 협정을 맺을 수도 있다는 계산이었다.

아야즈의 이런 수상하고 모순되는 태도 탓에 무슬림 함대는 다시 수비 태세를 취하게 되었는데 이런 상황은 지난번 차울에서와 비슷했다. 캐럭선들은 대열을 이루어 해안 가까이에 둘씩 짝을 지어 정박했고, 뱃머리는 앞을 바라보았다. 먼저 후사인의 캐럭선 여섯 척이, 그다음엔 갤리선들이, 이어 구자라트 캐럭선들이 대열을 형성했다. 아야즈의 소형 갤리선, 캘리컷에서 보낸 노가 구비된 가벼운 배들은 무슬림 함대의 큰 배들이 교전을 벌일 때 뒤에서 포르투갈 함대를 급습하려는 목적으로 더 멀리 떨어진 상류에 머무르고 있었다. 해안 포대는 엄호 사격을 해주기로 했다. 후사인은 포르투갈이 차울에서와 똑같은 백병전 전술을 펼치리라 짐작했다. 명예에 굶주려, 멀리서 포격을 가하기보다 무슬림 함대에 가까이 다가와 선상에 올라오려 할 것이라고 내다보았다.

알메이다의 배에서도 작전 회의가 열렸다. 총독은 이 전투의 승패가 포르투갈의 운명에 대단히 중요한 계기가 될 것이라고 강조했다. "저 무슬림 함대를 격파하면 우리는 인도 전역을 정복할 것이 확실하네."[1] 그는 또 포르투갈 세력이 현재 승리와 패배 사이에 불안정하게 자리 잡고 있다고 말했다. 그는 후사인의 기함에 올라가 백병전을 직접 이끄는 명예를 차지하기를 바랐다. 하지만 선장들은 이 제안에 반대했다. 로렌수의 죽음을 기억하는 그들은 이런 식으로 자기 목숨을 위태롭게 하려는 알메이다의 작전에 크게 반발했다. 그들은 사령관이 기함인 프롤드라마르호에서 전투를 통제하는 것이 더 상책이며, 다른

포르투갈 캐럭선. 거대한 전투 장루로 중무장했다.

이들이 첫 공격을 맡도록 위임해야 한다고 진언했다. 이는 그들이 차울에서 대실패를 겪은 이후 깊이 깨달은 교훈의 첫 번째 흔적이었다. 그들은 이제 이전과 다른 방식으로 전술적 감각을 크게 개선했다. 포격은 이 해전에서 중요한 일익을 담당할 예정이었다. 그들은 돛대 꼭대기의 망대에 최고의 궁수와 명사수를 배치했고, 뜻밖의 사고에 대비하여 배에 난 구멍을 틀어막을 재료, 불을 끌 때 사용할 물, 그리고 그 작업에 투입될 병력을 사전에 마련해두었다. 그렇게 준비한 다음에 비로소 차울 때와 마찬가지로 공격에 나설 생각이었다.

캐럭선은 무슬림 캐럭선을 상대하고, 갤리선은 무슬림 갤리선과 맞붙을 것이다. 강력한 기함 프롤드라마르호는 물 위에 떠 있는 포대 역할을 할 것이다. 그 배의 병력은 모두 다른 배로 이동시켰다. 기함 에 최소한으로 잔류한 선원들과 포수들은 적의 배에 엄청난 함포 사 격을 가하여 박살 낼 계획이었다. 또 노를 저어 움직이는 무슬림 배들 이 전선 배후에서 반격해 오는 걸 막을 계획이었다. 차울에서 독일인 포대 감독의 제안을 무시하여 겪은 참패의 교훈을 그런 식으로 실전에 서 채택한 것이다.

1509년 2월 3일, 동이 트자 포르투갈 배들은 바닷바람을, 그리고 강의 얕은 물길로 물이 들어오기를 기다렸다. 알메이다는 선장들에게 의견을 보냈다.

선장들, '후므'들은 앞으로 나오지 않을 것이오. 여태까지 그렇게 하지 않 았기 때문이지. 그러니 그리스도의 수난을 떠올리면서, 해풍이 불기 시작 하면 내가 보내는 신호를 빈틈없이 살피도록 하시오. 우리는 앞으로 나아 가 놈들에게 일제 포격의 점심 식사나 대접합시다. 무엇보다 각별히 적의 동태에 신경 쓰기를 권하는 바요. … 무슬림들이 자기 배에 불을 붙여 그대 들의 배를 태우려 하거나 닻줄을 잘라 해안으로 끌고 가려고 할 수도 있소. 그러면 불을 잘 피하면서 그런 상황에서 재빨리 벗어나도록 하시오.[2]

두 시간 뒤 바다에서 바람이 불어오기 시작했다. 가벼운 프리깃 범 선 한 척이 배들의 전선 앞쪽으로 나왔다. 전령들은 각각의 배에 승선 하여 선상에 집결한 전우들에게 총독의 선언서를 읽어주었다. 알메이다는 성전과 운명에 관한 비장한 느낌이 넘쳐나는 미사여구로 작성된 고무적인 문서를 작성하여 휘하 선원들에게 전했다.

지고하고 탁월하신 국왕 마누엘 폐하에 의해 인도 총독으로 임명된 나 프란시스쿠 드 알메이다는 내 서신을 보는 선원들에게 선포한다. … 오늘 이 시간, 나는 저 무슬림 함대, 술탄의 명령을 받아 메카에서 건너와 그리스도 신앙과 싸우고 그 신앙에 피해를 입히고 우리 주군의 왕국에 대항하는 저 함대와 싸우기 위해 여기 모인 선원들과 함께 디우 모래톱을 바라보고 있다.

그는 차울에서 전사한 아들, 칸나노레와 코친에 가해진 공격, "명령을 내려 거대한 함대를 파견한" 캘리컷 왕의 적의를 호소력 있는 말로 약술했다. 이어 포르투갈이 직면한 위험, 그리고 "적이 벌을 받아 전멸되지 않을 경우에 따를 중대한 위험을 사전에 방지할" 필요성을 강조했다.[3] 알메이다는 단순히 승리만을 원하는 것이 아니라 적의 박멸을 추구했고, 포르투갈 편에서 싸우다 전사하는 자는 순교자가 될 것이라고 선언했다. 무슬림 함대의 전투 준비 상황에 관한 기록은 남아 있지 않지만, 무슬림 용병들을 상대로 알라의 이름으로 순교자가 되라는, 알메이다의 독전 메시지와 비슷한 연설이 있었을 것이다.

전령은 각 배를 오가며 총독의 연설을 전하는 동시에 승전 이후에 이루어질 약속과 보상 목록도 읽어주었다. 지금의 기사는 신분이 더 높은 귀족으로 승급될 것이고, 죄수들은 선고된 형에서 해방될 것이다. 노예가 전사하면 그 이름으로 주인이 보답을 받을 것이고, 살아남으면 자유민이 될 것이다. 전투에서 승리할 경우, 모든 병사에게 약탈의 기회가 골고루 주어질 것이다.

바람이 불자 함대 선원들은 사기가 고무되어 전투 준비를 갖추었다. 프롤드라마르호는 공중에 발포함으로써 앞으로 진군하라는 신호를 보냈다. 무슬림 진영에서도 전투 준비를 마쳤다. 배들은 적의 승선을 방해하고 공격자들에게 무기를 날리기 위해 그물망을 걸쳤고, 선박의 양쪽 측면은 두꺼운 판자를 덧대 보호를 강화했다. 흘수선 위 선체는 적의 화공을 막아내기 위해 두꺼운 솜을 넣고 물에 적신 자루를 덮었다.

"산티아구!" 포르투갈 병사들은 전통적인 교전 함성을 지르며 배의 깃발을 공중으로 한껏 펼쳤다. 나팔이 요란한 소리를 내고 북이 우레처럼 울리는 가운데 배들은 강의 상류로 나아갔다. 무슬림 포대는 적의 함대가 지나가는 동안, 해변과 하중도河中島에 설치된 포대에서 포격 준비를 마쳤다. 알메이다는 함대에서 가장 오래된 배인 산투이스피리투호를 앞장서게 했는데, 이 배는 수심을 측정하며 앞으로 움직이다가 적에게서 첫 공격을 받았다. 포르투갈 선원들은 "모든 것에 돌비처럼 쏟아지는" 집중 공격을 받은 산투이스피리투호의 갑판에서 철수하여 배 안으로 내려갔다.[4] 그 과정에서 열 명이 사망했다. 하지만 함대는 그런 피해에 아랑곳하지 않고 강에서 폭이 좁은 부분을 통과한 뒤, 각각의 배마다 미리 선정한 목표물을 향해 접근했다.

선두의 캐럭선들이 가장 중요하게 여기는 목표물은 전투의 핵심인 적의 기함이었다. 이번에 포르투갈인들은 대포를 더 현명하게 활용할 계획을 세웠다. 산투이스피리투호는 목표물에 접근하면서 선체의 균형을 잡았고, 곧이어 근거리에 정박한 적의 캐럭선들을 향해 발

포했다. 후사인의 기함 옆에 있던 배는 직격을 당해 측면에 구멍이 뚫리면서 기울었고 곧이어 옆으로 넘어가더니 침몰했다. 이 배의 선원 대다수가 익사하자 포르투갈 공격자들은 환호성을 질렀다. 그런 뒤에 두 척씩 짝을 지어 적의 기함에 빠르게 접근했다. 전면의 전선에서 멀리 떨어진 곳에서도 전투가 진행되었다. 캐럭선은 캐럭선을 상대로, 갤리선은 갤리선을 상대로 싸웠다. 강 상류에 머무르던 아야즈의 소형 갤리선들은 전황을 보아가며 배후에서 적선을 향해 나아가기 위해 대기했다.

배들이 서로 접전을 벌이자 혼란스러운 고함이 강물 위에서 메아

리처럼 울려퍼졌다. 정박한 무슬림 선박들은 곧바로 충돌에 대비하고 있었으나, 포르투갈 배들이 옆으로 방향을 틀더니 근거리에서 발포 한 이후에 맞붙으려 했다. 이집트인들은 최대한 그 상황에 맞추어 응 전했다. 태양이 포연에 덮여서 보이지 않았고, "연기가 너무 자욱하고 불이 거세게 타올라 아무것도 보이지 않았다."[5] 연대기 기록자들은 그 전장이 세상의 종말에서나 볼 법한 풍경이라고 기술했다. 포성이 "너 무나 섬뜩해서 사람의 소행이라기보다는 악마의 소행처럼 보였고",[6] "끝없이 발사되는 화살"[7]이 자욱한 포연을 뚫고 날아왔다. 기독교인 과 무슬림은 각각 그들이 믿는 신 혹은 성인의 이름으로 격려의 함성을 외쳤고, 다치고 죽어가는 자들의 비명도 그 요란한 소리에 뒤섞여서 들려왔으며, "그런 단말마의 비명이 너무나 커서 그 전장은 최후의 심판이 도래한 곳처럼 보였다."[8]

강물은 물살이 빠르고 해풍도 거세어서 목표물에 정확하게 접근하기가 힘들었다. 몇몇 배는 목표물로 선정한 적선을 크게 흔들 정도로 정확하게 충돌했지만, 몇몇은 비스듬히 충돌해 적의 배를 스쳤고, 또 다른 배들은 목표에서 한참 빗나가 아예 충돌하지도 못하고 상류로 나아가는 바람에 일시적으로 전장에서 이탈했다. 후사인의 기함은 숙련된 포수와 훌륭한 대포를 캐럭선에 갖추고 있었다. 포수 가운데 다수는 변절한 유럽인이었다. 하지만 대포가 전방을 바라보는 고정된 위치에 놓여 있어서 사정 범위가 제한되었고, 후사인의 배에는 노련한 전사도 그리 많지 않았다.

포르투갈 함대의 승선조는 배의 앞갑판에서 대기하며 적선과 충돌하는 즉시 적의 갑판으로 뛰어들 태세를 갖추었다. 일단 충돌하면 쇠갈고리를 던져 아군과 적군의 배를 연결할 것이고, 그러면 노예들이 이 쇠갈고리를 힘차게 잡아당길 것이다. 충돌로 인한 충격은 폭발적이었다. 산투이스피리투호는 수로에서 포격을 당했는데도 전투의 목표이자 핵심인 후사인의 기함을 향해 계속 나아갔다. 병사들은 이 두 배가 단단히 고정되기도 전에 적들과 맞붙어 싸우면서 적선의 갑판으로 건너갔다. 갑판에 올라가기 위해 그물에 매달린 포르투갈 병사들의 머리 위에선 무슬림 궁수들의 화살이 쏟아져 내렸다. 곧이어 산투이스피리투호의 선장 누누 바스 페레이라가 두 번째 공격대를 이끌고 앞으로 나섰다. 후사인의 기함이 당장 함락될 것처럼 보였지만, 포연과 혼란 속에서 갑작스럽게 전운이 역전되었다. 이집트의 한 캐럭선이 닻줄을 내린 채 방향을 틀고 반대쪽에서 산투이스피리투호를 공격하는 바람에 산투이스피리투호는 두 이집트 배 사이에 갇히고 말았다. 포르투갈의 공격은 즉시 수비로 바뀌었다. 포르투갈인들은 최대의 전리품을 포기하고 자기 배를 지킬 수밖에 없었다. 전투가 한창일 때 누누 바스는 판금 갑옷을 입고 도저히 더위를 견디지 못해 목을 보호하던 부분을 들어 올리고 숨을 내쉬다 곧장 화살에 맞았다. 그는 치명상을 입고 선실로 실려갔다. 이는 기함을 놓고 벌인 전투의 중대한 변곡점이었고, 포르투갈인들은 크게 동요했다. 그러다 두 번째 배인 헤이그란드호가 후사인의 기함을 다른 쪽에서 들이받자 포르투갈 병사들이 승선을 시도해 무성하게 설치된 기함의 그물들을 해체하고 그 안쪽에 매달린 자들을 제거했다. 전투의 주도권은 이제 반대쪽으로 움직였다.

캐럭선들이 전진하는 곳마다 비슷한 전투가 진행되었다. 포격을 하고 나면, 포르투갈인들은 앞뒤를 가리지 않고 용맹하게 적에게 달려들었다. 작은 배인 콘세이캉호는 또 다른 키 높은 캐럭선에 올라타려고 시도했다. 페루 캉을 포함한 22명의 포르투갈 병사가 적의 배로 뛰어들었지만 콘세이캉호는 스쳐 지나갔고, 적선에 올라간 포르투갈 병사들은 압도적 병력 차이를 실감한 채 고립되었다. 캉은 현창으로 기어가 적을 우회하려 했지만, 현창으로 목을 내미는 순간 적의 칼날에 머리가 잘렸다. 나머지 포르투갈 병력은 앞갑판에서 몸을 숨긴 채 다른 포르투갈 배가 공격에 나서 구조해줄 때까지 저항했다. 다른 맘루크 배를 향해 가던 상주앙호에서 대기 중이던 병사 열두 명은 적선에 뛰어올라 죽기 살기로 싸우겠다고 맹세했다. 상주앙호는 목표물과 너무 강하게 충돌하는 바람에 뒤로 밀려나 진로의 방향이 바뀌었다.

포르투갈 병사들은 적의 배로 뛰어들 때 고작 다섯 명만이 건너갔고 곧바로 중과부적으로 열세에 몰렸다. 셋은 궁수들의 화살을 맞고 죽었지만, 다른 눌은 차폐물 뒤의 선창에 몸을 숨겼고, 적이 아무리 쏘셔대도 거기서 나오지 않았다. 그들은 화살과 나무 파편으로 생긴 상처로 피를 흘리는데도 항전을 멈추지 않았고, 어떻게든 그들을 몰아내려는 적병 여덟 명을 죽였다. 적의 배가 점령되어 아군이 구조하러 왔을 때, 적선에 올라갔던 포르투갈 병사들은 산사람이라기보다는 송장에 더 가까웠다.

그 전투에 참가한 다른 많은 포르투갈인들과 함께, 안토니우 카르발류와 고메스 셰이라 디녜이루라는 두 병사의 이름은 기록에 남았지만, 그들의 상대인 무슬림 전사들은 이름이 전하지 않는다. 숙달된 전사인 맘루크 보병은 유연한 사슬 갑옷을 입고 붉은 깃털 장식을 매단 투구를 썼으며, 목과 코 보호대 정도만 걸쳤다. 그런 만큼 중무장한 유럽인보다 동작이 훨씬 민첩했던 이들은 용맹하게 싸웠지만 수적으로 밀렸다. 게다가 생사 여부와 상관없이 자기 영토에서 맘루크 병사들이 떠나길 절실히 바란 아야즈의 기회주의적 악감정 탓에 운신의 폭이 제한되었다. 그들의 배는 후사인의 전술에 따라 한 군데에 고정되어 있었고, 화력도 포르투갈의 우월한 대포에 밀렸다. 누비아 흑인과 아비시니아(에티오피아) 흑인, 투르크멘 궁수는 그들과 함께 싸웠다. 특히 투르크멘 궁수는 "고도로 숙련되고, 사격이 매우 정교했다."[9]
장루墻樓(돛대 꼭대기에 있는 원통형 공간)에서 펼쳐지는 공중전에서 이

활잡이들의 능력은 상대를 겁먹게 했고, 포르투갈인들은 나무 차폐물 뒤로 숨을 수밖에 없었다. 그들이 쏘는 화살이 웅웅거리며 목표로 삼은 적을 연달아 맞히자 돛대는 결국 화살에 뚫려서 마치 고슴도치 같은 모양새로 바뀌었다. 날이 저물었을 때 알메이다의 병력 중 3분의 1은 화살을 맞아 상처를 입은 상태였다. 돛대 꼭대기 망대에서 포르투갈인이 할 수 있는 최선의 행동은 차폐물 뒤에서 재빠르게 나와 적의 배 갑판에 돌을 던지고 다시 빠르게 망대 뒤로 숨는 것이었다.

하지만 맘루크인의 사기와 그들의 궁수들이 갖춘 기량만으로는 충분하지 않았다. 아야즈의 병력 다수는 전문적으로 훈련된 병력이 아니었고, 가까이에 있는 도시 성문이 제공하는 안전의 유혹을 이겨내지 못했다. 후사인이 용맹하게 자신의 기함을 구하려 애쓰는 동안, 아야즈는 해안에 남아 전투 현장으로부터 신중하게 거리를 두며 돌아가는 상황을 지켜봤다. 심지어 포연에 가려 전장이 보이다 말다 하는 것도 포르투갈 군대에 유리했다. 바람이 무슬림 병사들 쪽으로 불어서 포르투갈인들은 유리한 기회를 잡을 수 있었다.

상류에선 양쪽 갤리선들 사이에 맹렬한 싸움이 벌어졌다. 포르투갈 갤리선은 포격의 위력으로 무슬림 갤리선 두 척을 제압했고, 그 배로 건너간 포르투갈인들이 무슬림의 대포를 나머지 무슬림 갤리선들을 향해 쏘았다. 키 낮은 이집트 배의 측면에 공격이 집중되었고, 이집트 배들은 해안에 묶여 전방을 향한 대포만 쓸 수 있어서 포르투갈의 그런 포격에 적절히 대응하기가 힘들었다. 사슬에 묶인 노잡이 노예들은 이런 공격에 속절없이 죽어 나갔고, 결국 무슬림 선원들은 배를 버리고 육지로 도망쳤다.

강의 한가운데서, 알메이다는 훌륭하게 꾸민 투구와 흉갑과 화려한 갑옷을 착용한 채 프롤드라마르호 갑판에 서서 돌아가는 전투 상황을 지켜봤다. 이 배는 포르투갈 함대에서 가장 크고 훌륭한 배로 삼중 갑판에다 중무장을 했지만, 이젠 건조한 지 8년이 되어 다소 노후했다. 배에 물이 계속 스며들어 와 꾸준히 퍼내야 했다. 전투가 시작되었을 때 기함의 대포 18문은 구자라트 캐럭선을 향해 일제 포격을 가했다. 대포의 진동은 400톤 배를 크게 뒤흔들 정도로 맹렬했고, 그때마다 판자의 이음매가 조금씩 벌어졌다. 그러자 갑자기 침몰 위험성을 우려하기에 이르렀다. 기함이 침몰하면 전투 형세가 일변할 수도 있었다. 하지만 기함이 살아남은 건 '하느님의 신성한 기적' 덕분이었다. 이음매 속의 삼 부스러기가 물에 젖어 부푼 덕에 침수가 멈추고 밀봉된 채 유지되었고, 더는 물을 퍼내지 않아도 되었다.

전투가 격렬하게 진행되면서 아야즈는 마침내 소형 갤리선과 소형 다우선을 지휘하는 '사악한' 외눈박이 시디 알리에게 포르투갈인을 뒤에서 급습하라고 명령할 수밖에 없었다. 하지만 프롤드라마르호는 특히 이런 위협을 완전히 물리치기 위해 굳건히 버티고 있었다. 아야즈의 함대는 맹렬한 전투 속도로 노를 저어 움직이며 포르투갈 기함을 지나쳐 돌진하려 했지만 바람과 물결이 그들의 진전을 더디게 했고, 기함과 나란히 서자 공격당하기 쉬운 상대가 되어버렸다. 그들은 노를 저어 지나칠 때 세 차례나 강력한 포격을 당했고, 갤리선들의 앞쪽 전열이 박살 났다. 배는 쪼개지고 병사들은 물속에 떨어졌다. 그 배들은 밀집 대형으로 다가오고 있었으므로 강상에 일대 혼란이 발생했다. 뒤에서 오는 배들은 파괴된 배들의 잔해를 피할 수가 없어서 그대로 충돌했다.

이제 아야즈 함대 전체에 포르투갈의 강력한 포격이 가해졌다. 이 공격으로 아야즈 함대는 붕괴했다. 뒤에 있던 배들은 더한 참사를 피하고자 선수를 180도로 회전시켜 후퇴했다. 소수의 용맹한 배들은 포르투갈인이 다시 포격하기 전에 노를 저어 지나갈 수 있다고 판단하여 계속 앞으로 움직였지만, 포수들이 재장전하는 빠른 속도가 그들의 허를 찔렀다. 이렇게 하여 후사인 작전에서 핵심적인 전투는 결국 실패로 돌아갔다.

무슬림들은 용맹하게 싸웠지만, 숙련된 전투원이 부족했고 포르투갈인이 전문 기술을 갖춘 데다 보유한 포대의 위력이 막강하여 전투 결과는 보나 마나 한 것이 되어버렸다. 이집트 배들은 한 척씩 나포되거나 방기되었다. 후사인의 기함은 마침내 방기되었고, 후사인은 몰래 작은 보트를 타고 전장에서 도망쳤다. 수영을 할 줄 모르는 병사들이 탄 일부 이집트 배들은 전방 닻줄을 끊고 해안으로 가까이 다가가려 했다. 그러자 포르투갈인들은 작은 보트를 띄워 물속에 뛰어든 적을 찌르며 학살했다. 그렇게 "바다는 죽은 자들의 피로 붉게 변했다."[10] 캘리컷에서 보낸 소형 다우선 몇 척은 간신히 바다로 빠져나갔고, 말라바르 해안으로 가서 패전의 슬픈 소식을 전했다. 구자라트 캐러선 중 가장 큰 배는 이중 갑판에 약 600톤 무게의 배였고 400명이 탔는데, 종일 저항했다. 이 배는 포르투갈 배들이 승선하기에는 해안에 무척 가까이 있었고 선체도 지극히 튼튼했다. 포르투갈 함대는 이 배를 침몰시키고자 전부 모여서 쉼 없이 일제 포격을 가해 결국 바다에 침몰시켰다. 그런데도 배의 상부 구조가 여전히 물 위에 둥둥 뜬 채로 있어서 그 배에 타고 있던 선원들은 육지로 도망칠 수 있었다.

날이 저물자 알메이다는 배마다 들르며 선장들과 포옹했고, 부상자 상태를 물었다. 아침이 되자 나팔 소리가 울리는 가운데 기함에서 집합 점호가 시행되어 인명 손실을 계측했다. 사망자는 30명에서 많게는 100명까지 나왔고, 300명이 다쳤다. 이런 부상의 주된 원인은 나무 파편과 화살이었다. 하지만 포르투갈 함대의 승리는 확정되었다. 이집트 함대는 전멸했다. 적의 배는 죄다 침몰하거나 나포되거나 전소되었다. 적장 후사인과 함께 도망친 22명을 제외하면 살아남아서 해전의 경과를 들려줄 후므는 소수에 불과했다. 포르투갈 측 기록에 따르면, 구자라트인은 1300명이 전사했고 캘리컷인의 사망자 수는 알려지지 않았다. 그들의 캐럭선은 기함을 포함하여 세 척이 포르투갈 함대에 통합되었고, 더불어 갤리선 두 척과 대포 600문도 몰수되었다. 그 해전은 너무도 엄청난 파괴력을 발휘했다.

아침이 밝자 소형 갤리선 한 척이 백기를 날리며 다가왔다. 아야즈는 끝까지 아주 조심스럽게 협상 작전을 펼쳤다. 그는 차울 해전에서 포로로 붙잡은 뒤로 무척 세심하게 보살핀 포르투갈 포로들을 즉시 돌려줬는데, 그들 모두가 훌륭한 비단옷을 입고 황금을 가득 채운 주머니를 들고 있었다. 아야즈는 디우는 무조건 항복할 것이라고 말하고 포르투갈 국왕에게 충성을 맹세했다. 게다가 포르투갈 함대에 식량을 넉넉히 보내왔다.

알메이다는 디우를 점령할 생각이 없었다. 현재 병력으로 디우를 점령하고 수비하기는 어렵다고 생각했다. 그는 디우 함대에 보조금을 지급한 무슬림 상인들에게 막대한 배상금을 요구하여 받아낸 후 끔찍한 보복을 가했다. 로렌수가 죽은 뒤로 알메이다는 냉정한 평정심이 사라졌다. 그의 평판은 무자비하고 가학적인 보복 행위로 크게 손상되었다. 아야즈는 자신이 도시로 피신시킨 이슬람 용병들 전부를 넘겨주어야 했는데, 그렇게 넘겨진 후므들은 이런저런 방식으로 끔찍한 최후를 맞이했다. 디우 통치자는 아무런 이의도 제기하지 않고 그런 행위를 묵과했다. 후므들은 일부는 손과 발이 잘렸고, 다른 일부는 거대한 장작더미 위에서 산 채로 불태워졌다. 또 다른 이들은 대포의 포문에 묶여 몸이 산산조각 났다. 그것도 아니면 나포한 배에 족쇄를 채운 채로 승선시킨 다음에 포격으로 그 배를 침몰시켰다. 몇몇은 서로 찔러 죽이도록 강요했다. 디우 성문은 시신에서 잘라낸 머리로 만든 피투성이 묵주로 장식되었다. 이렇게 처참한 조치를 한 이유는 "총독의 아들을 죽인 무슬림들이 이 문을 통과하여 출입했기 때문이다."[11] 몇몇 후므는 나중에 고문한 후 죽이기 위해 목숨을 살려두고 배에 태웠다.

프랑크인의 분노는 오랜 세월 기억된다. 이슬람 세계는 그것을 견인주의적 슬픔으로 받아들였다. "이 저주받을 침입자들은 승리를 거두고 떠났다. 이는 지고하신 신의 명령이며, 부인할 수 없는 그분의 뜻이다. 그분의 뜻을 거슬러서는 그 무엇도 성공할 수 없으리라."[12]

알메이다는 코친으로 돌아가는 중에 들른 해안마다 엄청난 충격을 안겼다. 함대가 거쳐 가는 항구마다 일제히 포격을 벌여 무자비하게 파괴했다. 칸나노레에서 무슬림 포로들은 선원들에게 린치를 당했고, 그 시신이 돛대에 내걸렸다. 알메이다가 요란한 나팔 소리와 함께 코친으로 개선하면서 활대 양쪽 끝을 장식한 시신은 더 늘어났다. 맘루크 술탄의 왕기王旗는 포르투갈로 보내져 토마르에 있는 그리스도 기사단의 수녀원에 걸렸다. 디우 전투는 포르투갈의 승리로 결말이 나는 것이 필연적이었고 그 결과는 엄청났다. 이 전투로 맘루크 술탄의 신뢰도는 산산조각 났고, 포르투갈인을 바다에서 내쫓을 수 있다는 회망이 최종적으로 붕괴했다. 프랑크인은 앞으로도 인도양에 계속 머물 것이었다.

알메이다가 개선하며 코친 해안에 내렸을 때, 아폰수 드 알부케르크가 그곳에서 기다리고 있었다. 그는 총독에게 찬사를 보내며 이제 지휘권을 인수하고 싶다고 말했다. 알메이다는 그를 무시하고 지나쳤다. 그는 자리를 넘겨주기를 거부했다. 귀국 항해를 하기엔 이미 시기적으로 너무 늦었고, 또 국왕이 귀국 항해에 나서기 전까지는 자신에게 이 일대의 통제를 맡으라고 지시했다는 게 그 이유였다. 이런 발언의 배경에는 호르무즈 반란자들을 둘러싼 극심한 파벌주의, 알부케르크가 성마른 사람이라는 평판 등이 작용했다. 알부케르크는 통치하기에 정신적·도덕적으로 적합하지 않은 사람이라는 비난이 있었다.

알부케르크를 적대시하던 한 사람은 이렇게 증언했다. "제 생각에 인도는 지금 투르크인보다도 아폰수 드 알부케르크 때문에 더 큰 위험에 처했습니다!"[13] 이런 사람들은 알부케르크를 따르느니 차라리 인도를 떠나겠다고 위협했다. 알부케르크의 행정권 남용을 고소하는 사건까지 있었다. 9월에 알메이다는 명령을 내려 알부케르크를 코친 밖으로 나가게 했다. 당국은 요새의 코끼리를 동원하여 그의 집을 철거했고, 그를 칸나노레로 실어갈 배는 벌레가 먹어서 손상이 심각했다. 알부케르크는 반대파가 자신을 죽이려 한다고 생각했다. 본국의 포르투갈 행정부는 그의 대의를 지지했으나, 칸나노레에서 알부케르크는 사실 감옥에 갇힌 거나 다름없었다. 알부케르크는 이런 상황을 어마어마한 인내심으로 버텨낸 듯하다. 벌컥 화를 잘 내는 그는 용서하는 것도 빨랐다. 자신이 수염을 잡아 뽑는 모욕을 가하여 호르무즈에서 탈주했던 노바가 그해 곤궁하게 지내다 죽었다는 소식을 듣고서 알부케르크는 장례 비용을 댔다.

상황이 해결된 건 11월에 그해 향신료 함대가 칸나노레에 도착하면서다. 젊고 자만심이 무척 강한 페르난두 코티뉴가 이 함대를 지휘했고, 포르투갈의 원수인 그는 국왕이 부여한 전권을 행사했다. 그는 알부케르크를 데리고 코친으로 가서 알메이다에게 총독 자리를 넘겨주라고 지시했다. 마침내 알부케르크는 인도 총독 자리를 차지했고, 많은 부하가 이 사실에 경악했다. 그다음 날 알메이다는 고국 리스보아로 돌아가는 길에 올랐다. 그는 머지않아 퇴임한 총독을 몹시 불쾌하게 여기는 국왕을 대면해야 할 것이었다.

한 점쟁이는 알메이다가 희망봉을 살아서 지나가지 못할 것이라고 예언했다. 그는 바다에 나오자 여러 날에 걸쳐 유언장을 작성했다. 그는 포로들에게 구호금을 남겼고, 국왕에게 커다란 다이아몬드 한 알을 남겼으며, 자기 하인들에게는 일정한 액수의 돈을 주고 자기 노예들은 해방시켜 자유를 주었다. 1510년 3월, 그의 배는 희망봉을 별다른 사고 없이 돌았다. 그런데 그 이후 테이블만*에서 나무, 물, 보급품을 구하려고 내렸을 때 코이코이족과 무의미하고 이해할 수 없는 싸움을 벌였고, 알메이다는 그 전투 도중에 죽었다. 이 싸움은 그의 부하들이 그 부족의 가축을 훔치고 아이들을 유괴하려다 벌어졌을 가능성이 있다. 포르투갈인들은 틀림없이 방심하다가 급습을 당했을 것이다. 이는 누가 보아도 엄청난 참사였다. 그날 50명이 죽었고, 여기엔 선장과 고위 귀족 10여 명도 포함되었다. 거의 디우 전투에 맞먹는 고위급 사망자가 발생한 것이다.

포르투갈의 한 성당에 놓인 알메이다의 묘비명은 다음과 같다.

절대 거짓을 말하지도 도망치지도 않았던
인도 총독
프란시스쿠 드 알메이다 경,
여기 잠들다.[14]

하지만 그의 실제 시신은 아프리카 해안에 임시로 만든 무덤에 묻혔다.

3부
정복

바다의 사자

AFOSO·DALBOQVERQVE

16

사무드리의 황금 문짝

1510년 1월

아폰수 드 알부케르크가 알메이다의 귀국으로 마침내 인도 총독 직무를 거칠 것 없이 수행할 수 있게 되었다고 생각했다면, 그건 오판이었다. 동 페르난두 코티뉴는 알부케르크의 친척일 가능성도 있지만, 그는 어디까지나 포르투갈의 원수이자 인도에 들른 관리 중 가장 높은 직급의 인물이었다. 포르투갈 왕궁 내에서도 중요한 명사로서 호평이 자자했다. 그는 캘리컷을 파괴하라는 국왕의 명령을 알부케르크에게 전했다. 그 도시는 여전히 포르투갈을 고민에서 헤어나오지 못하게 하고 포르투갈 왕가의 자긍심에도 계속 흠집을 내고 있었다. 코티뉴는 대함대를 거느리고 인도에 왔고, 총독과 별개로 행동하라는 허락도 받은 상태였다. 그는 알부케르크에게 자신을 도우라고 요구했다.

캘리컷 공격은 코티뉴의 주요 임무였다. 그는 젊고 고집이 셌으며, 조언을 들으려 하지 않고 영광을 차지할 생각만 했다. 그리고 다소 비만한 체형이었다. 그는 자신이 맡은 임무를 마치고 귀국하여 멋진 기념품을 바치겠다고 국왕에게 약속했다. 캘리컷 해변을 바라보면 사무드리가 공들여 장식한 파빌리온pavilion(정자형 궁전)이 있었는데, 그것의 이름은 세라메였다. "호화롭게 조각된 나무로 만들어진" 이 건물에서 사무드리는 유쾌한 기분으로 바닷바람을 즐겼다. 파빌리온은 기가막힐 정도로 아름다운 문짝으로 장식되었는데, "은판과 금판에 동물과 새의 이미지를 상감하여 장식한 멋진 문"이었다.[1] 이 이국적이면서도 탐나는 물건은 포르투갈 왕궁에서도 크게 화제가 되었고, 코티뉴는 자신이 수행할 영웅적 행위의 전리품으로 이 문짝을 챙겨갈 생각이었다. 그는 인도 주재 선원들에게 단박에 캘리컷 문제를 해결할 방법을 보여줄 생각이었다.

지금이야말로 그렇게 할 좋은 시기라고 생각하게 된 데에는 타당한 이유가 있었다. 코친의 첩자들은 코티뉴 원수에게 사무드리가 병중이며 그 도시에 없다고 보고했다. 아라비아로 가기 위해 해안에 나온 방문 상선들은 보안이 취약했다. 그들이 무너지면 사무드리의 세입에 심각한 손실을 안길 터였다. 그에게 부의 원천은 상선에서 나오는 세금뿐이었기 때문이다. 포르투갈의 전략 회의에서 파빌리온을 공격하는 계획이 논의되었지만, 알부케르크는 여전히 그 작전을 확신할 수 없었다. 개인적 기질상 그는 합동 작전을 싫어했다. 지금은 캘리컷이 코친과 평화를 유지하는 것이 포르투갈의 후추 무역에 이득이라고 생각했고, 원수보다 현지 사정에 밝은 알부케르크는 그 공격이 전술적으로 어렵다는 걸 잘 알았다. 캘리컷에는 항구가 없었고, 그 앞의 해안은 상륙하기도 어려웠다. 해류가 해안을 따라 흘렀고, 바다는 때때로 풍랑이 거셌다. 코티뉴는 화를 내며 날카로운 태도로 알부케르크에게 다음과 같은 사실을 상기시켰다. "전략 회의는 국왕 폐하의 명령에 반하여 행동할 수 없소. 단지 공격을 어떻게 준비할지, 그것만 결정할 것이오. 다른 목적이 있어선 안 되지."[2] 이어 그는 회의에 참석한 모든 선장에게 단결을 요구했다. 그의 말은 포르투갈인의 용기에 관한 가장 웅장한 선언인 동시에 포르투갈인의 가장 처참한 군사적 오판을 보여주었다. "하느님의 사랑 다음으로 세상에서 가장 훌륭한 건 명예요."[3] 포르투갈인의 정복, 저항, 패배 등이 반복된 지난 몇십 년 세월 내내 그들의 마음속에서 울려퍼진 건 바로 그 단어, '명예'였다. 알부케르크는 선장들의 표결에서 자신의 주장을 관철하는 데 실패했다.

말라바르 해안을 따라 펼쳐지는 군사 작전에서 놀랄 만한 일은 좀처럼 있을 수 없었다. 사무드리는 코친에 모인 대함대 소식을 재빨리 듣고 상대방의 의도를 파악했다. 그는 사절을 보내 최대한 자신이 양보하는 조건으로 화평을 청했다. 알부케르크가 이런 접근에 얼마나 동조했는지는 모르지만, 그는 이 특별한 방문자를 믿어줄 타당한 이유가 있었다. 그는 솔직하게 사절이 너무 늦게 왔다고 대답했다. 그 말에 사무드리의 사절은 너무 놀라서 캘리컷으로 돌아가 나쁜 소식을 전할 수가 없었다. 그래서 그는 포르투갈인과 함께 남기로 결정한다. 1509년 12월 마지막 날, 선박 20여 척, 병사 1600명, 소형 보트 20대로 구성된 함대가 코친에서 출항했고, 캘리컷의 해상 여건에 익숙한

바다에서 본 캘리컷. 뒤에 서고츠산맥이 펼쳐져 있다.

선원들이 동행하여 상륙 작전을 도왔다.

1510년 1월 2일 저녁, 포르투갈 함대는 도시의 해변에서 조금 떨어진 곳까지 접근했다. 도시는 그들 바로 앞에 있었고, 모래사장 뒤에는 어부들의 초가집이 끈처럼 길게 늘어서 있었다. 그 뒤로는 상점과 창고가 도열했고, 흰 도료를 바른 상인의 집이 야자나무 사이로 언뜻언뜻 보였다. 나무와 돌로 지은 귀족의 집도 있었고, 힌두교 사원의 뾰족탑과 지붕도 보였다. 캘리컷은 광대한 지역에 걸쳐 자리 잡고 있었고, 도시의 방어 시설은 보이지 않았다. 도시는 높은 성벽들 사이를 가로지르는 비좁은 통행로들이 미로를 이루고 있었다. 그 통행로들은 구불구불 위로 올라가면서 고츠산맥의 산기슭 구릉에 도달했다. 사무드리의 궁전은 구릉 위에 있었는데, 바다에서 약 5킬로미터 떨어진 곳이었다.

이곳 주민들은 포르투갈 침입자들을 전혀 예상하지 못했다. 그 도시를 잠시 비운 사이에 사무드리는 섭정을 임명했고, 자신이 동원할 수 있는 나야르족 전사를 전부 집결시켰다. 또 휘하의 궁수와 포대도 동원했다. 코티뉴 원수가 눈독을 들인 세라메는 바다에서 화살을 쏘면 닿을 만한 거리에 그 모습을 드러냈고, 바리케이드로 요새화되었으며, 여러 사석포射石砲와 무장 병력도 왕궁 뒤의 가옥 사이에 배치되어 세라메를 지켜낼 준비를 마쳤다.

코티뉴 원수의 선실에 모인 선장들은 공격 계획을 논의했다. 그들은 두 집단으로 나누어서 상륙하기로 했다. 하나는 알부케르크의 '인도' 병력이었는데 세라메 남쪽으로 향할 것이고, 코티뉴의 '포르투갈' 병력은 북쪽으로 갈 것이다. 세라메에 양면 협공을 펼칠 각 병력은 각 지휘관이 지휘하고, 두 공격 부대는 나머지 병력보다 앞서 포르투갈 깃발을 휘날리며 상륙하는 명예를 갖기로 했다. 마누엘 왕에게 헌상할 세라메의 문짝은 누구도 손대서는 안 된다는 명령이 하달되었다. 그들은 성문을 장악한 후 캘리컷을 공격하기로 했다.

포르투갈 병력은 밤새 대기했고, 무기를 정비하고 사제에게 면죄 선언을 받으며 하느님께 자신들의 영혼을 맡겼다. 이런 전투 준비 의식 이외에도, 이번 공격에서 크게 한몫 챙길 수 있다는 탐욕스러운 기대도 병사들 사이에 퍼져 있었다. 그들은 그 도시가 굉장히 부유하다고 생각했기에 약탈할 게 많으리라는 기대가 물욕을 한층 더 북돋웠다. 동이 트기 두 시간 전, 코티뉴는 자기 배에 봉화를 올려 신호를 보냈다. 포르투갈 병력은 긴 보트를 타고 노를 저어 해안으로 나아갔다. 하늘에 뜬 밝은 달이 그들 앞에 놓인 육지의 윤곽을 밝혀주었고, 야자

나무 사이의 가옥, 사원의 구리 지붕, 그리고 모스크의 뾰족탑 등이 보였다. 600명 정도 되는 알부케르크의 병력은 세라메 근처에 상륙해 정연하게 행진 대열을 갖추었다. 그들은 세라메를 향해 계속 나아갔다. 하지만 코티뉴 원수의 병력은 물결에 밀려 해안을 따라 흘러갔고, 목적지보다 약간 떨어진 곳에 상륙했다.

알부케르크는 코티뉴를 기다리기로 되어 있었지만, 그의 부하들은 약탈의 유혹에 자극을 받아 어서 물건을 챙기고 싶은 마음을 억제하지 못했다. 그리하여 군기가 무너졌다. 알부케르크는 그걸 막느라고 대혼란을 일으키기보다는 나팔을 울리라고 지시했고, 전면 공격을 가하라는 신호로 "산티아구!"라는 교전 함성을 외치게 했다. 나야르족 전사들이 세라메 근처 가옥에서 우렁차게 외치며 달려 나왔고, 양군 사이에 맹렬한 백병전이 벌어졌다. 해변 위의 좋은 위치에서 귀를 먹먹하게 하는 소리를 내며 대포가 발사되었지만, 미숙한 포수들이 너무 높게 포를 발사했다. 포르투갈인은 거센 기세로 물밀 듯이 창을 앞세우며 밀고 들어갔다. 그들은 바리케이드에 공격을 퍼붓고 적병을 다수 죽였다. 나머지 적은 교전을 포기하고 가옥들 사이로 도망쳤다. 그러는 사이, 도끼를 든 포르투갈 병사들이 왕궁의 저 유명한 문짝들을 비틀어 빼내기 시작했다. 곧이어 그것들은 해변으로 수송되었고 거기서 다시 배에 실렸다. 코티뉴가 도착하기 전에 부하들이 도시로 난입하는 걸 막고 적의 갑작스러운 반격을 예방하기 위해, 알부케르크는 여러 거리로 들어가는 입구에 경비병을 배치하여 제지했다.

천천히 해안 쪽으로 다가오던 코티뉴는 함성과 포성을 들었고 불타는 가옥에서 솟아오르는 불길도 목격했다. 그가 세라메 현장에 도

360   3부 정복

착했을 때 문짝은 이미 사라진 뒤였다. 코티뉴는 이성을 잃고 엄청나게 화를 냈다. 그는 알부케르크가 응당 자신이 손에 넣어야 할 승리를 빼앗고 그에 따르는 영광도 강탈했다고 생각할 수밖에 없었다. 그는 성마르게 총독을 비난했다. 알부케르크는 영광과 명예는 온전히 원수의 것이라며 상대방의 심사를 누그러뜨리는 좋은 말로 달래려 했다. "병력을 상륙시키고 캘리컷에 돌입시킨 분은 원수님입니다. 이제 원수님은 바라는 바를 얻었습니다. 세라메의 문짝들도 배에 잘 적재되었습니다."[4] 하지만 그런 말은 코티뉴의 부아를 더 돋울 뿐, 진정시키는 데 전혀 도움이 되지 않았다. "아폰수 드 알부케르크, 이게 무슨 짓이오?"[5] 그가 잔뜩 성난 소리로 말했다. "그대가 하는 말은 혹하고 내뿜는 헛된 입김과 다를 바 없소. … 이 명예는 당신 거요. … 나는 그런 명예라면 가지고 싶지 않소. 염소처럼 도망치는 헐벗은 난쟁이 야만인들한테 달려들어서 싸우라고? 난 그런 수치는 당하지 않겠소."[6] 원수는 갑작스럽게 성질을 벌컥 내면서 배에 실린 그 유명한 문짝을 바다로 내던지라고 명령했다. 그런 뒤, 투구를 벗고는 들고 있던 방패와 장창을 수습 기사에게 넘겨주고 붉은 모자와 지휘봉을 가져오라고 명령했다. 그는 통역사 가스파르 드 알메이다를 불러 왕궁으로 가는 길을 안내하라고 하고 그곳에서 자신이 도둑맞은 문짝보다 더 큰 명예를 얻을 수 있는 다른 문짝을 챙겨 올 것이라고 소리쳤다. "국왕 폐하께서 아시게 될 것이다. 내가 손에 지휘봉을 들고 머리에 모자를 쓰고 … 작은 검둥이들만 사는 이 유명한 캘리컷에서 사무드리의 왕궁으로 갔다는 사실을."[7]

이 장면에서 연대기 기록자 가스파르 코헤이아는 알부케르크가 원수의 장창을 주우려고 몸을 구부렸고, 그 옆으로 원수의 방패가 내팽 개쳐져 있었으며 주변에 전투원들이 대기했다고 기록했다. 알부케르 크는 코티뉴를 어떻게든 설득하여 만류하려 했다. 그는 내심 이런 사 태 발전에 놀랐다. 포르투갈 병력은 지쳐 있었는데, 격분한 코티뉴는 자신이 무슨 말을 하는지도 모르면서 마구 지껄였다. 한마디로 앞으 로 무슨 일이 벌어질지 모르는 상황이었다.

원수님께 주님의 가호가 있으시길. 원수님이 이 작은 검둥이들이 염소처럼 도망친 그 길을 떠나려 한다면, 절대 만만찮게 볼 수 없는 상인들이 거기 버티고 있어서 좋지 못한 일을 겪으실 겁니다. 부탁이니 그 길로 떠나지 마십시오. … 여기서 왕궁까지는 거리가 멀고 길도 좋지 못한 데다 병력도 일렬종대로만 지나가야 합니다. 그곳에 가시면 큰 곤란을 겪으실 겁니다. 그곳에 지친 채 도착하면 검둥이들이 무장을 잘 갖추고 활기차게 우글거리며 공격해 올 겁니다. 저는 사실만 전하는 겁니다. 진심으로 간청하오니, 제발 가지 마십시오.

알부케르크의 그런 간청에 코티뉴는 비웃으며 말했다. "바로 그것 때문에 가는 거요. 그러니 배로 돌아가시오. 총독은 큰일을 해냈으니 만족스럽게 돌아갈 수 있겠소."[8]

코티뉴는 출정 준비를 마쳤고, 기사 한 사람이 포르투갈 국기를 든 채 맨 앞에 서고 가스파르는 길을 안내했다. 작은 선회포인 베르수가 화약과 포탄을 실은 마차에 실려 코티뉴 원수 일행과 함께 움직였다. "왕궁 약탈하기를 갈망하는 자들이 원수의 뒤를 따랐다." 알부케르크는 해변으로 돌아와 부하들에게 이렇게 말했다. "우리는 만약의 사태에 대비해야 한다. 오늘 우리는 하느님께서 뜻하신 바를 볼 것이다. 그대들이 금방 본 자들 중 다수는 돌아오지 못할 것이다."[9] 그는 해변에 있던 긴 보트에 감시병을 한 명 남기고 부상자를 승선시킬 준비를 단단히 했다. 그는 원수를 따라간 다수의 병력을 제외한 나머지를 통솔했고, 해변에 있던 다우선과 가벼운 돛단배는 모조리 불태웠다. 최악의 사태에 대비한 것이다.

원수와 휘하 병력 400명은 왕궁을 향해 곧장 나아갔다. 5킬로미터 정도 되는 거리였다. 그들은 석벽 밑으로 난 비좁은 길을 따라 일렬종대로 가야 했다. 위쪽에는 야자나무 사이로 가옥들이 보였다. 그들에게 저항하는 사람은 아무도 없었다. "작은 검둥이들"은 그들을 보자마자 도망쳤고 싸울 의지가 없는 듯이 보였다. 원수의 병력은 길을 지나가면서 빈 가옥에 발포했다. 고츠산맥에서 불어오는 바람은 짙은 포연을 길 아래쪽으로 밀어냈고, 뒤에서 따라오는 병사들은 맹렬한 불길과 연기와 열기에 숨이 턱턱 막힐 지경이었다. 얼마 안 있어 도시는 온통 불타는 것처럼 보였다. 일부 병사는 뒤돌아섰다. 알부케르크는 파견대를 질서 정연하게 유지하며 앞서 떠난 자들을 따라가려 했지만, 더는 나아가기가 어렵다는 걸 깨달았다.

원수와 그의 병력은 계속 앞으로 밀고 나아갔다. 그들이 귀족들의 웅장한 가옥이 있는 널찍한 광장에 도착했을 때, 완전 무장하고 저항할 준비를 마친 나야르족 대부대를 만났다. 이어진 싸움은 맹렬했다. 광장은 곧 제압되었지만, 피달구들 중에 일부가 희생되었다. "리주아르트 파셰쿠는 목에 화살을 맞았고, 안토니우 다 코스타는 목이 잘린 채 땅에 쓰러졌다."[10] 많은 병사가 정강이 갑옷으로 보호되지 않은 다리에 화살을 맞아 부상을 입었다. 일부는 이제 양측의 시신으로 길이 막혔다는 사실을 눈치채고 배로 돌아가기도 했다. 인도인의 시신 중에는 저항을 이끌던 사무드리의 섭정도 있었다. 원수는 계속 포격을 하며 앞으로 나아갔고, 왕궁의 외문이 있는 곳에서 폭포수같이 화살을 퍼붓는 대규모 인도인 부대와 다시 마주했다. 인도인들은 맹렬하게 싸우더니 뒤로 물러났고, 포르투갈인들은 왕궁 안으로 쏟아지듯 밀고 들어갔다. 내부엔 "큰 뜰이 있었고 그 둘레에 수많은 파빌리온이 있었다. 이 건물들엔 동판과 금판을 표면에 붙이는 등 거액을 들여 훌륭하게 치장한 문이 달려 있었다. 그 위쪽으로는 정교한 솜씨로 건조한, 널찍한 발코니도 있었다.[11]

이어서 약탈이 시작됐다. 자물쇠는 도끼에 찍혀 산산이 깨졌다. 내부는 알라딘의 동굴 같았다. 궤짝에는 비단과 황금 실로 지은 귀한 옷, 아라비아산 벨루어 옷감와 양단으로 가득했고, 금과 은으로 장식된 성스러운 목재 유물함도 있었다. 피달구들은 하인을 시켜 자신이 챙긴 것을 밖에다 쌓아두게 했고, 서로 경쟁적으로 약탈하면서 자기가 챙긴 물품들을 철저히 간수하게 했다.

엄청난 부자가 될 기회가 눈앞에서 어른거리자, 신중한 태도가 훅 사라진 그들은 어떻게든 전리품을 더 많이 챙기려고 손에 들고 있던 장창을 궁전 바깥으로 내동댕이쳤다. 100명의 인원은 정문을 철저히 지키라는 임무를 부여받았고, "한쪽 눈이 사팔뜨기"[12]인 후이 프레이르가 이들을 통솔했다. 약탈에서 배제된 이들은 다른 이들을 몹시 시기하면서 뒤이어 약탈에 나섰다. 프레이르와 동료 스무 명도 물건을

사무드리의 목조 궁전.

챙길 만큼 챙겨서 황급히 배로 돌아가자, 왕궁 광장에 쌓아놓은 보물 더미를 지키는 사람은 사라졌다. 하지만 약탈은 그 후에도 두 시간 동안 더 지속되었다. 오전이 지나갔고, 날은 점점 더워지고 있었다. 약탈자들은 앞으로 무슨 일이 들이닥칠지 예측하지 못했다. 섭정의 사망 소식은 포르투갈인의 잘린 머리 세 개와 함께 도시 위쪽으로 퇴각한 사무드리에게 전해졌다. 격분한 그는 복수를 천명했다. 나야르족은 전열을 가다듬고 남아 있던 포르투갈 위병을 무력으로 뚫고 왕궁의 뜰로 나아가기 시작했다. 이때 약탈자들은 휘황찬란한 보물에 눈이 멀고 잔뜩 흥분해서 다가오는 위험을 전혀 알아채지 못했다. 또 다른 왕궁 문을 박살 내고 금화가 가득한 궤짝을 발견했다. "그들은 이것들을 바깥으로 간신히 끌고 나가서 있는 힘껏 지켰다."[13] 이 방 내부에선 안쪽에서 잠긴 두 번째 문이 그들을 유혹했는데, 금박을 입힌 판들이 희미하게 빛나고 있었다. 통역사인 가스파르에 따르면 그곳은 왕의 보물창고였다. 그 문 뒤쪽에 있으리라 생각한, 보물에 눈이 먼 병사들은 문에 달려들어 몸을 내던지며 열어보려 하는가 하면, 장창의 손잡이 부분으로 거세게 두들겨댔지만, 꼼짝도 하지 않았다.

왕궁 외부에는 사무드리가 보낸 400명이 넘는 나야르족이 모였고, 전원이 전사한 섭정의 복수를 위해 필사적으로 싸울 기세였다. 알부케르크가 직접 파견대를 이끌고 현장에 도착했을 때는 빗발치는 화살이 엄청나게 빠른 속도로 날아오기 시작했다. 그는 외부 출입문 주변의 보안을 확보하고 서기인 가스파르 페레이라에게 왕궁 안으로 들어가 코티뉴에게 지금 상황이 무척 위험하다는 걸 알리도록 했다. 페레이라는 원수에게 지금의 급박한 상황을 이해시키려고 애를 썼다. 바깥에 수많은 적이 모여 있고 시간이 흐를수록 그 수가 늘어난다는 사실을 보고했다. 이젠 퇴각할 때가 되었다. "여태까지 상당한 업적을 올렸으니 원수는 그것으로 만족해야 했다. … 군사들은 병력이 부족해지자 모든 이가 약탈품을 챙겨서 떠났다. 이제 멀고 어려운 하산길이 남아 있었다. 이미 날도 뜨거운 한낮이었다."[14]

코티뉴는 부서지지 않는 문에 몰두하며 집착했다. 원수가 알부케르크에게 보낸 유일한 대답은 이것이었다. "총독 없이 왔으니, 돌아갈 때도 총독 없이 돌아가겠노라." 알부케르크는 외부 출입문에 위병을 세우고 더는 병사들이 죽음의 함정에 빠지지 않도록 조치했다. 그는 직접 나서서 원수의 마음을 바꿔보려 했다. "국왕 폐하의 이름으로 우리는 원수님께 어서 이곳을 떠날 것을 요청합니다. 한시라도 더 여기에 머물러서는 안 됩니다. 빨리 퇴각하지 않으면 우리 모두가 죽습니다. 원수님이 올라온 길이 온통 불타고 있어서 탈출하는 데 큰 곤란을 겪을 것입니다."[15] 코티뉴는 끝까지 오만했다. 그는 떠나길 꺼렸지만 마지못해 동의했다. 그러면서 차울 해전의 로렌수처럼 제일 마지막으로 현장에서 떠나겠다고 호언장담했다. 피달구로서 용기를 보여주겠다는 뜻이었다. 원수는 떠날 때 왕궁에 불도 질렀다. 마침내 포르투갈 병력이 왕궁에서 철수하기 시작했다. 알부케르크와 그의 병력이 앞에서 길을 냈고, 코티뉴의 병력이 뒤따라 움직였다. 코티뉴 원수는 맨 마지막에 섰고 그 뒤를 베르수 포대가 따라왔다. 한동안 베르수의 포격 덕분에 길 아래쪽으로 추격해 오는 나야르족을 격퇴할 수 있었다.

그러다가 이제 한 사람이 겨우 서서 걸어갈 만큼 좁디좁은 길로 들어섰다. 나야르족은 공격 각도를 바꿨다. 그들은 절벽을 기어 올라가 길보다 높은 거점에서 잔뜩 지친 포르투갈 병사들에게 화살과 돌, 투창으로 공격했고, 바위와 나뭇가지를 길에서 굴려 포르투갈 병사들의 진로를 막았다. 곧 이런 장애물을 극복하고 베르수를 움직이는 건 불가능했다. 그리하여 베르수는 버려졌다. 더는 겁낼 것이 없는 인도인들은 길 뒤에서 계속 밀려들었고, 창을 들고서 포르투갈 낙오자들에게 달려들었다. 그들은 약탈이 벌어지는 동안 왕궁 밖에서 보초를 선 병사들이었다.

몸이 뚱뚱한 데다 지친 코티뉴는 방패로 자신의 몸을 간신히 방어했고, 양옆에서 피달구 무리가 그를 보호했다. 길엔 그늘이 드리워졌지만, 날이 더운 데다 좁고 사방이 막힌 장소였다. 게다가 착용한 판금 갑옷이 커다란 약점이었다. 나야르족은 포르투갈 병사들이 힘겹게 휘두르는 칼을 피해 뒤쪽으로 물러섰다가, 이어 방향을 돌려서 다시 퇴각하는 대열을 공격했다. 이제 포르투갈인들은 하산 중에 거추장스럽기만 한 갑옷을 벗어버릴 수밖에 없었다. 길이 넓어지자 상황은 더 나빠졌다. 또 다른 나야르족 파견대가 앞에서 매복하며 대기하고 있었고, 이번엔 공간이 충분했기에 코티뉴 일행을 빙 둘러서 포위했다. 원수는 이런 맹공격에 용맹하게 맞서려고 머리를 돌렸지만, 그때 바로 뒤에서 공격을 받았다. 그의 발뒤꿈치는 깨끗하게 잘려나갔다. 그는 땅에 고꾸라졌다. 인도인들 사이에선 승리의 함성이 높아졌다. 원수 주위에 있던 병사들은 이 뚱뚱한 상관을 다시 일으켜 세우려 했지만, 포위당한 상태여서 불가능했다. 곤경에 빠진 그들에겐 승산 없는 싸움이었는데도 용맹하게 싸웠다. 양손으로 칼을 든 바스쿠 다 실바와 여러 피달구가 명예의 의무를 다하면서 "모두 용맹한 모습을 보였으며, 더는 무기를 들 수 없을 때까지 싸우다 죽었다. 그들의 베인 머리는 사무드리의 깃발에 꽂혀 하늘 높이 들렸다."[16]

후위보다 소총의 사정거리 정도 앞에 있던 알부케르크는 해변 가까이에 다가가고 있었고, 점점 더 상황이 곤란해지고 있었다. 그들은 적 궁수의 맹렬한 공격을 받았지만, 총독 주변엔 병사들이 상당수 모여 있었다. 그는 원수가 나타날 때까지 기다리고 싶었지만, 원수가 전투 중에 쓰러졌다는 소식이 들려왔다. 그는 방향을 돌려 도와주러 가려 했지만, 지원자가 거의 없었다. "아무도 그 길로 되돌아가려 하지 않았다."[17] 바로 그때, 도망쳐 오는 포르투갈 병사들을 마주쳤다. 그들 뒤로는 인도인 전사들이 승리의 함성을 지르며 쫓아오고 있었다. 포르투갈 병사들은 무기를 버리고 해변으로 미친 듯이 달려왔고, 알부케르크와 40, 50명의 부하는 뒤에 남아 쫓아오는 적들에게 맞서 참패를 막아보려 했다. 나야르족 전사들의 지속적인 압박에 점점 뒤로 물러나던 알부케르크는 왼쪽 팔에 적의 화살을 맞았는데 뼛속까지 깊이 꽂혔고, 몇 분 뒤엔 날아온 화살이 목 보호대를 관통했다. 곧이어 탄환이 그의 가슴에 명중했다. 그는 과달루페의 성모에게 살려달라는 기도를 올리며 땅으로 쓰러졌다. 총독을 죽였다는 사실을 파악한 인도인들은 더 크게 함성을 질렀다. 근처 포르투갈인들은 공포로 어쩔 줄 몰랐다. 나야르족은 포르투갈인을 완전히 끝장내려고 달려들었다.

하지만 알부케르크가 나중에 기적이라고 생각했던 일 덕분에 가슴에 명중한 탄환이 그의 목숨을 끊지 못했다. 도망치던 병사 네 명이 그를 방패 위에 올려놓고 들어 올려 해변으로 달려갔고, 두 번째 무리가 그의 뒤를 바싹 따라가며 대참사를 막았다. 해변의 지휘관들은 부상자를 대기 중인 배로 옮기기 시작했다. 그들은 기다란 보트에서 베르수를 발포하여 나야르족 추격자들을 격퇴했고, 해변 근처에서 달려드는 적병들의 공격 의지를 꺾었다. 나중에는 배에서 대포의 포문도 열렸다. 마지막까지 전투에 임하는 기사의 자질을 발휘하며 두 피달구, 안토니우 드 노로냐와 디오구 페르난드스 드 베자는 부하 300명을 이끌고 다시 도시로 들어갔다. 그들은 자신들에게 달려오는 다수의 현지인 남녀를 맞닥뜨렸고(현지인들은 포르투갈인이 전부 죽었다고 생각했던 것이다), 이들을 무자비하게 학살했다. 몇몇 주민이 도망치려고 해변으로 달려오자 승선 대기 중이던 포르투갈인들은 그들의 갑작스러운 등장에 다시 겁에 질리기 시작했다. 이 인도인들이 자신들을 추격하러 왔다고 짐작하고는, 선상의 포르투갈 전우들이 외치는 소리를 듣고도 여러 명이 바다로 몸을 던져 배로 헤엄쳐 가려다가 익사했다.

저녁이 됐다. 두 선장 외엔 해변에 아무도 남지 않았다. 그들은 누가 마지막으로 떠나야 하는지를 두고서 끝까지 다투었다. 마침내 디오구 페르난드스와 동 안토니우는 귀중한 명예를 지키고자 동시에 떠나기로 했다. 함대는 부상자를 돌보고, 죽은 자의 시신을 난간 너머로 던지느라 이틀을 더 캘리컷에 머물렀다. 그사이에 알부케르크도 부상에서 회복하여 본국으로 보내는 급보를 작성했다. 양쪽 다 사상자 수가 엄청났다. 원수의 영광스럽지만 무모한 장난은 포르투갈에 심대한 희생을 안겼다. 1800명 중 300명이 죽었고, "그중 70명은 귀족이었다."[18] 연대기 기록자들은 으레 그렇듯 그들의 이름을 꼼꼼하게 기록했다. 그리고 400명은 다쳤는데 "그중 다수가 죽거나 영구적으로 장애를 갖게 되었다." 왕궁을 약탈했던 자들의 인명 손실에 관한 짧은 정보는 약탈품 일부를 들고 왕궁에서 미리 달아났던, 한쪽 눈이 사팔뜨기인 후이 프레이르와 그의 부하 20여 명의 운명에서 확인할 수 있다. "그들은 모두 죽었고, 크게 다친 한 노예만 살아남아 보트로 돌아와서 어떤 일이 원수에게 벌어졌는지 보고했다."[19] 불확실한 사실 가운데 하나는 통역사 가스파르 드 알메이다의 운명이다. 처음 가마를 만나 마누엘에게 인도양에 관한 수많은 정보를 제공했던 개종한 유대인 통역사는 그날 죽은 것으로 짐작된다. 그 이후 그는 기록에서 사라진다.

캘리컷 측의 손실 역시 극심했다. 사무드리는 포르투갈 원수의 시체와 깃발은 손에 넣었지만, 아군 측 사망자와 불에 타버려 파괴된 도시와 왕궁에 비하면 보잘것없는 위안이었을 뿐이다. 세입의 원천인 상선 함대를 잃은 것도 큰 손실이었다. 그는 차후에 발생할 악영향을 두려워했다. 그래서 원수의 시신을 명예롭게 매장하고, 묘비를 세우고, 그 위에 그의 깃발을 세우도록 조치했다. 그것은 필연적으로 닥쳐올 포르투갈의 복수에 대비한 일종의 보험 증서였다. 알부케르크는 왼팔을 영구적으로 쓸 수 없게 되지만, 살아남게 해준 기적에 경외감을 느꼈다. 그를 쓰러뜨린 탄환은 하인에게 되찾아 오게 해서 알가르브의 과달루페 성모 성지에 헌금과 함께 보냈다. 탄환은 성모상 앞에 놓였고, 양초를 "영원히 밝힐 수 있을" 정도의 헌금이 그 성지에 납부되었다.[20] 이 모든 일에서 그나마 총독에게 한 가지 위안이 되는 일이 있었다. 원래 포르투갈로 돌아가기로 되어 있던 원수의 배 세 척을 그대로 물려받은 것이다. 그는 이제 자신이 바라던 대로 상당한 규모의 함대를 보유하게 되었고, 또 적절한 작전 계획도 세워놓았다. 그는 이튿날 본국에 보낼 서신을 작성하며 최근에 벌어진 일을 상세히 보고했지만, 캘리컷에서 참사를 당한 일은 단 한마디도 언급하지 않았다. 포르투갈로 돌아가는 자들이 그 일에 관해 보고하면 될 일이었다. 그의 침묵은 무언중에 많은 것을 알려주었다. 캘리컷 자체는 앞으로 풀어야 할 문제로 남았다. 3년 뒤, 그는 사무드리에 대한 해결책을 찾아낸다. 훨씬 더 간단하고 거의 피를 흘리지 않는 보복이 될 테지만, 명예나 영광 따위는 없을 것이다. 그 시간에 그는 끔찍한 군기 저하의 교훈을 곰곰이 생각했다. 바로 전술적 준비보다 개인의 용맹이나 명예를 강조하면 군사 작전에 엄청난 낭패와 참사를 가져온다는 것이었다. 병사들은 봉급 지급이 계속 늦어지면 그에 대한 보상으로 전리품을 지나치게 탐하게 마련이다. 그리하여 전공의 명예와 탐욕은 군대의 사기를 높이기는커녕, 전투에 쉽게 패해 달아나는 오합지졸을 양산했을 따름이다.

17

'포르투갈인은 얻은 것은
절대 포기하지 않는다'

━━━━◆◆◆━━━━

1510년 1–6월

알부케르크가 고아를 공격하기로 한 시기나 이유를 정확히 아는 사람은 없다. 캘리컷 학살 사건으로부터 몇 주 후, 그는 엄청난 군사 작전을 세웠다. 그 계획은 향후 거의 3년 동안 인도양 권력의 축을 근본적으로 변화시켰다. 그는 크게 다친 채로 코친으로 돌아갔다. 한 연대기 기록자는 1510년 1월, 의사들은 그가 목숨을 잃을까 두려워했다고 기록했다. 만약 이 말이 맞다면, 그가 회복한 건 기적이나 다름없는 놀라운 일이었다. 알부케르크는 투지가 넘치는 사람이었다. 이슬람을 파멸시키겠다는 마누엘 왕의 꿈을 공유하고 있어서 그를 반드시 실현해야 한다는 동기 부여가 철저했다. 그는 마치 시간이 얼마 남지 않았다는 걸 잘 아는, 곧 죽을 사람처럼 행동했다.

그는 인도가 사람의 기력을 얼마나 소모시키는 곳인지 잘 알았다.

진을 빼게 만드는 기후, 식사의 변화, 이질과 말라리아의 습격 등은 사람의 활력과 기대 수명에 엄청난 타격을 가했다. 그는 국왕에게 보내는 서신에서 이렇게 말했다. "뱃밥을 메우는 자들과 목수들은 현지 여자들과 관계를 맺고 이 더운 날씨에서 일하다 보면 1년도 채 안 되어서 더는 씩씩한 남자가 아니게 됩니다."[1] 그는 지독한 열성을 발휘하며 코친에서 총독 임무를 시작했으며, 새로운 군사 작전을 위해 함대를 점검하고, 보급품을 준비하고, 임무 수행에서 드러난 각종 태만을 개혁했다.

그리고 본국에 보내는 보고서를 작성하는 데 힘썼다. 과거에 알메이다 총독이 국왕에게 현지 임무에 관한 보고를 드물게 올렸다면, 알부케르크는 무절제할 정도로 너무 자세히, 너무 자주 보고했다. 그는 걱정이 많은 마누엘이 모든 걸 알고 싶어서 애태우는 왕이라고 결론을 내렸다. 자기중심적인 알부케르크는 자신의 모든 행동을 정당화하고자 했다. 그는 주군에게 올리는 보고서에서 이런 내용을 전하기도 했다. "인도와 저 자신에 관해 제가 폐하께 보고하지 않은 것이라고는 제 마음속 죄를 빼놓곤 아무것도 없습니다."[2] 그 이후 5년 동안 그는 인도에서 행한 모든 일에 대하여 구체적인 세부 사항, 설명, 정당화, 건의 등을 마누엘에게 쏟아냈고, 인내심 강한 서기팀은 밤낮을 가리지 않고 총독의 입에서 쏟아져 나오는 수십만 단어를 받아 적었다. 그들은 말을 타고 있을 때도, 탁자에 앉았을 때도, 승선했을 때도, 심지어 심야에도 그의 말을 받아 적었다. 알부케르크는 편지, 명령서, 탄원서를 무릎에다 대고 서명했으며, 사본을 여러 벌 만들어서 발송했다. 이런 보고서들은 매우 빠른 속도에 충동적인 스타일로 작성되었다.

총독은 잠시도 가만있지 못하고 성급했으며, 주제도 갑작스럽게 변경했고, 열정적인 우월감을 과시하기에 바빴다.

이런 불행한 서기들 중엔 가스파르 코헤이아도 있었다. 그는 이런 서신들을 작성하고 필사하느라 손가락이 남아나지 않을 정도였지만, 정신없이 빠르게 전개되는 상황을 빠짐없이 기록한, 뛰어나고도 생생한 연대기를 남길 시간적 여유를 확보했다. 알부케르크는 모든 일에 참여하며 만기친람萬機親覽하는 것처럼 보였다. 총독은 거대한 전략적·지정학적 계획을 수립하는 한편, 지칠 줄 모르고 세부마다 끈기 있게 주의를 기울였다. 비자야나가르의 라자에게 사절을 보내는 중에도 다친 코끼리의 발을 조사하고, 포장 재료로 코코넛 껍질을 활용하는 걸 궁리하고, 충성스러운 지역 통치자들에게 보낼 선물을 준비하고, 선적 과정과 부상자 치료를 위한 의료 시설 등을 일일이 감독했다. 그는 포르투갈이 대양을 지배하고 있다고는 해도 겨우 칸나노레와 코친의 인도 해안에서 취약한 임차권만 확보했음을 잘 알았다. 캘리컷과 호르무즈에는 개인적으로 정리해야 할 빚이 있었고, 수행해야 할 국왕의 칙령도 있었다. 알메이다가 이루지 못한 목표의 목록은 아주 길었다. 캘리컷 파괴, 호르무즈 점령, 홍해 봉쇄, 향신료 무역의 최남단 중심지인 말라카 장악, 그리고 그 너머의 해역 탐사 등이 그런 목표였다. 이 모든 목표의 배후에는, 보통 사람들에게는 알려지지 않았지만 왕궁 핵심부에 알려진 마누엘의 최종적 목표가 있었다. 바로 이집트 맘루크 제국의 파괴와 예루살렘의 탈환이었다.

누구에게든 권력을 위임하기를 몹시 꺼려한 마누엘은 인도양에 자치 정부를 세 군데 창설하기로 결정했다. 그리고 명목상 알부케르크만이 구자라트의 인도 서부 해안에서 실론에 이르는 중앙 지역을 통치하는 권한을 부여했다. 서부인 아프리카 해안, 그리고 홍해와 페르시아만은 두아르트 드 레모스의 관할 구역이었다. 디오구 로페스 드 세케이라는 실론 너머에서 말라카, 그보다 더 멀리 떨어진 동양을 맡았다. 이러한 권력의 분산에는 전략적 결함이 있었는데, 다른 두 지휘관 중 누구도 효과적인 행동에 나설 배가 충분치 않았다는 것이다. 알부케르크는 이 같은 분할이 무의미하다고 보았을 뿐만 아니라 다른 지휘관들이 자신만큼 능력이 뛰어나지는 않다고 생각했다. 시간이 흐르면서 그는 다른 지휘관들의 배를 얻는 방법을 찾아냈고, 그런 배들을 하나의 통일된 지휘권 아래 통합시켰다. 이것은 국왕의 윤허 없이 단독으로 행한 일이었다. 이런 조치는 병력 자원의 효율적 활용에는 도움이 되었지만, 인도와 본국의 왕궁에 적을 만들었다. 그의 정적들은 그런 방식은 독재적이라고 비난하고 그의 의도를 국왕에게 중상 비방했다.

손보아야 할 또 다른 문제는 군대의 조직이었다. 포르투갈인들이 캘리컷에서 당한 학살은 포르투갈 전투 방식의 결점을 잘 보여주었다. 피달구의 군사적 규범은 전술보다 개인의 영웅적 행위를 더 높게 평가했고, 전략적 목표의 성취보다는 전리품과 귀중품의 확보를 우선시했다. 무장한 병력은 총사령관보다 자신이 개인적·경제적으로 충성을 바치는 귀족 지도자에게 더 충성을 바쳤다. 승리는 합리적 계획보다 개인의 용맹에서 나온다고 다들 인식했다. 포르투갈인은 인도양의 현지인들을 깜짝 놀라게 할 정도로 맹렬한 기세로 싸웠지만, 그들의 방법은 중세적이면서 혼란스러웠고, 자살 행위나 다를 바 없는 경우가 흔했다.

이런 개인적 상무尙武 정신 때문에 차울에서 로렌수 드 알메이다가 원거리 함대에서 발포하는 작전을 거부했고, 코티뉴도 지휘봉을 들고 모자만 착용한 채 캘리컷으로 나갔던 것이다. 최후의 한 사람까지 싸운 피달구들의 명예를 칭송하는 기록들은 연대기의 많은 분량을 화려하게 장식했다. 비겁한 태도는 피달구의 이름에 궁극적 오점이었고, 단순히 싸우길 거부한다는 비난을 듣기 싫어서 로렌수는 결국 목숨을 잃었다. 그렇지만 피달구와는 다르게, 제대로 단련되지 않은 일반 병사들이 적의 압박에 쉽게 무너진다는 것도 분명한 사실이었다.

알부케르크는 분명 중세 십자군 운동에 관한 마누엘의 구세주 사상* 을 적극 지지했지만, 동시에 유럽을 휩쓰는 군사적 혁명의 실상을 잘 알았다. 15세기 후반, 이탈리아 전쟁에서 스위스 전문 용병대는 조직적인 집단으로서 진군하고 싸우는 훈련을 받았고, 전장 전술에 대변혁을 일으켰다. 장창과 미늘창으로 무장하고 방향을 손쉽게 바꿀 수 있는 잘 훈련된 병력은 밀집 대형에서 적을 압도했다. 알부케르크는 광신자와 같은 정력을 발휘하며 새로운 전쟁 전술과 규율로 병력을 재조직하고 가르쳤다. 그는 코친에서 처음으로 잘 훈련된 군사 집단을 조직했다. 캘리컷에서 돌아온 직후, 알부케르크는 마누엘에게 스

---

* 11세기에 등장한 제1차 십자군 운동 이후 유럽인들은 늘 성지 예루살렘을 탈환하고 싶어 했다. 그러나 15세기 말엽에 오스만 제국 때문에 동쪽으로 가는 길이 막히자, 바닷길을 이용하여 멀리 돌아서 동쪽 인도로 건너가 그 인근의 사제왕 요한이라는 상상 속 기독교 군주와 연합하여 동쪽에서부터 오스만을 공격하고, 이에 발맞추어 유럽 국가들도 서쪽에서 오스만을 협공해 온다면 예루살렘을 다시 탈환할 수 있으리라고 생각했다.

위스 용병의 전술을 실습한 한 부대와 인도의 병력을 가르칠 장교들을 요청했다. 총독은 그런 방식으로 군 조직을 바꾸어나갔다. 병사들은 공식적으로 부대에 배속되었고, 대형을 갖추어 진군하는 법과 창활용법을 배웠다. 각 '스위스' 부대에는 하사, 기수, 피리 연주자와 서기 등이 있었다. 이들에겐 달마다 급료가 지급되었다. 이런 새로운 통제적 구조의 위신을 높이고자 알부케르크는 때로 직접 창을 짊어지고 병사들과 함께 진군했다.

캘리컷에서 돌아오고 한 달도 되지 않아 그는 새로이 활력이 부여된 함대와 함께 다시 인도의 북쪽 해안을 향해 나섰다. 함대는 23척의 배와 1600명의 포르투갈 군인과 선원, 그리고 말라바르 해안에서 얻은 220개 지역 부대, 3000명의 '전투 노예'로 구성되었다. 전투 노예는 짐과 보급품 나르는 일을 맡았는데, 최악의 경우에는 직접 참전하여 싸울 수도 있었다. 이 원정의 목적은 분명치 않아 보인다. 맘루크 술탄이 수에즈에서 새로운 함대를 준비해 디우에서의 참패를 보복하려 한다는 소문 때문이었을 수도 있다. 하지만 알부케르크는 자신만의 비장의 카드를 갖고 있었다. 2월 13일에 델리산 앞에 정박한 그는 휘하 지휘관들에게 호르무즈로 가라는 국왕의 서신이 있었다고 설명했고, 홍해의 잠재적 위협에 관한 소식도 언급했다. 그러고는 건성으로 지나가듯이 고아 문제를 거론했는데, 이 도시는 포르투갈의 인도 계획에서 한 번도 중요하다고 여겨진 적이 없었다. 그래서 나흘 뒤, 알부케르크가 그곳을 점령하러 나선다는 말을 하자 모두가 깜짝 놀랐다.

그런데 그사이에 이런 일이 있었다. 한때 가마와 갈등을 일으켰던 인도인 해적 티모지가 함대를 찾아왔다. 다소 애증의 존재인 티모지

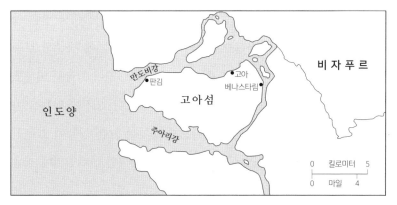

알부케르크의 총독 재임 당시의 고아.

는 알메이다가 총독으로 재임할 때 유럽인과 운명을 함께하기로 마음먹은 인물인데, 이제 알부케르크를 찾아와 한 가지를 제의했다. 이 만남은 명백한 우연이었는데도 마치 사전에 정해진 것처럼 진행되었다. 티모지의 사절은 1월에 알부케르크를 만났다. 십중팔구 두 사람은 그에 앞서 은밀하게 이 만남을 사전에 조율했을 것이다. 포르투갈 함대를 찾아온 티모지는 잘 준비된 이야기를 알부케르크에게 들려주었다.

고아는 두 강 사이의 비옥한 섬에 있는데, 인도 서부 해안에서 가장 전략적인 위치의 교역소였다. 이곳은 인도 아대륙 남부의 심장부를 놓고 싸우는 두 경쟁 제국, 즉 북쪽의 비자푸르 무슬림 왕국, 남쪽 비자야나가르국의 힌두교 라자 사이 단층선에 있었다. 이 두 왕국은 고아를 두고 서로 치열하게 다투었다. 지난 30년 동안만 해도 주인이 세 번 바뀌었다. 이곳의 특별한 가치와 부는 마필 무역에서 나왔다. 호르무즈는 페르시아와 아라비아에서 말을 이곳으로 수출했고, 말은 국경 전쟁에서 양쪽 모두에게 필수품이었다. 열대 기후에서 말은 쉽게 지쳐서 쓰러지고 성공적으로 번식시킬 수 없었기에 꾸준히 보충해야만 했다. 고아엔 다른 이점도 있었다. 이곳은 땅이 지극히 비옥했고, 훌륭한 심해 항구가 있어서 몬순을 막아주었다. 도시가 있는 고아 섬(현지어로는 티와디)의 세관은 들어오고 나가는 모든 상품에 효율적으로 세금을 매길 수 있었다. 사면이 물로 둘러싸인 섬이었기에 효율적으로 방어할 수 있는 곳이기도 했다.

티모지는 포르투갈이 지금 고아를 공격해야 하는 매력적인 이유를 제시했다. 말라바르의 도시들은 무슬림 공동체가 있어도 인도인이 지배하지만, 이곳의 인도인 대다수는 현재 무슬림의 지배를 받고 있으며 무슬림들이 인도인들 사이에서 인망이 높지 않다는 것이었다. 인도인은 중과세에 시달렸다. 디우 전투에서 도망쳐 온 후므 전사들은 그 지역의 주민들을 탄압해 불안을 가중했다. 알부케르크로서는 복수를 계획하고 있던 이들을 우려하지 않을 수 없었다. 그들은 포르투갈 방식의 캐릭선을 상당수 건조했는데, 아마도 배신한 유럽인들에게서 도움을 받았을 것이다. 그들은 맘루크 술탄에게도 지원을 호소했다. 사실상 고아는 프랑크인과의 전쟁에서 무슬림의 역습을 위한 근거지 역할을 했다.

티모지는 지금이 공격할 때임을 강조했다. 비자푸르 술탄이 막 죽어서 그의 젊은 아들인 아딜 샤가 반란을 진압하러 나가 도시를 비웠다고 했다. 섬 주둔군은 그리 많지 않았다. 게다가 비자푸르는 비자야나가르와 거의 영구적으로 전쟁을 벌이고 있었기에 혼란스럽기 짝이 없는 상황이었다. 포르투갈이 고아 장악에 나서면 도시 내부의 인도인들 사이에서도 자연히 호응이 있을 터였다. 티모지는 자신이 개인적으로 그런 호응을 이끌어낼 수 있다고 말했다. 그는 그 도시를 잘 알았고, 인근의 지형과 접근 방법도 잘 알았다. 티모지는 인도인 공동체 지도자들과도 좋은 관계를 유지했고, 만약 무슬림으로부터 구제된다면 그 공동체들도 환영할 것이 확실했다.

원래 해적이었던 티모지의 동기가 무엇인지 정확하게 가늠하기는 어려웠지만, 최근까지 충실한 동맹임은 확실했고 그가 운영하는 간첩 네트워크는 분명 광범위했다. 알부케르크는 그를 믿는 쪽으로 마음이 기울었다. 고아는 그가 개인적으로 품고 있는 인도 제국의 비전에도 합당한 곳이었다. 그곳을 확보하면 인도 사업은 더 안정적으로 진행될 것이었다. 그곳의 전략적 위치는 향신료 무역의 통제에 아주 이상적이었고, 동시에 말 무역을 독점할 수 있어서 포르투갈이 남부 인도의 복잡한 정치적·군사적 경쟁에 원활하게 개입할 수 있을 것이었다. 게다가 방어하기도 쉽고 무슬림과 다르게 인도인과는 종교적 분쟁이 없었다.

고아 점령은 티모지가 제안한 바대로 쉬운 일임이 판명되었다. 티모지는 작전을 돕고자 병력을 2000명 모아 왔다. 2월 15일 혹은 16일, 알부케르크는 수심을 측량하기 위해 만도비강 입구에 탐사선들을 보냈다. 강물은 가장 큰 캐럭선을 들이기에 알맞은 정도로 깊었다. 육지와 바다에서 펼칠 양면 공격이 준비되었다. 티모지의 부하들은 육지 쪽으로 공격하여 먼저 포대를 점령하고 그것을 해체했다. 알부케르크의 조카는 강어귀에 있는 섬의 포대를 공격했다. 짧은 전투 이후에 적의 방어가 무너졌고, 그곳의 수비대장은 도시로 물러났다. 그러는 사이 티모지는 도시로 침투했다. 도시의 두 대표는 함대를 맞이하러 나왔고, 순순히 항복하겠다고 말했다. 알부케르크는 무슬림과 인도인 주민 모두에게 완전한 종교적 관용을 허락하고 세금을 낮추겠다고 주민들에게 공표했다. 그가 유일하게 내건 조건은 후므 전사들과 아딜 샤의 용병 주둔군이 도시에서 추방되어야 한다는 것이었다. 그러자 그들은 황급히 도시 밖으로 도망쳤다.

3월 1일, 총독은 화려한 대규모 의례를 벌이며 고아를 장악했다. 새로운 방식으로 훈련된 병력이 번쩍거리는 창을 들고 고아 항구의 부두에 모였다. 알부케르크는 호화롭게 세공된 갑옷을 입고 상륙하여, 무릎을 꿇고 환영하는 고아의 유지 여덟 명을 만났다. 그들은 도시의 열쇠들을 바쳤다. 알부케르크는 은으로 가장자리를 장식한 안장을 얹은 말을 타고 성문으로 들어섰고, 연도엔 환영의 함성을 지르는 주민들이 도열해 있었다. 노련한 군악대가 북을 두드리고 피리를 불며 음악을 연주했고 한 수도사가 보석이 박힌 십자가를 앞으로 내세우고 걸어갔다. 그리고 총독은 흰 바탕에 붉은 십자가를 그린 그리스도 기사단의 깃발을 하늘 높이 휘날리게 함으로써 그 도시를 기독교가 정복했음을 선언했다.

섬에 발을 들인 그 순간부터 알부케르크는 고아를 포르투갈의 영구적 영토로 간주했고, 그에 부응하는 행동을 했다. 병사들에겐 엄격한 군율이 부과되었다. 이제 마누엘 왕의 백성이 된 현지 주민들에게 약탈, 폭력, 강도나 강간을 해서는 절대로 안 된다고 명령했다. 알부케르크는 그 후 몇 년 동안 많은 어려움과 맹비난 속에서도 변함없이 굳건하게 그 도시가 포르투갈령이라는 시각을 견지했다.

포르투갈인은 도시를 철저히 탐사했다. 거대한 광장을 앞에 둔 샤의 왕궁은 향기롭기 한량없는 정원이 많았고, 목재를 훌륭하게 세공하여 세운 파빌리온도 있었는데 지난번 문짝을 뜯어냈던 캘리컷의 왕궁만큼이나 훌륭했다. 그들은 왕의 마구간에서 아라비아 말 150마리를 발견했고, 코끼리도 100마리나 발견했다. 티모지가 보고했던 이슬람 용병들의 전쟁 준비 상황은 사실이었던 것으로 밝혀졌다. 대형 캐럭선이 조선소에서 건조되고 있었고, 무기고엔 전쟁 물자인 대포, 화약, 칼이 비축되어 있었으며, 풀무와 각종 도구를 동원하여 해양 원정에 필요한 온갖 장비를 제조하고 있었다. 총독은 그 배를 계속 건조하여 포르투갈 함대에 편입시키라고 지시했다.

총독은 포르투갈령 고아를 열성적으로 만들어나가기 시작했다. 이 지역은 아시아에서 처음으로 얻은 포르투갈 영토였다. 그는 도시의 영구 점유를 대내외에 드러내기 위해 입성한 지 보름도 지나지 않아 조폐국을 설립하라는 명령을 내렸다. "새로 얻은 국왕 폐하의 이 영토에서 폐하를 기리는 새로운 통화를 주조해야 마땅하다."[3] 이러한 조치를 단행한 주변 상황을 살펴보면 그가 지역 상황에 아주 예민하게 반응했다는 것을 알 수 있다. 도시의 지도자들은 신속하게 그를 찾아가 고아 무역에 새로운 활기를 불어넣어야 하는데 필요한 주화가 부족하다고 진언했던 것이다. 그렇게 해서 크루자두(혹은 마누엘)라는 새로운 대표 주화가 나오는데, 이 반짝이는 황금 원반은 한쪽 면엔 십자가가, 다른 면엔 포르투갈 국왕의 상징인 혼천의가 새겨졌으며, 무게는 4.56그램이었다. 이 주화는 고아 기준으로 만들어져서 포르투갈의 동급 주화보다 무게가 더 나갔다. 유통을 공포하는 절차로 새로운 주화

포르투갈령 고아 최초의 주화.

는 은그릇에 담겨 여러 거리를 지나며 전시되었고, 북을 두드리고 피리를 부는 악단, 광대와 무용수, 전령이 행렬에 동행하여 분위기를 돋우었다. 전령은 포르투갈어와 현지 언어로 "이것이 우리 주군께서 고아와 그 영토에서 통용되어야 한다고 명하신 새로운 통화다"라고 거리를 지날 때 우렁차게 선전했다.[4]

새로운 통화의 세부적인 부분까지 파고드는 모습은 복잡하고 세심한 알부케르크의 성격을 잘 보여준다. 실용적이고 융통성 있는 행정가로서의 면모, 지역 상황에 세심하게 반응하는 태도, 새로운 체제에서 해결책을 찾으려는 성의 등이 그런 성격의 면면이었다. 하지만 총독은 때때로 맹목적이고 지독한 자아도취에 빠지는 경향이 있어서 향후 수많은 문제를 일으킨다. 또 다른 소액 동전은 혼천의를 의미하는 A라는 글자를 뒤집어놓아 논란이 되었는데, 실은 "누가 그 주화를 주조했는지 보여주기 위해"[5] 그런 글자를 넣은 것이었다.* 이는 그의 정

---

* A는 알부케르크의 두문자다.

3부 정복

적에게 공격할 명분을 제공했고, 총독이 고아를 개인 영지로 삼으려 한다는 소문을 포르투갈 내에 퍼뜨리게 하는 빌미가 되었다.

식민지 행정에서 힘들게 걸음을 뗀 첫 조치들 중에는 더러 실수가 있었다. 티모지는 처음에 세금 징수를 담당했지만, 무슬림과 인도인 두 공동체 모두에서 반대 여론이 일어나 그의 보직은 변경되어야 했다. 알부케르크는 종교의 자유를 약속했지만, 인도인 남편의 장례식 때 살아 있는 아내를 화장용 장작더미에 올려놓고 순사시키는 수티라는 관습은 너무 야만적이라며 강력히 금지했다. 기독교 전파의 근본적 사명감과 그 자신의 고집 센 성격 때문에 알부케르크는 즉결 처형을 명령하는 경우도 있어서 그것이 사회적 불안을 일으켰다.

그러던 중 외국에서 두 대사가 찾아왔다. 한 명은 페르시아의 시아파 통치자 이스마일 샤가 보낸 자였고, 다른 한 명은 알부케르크의 숙적인 호르무즈의 흐바가 아타가 보낸 자였다. 호르무즈의 사절은 아딜 샤를 만나 포르투갈에 대항하도록 도와달라고 요청하러 온 것이었다. 하지만 그들은 아딜 샤가 어디론가 사라지고 고아를 알부케르크가 점령했다는 사실을 알고 당황하여 어찌할 바를 몰랐다. 그와 별개로 알부케르크는 수니파 맘루크와 철천지원수 사이인 이스마일과 관계를 맺어놓으면 나중에 전략적 기회가 있으리라 생각해 이스마일의 사절에게 합동 작전을 제안했다. 포르투갈은 지중해와 홍해에서 공격하고, 이스마일 샤는 동쪽에서 공격하라는 제안이었다. "하느님께서 동맹 체결을 뜻하셨다면, 샤는 전력을 다해 카이로와 술탄의 땅을 향해 진격할 수 있을 것이오. 그러면 내 주군께선 예루살렘으로 쳐들어가 그쪽 지역을 완전히 정복하실 것이오."[6]

이는 마누엘이 품은 십자군 운동이라는 이상을 실현시킬 기회였다. 알부케르크는 이런 의사를 사절에게 알려 페르시아의 샤에게 돌려보냈고, 더불어 포르투갈의 사절을 페르시아 사절에게 동행시켰다. 포르투갈 사절은 페르시아로 들어가는 길에 과거는 잊어버리겠다며 화해를 요청하는 편지를 호르무즈의 꼭두각시 왕에게 전달하는 임무도 맡았다. 이 위험한 임무는 후이 고메스에게 돌아갔고, 그는 결국 페르시아에 도착하지 못했다. 흐바가 아타가 그를 호르무즈에서 독살시켰기 때문이다.

긴급히 돌아가는 현지 상황은 고아에 나가 있던 총독의 행동에 영향을 미쳤다. 그는 도시 방비가 불충분하며, 언젠가 젊은 아딜 샤가 다시 나타나 자신의 귀중한 교역항을 돌려달라고 요구하리라는 것을 잘 알았다. 가옥 수리는 모르타르를 만들 석회가 부족해 지장이 생겼고, 성벽은 진흙을 넣어 단단히 다진 돌로 재건해야 했다. 시간이 얼마 남지 않았음을 안 그는 앞으로 닥칠지 모르는 공격에 대비해 방어 시설 강화하는 작업을 교대해가며 서두르라고 건설팀에 지시했다. 총독은 밤낮을 가리지 않고 현장에 나가 보수·강화 작업을 독촉했다. 그는 무슨 수를 써서라도 고아를 지켜내겠다고 결심했다. 하지만 4월이 되자 포르투갈 사람들 사이의 분위기가 심상치 않게 돌아갔다. 피달구들은 상당수가 총독의 원대한 생각에 동의하지 않았다. 몬순이 불어오는 계절이 다가오고 있었고, 아딜 샤가 대군을 동원하고 있다는 소문이 먼 곳으로부터 들려왔다. 총독이 법 집행을 엄격하게 하는 바람에 시민들과의 관계가 좋지 않게 변했고, 선장 중 일부는 몰래 코친으로 돌아가자고 안달하기 시작했다. 곧 떠나지 못하면 비에 갇힌 채 긴 계절이 끝나기를 속절없이 기다려야 하고 더 나쁘게는 포위를 당할 수도 있었다. 포르투갈의 적이 선호하는 전술은 이미 다 알려져 있었다. 그들은 호우가 오고 바다가 거칠어질 때까지 기다렸다가 포르투갈인들이 외부의 도움을 받지 못하고 격리되기만을 호시탐탐 노렸다. 그러나 알부케르크는 쉽게 마음을 바꾸는 사람이 아니었다. 고아는 포르투갈의 땅이고 앞으로도 그렇게 유지되어야 한다고 생각했다.

실제로 4월이 되자 아딜 샤는 왕국 내 반란을 진압했다. 알부케르크는 몰랐지만, 샤는 경쟁 왕국인 비자야나가르와의 휴전을 모색하여 성사시켰다. 이제 샤는 몬순의 도움을 받아 포르투갈인들에게 덫을 놓을 준비를 마쳤다. 그는 4월에 장군 팔루드 칸에게 군사를 내주어 보냈고, 그 병력은 추산하면 무려 4만에 이르렀다. 이들은 이란과 중앙아시아에서 온 숙달된 전투원이었고, 포르투갈 침입자들을 일거에 몰아내려 했다. 이 병력이 만도비강의 둑에 도착하자 티모지의 급조된 병력은 빠르게 패주했다.

본토에서는 고아섬을 뭍으로부터 분리하는 좁은 시내와, 악어가 우글거리는 강 건너편에 대규모인 샤 병력의 막사와 깃발이 설치되었고, 이제 포르투갈 수비병들도 그 모습을 훤히 볼 수 있었다. 섬의 둘레는 대략 30킬로미터 정도 되어서 알부케르크의 병력은 듬성듬성 소개된 상태로 그 질퍽한 여울을 지킬 수밖에 없었다. 게다가 적들은 물이 빠져나가면 그런 얕은 여울은 얼마든지 마음대로 건너올 수 있었다. 팔루드 칸은 석호를 가로질러 양동 작전을 펴고 여러 차례 정찰병을 보내며 포르투갈 선장들을 계속 신경 쓰이게 해서 지치게 만들었다. 칸은 포르투갈 몰래 고아의 무슬림들에게 서신을 보냈다. 그리하여 도시 주민들이 이탈하기 시작했고, 이들은 이슬람 군대에 합류했다. 팔루드는 날씨가 지금보다 더 악화되길 기다렸다.

어느 날 수비자들이 섬을 뭍으로부터 갈라놓는 좁은 여울을 불안하게 응시하고 있을 때, 한 남자가 백기를 흔들면서 물가로 다가오는 것이 보였다. 그는 포르투갈어로 이렇게 외쳤다. "포르투갈 귀족분들, 제가 총독님께 올리는 전갈을 전해줄 사람을 한 명 보내주십시오."[7] 그러자 포르투갈 보트가 출발했다. 이 남자는 자신을 주앙 마샤두라는 이름의 포르투갈인이라고 밝혔고, 알부케르크에게 전언할 수 있도록 안전 통행권을 보장해달라고 간청했다.

마샤두는 10년 전 스와힐리 해안에 떨어뜨린 죄수로, 아딜 샤를 섬기고는 있었지만 여전히 동포에 대한 향수를 품고 있어서 그곳에 나온 것 같았다. 그는 유용한 조언을 건넸다. 그의 전갈은 간단했다. 팔루드 칸의 병력은 곧 아딜 샤가 이끌고 오는 병력과 합해지면 더 커진다는 것이었다. 게다가 몬순이 다가오는 중이었다. 너무 늦기 전에 섬을 비우고 떠나야 했다. 아딜 샤도 총독과 우호적 관계를 유지하기를 바란다. 그렇게만 해준다면 샤는 총독에게 해안의 다른 곳에 요새를 짓도록 해줄 것이다.

아딜 샤의 의사는 위협과 회유, 그리고 상식을 지키라는 호소였다. 알부케르크는 그런 유화적 제스처를 깡그리 무시했다. 그에게 협상이란 있을 수 없었다. "포르투갈인은 얻은 건 절대 포기하지 않네."[8] 그는 오만하게 답했다. "아이나 여자를 돌려주는 일도 없을 것이야. 여자들은 포르투갈인의 신부로 데리고 있고 차차 기독교도로 개종시키려 하네."[9] 알부케르크의 비협조적인 협상 방식이 사람들에게 충격을 안긴 것이 이때가 처음은 아니었다. 팔루드 칸에게 이런 말이 전달되자, 그는 "크게 놀랐다. 총독이 휘하에 거느린 병력이 얼마 안 된다는 걸 알기 때문이었다."[10] 팔루드 칸은 막사로 돌아가 커다란 뗏목과 카누 위에 평대를 세워 서로 묶으라고 지시했다. 인도의 침공 부대는 그것을 부교 삼아 강을 건널 예정이었다.

알부케르크는 제국을 건설한다는 자신의 계획을 완고하게 고수하면서 마샤두의 조언을 따르지 않았다. 오는 8월에 리스보아에서 보낸 다음 함대가 도착할 때까지 몬순 시기에 버틸 수 있으리라 믿었던 것이다. 그는 아딜 샤가 비자야나가르와 맺은 휴전이 샤에게 운신의 폭을 얼마나 자유롭게 했는지 알지 못했고, 포르투갈 병사들 사이에 점점 커지는 불만도 무시해버렸다. 적은 얕은 개울을 건너 끊임없이 습격해 왔고, 포르투갈인은 대응에 전력을 기울였다. 그들은 싸우지 않을 때에는 성벽에서 작업에 더 열중하라는 독촉을 받았다. 여울 너머에 있는 적의 병력이 얼마나 많은지는 훤히 보였다. 축성 작업의 강도가 높아져 활력을 잃으면서 점점 더 빈약한 식량으로 버텨야 하자, 많은 피달구 및 병사들 사이에서는 도저히 현재 상황을 이해하지 못하겠다는 어두운 분위기가 퍼져나갔다. 심지어 티모지마저 고집 센 알부케르크와 사이가 틀어졌다.

비가 세차게 내리고 바다가 거칠게 변하면서 포르투갈인들은 적이 쳐놓은 덫에 갇히는 기분이 들었다. 총독은 호르무즈 때처럼 점점 더 고립되어갔다. 그는 자신에게 개인적으로 충성하는 소수의 귀족 무리에게 의지했고, 그중에서도 가장 두드러지는 사람은 조카인 젊은 안토니우 드 노로냐였다. 이 조카는 진취적이고 용맹했다. 한편 힌두인이든 무슬림이든, 고아 주민들은 어느 편에 붙어야 유리할지 따지다가 성문 밖에 있는 군대 편에 서는 게 낫다는 결론을 내렸다.

포르투갈 선장들 사이에서 점점 반대자가 늘어난다는 사실을 보고받은 팔루드 칸은 전면적 공격의 시기를 노리고 있었다. 5월 10일 혹은 11일 밤에 몬순으로 비가 퍼부었고, 바람이 야자나무를 세차게 흔들고 물이 빠져나가자 여울은 훨씬 건너기 쉽게 바뀌었다. 무수한 뗏목이 얕은 강을 가로질러 나아갔다. 어둠이 내려 혼란스러운 상황에서 포르투갈과 현지 말라바르 부대의 혼성군은 기습을 당했다. 혼성군은 응집력이 없었다. 그들은 순식간에 압도되어 우왕좌왕하며 헤매다가 대포마저 버리고 도망쳤다. 짧은 시간 안에 포르투갈인은 도시로 밀려났다. 현지 부대 중 일부는 변심하여 적에게 붙었다. 도시 내에서 무슬림 주민들은 새로운 주인들에게 대항해 반란을 일으켰다. 알부케르크가 상황을 통제하려고 애쓰는 동안 시가전이 벌어졌다. 이내 포르투갈인은 도시 성채 안에 갇히고 말았다. 총독은 부하들에게 단단히 저항하라고 강력히 촉구했다. 그는 끊임없이 지휘소를 순회했고, 식사도 말안장 위에서 했다.

하지만 진흙으로 접착시켜 급조한 벽은 속절없이 무너졌다. 주민 봉기는 계속 확산되었다. 더는 버틸 병력이 없다는 점이 분명했다. 아딜 샤도 직접 전투 현장에 나타났다. 성벽에 올라간 포르투갈 병사들은 적들의 무수한 막사와 푸르고 붉은 깃발이 표표히 나부끼는 광경을 볼 수 있었다. "그들의 막사는 전부 다 깃발이 나부꼈고, 그들이 질러대는 끔찍한 함성은 포르투갈 병사들의 사기를 꺾어놓았다."[11] 너무 늦기 전에 후퇴해야 한다는 선장들의 간청은 시간이 흐를수록 더 강력해졌다. 항구로 도망쳐 안전하게 코친으로 물러날 기회는 시간이 지날수록 사라져갔다. 총독은 소수 측근의 지지만 믿고서 그 도시를 지킬 수 있으며 아딜 샤는 곧 비자야나가르와 싸우기 위해 돌아갈 것이라고 주장하며 완고하게 버텼다. 두 인도 왕국의 강력한 통치자들이 서로 휴전했다는 소식이 전해졌고, 마샤두가 다시 나타나 총독의 배들을 불태우고 인도 배 한 척을 일부러 침몰시켜 탈출할 물길을 미리 막아버리는 작전이 세워졌다고 경고하자, 총독은 도저히 고아를 방어할 수 없는 상황이라는 걸 그제야 인정했다.

사면초가에 몰린 도시의 성채에서 탈출하는 작전은 5월 31일 밤으로 계획되었다. 준비는 극도로 비밀스럽게 진행되었다. 자정에 종소리가 단 한 번 울릴 것이다. 배들은 출항 준비를 마쳤고, 부두와 반대 방향으로 도시에서 물러날 때 엘리트 선장들은 아군을 엄호하기로 계획되었다. 도시를 불태우자는 제안은 알부케르크가 거부했다. 그는 언젠가 돌아와 고아를 다시 자기 것으로 만들겠다고 맹세했다. 도시에 불 지르는 것을 빼고 나머지 일에는 무자비한 태도를 보였다. 그는 티모지에게 무슬림 남자, 여자, 그들이 데리고 있는 아이를 모조리 죽이라고 지시했다. 누구도 살려두어선 안 된다고 했다. 대포는 포문을 막아 사용하지 못하게 했고, 말은 적이 사용할 수 없도록 죽이라고 했다. 당연히 무기고와 군수품도 불태우라는 지시가 떨어졌다.

티모지는 암울한 임무를 수행했다. 일부 무슬림 남자들이 총독의 지시에 의해 거리에서 살해되었다. 하지만 여자와 아이 다수를 집에 숨겼다. 그 와중에 빼어나게 아름다운 여자들은 보석을 빼앗은 다음에 남자 옷을 입혀서 자기 배에 몰래 태웠다.

비밀스럽게 퇴각했는데도 포르투갈군이 후퇴하고 있다는 사실은 빠르게 알려졌다. 아딜 샤의 병사들은 성문으로 밀어닥쳤다. 알부케르크는 그들의 진군을 더디게 할 최후의 방책을 사용했다. 후추와 구리가 든 통들을 그들이 지나가는 길에 뿌려놓았고, 적군은 멈춰서 그 통들을 챙기느라 자연히 진군이 느려졌다. 또 다른 병사들은 자신들의 친척이 거리에서 학살된 모습을 보고 온몸이 얼어붙었다. 이러한 방해 작전에도 불구하고 부두를 따라 양군 사이에 맹렬한 전투가 벌어졌다. 포르투갈의 후위 부대가 필사적으로 싸우지 않았다면 배가 아예 항구를 떠나지 못했을 것이다. 함대는 물길을 따라 지나갔고, 샤 부대가 미리 강물에다 침몰시켜놓은 배도 이들의 통행을 막지 못했다. 알부케르크를 제외한 모든 포르투갈 사람이 그 탈출에 안도했다. 하지만 그들에게 닥친 문제는 이제 막 시작되었다.

18

비에 갇힌 사람들

1510년 6-8월

　그들은 퍼붓듯이 날아오는 화살의 공격을 받으며 강의 하류로 나아갔다. 그들 뒤로 도시의 탈환을 축하하는 아딜 샤의 나팔 소리와 무슬림의 슬픔에 겨운 울음소리가 뒤섞여서 들려왔다. 무슬림들은 남자들이 거리에서 학살되고 아내들과 딸들이 유괴되었다는 사실을 알고 몹시 슬퍼했다. 포르투갈 함대는 만도비강 입구 근처에 정박했는데, 판김의 전략적 요새 바로 앞에서 강물은 바다 쪽으로 흐르며 강폭이 넓어졌다.

　그들은 너무 늦게 출발했다. 이미 6월 초였다. 몬순은 본격적으로 위력을 과시했다. 맹렬하게 퍼붓는 비가 배를 강타했다. 바람이 세차게 불어 야자나무를 휘어놓았다. 강이 범람해서 배의 선수와 선미 모두를 묶어 강한 물결에 선체가 흔들리는 걸 막아야 했다. 갑판에선 선임 지휘관들 사이에서 맹렬하게 논쟁이 벌어졌다. 강어귀를 빠져나가 거친 바다를 헤치며 안제디바섬으로 과연 돌아갈 수 있겠는가? 선장들의 분위기는 험악했다. 그들은 이런 곤경을 겪는 이유가 알부케르크의 고집 탓이라고 비난했다. 좀 더 일찍 떠났어야 했는데 그러지 못했다는 것이다. 그들은 이 강상의 덫에서 빨리 탈출하자고 주장했다. 항해사들은 지금은 그렇게 할 수 없다며 선장들 못지않게 완고했다. 알부케르크는 마침내 페르낭 페르스의 배가 강어귀의 사주 옆을 지나 바다로 나아가는 데 동의했다. 강력한 해류가 페르스의 배를 모래톱 방향으로 밀어냈으나, 정작 바다로 나아가지는 못하고 맹렬한 구타와 다를 바 없는 물결에 배만 망가졌다. 선원들은 가까스로 탈출했고 대포도 난파선에서 간신히 구출했다. 또 다른 선장은 허락도 받지 않고 탈출을 시도했다가 곧 따라잡혔고 이어 지휘권을 박탈당했다. 포르투갈인들은 강상에 갇혔고, 강에 포위되어 8월까지 그 상태로 버텨야 했다. 독특하면서도 아주 심각한 상황이었다.

포르투갈인들이 강물 한가운데에 배를 묶어둔 채 오도 가도 못 하고 있을 때 보트 한 척이 백기를 흔들며 나타났다. 아딜 샤가 다시 마샤두를 보내 협상을 시도하려 했다. 표면적으로 샤는 평화 협상을 원했지만, 실은 작전 시간을 벌려는 의도였다. 침입자들이 갑자기 판짐 요새에 들이닥쳐서 점령당할까 우려했던 그는 자신이 직접 요새를 재점령할 때까지 그들을 충분히 강상에 묶어두려 했다. 알부케르크의 답변은 짧고 매서웠다. "고아는 나의 주군인 포르투갈 국왕의 것이오. 샤가 마음을 고쳐먹고 도시와 그곳의 영토를 전부 돌려주지 않는 한, 그를 상대로 한 평화 협정은 절대로 없을 것이외다."[1]

알부케르크의 뻔뻔한 태도와 답변에 샤는 충격을 받았다. 패배하여 꼼짝도 못 하고 굶어 죽기 직전인 자가 퉁명스럽기 짝이 없는 태도로 협상 조건을 제멋대로 요구한다며 어이없어했다. 그때 샤의 입에서 나온 욕설 가운데 가장 정중한 것이 "악마의 자식"이었다.[2] 그는 마샤두와 고위 관리 두 사람을 보내 다시 알부케르크와 협상을 시도하면서 수정된 제안을 제시했다. 샤는 고아를 포기할 수 없지만, 그 대신에 다불과 호르무즈의 마필 수입을 모두 제공하겠다고 제시했다. 알부케르크는 쓸데없는 소리 그만하고 어서 돌아가라고 딱 잘라서 사절들에게 말했다. 그는 고아가 반환될 때까지 아무 말도 들어주지 않겠다고 강경하게 말했다. 그리하여 싸움은 물리적 일이었을 뿐 아니라 심리적 경쟁이 되었다. 이렇게 협상을 벌이면서 시간을 버는 동안 아딜 샤는 판김 요새에 병력을 대규모로 주둔시켰고, 목조 보루에 대포를 설치했다. 다른 편의 본토에는 더 많은 포대를 이미 설치해둔 상태였다. 요새와 도시 사이의 불안정한 강상에 자리 잡은 포르투갈인들은 두 포대에서 나부끼는 깃발을 볼 수 있었고, 적이 북을 두드리고 나팔을 불면서 지르는 함성도 들을 수 있었다. 포르투갈인들은 함정의 깊은 아가리 속에 정확히 들어온 셈이었다.

강상에 머무르는 동안 다양한 형태의 고통이 포르투갈인들을 괴롭혔다. 무엇보다도 포대에서의 포격이 문제였다. 그들의 배는 양쪽 강둑에서 날아오는 십자 포화의 대상이 되었다. 그들의 선체는 무척 튼튼해서 샤가 보유한 소구경 대포로는 심각한 피해를 입힐 수 없었다. 하지만 밤낮을 가리지 않고 포격이 계속되자 끔찍한 불안에 휩싸였다. 알부케르크의 배 프롤드라마르호는 게양한 선장의 깃발 때문에 쉽게 알아볼 수 있었고, 따라서 가장 명백한 공격 목표물이 되어 때로는 하루에 50발의 포격을 받기도 했다. 따라서 함교에 나타나거나, 돛대 꼭대기의 망대에 오르는 건 그리 현명한 행위가 아니었다. 그들은 적의 위협을 피하기 위해 배의 위치를 계속 옮겨야 했는데 이는 어렵고 위험한 작업이었다. 샤의 포격에 응사하려는 시도는 없었다. 나중을 위해 화약의 재고를 보존하는 편이 더 나은 방책이었기 때문이다. 선창에 갇혀 울적하게 지내는 선원들은 선체를 맹렬히 두드려대는 빗소리를 들으며 몸에 병이 나기 시작했다.

그러다 6월 어느 날에 비가 그쳤다. 보름간 하늘이 맑았다. 그러자 또 다른 문제가 발생했다. 식수가 부족했다. 함대원들은 힘을 빼놓는 더위에 헐떡거리며 숨도 제대로 못 쉬었다. 아딜은 강 주변의 수원을 모두 철저히 지키면서 매복해 적이 오기만을 기다렸다. 그는 단지 수원을 지키기만 해도 침입자들을 물리칠 수 있으리라 확신했다. 포르투갈 함대가 유일하게 위안거리로 삼을 만한 건 티모지의 지속적인 도움이었다. 그는 현지 지형을 잘 알았기에 관련 정보를 전해주었다. 그의 도움으로 어느 정글에서 샘물을 파는 특공 작전이 개시되었다. 이 작은 보상을 얻기 위해 맹렬한 전투가 벌어졌다. "엄청난 고난을 겪고 우리는 간신히 60개에서 70개의 통을 물로 채울 수 있었다. 하지만 큰 통은 단 한 개도 채우지 못했는데, 많은 병사가 다쳐서 힘을 쓸 수 없었기 때문이다."[3] 또 다른 기록에선 이런 내용도 있었다. "물 한 방울을 얻고자 피 세 방울을 흘렸다."[4]

예기치 않게 좋은 날씨가 다시 돌아오자 현재 머물고 있는 강상의 불쾌한 장소를 탈출하자고 부르짖는 패거리가 다시 목소리를 높이기

3부 정복

시작했다. 선장들은 알부케르크에게 닻을 올리고 다시 바다로 탈출하자고 끊임없이 졸랐다. 알부케르크와 키잡이들은 지난번에 페르스의 배가 탈출 시도를 했다가 어떻게 되었는지 구체적 사례를 들며 굳게 반대했다. 호르무즈에서처럼 사령관의 완고한 태도는 천천히 타오르던 부하 선장들의 분노를 더 부추겼다. 함대원들 사이엔 죽을 때까지 자존심이나 내세울 강박적인 미치광이가 함대의 총선장이라는 생각이 널리 퍼져 있었다. "쓸데없는 고집이나 부리는 총선장은 죽음을 바라고 있고, 결국 우리 모두를 죽이고 말 것이다."[5]

다시 날씨가 험해져 폭우가 쏟아지고 바다에 거친 풍랑이 일어 탈출 시도가 죽음으로 끝날 것임이 확실해지자, 바다로 탈출하자는 외침은 다소 가라앉았다. 물은 배에서 빗물을 받아 큰 통을 채울 수 있었고, 하루나 이틀 정도 진흙을 가라앉히면 마실 수 있는 정도가 되었다. 하지만 굶주림은 함대원의 사기와 체력을 떨어뜨렸다. 보급품이 떨어져가고 있었다. 알부케르크는 엄격한 배급 제도를 도입했고, 직접 자물쇠와 열쇠를 가지고 저장고의 식품을 엄중하게 관리했으며, 저장고는 자신의 서명 없이 일절 열지 못하게 했다. 함대원들에게는 하루에 비스킷 4온스가 지급되었다. 강에서 잡히는 물고기 중 소량이 병자들을 위해 따로 보존되었다가 지급되었다. 티모지는 찾아낼 수 있는 물자가 있으면 그걸 얻기 위해 적극적으로 나섰고, 작은 보트에 부하들을 태워 몰래 상륙시켜서 가져오게 했다. 갑판에서 함대원들은 쥐를 사냥했다. 그들은 사물함에 나타난 쥐를 잡아 가죽을 벗긴 뒤 끓여서 먹었다. "도저히 굶주림을 버틸 수 없던 일반 병사들은 그렇게 했다. 그들은 그만큼 필사적이었다."[6] 코헤이아는 귀족은 그런 행동을 하지 않았다고 암시했지만, 그들이 쥐 고기를 먹었는지 아닌지에 대해서는 명확한 기록이 없다. 함대원들은 총독에게 먹을 것을 간청했다. 선장들은 알부케르크에게 야유의 손가락질을 했고, 이런 고통을 당하는 게 모두 총독의 판단 착오 탓이라고 비난했다. "그들은 이곳에서 월동하지 말라고 총독에게 조언했고, 그렇게만 했더라도 이런 고통은 면할 수 있었다. … 그는 그들을 고아에 계속 머무르도록 고집한 미치광이였다."[7] 사람들의 얼굴은 두려움으로 어두워졌다. 열대의 지옥에서 비가 계속 내리는 데다 포성이 계속 들려오고 썩은 옷을 입은 채 축축한 상태로 땀을 흘리는 그들은 결국 모두 죽을 것이라는 소름 끼치는 공포에 점점 더 사로잡혔다.

곧 병사들의 탈주가 시작되었다. 세 사람이 배에서 뛰어내린 뒤 헤엄쳐서 해안으로 갔다. 아딜은 그들을 대환영하며 잘 먹였고, 유도 심문으로 포르투갈 함대 내의 반발 기류와 극심한 식량 부족 사태를 알아냈다. 함대의 선장들은 무자비한 적이 강둑을 점령하려 하는지 살펴보는 일 못지않게 부하들의 불온한 동태를 신경 쓰고 있다는 점도 알아냈다.

인도 주재 포르투갈 정부의 고위 인사 모두가 비가 내리는 만도비 강에 갇혀 있었고, 적의 포격은 굉음을 울리며 날아왔으며, 병사들과 선장들은 식량 부족으로 총독에게 욕하는 빈도가 점점 잦아졌다. 이들은 총독이 너무 완고한 데다 망상에 사로잡힌 허영심 많은 인간이라고 생각했다. 그에 맞서 총독이 할 수 있는 일이라곤 자신의 전략적 비전을 굳건히 믿는 것, 그리고 병사들에게 격려의 말을 전하며 엄격한 규율을 부과하는 것뿐이었다. 그는 과거 호르무즈에서 병력 통솔에 실패했고, 코친에서 불신임 항명을 겪었으며, 고아에서 스스로 고안하여 실행한 작전 탓에 참사를 겪는 중이었다. 이처럼 가장 우울한 시기에 그는 "선장실에 틀어박혀 하늘을 향해 고개를 들고 기도를 올렸다."[8] 총독을 전폭적으로 지지하는 사람은 소수에 불과했다. 알부케르크의 조카인 안토니우 드 노로냐는 고집 세고 사나운 지휘관과 점점 더 불만으로 들썩거리는 선장들 사이에서 분위기를 누그러뜨리는 중재자 역할을 했다.

고아 왕궁에서 아딜 샤는 적이 처한 곤경을 포르투갈 탈주자들에게서 유심히 들었다. 그는 이들이 새로운 주인이 듣고 싶어 하는 말만 열심히 들려주는 것일 수도 있다고 여겨 그 말을 검증하고자 했다. 그는 비협조적인 경쟁자들을 무너뜨릴 새로운 전술을 고안했다. 어느 날인지 확실하지 않은 6월의 어느 날, 식량을 가득 실은 배가 백기를 흔들며 기함인 프롤드라마르호에 접근했다. 샤가 보낸 배엔 쌀, 닭고기, 무화과, 채소가 잔뜩 쌓여 있었다. 기함은 그들의 방문 목적을 파악하기 위해 보트를 하나 내보냈고, 그들로부터 샤가 명예로운 전쟁에서 승리하길 바라지, 적이 굶어 죽어 이기길 바라는 건 아니라는 말을 들었다. 알부케르크는 적의 전령을 강상에서 기다리게 놔두고 그런 심리전에 자신만의 대응으로 맞섰다. 그는 큰 나무통 하나를 갈라 두 쪽으로 나누고 와인을 거기에 가득 채우라고 말했다. 또 재고가 줄어드는 비스킷도 저장고에서 충분히 가져와 들통에 담아 내보였다. 적의 전령이 마침내 허락을 받고 승선했을 때 그의 눈엔 풍족하고 사기가 높은 함대원들의 모습이 보였고, 알부케르크는 지금 봤듯이 우리는 풍족하게 먹고 있고 가져온 음식은 필요 없으니 도로 가져가라고 하고 고아를 돌려받을 때까지 평화 협정은 일절 없다는 완고한 입장을 전했다. 아딜 샤는 포르투갈 탈영자들이 거짓말을 했다고 결론 내렸을 수도 있고, 아니면 심리전에서 적이 한 번 더 세게 벌인 위장극이었음을 간파했을 수도 있다. 알부케르크의 부하들은 식량이 저장고로 도로 들어가는 광경을 보고 볼멘소리로 거친 욕설을 내뱉었을 것이다. 적의 포격은 계속 포르투갈인을 조롱하며 불안하게 했다.

알부케르크는 아딜 샤가 고아에 무제한 붙잡혀 있을 수 없다는 사실을 알았다. 샤는 왕국 전역에서 발생하는 여러 다른 위협을 처리하고 각종 의무를 수행해야 하는 사람이었다. 그는 샤가 심리전에서 먼저 눈을 깜박거릴 것이라고 생각했다. 그러는 사이에 총독은 병사들의 사기를 높이고자 해안 포대를 파괴하는 작전을 제시했다. 하지만 그런 제안에 피달구들은 심드렁해하는 분위기였다. 총독이 그들의 동의를 얻어내기는 불가능했다. 그는 격분하면서 어쨌든 일을 추진하기로 했다. "내가 너희들의 총독이다. 하느님의 뜻으로 나는 국왕 폐하의 깃발을 휘날리며 판김 해안에 상륙하려 한다. … 내가 출발할 때 티모지에게 나팔을 울리라고 명령할 것이다. 내키면 따라오고 그렇지 않으면 뒤에 남도록 하라."[9] 결국 그들은 모두 작전에 참여했다.

얕은 강을 건너는 데 적합한 배로 구성된 티모지의 함대는 상륙 작전에 지극히 중요했다. 동이 트기 전에 포르투갈인들은 성 외부에 있는 포대의 포좌를 덮쳤고, 놀란 수비군을 패주시키고 대포와 식량을 노획했다. 맞은편 해안의 포대도 조용해졌다. 아딜 샤가 반격을 가하려고 증원군을 보낸 건 저녁 무렵이었으나 그때는 이미 포르투갈 병력이 안전하게 배로 돌아간 뒤였다.

아딜은 포르투갈인들을 굶주리게 하여 항복시킬 수 있다고 생각했지만, 판김 공격은 그의 생각을 흔들어놓았다. 이젠 샤도 공세로 나설 필요가 있었다. 샤는 고아 항구에서 은밀히 뗏목을 대량으로 준비하게 했다. 포르투갈 함대에 접근하여 불을 지를 화공선 역할을 하게 만들려는 심산이었다. 하지만 이런 행동을 철저히 은폐하기는 불가능했다. 포르투갈 측에 매우 소중한 존재였던 티모지가 늘 정보를 파악하려고 육지에 첩자를 파견해둔 덕분이었다. 알부케르크는 보트에 가벼운 대포를 실어 예방 차원의 반격을 개시하기로 했다. 뗏목을 급습하는 것은 적의 저항에도 불구하고 완벽하게 성공했다. 포르투갈이 가한 포격의 파괴적 위력에 뗏목은 산산이 부서져 물 위를 표류했다.

이때 작전의 성공에 흥분한 안토니우 드 노로냐는 해변에 계류된 가벼운 갤리선 한 척을 예인해야겠다고 생각했다. 하지만 그것을 전리품으로 갖고 가려다 무릎에 적의 화살을 맞아 곧바로 퇴각해야 했다. 포르투갈인들이 해안 지역에서 벌인 여러 전투의 부작용은 바로 다리 부상이었고, 종종 이런 부상은 치명적인 것으로 드러났다. 화살이 정맥이나 동맥을 맞힐 수 있었고 의약품이 아예 없는 상황에서 세균 감염이 발생했기 때문이다. 노로냐는 선실로 실려 갔다가 사흘 만에 죽었다. 알부케르크는 조카의 죽음에 큰 타격을 받은 듯했다. 노로냐는 고집 센 총독과 불만 가득한 선장들 사이에서 중재자 역할을 했었고, 총독이 사망할 경우 그를 대신할 후계자로 지명되어 있었다. 알부케르크는 그러한 피해를 아딜 샤에게 드러내지 않으려 했으나 성공하지 못했다.

만도비강에 떠 있는 감옥에서 병사들이 지쳐가는 나날이 계속되었다. 비는 계속 내리고, 식량은 부족하고, 함대원들은 쇠약해졌다. 알부케르크의 유일한 위안은 아딜 샤가 비자야나가르 왕국과 맺은 휴전 기간이 끝났다는 것이었다. 샤는 고아에만 붙잡혀 있을 수 없었고 어서 다른 곳으로 가야 했다. 알부케르크에게 이 소식은 계속 저항할 힘을 불어넣는 원천이었다. 하지만 부하들은 계속 탈주했다. 포대 전투로부터 8일 뒤, 주앙 호망이 해안으로 헤엄쳐 가서 포르투갈 측의 곤경에 관한 새로운 소식을 샤에게 전했다. 총독의 조카 안토니우 드 노로냐가 죽었으며, 병사들이 병들고 굶주려 죽어가고 있고, 전투에서 부상을 입은 자들은 치료 방법도 없이 고통을 겪고 있다는 제보였다. 더 많은 탈주가 이어졌다. 다섯, 열, 그러다 열다섯이 밤중에 배를 탈출하여 헤엄쳐서 해안으로 건너갔다. 포르투갈 배에 탄 이들은 사기가 계속 떨어졌지만, 아딜 샤는 당장이라도 평화 협정을 맺을 필요가 있었다. 그런 상황은 점점 의지력의 시험이 되어가는 중이었다.

샤는 다시 한번 주도권을 잡으려 했다. 그는 평화 협정을 요청하는 사절을 더 많이 보냈다. 알부케르크는 이런 방문객들이 오가는 데 지쳤다. 그는 그들의 방문 동기를 의심했고 협상을 하려는 것이 아니라 병사들의 사기를 떨어뜨리고 저항 의지를 꺾으려 한다고 생각했다. 아딜 샤는 탈주자 호망에게 말을 한 마리 제공했다. 그는 잘 먹어서 살이 오른 모습으로 아랍식 복장을 하고 해변에 나타나 무슬림 개종자로서 자신이 더 나은 삶을 살고 있다며 동료 포르투갈인들을 조롱했다. 알부케르크는 샤의 사절들을 또다시 거부했지만, 이번엔 피달구들이 최소한 그들의 제안이 무엇인지 들어나 보자고 총독에게 요구했다. 총독은 그 요구에 응하며 탈영 문제를 일거에 해결해야겠다고 결심했다.

그다음 날 인질 교환이 합의되었다. 아딜 샤는 도시에서 가장 저명한 귀족인 섭정을 보내 협상하게 했고, 섭정은 대규모 기마대를 대동하고 세력을 과시하는 듯한 의례를 거행하며 다가왔다. 검은 공단으로 지은 막사가 해변에 설치되었고, 섭정은 필요한 통역사, 기병과 보병을 두고 포르투갈의 협상 대상을 기다렸다. 알부케르크는 그의 회계 감사인 페루 드 알포잉을 티모지의 보트에 태워 보냈는데, 그는 인도 주재 포르투갈 정부에서 중요한 역할을 맡은 인물이었다. 그는 석궁을 든 명사수 주앙 드 오에이라스를 대동하고 샤의 대사를 총독의 기함으로 데려왔다. 적이 북을 울리며 의례를 행하는 곳에 가까이 오자 그들은 탈영병들이 옷을 잘 차려입고 말을 타고서 무리 속에 있는 모습을 볼 수 있었다. 그들 중엔 호망도 있었는데, 그는 비단 카프탄을 입고 방패와 장창으로 무장하고서 포르투갈인을 조롱했다. 드 오에이라스는 보트가 해변 가까이 다가왔을 때 노잡이들이 앉은 뱃머리 앞쪽에 쭈그리고 앉아 있었다. 이제 그들은 호망이 지껄이는 말을 알아들을 수 있었다. 호망은 총독을 비롯해 모든 병사에게 돌아가 똥이나 먹으라고 욕설을 퍼붓고 있었다.

그때 알포잉이 뭔가 짧게 말하자 궁수가 벌떡 일어나 호망을 정조준하여 화살을 쐈다. 석궁 화살은 호망을 제대로 맞히며 몸을 뚫고 지나갔고 그는 낙마하여 그 자리에서 즉사했다. 해변에 있던 자들은 어이가 없어서 할 말을 잃었고, 곧 이런 휴전 위반 행위에 대소동이 벌어졌다. 포르투갈 측에서는 배신자들이 총독 헐뜯는 말을 했고 이를 용납할 수 없어서 대응했다고 해명하며, 배신자들이 다시는 협상장에 나타나선 안 된다고 말했다.

섭정이 마침내 기함에 승선했을 때, 협상이 너무 빨리 끝나서 다들 또 한 번 놀랐다. 그는 동양식 외교 방식대로 화려하고 꾸밈이 많은 인사말을 건넸다. 그는 총독이 한 번만 양보한다면, 훌륭한 항구를 갖춘 고아 외부의 요새 부지를 제공하고, 금화 5000크루자두를 건네겠다고 제시했다. 거기에다 티모지를 넘겨달라고 요청했다. 알부케르크는 한숨을 내쉬며 짧고 신랄하게 응답했다. 고아가 아니면 협상도 없다는 것이었다. 그리고 티모지는 절대 넘기지 않겠다고도 했다. 그는 다소 외교적 의례를 위반하면서 경악을 금치 못한 섭정을 서둘러 기함에서 내보냈다. 그러면서 도시의 열쇠들을 가져오지 않을 거면 다시는 사절을 보낼 생각을 하지 말라고 요구했다.

아딜 샤는 이제 모든 규칙을 우습게 보는 총독과 협상하기를 포기했다. 포르투갈의 석궁 사수는 배신자를 맞힌 일로 격려금 10크루자두를 받았지만, 탈영병이 계속 생겨나는 걸 막지는 못했다. 병사들은 계속해서 밤중에 헤엄쳐서 해안으로 도망갔다. 상황은 교착 상태였다. 함대는 강상에 계속 남아 있었다. 그리고 거의 난데없이 갑작스럽게, 피달구들의 반발이 몹시 기이한 상황에서 노골적인 반란으로 분출되었다. 그 사건에는 무슬림 성인 여자와 소녀가 관련되었는데, 일부는 샤 왕궁의 하렘 출신이었다. 이들은 도시가 함락될 때 티모지가 몰래 데려온 여자들이었다. 그들을 이제 협상 카드로 사용하면 어떻겠느냐는 제안이 나왔다. 알부케르크는 그 얘기를 듣고서 깜짝 놀랐다. 그는 그 여자들이 선상에 있다는 사실조차 몰랐기 때문이다. 그는 티모지에게 그들이 선내 어디에 있으며 왜 알리지 않았느냐고 물었다. 티모지는 얼버무리며 답했다. 여자들은 선장들에게 넘어갔으며, 각 배에 나눠져 "다수가 기독교인으로 개종했다."[10] 총독은 암암리에 이런 모의를 벌인 데 격분했고, 배에 여자를 태우면 명백히 죄 지을 상황이 발생하는 것은 물론이요, 군율에도 악영향을 미칠 수 있다며 펄펄 뛰었다. 그는 여자들을 보여달라고 요구했다. 이 문제에 깊이 파고든 그는 여자들 중 일부는 함대원과 '결혼'했으며, 남편과 떨어질 수 없을 것이라는 소리를 들었다. 실용적인 그는 함대에 문제가 생길까 염려하여 공식 의례 없이 이런 결합을 합법화하기로 결정했다. 함대 내 군종 사제가 볼 때 그 일은 추문이었기에, 사제는 교회법을 위반하는 행위라고 선언했다. "그렇다면 아폰수 드 알부케르크의 법에 부합한다고 해두겠소."[11] 독재자 총독의 답이었다.

개종하지 않은 하렘의 여자들도 있었다. 이들 중엔 용모가 매우 뛰어난 미인들이 있었는데, 일반 병사들과 어울리지 않으려 하는 이 여자들에게 몇몇 젊은 귀족이 관심을 보였다. 알부케르크는 이 여자들을 프롤드라마르호로 옮겨 배 뒤편의 선실에 격리시켰으며, 단단히 가둬두고 환관에게 철저히 지키게 했다. 이런 조치가 내려지자, 무슬림 여자들과의 유희가 완전히 차단된 젊은 피달구들이 은근히 분통을 터뜨렸다. 곧 환관이 총독에게 수상한 거동을 보고했다. 그는 밤에 잠긴 선실에 찾아오는 자들이 있는 건 확실한데 누구인지 도무지 모르겠다고 했다. 알부케르크는 보트를 띄워 그들의 동정을 살폈다. 그 이후 며칠 동안 감시조가 건너오는 사람들을 목격했는데, 때로는 한 명, 때로는 세 명이 프롤다호자호 근처에서 기함으로 헤엄쳐 왔다. 한 사람이 은밀하게 배의 키 쪽으로 기어 올라오자 승강구가 열렸고, 그는 곧 할렘으로 들어섰다. 그는 후이 디아스라는 젊은 귀족임이 분명히 확인되었다.

알부케르크는 자신과 가장 친밀한 조언자 두 사람을 불렀다. 그는 포르투갈 함대 전체가 강상에서 포위된 상황인데도 자신의 기함에서 이런 비밀스러운 불복종을 행하고 품위도 지키지 못한 일을 두고 격렬하게 화를 냈다. 그들은 "이런 상황인데도 그것도 기함 내에서 무슬림 여자와 동침하는 노골적인 무례를 저지른 범죄"에 해당하는 처벌은 하나밖에 없다는 데 동의했다.[12] 이렇게 해서 후이 디아스는 활대에 매달려 교수형에 처해질 처지에 놓였다.

디아스가 프롤다호자호 선장인 조르즈 포가사와 체스를 두고 있을 때 디아스의 어깨에 단호한 손이 내려왔다. "국왕의 이름으로 당신을 체포한다!"[13] 승선한 체포조 병사들은 디아스를 거칠게 다루면서 선미 갑판으로 데려갔고, 이런 혼란의 와중에 그의 목에 걸어서 활대에 매달 올가미를 준비했다. 포가사는 앞으로 나서 그 줄을 자르고 이들이 디아스의 목을 매달려 한다고 선원들을 향해 소리쳤다. 귀족 선장들의 분노는 폭발했다. 정당한 설명도 없이 명예로운 피달구인 디아스를 처형하려 한다는 말이 각각의 배에 전달되었다. 함대에서 한바탕 큰 소란이 일었다. 한 피달구 집단은 보트에 올라 기를 올리고 배의 갑판을 행진하며 반란 기세를 확산시켰다. 함대는 반란 직전이었다. 강둑에서 이를 바라보던 무슬림들은 점점 더 커지는 적 내부의 불화에 환호성을 질렀다.

그러는 사이 체포조의 조장은 죄수가 강탈되었다고 프롤드라마르호에 소리쳐 알렸다. 알부케르크는 분기탱천한 채로 보트에 올라 반란자들을 만나러 갔다. 반란은 총선장의 한계 없는 권한에 대한 도전이었다. 그들은 "선장들과 문제를 의논하지도 않고 전횡을 일삼는 절대 권력"[14]이 후이 디아스의 목을 매달려 한다고 불평했고, 귀족에게 어울리는 참수형도 있는데 총독이 피달구를 평민 범죄자처럼 교수형에 처하면서 귀족 예법을 무시한 것은 더욱 좋지 못한 처사라고 항의했다. 알부케르크는 그들이 한 말을 깡그리 무시했고, 반란 우두머리들을 철창에 가두고 디아스를 프롤다호자호의 돛대에 매달아 죽였다. 그리고 시신을 공중에 매단 채 전시하여 다른 이들에게 일벌백계의 경고로 삼았다.

반란은 포르투갈 함대가 지난 몇 달 동안 겪은 긴장과 고난의 산물이었고, 디아스의 처형은 논란 많은 사건으로 남았으며, 알부케르크의 이름에 한 점 오명을 남겼다. 극단적 순간에 그는 융통성이 없었고, 독재적이었으며, 부하들의 조언을 받아들이지 못했다. 안토니우드 노로냐는 그의 리더십 방식에서 완충 장치와 같은 역할을 했지만, 이제 그는 죽고 없었다. 이 사건은 과거 호르무즈에서 일어난 항명 사건의 반복이었다. 부하를 분별력 있게 이끌지 못한 무능은 알부케르크의 악명을 더욱 높였다. 하지만 알부케르크는 빠르게 화를 내는 만큼이나 뉘우치는 속도도 빨랐다. 그는 투옥된 반란 우두머리 네 명과의 관계를 수습하려고 애썼다. 그들의 협조가 생존을 위한 투쟁에서 필수적이었기 때문이다. 그들은 과거 호르무즈에서 네 선장이 그랬듯이 협조하기를 거부했고, 후이 디아스 처형은 총독의 삶이 끝나는 날까지 그의 뇌리를 떠나지 않는다.

알부케르크는 아딜 샤가 고아에서 떠나야 한다는 걸 사실을 알게 되었다. 샤는 왕국의 다른 곳으로 가서 다른 전쟁을 수행해야 했다. 이제 그 상황은 일종의 팔씨름과 같았다. 하지만 7월에서 8월로 접어들면서 날씨가 나아지기 시작했고, 비는 예전보다 덜 왔다. 이젠 만도비강이라는 지독히 성가신 감옥에서 탈출할 가능성이 생겼다. 알부케르크는 티모지가 보급품을 구해서 돌아오길 바라며 아딜 샤의 인내심이 고갈될 때까지 포위를 풀지 않았지만, 함대원들은 더는 버틸 수가 없었다. 그들은 이제 만도비강에서 떠나자고 간청했다. 그는 마지못해 동의했다. "성모 승천 대축일인 8월 15일, 순풍을 받으며 총독은 함대를 이끌고 강에서 출발하여 안제디바로 나아갔다."[15] 그들은 비가 내리는 77일 동안 적의 포격 속에서 잔뜩 배를 곯으며 만도비강 위에 갇혀 있었다. 그런 식으로 인내하면서 살아남은 것은 승리나 마찬가지였다. 하지만 알부케르크에게 고아는 아직 끝나지 않은 과업이었다. 호르무즈에서 그랬듯이, 그는 곧 고아로 돌아와 다시 그곳을 차지하고 말겠다고 맹세했다. 총독이 그 같은 행동에 나선 속도는 그야말로 놀라울 정도로 신속했다.

19

공포를 활용하라

1510년 8-12월

알부케르크는 안제디바섬에서 디오구 멘드스 드 바스콘셀루스의 지휘를 받는 선박 네 척의 소함대를 만나고는 깜짝 놀랐다. 그 함대는 멀리 떨어진 말레이반도의 말라카를 향해 가는 중이었다. 본국의 마누엘 왕은 마음만 들떠서 이런 대수롭지 않은 함대에게 그곳을 정복하라고 명령했던 것이다. 그 함대의 편성을 위해 조달된 자금 중 일부는 피렌체의 상인 투자자들이 제공했는데, 그들의 대표 중엔 이전 항해에 알부케르크와 동행했던 조반니 다 엠폴리도 있었다. 그는 총독이 "고아에서 당한 패배와 다른 많은 일에 무척 불쾌해한다"는 걸 알게 되었다.[1] 후대에 전해지는 엠폴리의 기록은 2년 뒤 브라질 앞바다에서 배가 바람을 받지 못해 멈춰 서고 괴혈병이 돌던 시기에 기록된 것으로 짐작되는데, 시큰둥하고 역정이 난 심정으로 기록된 문서였다.

그는 알부케르크가 고아에 얼마나 집착하는지, 얼마나 확고하게 최대한 빨리 그곳을 다시 탈환하고 싶어 하는지를 기록했다. 알부케르크는 말라카로 가는 소함대를 비롯해 자신이 모을 수 있는 전력을 모조리 동원했다. 포르투갈 병사들은 만도비강에서 너무나 가혹한 시련을 겪었기에 총독은 휘하 선장들에게 동의를 얻어내기 위해 교묘한 전술을 구사해야 했다. 고아섬의 잠재력을 봤기에 후므 함대가 되돌아와 포르투갈의 대업에 저항하는 난공불락의 기지를 세울까봐 두려워한 그는 이 새로운 무슬림 함대의 위협을 강조했다.

그러나 엠폴리가 보기에 이집트인의 위협은 허울뿐이었다. "이슬람 용병에 대한 소식은 오래전부터 예상되었던 일이지만, 그 진상은 결코 알려지지 않았다. … 현재 그런 소식은 확실한 소식으로 간주되지 않는다. 무슬림 측에 관한 얘기는 별로 신빙성이 없기 때문이다."[2] 알부케르크는 자신의 명분을 강화하려고 디우의 통치자 말리크 아야즈가 도움을 주기로 했다는 날조된 서신을 활용하기도 했는데, 엠폴리는 개인적으로 이런 행위를 비판했다. 이에 대한 진실이 무엇이든 간에 알부케르크는 말라카 소함대를 비롯해 휘하의 모든 함대를 설득하거나, 협박하거나, 회유하여 빠르게 새로운 공격에 나서게 했다. 코친과 칸나노레에서 포르투갈의 여러 파벌이 예민하게 갈등했다는 점을 고려하면 이같이 병력을 동원한 것은 상당한 업적이었다. 늘 경계를 철저히 하는 티모지는 아딜 샤가 비자야나가르 왕국과 새로운 전쟁을 치르러 고아를 떠났다고 총독에게 보고했다. 이제 때가 된 것이다. 정신없이 바쁘게 선박 수리와 식량 보급을 하며 두 달을 보낸 끝에 공격용 함대가 잘 준비되었다. 코친에서 10월 10일에 열린 작전 회의에서 총독은 선장들에게 자신의 뜻을 일방적으로 통지했다. 나를 따라 올 자들은 따라와라, 거부하는 자는 반드시 국왕에게 해명해야 할 것이다. 말라카 및 홍해 문제는 이번 일을 마친 뒤 빠르게 다시 착수될 것이다. 또 한 번 순전히 고집 센 성격을 드러내며 약간의 위협을 가함으로써 총독은 일방적으로 승리를 거두었다. 바스콘셀루스는 머뭇거리는 피렌체인들과 함께 말라카 방문을 늦추는 데 동의했다. 심지어 후이 디아스 문제로 반란을 일으켜 차라리 감옥에 있겠다고 한 주동자들마저 사면되어 함대에 합류했다.

16일, 알부케르크는 국왕에게 자신을 정당화하는 보고서를 제출했다. 그는 또다시 자신이 왜 고아의 점유를 고집하는지 설명했다. "국왕 폐하, 이곳이 얼마나 훌륭한 곳인지 알게 되실 겁니다. 폐하께서 고아를 지배하신다면 인도 전체를 혼란스럽게 만들어 유리한 국면을 조성할 수 있습니다. … 해안에서 고아만큼 훌륭하고 안전한 곳은 어디에도 없습니다. 그곳은 섬이기 때문입니다. 설사 인도를 전부 잃는 일이 생긴다 하더라도 그곳에서 다시 재정복을 꾀할 수 있습니다."[3] 그는 이번에는 단순히 정복만으로 끝내지 않을 생각이었다. 고아에선 무슬림을 흔적도 남기지 않고 완전히 몰아낼 것이다.

이튿날 그는 배 19척, 병력 1600명과 함께 출항했다. 11월 24일이 되자 함대는 만도비강 어귀로 돌아왔다. 동맹으로 참여하겠다는 세력이 점점 더 늘어나면서 포르투갈 측은 이제 홀로 싸우지 않아도 되었다. 인도 해안이 권력 갈등으로 분열되어 있어서 포르투갈은 그런 상황을 틈타 소국들을 영향권 아래에 둘 수 있었다. 호나바르의 술탄은 평판 좋은 병사 1500명을 육로로 보냈고, 티모지는 병사 4000명을 모았으며 60척의 작은 배도 제공했다. 하지만 아딜 샤가 아무런 방비도 하지 않고 고아를 떠난 것은 아니었다. 그는 주둔군 8000명을 고아에 배치했다. 이들은 포르투갈인들이 '하얀 투르크인'이라 부르는 자들로, 오스만 제국과 이란에서 전투 경험을 풍부하게 쌓은 용병이었다. 또 대포 설치와 관련해 훌륭한 기술 지식을 갖춘 베네치아인과 제노바인 배신자도 다수 있었다.

더는 기다리지 않겠다고 판단한 알부케르크는 성녀 카타리나 축일인 11월 25일, 병력을 셋으로 나눠 두 방향에서 도시를 공격했다. 그가 도입하려 했던 조직된 군사 전술이 아니라 전통적인 광포한 전사들의 개인적 용맹을 강조하는 전투 방식이 승리를 이끌어냈다. "성녀 카타리나! 산티아구!"를 외치며 병사들은 도시 아래쪽의 바리케이드로 돌진했다. 한 병사는 성문에 자기 무기를 끼워 수비병이 문을 닫지 못하도록 막았다. 다른 곳에서 프라디크 페르난드스라는 작고 민첩한 군인은 성벽에 자신의 창을 쑤셔 박고서 그것을 타고 성벽 위로 올라가 깃발을 흔들며 "포르투갈! 포르투갈! 승리!" 하고 외쳤다.

이런 갑작스러운 적의 출현에 산만해진 무슬림 수비자들은 성문을 닫기 위한 몸싸움에서 지고 말았다. 성문은 강제로 열렸고, 포르투갈인들이 내부로 쏟아지듯 몰려들었다. 밀려나던 수비자들은 두 번째 성문을 박살 내고 들어오는 또 다른 부대와 충돌했다. 피비린내가 진동했다. 포르투갈 연대기 기록자들은 병사들의 정신이 나간 듯한 용맹한 행위를 기록했다. 성벽을 처음으로 돌파한 사람 중엔 마누엘 드 라세르다라는 병사가 있었는데, 그는 가시가 돋친 화살에 눈 바로 아래쪽을 관통당했는데 화살촉이 너무 깊이 박혀 제거할 수가 없었다.

그는 화살대를 뚝 하고 부러뜨렸으나 화살촉은 얼굴에 그대로 남아 섬뜩하게 피가 철철 흘러내렸다. 그 병사는 그런 얼굴을 앞으로 내밀고 계속해서 싸웠다. 또 다른 군인 제로니무 드 리마는 땅바닥에 쓰러질 때까지 싸웠다. 그의 형 주앙이 그를 발견하곤 생명이 꺼져가는 동생 곁에 머물면서 위로하려 하자, 죽어가던 제로니무는 전투 도중에 멈추면 안 된다고 형을 꾸짖었다. 기록된 그의 대답은 이러했다. "형, 어서 앞으로 나가. 나는 내 길을 갈 테니."[4] 형 주앙은 나중에 돌아왔을 때 동생이 죽은 걸 보았다.

무슬림의 저항은 붕괴되었다. 그들은 얕은 여울을 건너 도시 쪽으로 도망치려 했으나 다수가 익사했다. 여울을 건넌 자들은 포르투갈의 인도 동맹군과 마주쳤다. 알부케르크는 나중에 이런 말을 남겼다. "그들은 산을 내려와 여울을 건너서 나를 도우러 왔다. 그들은 고아에서 도망친 무슬림을 전부 다 칼로 베었고, 단 한 명도 살려두지 않았다."[5] 이렇게 마무리될 때까지 걸린 시간은 고작 네 시간이다.

알부케르크는 적을 과도하게 추격하는 걸 막기 위해 성문을 닫았다. 그런 뒤, 도시 약탈과 주민 학살을 명했다. 그로 인한 여파는 잔혹했다. 도시에서 모든 무슬림이 제거되었다. 알부케르크는 나중에 국왕에게 자신의 행동을 당연하다는 듯이 보고했다.

주님께선 우리를 위해 큰일을 해주셨습니다. 그분께서는 우리가 훌륭한 일을 해내기를 바라셨습니다. 그래서 우리는 기도했던 것보다 훨씬 더 많은 일을 해낼 수 있었습니다. … 저는 도시를 불태우고 모든 자를 죽였습니다. 나흘 동안 우리 장병은 학살을 단 한순간도 멈추지 않았습니다. … 갈 수 있는 모든 곳에서 단 한 명의 무슬림도 살려두지 않았습니다. 우리는 그들을 모스크로 몰아넣고 불태웠습니다. 저는 인도인 농부나 브라만은 죽여선 안 된다고 명령했습니다. 죽은 무슬림 남녀의 수를 헤아려보니 6000명 정도였습니다. 폐하, 이는 무척 훌륭한 행동이었습니다.[6]

산 채로 불태워진 자 중에는 지난번 만도비강에서 포위 공격을 당하던 시기에 배에서 탈주하여 헤엄쳐 해변으로 도망친 포르투갈 배신자도 있었다. 피렌체 상인 피에로 스트로치는 이런 글을 남겼다. "아무도 도망치지 못했다. 남자, 여자, 임산부, 팔에 안긴 아기까지."[7] 죽은 자들의 시신은 악어에게 던져졌다. 엠폴리는 이렇게 회고했다. "파괴는 엄청났다. 강은 핏빛으로 변하고 시신이 가득했으며, 한 주 뒤에도 밀물이 시신을 강둑에 쌓아 올렸다."[8] 분명 강 안의 악어들은 그 시신의 과잉 공급에 적절히 대처하지 못했을 것이다.

'숙청'은 알부케르크가 마누엘에게 이런 과정을 보고할 때 곧잘 사용했던 단어다. 숙청 작업은 본보기를 보여주겠다는 의도였다. "이렇게 공포를 활용하면 정복할 필요도 없이 폐하의 권위를 한층 더 높이는 훌륭한 결과를 가져올 것입니다." 그는 계속해서 이렇게 보고했다. "저는 이슬람 건축물이라면 묘비 하나도 남겨두지 않았습니다."[9] 사실 그는 모든 이를 죽인 것은 아니었다. "피부가 희고 아름다운" 소수 무슬림 여자들은 병사들과 결혼시키려고 살려두었다.[10] 어느 모로 봐도 도시에서의 약탈품은 어마어마할 정도로 대단했다. 스트로치는 힘겹게 수송선 쪽으로 운반되는 동양의 자산에 압도되었다. 아버지에게 보내는 편지에서 그는 이렇게 적었다. "황금과 보석은 물론 세상 모든 자산이 그곳에 있었습니다. … 무엇으로 보더라도 그들이 우리보다 뛰어나다는 생각이 들더군요, 싸움만 빼놓고요." 그는 아쉬워하는 어조로 편지를 마무리하면서도 여전히 축복이 함께하여 감사하다고 말했다. "저는 다쳐서 뭔가 약탈하지는 못했습니다. 비록 부상을 입긴 했지만, 독화살에 맞지 않은 것만으로도 운이 좋았지요."[11]

성녀 카타리나 축일이 끝나갈 때, 알부케르크는 승리를 거둔 선장들을 직접 맞이하며 그들의 노고를 치하했다. 엠폴리는 이렇게 기록했다. "많은 자가 기사 작위를 받았다. 그는 나를 기꺼이 그들 사이에 포함시켰다." 하지만 이런 포상은 총독에게 그가 품고 있던 악감정을 거의 누그러뜨리지 못했다. 그는 포르투갈 귀족이 영리 활동을 멸시한다는 사실을 떠올리며 이렇게 덧붙였다. "상인보다야 기사 작위를 받는 게 낫겠지."[12] 도시로 들어오는 알부케르크를 환영하는 첫째 부류 중에는 마누엘 드 라세르다도 있었다. 그는 자신이 죽인 무슬림에게서 빼앗은 호화로운 장식용 천을 두른 말을 타고 있었다. 얼굴에 박힌 화살촉이 여전히 그의 볼에서 돌출된 상태였다. 그는 피를 흘리고 있었고, "얼굴에 화살이 박힌 채 갑옷을 피로 물들인 모습을 본 알부케르크는 그를 포옹하고 뺨에 키스하며 이렇게 말했다. '병사여, 자네야말로 순교하신 성 세바스티아누스처럼 명예롭구려.'"[13] 이 장면은 포르투갈 전설에 깊이 새겨진 이미지가 되었다.

고아가 얼마 안 되는 포르투갈인들에게 함락되었다는 소식은 인도 여러 왕국을 경악시켰다. 알부케르크의 깜짝 놀랄 만한 성공은 인도인들로 하여금 군사 전략을 재고하게 만들었다. 멀리 떨어진 지역의 대사들이 총독에게 경의를 표하러 왔고, 이런 사태 발전을 객관적으로 평가하면서 그 의미가 무엇인지 알아내려 했다.

알부케르크는 앞으로 이 새로운 제국을 유지하기 위해 몇몇 혁신적인 아이디어를 마련해놓고 있었다. 포르투갈인이 수가 적을 뿐 아니라 사망률도 높고 여성들이 없다는 사실을 익히 알고 있던 총독은 즉각 다른 인종과의 결혼 정책을 널리 홍보하며 권장하기 시작했다. 그는 일반 포르투갈 병사, 즉 군인, 석공, 목공 들이 현지 여자들과 결혼하도록 장려했다. 이런 여자들은 보통 낮은 카스트의 인도인이었는데, 이들에게 기독교 세례를 받게 하고 결혼에 필요한 지참금을 주었다. 이렇게 결혼한 포르투갈 남자를 카사두casado라고 했는데, 이런 결혼에는 재정적 장려책이 실행되었다. 고아 정복 이후 두 달 만에 그런 결혼이 200건 성사되었다. 이런 이종 간 결혼 정책은 포르투갈에 충성하는 현지 기독교인 인구를 늘리는 시도로서 아주 실용적이었다. 그뿐만 아니라 그는 고아 여자들의 보편적 복지를 위해 몇몇 계몽적 조치를 취했다. 그는 죽은 남편의 화장 때 아내를 산 채로 함께 태우는 관습인 수티를 금지하고 여자에게도 재산권을 허락했다. 아연실색한 포르투갈 성직자와 정부 관리들의 엄청난 반대에도 불구하고 그의 이종 간 결혼 정책은 오래 지속되는 인도-포르투갈 사회의 창조에 시동을 걸었다.

그러는 사이, 애초에 국왕에게서 말라카를 점령하라는 명령을 받았는데 중간에 다른 일에 휘말린 바스콘셀루스는 이제라도 원래 목적지인 말라카로 가야 한다며 안달했다. 그러나 총독의 도움 없이 자신의 배 네 척만으로는 아무것도 성취할 수 없었다. 바스콘셀루스를 돕기라도 하듯, 이전 말라카 원정에서 현지 사람들에게 붙잡힌 포르투갈 인질 27명 가운데 한 사람인 후이 드 아라우주의 편지가 8월에 알부케르크에게 도착했다. 아라우주의 메시지는 절박했다. "우리는 총독님께서 와주시길 기다리는 중입니다. … 간절히 바라오니, 다섯 달 안에 이곳으로 와주십시오. 그렇지 않으면 우리는 살아남지 못할 것입니다." 그는 말라카의 정치와 군사력에 관한 정보도 많이 제공했다. 그 지역은 방대했지만 잘 방비되어 있지는 않다고 했다. "총독 각하께서 이곳에 전력으로 오셔야 합니다. 설혹 그런 조치가 반드시 필요하지 않다고 하더라도 육지와 바다에서 현지인들의 마음에 공포를 충분히 심어줘야 합니다."[14] 1511년 4월, 알부케르크는 새로운 정복을 위해 말라카로 출항했다. 그는 고아에 고작 넉 달 머물렀을 뿐이다.

같은 해, 알부케르크에게는 알려지지 않았지만 포르투갈인들은 북아프리카의 맘루크 제국에 또 다른 커다란 일격을 가했다. 이번의 배경은 지중해였다. 8월에 로도스섬의 성 요한 구호 기사단의 포르투갈 기사 안드레 두 아마랄이 이끄는 갤리선 소함대는 레바논에서 이집트로 목재를 싣고 가는 맘루크 함대를 가로막고 파괴했다. 이 목재는 디우에서의 패배를 복수하기 위해 새 함대를 건조하는 데 사용될 예정이었다. 맘루크는 지중해 동부에서 수입되는 목재에 전적으로 의지했기에 그 목재 없이는 배를 아예 건조할 수 없었다. 이런 참사는 그들의 해군력 증강을 몇 년이나 후퇴시키는 결과를 가져왔다.

20

'태양의 눈'을 향해 가다

1511년 4-11월

인도양에서 보낸 첫 10년 동안 포르투갈인들의 시간은 빠르면서도 느리게 흘렀다. 리스보아와 인도 사이의 소통 과정은 확실히 길고 복잡했다. 답신으로 전해지는 왕명은 최소 1년 반을 기다려야 받아볼 수 있었다. 그럼에도 포르투갈의 학습 곡선은 놀라울 정도로 우수했다. 지리학적·문화적·언어학적 지식의 대조 확인, 지도의 작성, 그리고 정치적 이해의 뉘앙스 파악이 무척 빨라서 1510년의 관점에 입각하여 바스쿠 다 가마가 처음 인도에 도착했던 시절을 되돌아보면 거의 전설처럼 보였다. 1499년에 그가 비바람에 시달린 배들을 끌고 귀국했을 때, 함대원들은 말라카에 관해 전해 들은 막연한 소문을 들려주었다. "그곳은 캘리컷에서 순풍을 받으며 40일을 더 가면 나타난다. … 정향은 전부 그곳에서 온다. … 이 지역에는 커다란 앵무새가 엄청나게 많은데 그 새의 깃털은 불꽃처럼 붉다."[1] 1505년이 되자 마누엘은 태연하게 알메이다에게 새로운 바다를 어떻게든 개척하라고 명령했다. 말라카와 함께 실론, 중국, 그리고 "아직도 알려지지 않은 다른 지역 전부"를 "발견"하고, 가는 곳마다 포르투갈 기념비를 세우라고 했다.[2] 가만있지 못하는 포르투갈인들은 언제나 새로운 지평을 갈구했다.

한 해 뒤, 말라카는 주요 전략 목표가 되었다. 알메이다는 말라바르 해안에 최소한의 기본 병력만 남겨두고 그쪽 해역으로 출발하라는 명령을 받았다. 국왕의 가슴을 철렁하게 만든 건 경쟁에 대한 사라지지 않는 두려움이었다. "그해 여름에 전술한 말라카를 찾아 떠날 준비가 된 어떤 카스티야 함대"에 관한 소식을 듣고서 국왕은 크게 우려했다.[3] 이는 토르데시야스 조약의 불확실성과 관련이 있었다. 1494년에 그어진 경계선은 육지에 고리 모양으로 그어졌고, 카스티야들인은 그 기준선에 따르면 말라카가 자기네 세력 범위 안에 들어온다고 생각했다. 콜럼버스 역시 자신이 발견한 길이 동양으로 통하는 직선 항로라는 믿음을 고집했으므로 리스보아에서는 스페인 사람들이 서쪽으로 항해할지도 모른다는 우려가 깊었다. 해외 정복은 전력을 쏟아붓는 경주였다. 알메이다 총독은 한 상선에 선원 두 명을 태워 보내는 것 말고는 할 수 있는 일이 없었고, 그 배도 말라카에 도착하지 못했다. 총독은 자신이 직접 가는 건 불가능하다고 생각했는데, 말라바르 해안에서 포르투갈이 쌓은 기반이 너무 취약해서 위협받고 있었기 때문이다. 총독이 고의로 일을 지연시키고 있다고 믿어서 도저히 참을 수 없던 마누엘은 1508년에 리스보아에서 바로 소함대를 보내 말라카에 교역소를 설립하게 했다. 이 불행한 원정에서 살아남은 포르투갈 사람들은 지금 그곳 술탄에게 인질로 잡혀 있었고 그들이 보낸 편지가 알부케르크에게 전해졌는데, 제발 와서 구해달라고 간청하는 내용이었다.

포르투갈인들은 말라카의 가치를 점점 더 올바르게 인식할수록 더욱더 그 도시로 진출하고 싶어 했다. 말레이반도 서부 해안 전략적 위치에 있어서 동쪽에서 인도로 가는 해로를 지배하던 말라카는 한 세기도 채 지나지 않아 가난한 어촌에서 세계 무역의 주요 중심지로 성장했다. 포르투갈 상인 토메 피르스는 이런 글을 남겼다. "말라카의 가치는 워낙 중요한 데다 이득도 막대하여 추정할 수 없을 정도다. 말라카는 상품 교역을 위해 만들어진 도시이고, 세상 다른 어느 도시보다도 그 기능에 적합하다. 몬순이 끝나고 또 다른 몬순이 시작되는 곳이다. 말라카는 그야말로 중앙에 있었고, 수천 리그 떨어진 다른 나라들도 반드시 그곳에 와서 교역과 상업을 했다."[4]

인도양과 서양 모든 곳에서의 상호 교역을 중국해 및 태평양 교역과 연결하는 곳이 바로 말라카였다. 인도 서부 해안에서 철수한 이후, 해상 교역에 나선 중국의 정크선은 그곳을 종점으로 삼았다. 그들은 말라카를 '태양의 눈'이라고 불렀다. 세상에서 가장 국제적인 도시로, 피르스에 따르면 84개 언어가 통용되었다. 피르스는 유럽 너머에서 온 상인들의 전체 목록도 작성했다. 이들은 카이로, 호르무즈, 고아, 캄보디아, 티모르, 실론, 자바, 중국, 브루나이에서 온 이들이었다. 심지어 앵무새도 여러 언어를 말한다고 했다. 베네치아의 모직물, 유리, 철 제품, 아라비아의 아편과 향수, 페르시아만의 진주, 중국의 도자기, 반다 제도의 육두구, 벵골의 옷감, 몰루카 제도의 향신료가 거래되었다. 리스보아보다 인구수가 많은 말라카는 베네치아와 비교해도 인구수가 적지 않아서 규모가 10만 명을 넘어섰다. 토메 피르스는 이런 글을 남겼다. "말라카가 중요한 거점이고 그곳이 수익을 올려준다는 건 의심의 여지가 없다. 내가 보기에 세상 어느 곳도 이 도시와는 견줄 수 없을 것 같다."[5] 그리고 이곳은 무슬림 술탄이 통치했다. 마누엘이 이제 원하는 것은 인질의 구출 못지않게 말라카의 자산을 획득하는 것이었다.

그 지역의 유지들은 주로 자바와 구자라트 출신의 무슬림이었는데, 아라비아 다우선이 한 번의 계절풍을 타고서 그곳까지 가기엔 거리가 너무 멀었다. 구자라트 상인들은 인도양 서부에서 교역 중개인 노릇을 했고 말라카 술탄에게 가장 강력한 영향력을 행사했다. 포르투갈이 말라카에 진출하면 캘리컷에서 상업적으로 경쟁해야 한다는 걸 감지한 상인들은 현지 술탄을 설득하여 포르투갈 교역소를 파괴하고 그곳 직원들을 인질로 잡으라고 했다.

말라카에 인질로 잡혀 있던 포르투갈인 아라우주의 편지는 알부케르크 총독에게 말라카에 관한 정보를 엄청나게 많이 제공했다. 총독은 인질들의 조언에 따라, 현지에 위협을 가할 생각으로 동원 가능한 병력을 모두 집결시켜 말라카 원정에 나서기로 결정했다. 그렇게 모인 배는 총 열여덟 척이었는데, 그중 열두 척은 캐러선이었다. 문제는 인력이었다. 거대한 말라카 군대에 맞서겠다고 동원한 정도가 고작 700명으로 이루어진 포르투갈인 부대와 말라바르 주민 300명으로 이루어진 부대뿐이었다. 멀리 떨어진 곳을 공격하기엔 지극히 작은 병력이었다. 인도양 동부에서도 2400킬로미터 정도 떨어져 있어서 난관에 봉착할 경우 쉽게 물러날 수도 없었다. 알부게르크는 말라카로 가는 도중에 배를 일부 잃었으며, 기함인 프롤드라마르호는 이제 9년 차가 되어 항해에 점차 부적합한 상태가 되고 있었다.

함대는 또 아라우주의 조언을 받아들여 가는 곳마다 공포를 퍼뜨렸다. 무슬림의 배를 나포하고, 수마트라 해안에 있는 말라카의 작은 속국들에 들러 위협을 가했다. 많은 포르투갈 사람들에게 이곳은 새로운 바다였다. 인도양 서부의 다우선은 사라지고 수마트라와 자바에서 온 정크선이 보였는데, 뱃전이 높고 돛대가 네 개 있는 이 배는 "매우 두꺼운 목재로 건조한 포르투갈 배와는 구조가 무척 달랐다." 그들은 이 현지 배들을 보고서 자주 놀랐다. "성 못지않게 튼튼하며, 서너 개의 갑판이 포개져 있어 포대가 해를 입히지 못하는" 웅장한 기함 프롤드라마르호보다 더 높이 솟은 정크선 한 척과 마주쳤을 때, 그 정크선은 이틀 동안 포르투갈의 포격에 저항했다. 그러나 포격이 방향타를 파괴하자 그 정크선은 항복할 수밖에 없었고, "그들은 배가 워낙 높아서 20도 경사의 건널판자를 이용해 내려왔다."[6]

조반니 다 엠폴리는 또다시 알부케르크에 의해 강제로 끌려간 자들 사이에 끼어 있었다. 그는 본의 아니게 수마트라의 적대적 군주들과 교섭하는 일을 맡아야 했다. 피렌체 사람 엠폴리는 이렇게 불평했다. "그는 나를 대단치 않게 여기는 사람처럼 굴었다." 7월 1일경, 함대는 말라카에 도착했는데, "도시 쪽으로 나아가면서 포격 같은 건 하지 않고 닻을 내렸으며, 왕이 보낸 사절이 해안에서 나오길 기다렸다." 엠폴리에 따르면 도시는 "해안 근처에 있었고, 가옥과 대저택을 갖추었고

작은 강에 의해 둘로 나뉜 저지대의 말라카. 가스파르 코헤이아가 그렸다.

인구가 조밀했으며, 길이는 3리그를 훌쩍 넘었고, 매우 아름다웠다."[7]
도시는 해안을 따라 뻗어 있었고, 야자나무 잎으로 엮은 지붕을 얹은
가옥들이 늪이 많은 저지대에서 모스크의 뾰족탑과 나란히 자리 잡고
있었다. 그곳의 중앙에 해당하는 지점에서는 작은 강이 도시를 두 쪽
으로 나누면서 바다로 흘러들었고, 튼튼한 다리가 강어귀에 설치되어
주민들이 건너다닐 수 있었다.

　말라카는 전적으로 교역을 통해 생계를 이어가는 도시였다. 도시
뒤쪽에는 말라리아를 옮기는 열대림이 우거진 내륙 지역이 있었는데
그곳은 곧 호랑이와 악어의 서식지이기도 했다. 기후는 무더웠고, 습
한 열기가 갑옷을 입은 사람들에게서 활력을 빼앗았다. 항구에는 배가
떼를 지어 모여 있었다. "약 100척의 배와 정크선 사이에 막대한 수의
노 젓는 보트와 30~40개의 노가 달린 삼판선들이 있었다." 엠폴리는
이런 서술에 더하여 항구에 관해서도 말했다. "항구는 무척 아름답고,
바람의 영향으로부터 안전했다. … 항구는 2000척 이상의 만재한 화

물선을 수용할 수 있었다. … 모래톱 너머 물의 깊이가 최소 4패덤은 되었다." 중국에서 온 정크선도 여러 척 있었는데, "독일식 복식과 프랑스식 장화와 신발을 신은 우리와 비슷한 복장을 한 백인들"을 태우고 있었다.[8] 중국인 상인과 인도인 상인은 누구나 친절해 보였다.

술탄과 총독 사이에 긴장된 교착 상태가 이어졌다. 술탄 모하메드는 자신의 물질적 부가 달린 배들의 안전 통행을 보장하는 평화 협정을 바랐고 포르투갈 인질은 그 협정이 맺어진 후에 넘겨주려 했다. 알부케르크는 우선 인질부터 풀어주길 바랐다. 협상은 서로 양보하지 않아서 진전이 없었다. 술탄은 구자라트와 자바 무슬림의 조언을 받아들여 곧 닥쳐올 몬순만 믿는 계략을 펼치는 중이었다. 그는 포르투갈인들이 날씨 때문에 강제로 떠나야 할 때까지 협상을 슬슬 늦추었다. 동시에 포르투갈 침입자들을 철저히 감시하라고 지시했고, 그들의 병력이 얼마나 적은지 잘 알았기에 그에 맞추어 방어 시설을 준비했다.

알부케르크는 더는 참을 수 없었다. 7월 중순, 그는 도시를 포격하고 해안가에 있는 가옥들을 구자라트 정크선과 함께 불태웠다. 그러자 술탄은 황급히 협상 테이블에 돌아왔다. 그는 인질들에게 좋은 옷을 입혀서 풀어줬다. 알부케르크는 자신의 요구 사항을 크게 올려서 불렀다. 교역소와 그곳을 보호하기 위한 요새 건축을 허가하고, 기존에 발생한 손실을 보상하는 거액의 배상금을 지급하라는 것이었다. 그는 이런 요구 조건이 결국 거부되리라 짐작하고 전투를 준비했다. 알부케르크는 아라우주와 중국인에게서 흘러나온, 도시에 관한 상세한 정보에서 큰 도움을 받았다. 술탄은 숫자에 불과한 병사 2만 명,

전투 코끼리 20마리, 대포와 궁수를 보유했다. 자세히 파고들어 살펴보면 이런 수치는 겉보기만큼 그리 인상적이지는 않았다. 대포는 조악했고, 화약과 노련한 포병도 부족했으며, 실제로는 고작 4000명만이 무장하고 싸울 준비를 했다. 술탄은 계속 얼버무리며 시간을 끌면서 다리 양쪽에 튼튼한 바리케이드를 세우기 시작했고, 동시에 해변에다 짚으로 은폐한 쇠못들을 박아놓았으며, 화약 자루를 쌓아 올려 그곳에 대한 보호 조치를 강화했다.

아라우주는 총독에게 더는 시간을 낭비해선 안 되며, 술탄을 가만 놔두면 방비만 더 단단해질 것이라고 경고했다. 알부케르크는 관례적인 작전 회의에서 휘하 선장들에게 자신의 작전 계획을 지지해주고 그로 인한 영향을 온전히 이해해달라고 촉구했다. 그들은 말라카에 교역소를 설치하는 일이 절실히 필요했다. 말라카는 "인도 제국에서 인구가 가장 많은 도시로, 온갖 풍성한 상업과 교역의 중심지이자 종점"이었다.[9] 하지만 그런 상업과 교역은 안전한 요새의 설치에 크게 의존했다. 그는 선장들에게 그 점을 특히 강조했고 그들은 동의한 것처럼 보였다.

말라카 공격은 신중하게 준비되었다. 말라카로 들어가는 핵심 위치는 작은 강 위에 걸쳐진 가운데 다리였다. 그곳을 점령하면 도시는 절반으로 나뉘는 셈이었다. 알부케르크는 그에 따라 병력을 둘로 나눴다. 하나는 모스크와 왕궁이 있는 서쪽 강둑에 상륙하기로 했다. 다른 하나는 반대편 강둑에 상륙하여 총독의 지휘를 받기로 했는데, 대다수 도시가 그쪽에 자리 잡고 있었다. 두 병력은 공격 목표를 점령한 후 다리에서 만나기로 했다. 중국인들은 공격을 돕겠다고 했지만, 알부케르크는 그들을 전투에서 배제하기로 했다. 그 대신 그들에게 포르투갈 병력을 상륙시키는 데 도움이 되는 수송 보트를 제공해달라고 요청했다. 성 야고보 축일 전야인 7월 24일, 동이 트기 두 시간 전 포르투갈 병력은 공격을 개시했다. 병사들이 바리케이드를 향해 나아갈 때 아군을 위장 폭탄으로부터 보호하기 위해 해변에 목판이 던져졌다. 포르투갈인들은 튼튼한 갑옷을 착용하고 있었기에 말라카의 대응 포격은 거의 효과가 없었다. 하지만 그들은 화살과 입으로 불어 날리는 짧고 얇은 침을 맞았다. 그 침에는 특정한 물고기의 독이 묻어 있어서 혈관에 퍼지면 부상자는 며칠 안에 확실히 죽었다.

알부케르크의 병사들이 빠르게 진군하면서 다리를 차지하려는 싸움은 점점 더 맹렬해졌다. 다른 전선에서는 포르투갈인들이 바리케이드를 향해 달려들었는데, 이때 술탄도 몸소 그 전투에 참여했다. 그의 전투 코끼리 20마리는 광란하듯 거리를 쿵쿵 밟으며 다가와 앞길을 가로막는 모든 걸 박살 냈다. 그 뒤로는 대규모 병력이 뒤따랐다. 성에서 궁수들은 아래쪽에 몰려든 침입자들을 향해 화살을 날렸고, 코끼리를 부리는 조련사들이 코끼리를 다그치자 그 거대한 동물은 칼이 매달린 엄니를 흔들어대며 다가왔다. 술탄은 왕가 코끼리를 타고 전열에 앞장섰다.

이런 끔찍한 동물 집단을 마주한 포르투갈인들은 뒤로 물러나기 시작했다. 자리를 그대로 지킨 병사는 단 두 명뿐이었는데, 장창을 앞으로 내밀며 광분하는 왕의 코끼리와 정면으로 맞섰다. 장창 하나는 코끼리의 눈에 박혔고, 다른 하나는 복부에 박혔다. 고통으로 미쳐 날

뛰는 거대한 짐승은 맹렬히 포효하며 기다란 코를 뒤로 돌려 기수를 붙잡아 땅바닥에 내동댕이쳤다. 뒤에서 따라오는 코끼리들 사이에선 대혼란이 발생했고, 격렬하게 불어내는 나팔 소리가 들려왔다. 왕은 타고 있던 코끼리에서 간신히 내려 도망쳤지만, 코끼리 부대의 돌격은 중단되었다. 코끼리들은 우르르 몰려가며 패주했고, 뒤에다 짓밟힌 시신을 이리저리 흩뿌려놓았다.

연기, 고함, 혼란, 독침을 불어서 날리는 소리, 그리고 "성 야고보"라는 함성 속에서 포르투갈인은 마침내 다리 위로 쇄도했다. 때는 한낮이었다. 태양은 정점에 있었다. 몇 시간 동안 판금 갑옷을 입고 식사도 하지 못한 채 싸운 병사들은 축축한 습기에 체력이 완전히 고갈되었다. 알부케르크는 배에서 차양을 가져와 설치하라고 명령했지만, 병사들은 체력이 고갈되어 제대로 움직이기도 어려운 상태였다. 그래서 어렵게 차지한 다리를 안전하게 지키는 데 필요한 바리케이드 설치 작업도 제대로 할 수가 없었다.

그때 알부케르크는 일방적으로 퇴각을 결정했고, 그 조치는 도시의 약탈을 기대했던 선장들을 화나게 했다. 총독은 이런 저항에 직면하여 병사들의 사기를 높이고자 여러 분대로 나누어 시내로 들여보내 술탄의 몇몇 건물과 모스크에 불을 지르게 했다. 그들은 바퀴가 서른 개나 달린 거대한 마차에 올려놓은 근사한 나무 파빌리온을 발견했는데, 그 바퀴마저도 방만큼이나 키가 높았다. 이 파빌리온은 이웃 나라 국왕과 술탄 딸의 혼인 예식 행렬을 위해 축조된 건물이었다. "내부는 비단 족자로 치장되고 외부는 깃발이 휘날리던 그 건물은 포르투갈 측의 방화로 전소되었다."[10] 이러한 방화는 전술적 실패를 무마하기 위한 최소한의 위안거리로 제공되었다. 포르투갈인들은 다리를 버리고 떠났고, 72문의 대포를 수습하면서 부상자들을 챙겼다. "독침에 맞고 중독된 사람 중 누구도 살아남지 못했는데, 페르낭 고메스 드 레모스만은 예외였다. 그는 상처가 생기자마자 돼지 비계를 문질러서 소독했다. 그 치료는 하느님 못지않게 그를 구원해주었다."[11]

이어 불안한 소강상태가 찾아왔다. 술탄은 인질을 풀어주고 평화 협정을 제안한 뒤, 도시가 공격받아서 당혹스럽다고 입장을 밝혔다. 그런 식으로 시간을 끌면서 그는 날씨가 바뀌길 기다렸다. 포르투갈인의 퇴각은 술탄에게 새로운 자신감을 불어넣었다. 그는 방어 시설인 바리케이드, 해변에 설치된, 독침을 끝에 바른 위장 폭탄 등을 재건했다. 그는 도시 거리 안에도 장벽을 세웠다. 알부케르크는 자신의 기다란 흰 수염에 대고 엄숙하게 맹세했다. 곧 복수가 말라카에 들이닥칠 것이며, 아무도 자신의 도시 입성을 막지 못할 것이라고.

도시 입구를 내려다보는 높은 다리는 여전히 골칫거리였고, 이젠 전보다 방비가 더 강화된 상태였다. 해결책은 그 다리를 건너가는 것이었다. 총독은 말라카 해협에서 이틀 동안 싸운 놀라운 정크선들이 얼마나 높고 튼튼하게 건조되었는지 잘 알았다. 그래서 항구에서 네 개의 돛대를 갖춘 자바 정크선 중 하나를 징발하여 거기에 대포를 설치한 뒤, 안토니우 드 아브레우에게 지휘를 맡겨 배를 다리 앞으로 끌고 가게 했다. 배는 물에 잠기는 부분이 깊어서 밀물때가 되어서야 비로소 움직일 수 있었다. 결국 그 배는 다리를 내려다보는 모래톱에서 오도 가도 못 하게 되었다.

그리하여 무슬림 수비대의 사정 범위 안에 들어가 위협을 받게 된 정크선은 집중 포격의 대상이 되었다. 하지만 배는 손상되지 않았다. 그 배를 불태우고자 나무, 역청, 기름을 잔뜩 실은 화공용 뗏목이 강을 타고 그곳으로 내려왔다. 여러 작은 보트에 나누어 탄 병사들은 끝이 기다란 쇠작살을 이용해 뗏목을 쿡쿡 찔러서 움직였다. 아브레우는 얼굴에 소총탄을 맞아 치아가 부서지고 혀를 일부 잃었다. 그렇지만 부상당한 자신을 후송하려는 알부케르크의 명령을 딱 잘라 거부하며 이렇게 선언했다. "걸을 수 있는 발과 싸울 수 있는 손, 그리고 명령을 내릴 혀가 일부라도 남아 있는 한, 누구에게도 내가 맡은 자리를 절대로 넘기지 않을 것입니다."[12] 아브레우는 정크선에 남았고, 다리를 맹포격할 준비를 했다.

알부케르크는 이 두 번째 공격을 첫 번째 공격보다 더 심사숙고하여 준비했다. 그는 석궁을 충분히 공급하는 것은 물론이고 나무통, 곡괭이, 삽, 도끼도 준비하라고 했는데, 다리를 차지한 뒤에 빠르게 바리케이드를 세우려는 뜻이었다. 진군하는 병사들을 소총탄과 독침으로부터 보호하기 위해 나무판이 대량으로 준비되었고, 위장 폭탄이 잔뜩 깔린 해변에 놓을 널빤지는 그보다 더 많이 준비되었다. 이제 만반의 준비가 끝났다. 총독은 중국인들에게 떠나도 좋다고 하면서 선물을 안기고 행운을 빌었다. 8월 9일, 알부케르크는 휘하 선장들과 피달구들을 또 다른 작전 회의에 소집했다.

피달구들은 실패한 1차 공격과 총독의 일방적 퇴각 지시에 불만이 하늘을 찌를 듯했다. 말라카인들이 입으로 불어 날리는 치명적인 무기 역시 두려웠고, 열대의 더위 속에서 요새를 건설한다는 생각도 그리 탐탁지 않았던 것이다. 피달구들은 늘 이런 작업이 자신들의 품위를 떨어뜨린다고 생각했다. 그들은 빨리 도시를 약탈하여 고향으로 돌아가는 것을 선호했다. 알부케르크는 열정적으로 연설을 했다(후대에 이 연설은 여러 버전이 전해졌다). 그는 인도양 전반에 걸친 전략적 계획을 간략히 요약해 설명했다. 홍해에서 무슬림 교역을 옥죄는 것이 궁극적 목표라면, "온갖 풍요로운 상품과 교역의 중심지이자 종점"인 말라카는 그 최종 목표와 연관된 중대한 지점이었다.[13] 그곳은 "온갖 향신료, 약품, 그리고 온 세상 부의 원천이다. … 또 후추를 캘리컷에서 떠나는 경로보다 더 많이 메카로 보내는 경로이기도 하다."[14] 말라카 점령은 카이로, 알렉산드리아, 베네치아의 목을 조르고, 더 나아가 이슬람교의 전파를 가로막을 수 있었다. 토메 피르스는 이런 말을 남겼다. "누가 됐든 말라카의 주인은 베네치아의 목줄을 쥐는 셈이다."[15] 알부케르크는 인도양 교역의 여러 중심 지역을 잘 알았고 그 중에서도 왜 말라카가 특히 중요한지 정확하게 파악했다. 그는 포르투갈인이 이 도시를 점령하여 공정하게 통치하면 아군의 규모와 상관없이 지역 동맹으로서 유지될 수 있다고 강조했다. 알부케르크는 단순히 도시를 약탈하는 것이 아니라 제국을 건설하려는 생각이었다.

　여기까지 말한 다음 총독은 본론을 꺼내 들었는데, 말라카는 요새 없이 결코 유지될 수 없다는 것이었다. 휘하 선장들을 바라보면서 총독은 그들이 요새 건설에 확실히 헌신하겠다고 의사 표명을 해주기를 기대했다. 그는 이 점을 명백히 했다. "나는 말라카를 요새로 유지할 수 없다면 병력을 상륙시키거나 싸울 생각이 없소. 요새를 세우지 않을 거라면 아무리 많은 전리품을 얻을 수 있다 하더라도 단 한 명의 병사도 진군시키지 않을 것이오. 요새를 짓지 않는 것은 국왕 폐하를 제대로 섬기는 일이 아니라고 생각하오."[16]

이 말은 제국 건설을 십자군 운동의 열의, 기사의 의무, 그리고 사익 추구에 단단히 연결하는 아주 강력한 호소였다. 말라카의 '황금벽'은 연설을 듣는 선장들의 마음속에서 환히 빛났지만,[17] 알부케르크는 요새 건설에 헌신하지 않으면 전투에 나서지 않겠다는 뜻을 분명히 한 것이다. 그가 부하 선장들과의 담판에서 승리를 거둘 수 있었던 건 강력한 의지의 힘 덕분이었다. 피달구들은 말라카에 요새를 건설할 석재가 부족하기를 은근히 바라면서 "모든 일에 참여할 준비가 되었고, 요새를 지을 것"이라고 선언했다. 혹은 성급하게도 "심지어 필요하다면 두 채라도 짓겠다"라고 허풍을 떨기도 했다.[18] 알부케르크는 나중에 일어날 일에 대비하여, 그들의 의사 표명을 문서화하여 보관해두는 현명한 조치를 취했다.

1511년 8월 10일, 포르투갈인들이 바라던 밀물이 모래톱에 성처럼 세워진 정크선을 밀어내 전략적인 다리에 더 가까워졌고, 이에 포르투갈인은 1000명도 안 되는 병력과 200명의 말라바르인을 데리고 인구 12만의 도시를 정복할 준비를 완료했다. 이번 작전은 그들이 여태껏 수행한 작전 중에 가장 잘 통솔되고 세심하게 계획된 군사적 모험이었다. 알부케르크는 캘리컷에서 얻은 교훈과 코타뉴 원수의 기억을 뇌리에서 지우지 못했다. 총독은 그런 예기치 못한 상황이 전개될까봐 우려했다. 바다에서 바리케이드를 파괴하고 일단 다리를 점령하고 나면 병사들은 머릿속에서 상상하던 보물의 유혹에 이끌려 생소한 도시의 복잡한 길로 맹렬하게 달려 나갈지도 몰랐다. 그렇게 무모하게 입성하면 판금 갑옷의 무게에 눌린 채 숨 막히는 더위에 체력이 고갈된 그들은 적에게 반격을 당해 마구 학살될 수도 있었다.

1차 말라카 공격에서 실패했던 교훈은 철저히 숙지되었다. 병력을 여러 무리로 나누어서는 안 된다. 교두보를 반드시 확보하여 참호를 파고 진지를 통합해야 한다. 군사 물자 보급선을 철저히 관리하여 아군이 격퇴되는 일이 없도록 해야 한다.

이러한 사전 준비는 실전에서 훌륭하게 작용했다. 다리보다 더 높이 솟은 정크선은 엄호가 제대로 안 되는 말라카 사람들과 자바 사람들로 구성된 병력에 공격을 퍼부었다. 포르투갈군이 서쪽에서 상륙한 작전은 효율적이고 빨랐다. 나무판과 널빤지로 보호된 병력은 바리케이드로 달려들어 술탄의 군대를 일거에 패주하게 했다. 건축 자재를 충분히 동원한 덕분에 그들은 다리 양쪽에 튼튼한 방어 시설을 확실하게 세울 수 있었다. 그런 식으로 다리 양쪽을 확보하니 술탄의 병력은 이제 두 그룹으로 나뉘었다. 포르투갈 병력은 다리 동쪽 끝에 있는 모스크를 점령했고, 코끼리들을 앞세운 맹공을 격퇴했다. 바다에 떠 있는 포르투갈 선박들은 하늘 높이 공포탄을 발사하여 도시에 증원 병력이 들어오지 못하게 미리 막았다. 포르투갈인들은 진지를 확실히 확보했고, 모스크 근처의 가옥 두 채를 요새처럼 만들어 그 지붕에다 대포를 설치했다.

무더위는 몹시 지독했다. 알부케르크는 햇볕으로부터 부하들을 지키고자 다시 차양을 세웠다. 식량과 음료의 공급망은 효율적이었고, 병력은 교대로 근무시켜서 피로를 덜게 했다. 술탄이 포르투갈인을 꾀어내 매복된 병사들로 공격하려 했다면 그건 오판이었다. 포르투갈 병사들은 도시 입성이 철저히 금지되었고, 위반하면 처형되었다. 알부케르크는 조금씩 전진하면서 무엇보다 사상자를 줄이겠다고 마음먹었다. 포르투갈 병력이 소수였기 때문이다. 병사들의 약탈 욕구도 어떻게든 억제하겠다고 결심했다. 그런 식으로 며칠이 지나갔다. 엠폴리는 이렇게 말했다. "우리는 적어도 12일 동안 갑옷을 입은 채 육지에서 저항했고, 맡은 진지를 밤낮으로 힘들게 지켜야 했다. 육지와 바다 양쪽에서 매 시간 적이 공격해 와서 엄청난 곤란을 겪었다."[19] 그러나 공격은 차츰 잠잠해졌다. 드디어 알부케르크가 부하들에게 계속 주입해온 군기가 진가를 발휘한 것이다.

그는 훈련된 부대를 불러 적의 저항 지역을 철저히 소탕하게 했다. 그들은 종횡으로 6열을 이뤄 정사각형 대형을 이루었고 장창의 쇠끝을 꼿꼿이 세우고서 도시를 향해 씩씩하게 진군했다. 그들은 밀집 대형을 유지한 채 말라카 거리를 잘 아는 현지 안내인의 지도를 받았다. 이 밀집한 무장 집단은 나팔 소리와 북 소리에 맞춰 진군하며 "산티아구!"라고 외쳤으며, 아주 효과적으로 움직였다. 그들은 이런 명령을 받았다. "남녀노소를 막론하고 무슬림이 보이면 모조리 죽여라." 그들은 창으로 찌르고 마구 짓밟으면서 도시로 뚫고 들어갔다. "그전에 그런 장창을 한 번도 본 적 없는" 술탄의 병사들은 몸을 돌려 달아났다.[20] 포르투갈의 훈련된 부대는 8~9일 만에 도시를 말끔히 소탕했다. 술탄은 가신과 코끼리를 데리고 가족과 함께 정글 속으로 도망쳤다. 그런 식의 전투 방식을 불쾌하고 영웅답지 못하다고 생각한 피달구들은 가만히 서서 그저 지켜봤다. 그렇지만 도시는 집단 전투 방식에 의해 점령되었다.

무더위, 적의 반복된 공격, 독침에 대한 극도의 불안, 총독의 가혹한 군기 등을 이겨낸 포르투갈 병사들은 보상을 간절히 바랐다. 그것은 이 기막히게 멋진 동양의 시장을 철저하게 약탈해야만 가능할 터였다. 알부케르크는 그것이 부하들의 권리라는 걸 인정했지만, 말라카를 검은 연기가 피어오르는 폐허가 아니라 살아 있는 도시로 보존하고 싶었다. 그는 병사들의 약탈에 엄격한 제약을 부과했다. 약탈은 단 하루만 허용된다. 포르투갈인과 동맹을 맺은 인도, 자바, 버마 사람들의 가옥을 약탈해서는 안 된다. 이런 약탈 면제 주민들의 거주지는 깃발로 표시했다. 어떤 건물도 불태워서는 안 된다. 술탄의 궁전은 안에 든 모든 재물을 국왕에게 바쳐야 하므로 손을 대서는 안 된다. 모든 병사가 공평한 대우를 받았다. 선상에 남아 있던 선원들은 평소에 승리를 거둔 후에도 약탈에서 배제되었는데, 그들에게 먼저 약탈의 기회가 주어졌다. 각 집단은 나팔 소리가 들리면 복귀했다. 들고 올 수 있는 것을 전부 챙겨서 힘겹게 비틀거리며 해변으로 돌아오면 총독은 그들에게 약탈한 물건을 둔 채 그대로 대기하라고 요구했고, 다음 무리가 출발했다. 약탈은 해질녘에 종료되었다. 상인들의 가옥 지하 저장고에서 어마어마하게 풍성한 약탈품이 나왔다.

각 함대원은 보물을 차지하려고 달려가면서 무엇을 가져갈지, 혹은 무엇을 남겨둘지를 결정했다. 포르투갈인들에게 말라카는 극동의 부를 간직한 '아라비안나이트'의 보물 가득한 집 같은 곳이었다. 그곳은 인도 동부에 무엇이 있을지 깨닫게 해주었을 뿐 아니라 말라바르 해안의 부를 균형 잡힌 시각으로 바라볼 수 있게 해주었다. 엠폴리는 아버지에게 보낸 편지에서 이렇게 보고했다. "정말입니다. 여기에 있는 물건들은 엄청난 가치가 있고, 무척 훌륭한 것들과 커다란 방벽을 세운 도시들이 있어요. 상품과 재물이 거래되고, 다른 관습과 생활 방식이 있습니다. 우리는 아무것도 아니에요. 인도는 이 지역의 다른 도시들에 비하면 빈약하고 처량하기 짝이 없는 지역에 불과합니다."[21]

날이 저물어 해가 서쪽 해협으로 넘어가자, 말라카 거리는 온갖 보기 드문 상품으로 뒤덮였다. 가령 보석, 사향이 가득 든 병, 다마스크 직물, 비단, 호박단, 장뇌를 잔뜩 쟁인 상자가 있었다. "백단유白檀油로 가득한 방도 있었지만 약탈 가치가 있는 건 아니었고" 희귀한 중국 청화 백자도 깨지기 쉽고 부피가 커서 번거로움을 감수할 정도는 아니었다.[22] 금괴, 사금이 든 병, 향수와 희귀한 원석 등은 선호되는 약탈품이었다. 다수의 철제 대포도 노략되었는데, 이중 몇몇은 사무드리가 보낸 것으로 추정되었다. 술탄의 궁전에서는, 알부케르크의 특별한 지시를 받은 자들이 국왕에게 바칠 선물로 휘황찬란한 물건들을 선별하여 모았다. 그러는 동안 자신의 삶만큼이나 죽음도 생각하며 살아온 총독은 자기 무덤을 장식할 청동 사자 여섯 마리를 챙겼다. 그런 뒤에 궁전을 완전히 불태웠다.

고작 수백 명의 포르투갈인이 물이 새는 배 몇 척을 타고 와서 인구가 조밀한 말라카를 점령한 것은 이례적 성공이었고, 숨이 막힐 정도로 대담하고 터무니없는 자신감에서 나온 상당히 위험한 업적이었다. 화약 무기로 무장한 압도적 다수를 상대로 수행했다는 점에서 더더욱 그러했다. 순전히 군사적 측면에서 이 사건은 남북 아메리카 대륙에서 스페인 정복자들이 거둔 비대칭적 승리 중 그 무엇과 비교하더라도 손색이 없었다. 하지만 도시를 유지하는 것은 힘으로 정복하는 것과는 완전히 다른 문제였다.

약탈품을 챙겨서 부자가 된 선장들과 함대원들은 그 도시에서 떠나고 싶어 했다. 그들은 인도로 돌아가자고 총독에게 간청했다. 함대는 얼마든지 다른 때에 되돌아올 수 있다면서. 알부케르크는 이런 반응이 나오리라는 것을 이미 예측했다. 그는 전에 요새 문제에 관해 그들이 했던 약속이 담긴 문서를 가지고 있음을 지적하며 다음과 같이 선언했다. "그대들이 국왕 폐하의 이름으로 도시를 확보하려 들지 않고 훌쩍 떠난다면 … 나는 머리가 잘려 영혼이 지옥으로 떨어져야 마땅할 것이오. … 그러니 돌아가자는 말은 일절 하지 마시오. 우리 모두 반드시 여기에다 포르투갈 요새를 건설하는 일에 기꺼이 나서야 하오. 그러니 빨리 공사에 착수합시다."[23] 알부케르크는 시간이 부족한 사람이었다. 포르투갈의 지정학적 위치를 굳힐 필요성, 몬순이 닥치기 전에 떠날 필요성, 고아에서 어떤 일이 발생할지 모른다는 두려움, 이 모든 것을 생각하면 총독은 서두를 수밖에 없었다.

요새 건설을 회의적으로 바라보는 자들이 요새 건설에 그토록 미온적이었던 데에는 충분히 근거가 있었다. 도시 중심에 있는 강 옆에다 요새를 건설하는 것은 또 다른 지옥이었다. 곤경을 절대 축소해서 말하는 사람이 아닌 엠폴리는 이런 말을 남겼다. "총선장(총독)과 몇몇 인사는 낮에는 엄청나게 서둘렀고, 밤에는 횃불을 들고서 나무판자와 주변에 널린 통나무로 요새를 지었다. 포대가 다수 설치되었고, 한 달 만에 요새는 튼튼한 모습을 드러냈다." 하지만 그 후에 계속 요새를 강화해야 했다. "충분히 튼튼한 목재 구조를 세운 뒤, 우리는 요새를 돌로 강화하기 시작했다." 요새를 건설해야 하는 자들에겐 분명

실망스러운 일이었겠지만, 요새 건설에 필요한 돌은 모스크와 가옥에서 충분히 약탈해 올 수 있었다.

등짐으로 돌을 나르는 일은 쉽지 않았고, 모든 사람이 노동자이자 벽돌공이자 석공으로 투입되었다. … 요새는 우리 노동력으로 건설되었고, 우리 곁엔 늘 견딜 수 없는 불볕더위가 있었다. 이 지역의 위치가 적도에서 2도 높은 곳이었기 때문이다. 요새의 대지는 저지대인 데다 늪이 많고 짐승들이 살았는데, 이로 인해 지독한 악취를 풍기는 유해한 장기瘴氣가 발생했다. 우리는 고기를 먹지 못하고 쌀만 먹었는데, 그 결과 모두가 병에 걸렸다. … 극악무도한 고열에 시달리지 않는 사람은 단 한 명도 없었고, 그 결과 이틀이나 사흘에 걸쳐 선장의 막사에 시신이 방치되었는데, 아무도 그들을 매장할 사람이 없었기 때문이다. 10월에 들어서면서 나는 병에 걸렸는데, 50일 동안 계속 열에 시달렸고 무척 심각해서 완전히 의식을 잃었다.[24]

이처럼 장기가 가득한 유해 환경, 빈약한 식사, 말라리아 등이 수많은 포르투갈인을 죽어 나가게 해서 건설 작업을 속행하기가 거의 불가능할 정도였다. 작업을 진척시키려면 현지 노동력에 의지해야 했다. 알부케르크 자신도 고열로 몸을 떨면서도 계속 건설 작업을 독려했다.

요새 건설 작업, 반격에 대한 두려움, 열대 질병 등으로 알부케르크의 출발은 지연되었다. 1511년 말이 되자, 이젠 떠나거나 한 해 더 말라카에 갇혀 있거나 둘 중 하나를 택해야 했다. 알부케르크는 300명의 주둔군, 선원 200명이 탄 배 여덟 척을 현지에 남겨두었다. 프롤드라마르호, 임쇼브레가스호, 트리니다드('삼위일체')호는 엄청난 보물을 싣고 인도로 돌아갔다. 이 세 척 이외에 나포한 정크선 한 대에 선원 열다섯 명을 배치했고, 자바 출신 노예들에게 노를 젓게 했다.

프롤드라마르호는 포르투갈 함대의 기념비 같은 배였다. 그때까지 건조된 배 가운데 가장 큰 캐럭선으로 무게 400톤에 대포 40문을 장착하고, 세 개의 갑판이 배치되었으며, 드높은 선미와 앞갑판은 인도양의 다우선들에게 위협적이었다. 사방에 포격을 가할 수 있는 그야말로 떠다니는 요새였다. 디우 전투에서 이 배는 하루에 600개의 포탄을 이집트 함대에 퍼붓기도 했다. 하지만 워낙 커서 까다로운 해상에선 움직이기가 불편했고, 이젠 너무 오래 써서 낡은 배가 되었다. 인도에서 운영되는 배의 평균 수명은 4년 정도였다. 오랜 항해로 인한 손상과 좀조개가 유발하는 피해 탓에 튼튼한 널빤지가 단기간에 걸쭉한 죽처럼 변하기 일쑤였다. 1512년이 되면서 바다를 떠다닌 지 10년째가 되었는데, 심각할 정도로 물이 새 들어와 나무판자를 꾸준히 덧대고 물을 퍼내야만 했다. 알부케르크는 배를 코친으로 보내 보살피고 수리하길 바랐다. 그러나 선원들 사이의 일치된 견해는 그 배를 타고 가면 죽음의 함정에 빠진다는 것이었다. 인도로 귀국할 병사 중 다수가 그 배에 다시 승선하여 항해하기를 단호하게 거부했다. 알부케르크의 엄청난 자신감과 보증으로 겨우 승무원을 채울 수 있었다. 배가 큰 덕분에 대량의 보물은 물론 많은 병자와 부상자, 왕후를 위한 선물로 쓸 노예 몇 사람을 실을 수 있었다.

트리니다드호에 승선한 엠폴리는 자신이 직접 목격한 일을 기록했다. "우리는 그렇게 굉장히 나쁜 날씨에 출항했다. 12월 20일에 말라카에서 인도로 떠나는 것은 이미 한참 늦은 결정이었다." 사실 그들은 그보다 한 달 뒤에 떠났다. 그리하여 출항 후 엿새 만에 소함대는 허리케인을 만났다.

새벽 3시 정도에 우리는 천둥소리를 들었다. … 우리는 배가 겨우 4패덤 깊이의 물에 떠 있다는 걸 알게 되었다. 즉시 닻을 내렸다. … 너무나 거센 바람이 해안으로 불어닥쳤다. 낮이 되자 우리는 바닷바람이 주변 4리그 내지 5리그 정도 되는 곳의 모든 걸 박살 내는 걸 보았다. 우리는 그때 모래 톱에 근접한 곳을 지나고 있었다. 사령관의 기함은 가장 얕은 곳에 있었는데, 거대한 파도가 앞갑판을 때렸고, 16명이 바다로 쓸려 나가 익사했다.

프롤드라마르호는 곤경에 빠졌고, 이제 심각하게 물이 새는 가운데 화물 무게와 늘어나는 물의 하중으로 움직일 수가 없었다. 폭풍을 어떻게든 넘기려고 닻을 내렸는데도 계속해서 물이 너무 빠르게 새어 들어와 열심히 퍼내도 아무 소용이 없었다. 엠폴리에 따르면 그때 상황은 다음과 같았다. "또 다른 파도가 들이쳤고, 키가 완전히 망가졌다. 배는 옆으로 흔들렸고 좌초되었다. 곧바로 물이 가득 들이찼으며, 선원은 선미 갑판에 모여 서서 하느님께 간절히 자비를 구했다."[25]

이젠 배를 버릴 때였다. 알부케르크는 돛대 일부를 잘라 서로 묶어서 임시 뗏목을 만들라고 지시했다. 병자와 부상자는 보트 한 척에 탔고, 나머지 선원은 노 젓는 보트에서 뗏목으로 이동했다. 알부케르크는 허리에 밧줄을 감고 다른 쪽 끝부분을 프롤드라마르호에 묶은 채, 보트를 앞뒤로 움직이며 모든 포르투갈인이 배에서 내릴 수 있게 했다. 마지막까지 규율을 지킨 총선장은 상의와 반바지만 걸친 채 모두에게 빨리 하선하라고 독촉했다. 소지품을 포기하지 못하는 자는 누구든 기함에 그대로 남을 수 있었다. 노예들은 자기 힘으로 살아남아야 했다. 바다로 뛰어든 자들 중 헤엄치지 못하는 자는 익사했다. 몇몇은 뗏목에 매달렸으나 선원들이 과적을 방지하고자 창으로 막아 올라오지 못했다. 바다에선 늘 가장 중요한 자만이 살아남았다. 그들 뒤에 남은 거대한 배는 둘로 쪼개진 채로, 선미 갑판과 주 돛대만 물 위로 올라와 있었다. 선원들이 탄 보트와 뗏목은 밤새 표류했고, "선원들은 온 마음을 다해 신에게 자비를 간청했다. 동이 트자 바람과 물결이 잠잠해졌다."[26]

혼란한 밤중이었다. 기함보다 훨씬 앞서 갔던 임쇼브레가스호는 물 깊이를 측정하고 몸을 사리면서 난파선 잔해에서 멀어졌다. 이 배에 노잡이 노예로 태워진 자들은 좋은 기회를 잡았다고 생각하며 포르투갈 감독자들을 죽이고 어마어마한 귀중품이 실린 배를 그대로 훔쳐서 사라졌다. 트리니다드호는 기함에 도움을 줄 만큼 가까이에 있었지만, 그 배도 큰 곤경에 빠져 있었다. 엠폴리는 그 상황을 이렇게 전했다. "배가 바다에 닿았기에 우리는 온갖 갑판 부속물과 대포, 향신료 일부를 배 너머로 던지고 자신의 운명을 하느님께 맡겨야 했다. 그것 말고는 다른 해결책이 없었다. 풍랑이 몹시 살벌하게 일고 있어서 헤엄을 쳐서 목숨을 구하는 것도 가망 없었다." 아침에 해가 나면서 바다가 잔잔해지자 그들은 기함에서 하선한 선원들이 타고 있던 뗏목을 발견했다. 뗏목은 임시변통으로 창에 깃발을 올려 신호를 보내고 있었다.

생존자들은 트리니다드호에 올랐다. "배에서 … 우리는 200명 정도였고, 충분히 먹지도 마시지도 못했는데 … 수많은 사람이 배에 올라왔다. … 그런 상황 탓에 우리는 큰 혼란에 빠졌다." 그러한 식량 부족에도 불구하고, 알부케르크는 자신이 없는 사이에 코친과 고아에서 벌어질 사태를 불안하게 여겨 보급을 위해 일시 상륙하자는 선원들의 제안을 거부했다. 그는 "인도가 처한 어려움, 그 밖의 많은 이유를 힘주어 강조했다."[27]

엠폴리의 증언에 따르면, 총독의 비타협적인 태도로 코친행 항해는 엄청난 악몽이 되었다. "우리는 엄청난 곤경과 결핍에 처했음을 깨달았다. 썩은 비스킷마저 6온스밖에 배급받지 못했고, 물도 한 모금 정도만 마실 수 있었다. … 불평하고 중얼거리는 소리가 어디서나 들려왔다. … 사령관은 선실에 처박혀 있어서 아무도 그를 볼 수 없었다."[28] 먹여야 할 입을 줄이기 위해 몇몇 잠든 무슬림 포로는 느닷없이 배 너머로 던져졌다. 그렇게 그들은 "코친으로 나아갔고, 도착했을 때 물을 퍼내는 일은 엄청난 규모의 작업이 되었으며, 승선 인원의 절반이 사망한 상태였다."[29] 그들이 지닌 것이라곤 입고 있는 옷 말고는 아무것도 없었다. 한 자료에 따르면, 알부케르크는 시암 국왕이 보낸 왕관, 황금 칼, 루비 반지를 마누엘에게 선물로 보냈다고 한다.

그들 뒤로 수마트라 암초 위에 보이는 건 프롤드라마르호의 상부 구조뿐이었다. 그리고 그 아래 바다 어딘가에 술탄의 궁전에서 가져온 것을 비롯해 많은 보물이 잠겨 있었다. 코헤이아는 직접 체험하여 기록한 희귀한 회고록에서 이렇게 말했다. "술탄의 궁전에서 다리 네 개 달린 탁자를 발견했는데, 장식된 보석만 7만 크루자두는 나갈 것이라는 말을 들었다."[30] 프롤드라마르호에선 "인도 그 어느 곳에서 잃은 것보다 더 큰 가치, 혹은 앞으로 잃을 것보다 더 큰 가치의 황금과 보석을 잃었다."[31] 이 모든 것이 깊은 물속으로 사라졌고, 국왕과 왕비에게 바칠 보석과 금괴는 물론이고, 마찬가지로 국왕 내외에게 바치려 했던 아름다운 노예들도 대혼란 속에서 익사했다. 알부케르크가 자신의 묘를 장식하기 위해 따로 챙긴 청동 사자들도 물에 가라앉아 사라졌다. 세상을 더 많이 이해하고 파악하고자 했던, 지리에 밝은 포르투갈인에게 이런 보물들 못지않게 귀중했던 다른 물품도 있었다. 바로 기가 막힐 정도로 훌륭하게 제작된 세계 지도였는데, 겨우 일부만 건질 수 있었다. 알부케르크는 국왕에게 바칠 지도가 사라진 것을 크게 한탄했다.

자바의 수로 안내인이 그린 훌륭한 지도는 희망봉, 포르투갈, 브라질, 홍해, 페르시아만, 향신료 섬들, 중국인과 포르모사[대만]인의 항로, 항정선航程線과 그들의 배가 택하는 경로, 그리고 서로 국경을 맞댄 다양한 왕국의 내부를 보여주었습니다. 폐하, 제가 보기로는 여태껏 나온 것 중 가장 훌륭한 지도이며, 폐하께서도 보셨다면 틀림없이 기뻐하셨을 것입니다. 지명은 모두 자바 문자로 적혀 있었습니다. 저는 자바어를 읽고 쓰는 자바인을 데리고 있었습니다. 이제 그 지도의 조각을 여기 보냅니다. 폐하께선 중국인과 포르모사인이 실제로 그곳에 이르는 경로, 폐하의 배가 향신료 섬들로 가기 위해 반드시 거쳐야 하는 길, 황금 광산의 위치, 육두구와 말린 육두구 겉껍질의 산지인 자바 제도와 반다 제도, 그리고 시암 왕국을 보실 수 있을 겁니다. 중국인이 어디로 돌아가는지, 그 이상으로 항해하지 못하는 지점이 어디인지도 기록되어 있습니다. 이 조각 말고 나머지 부분은 프롤드라마르호와 함께 분실되었습니다.[32]

하지만 알부케르크는 이런 해역을 직접 찾아보고 탐험할 새로운 교두보인 말라카를 이미 적극적으로 활용하고 있었다. 그는 페구(버마의 바고), 시암(타이), 수마트라에 사절을 보내놓았다. 1512년엔 인도네시아 동부 향신료 섬들에 탐험대가 방문하여 지도를 작성했고, 1513년엔 더 멀리 동쪽으로 중국에 배를 여러 척 보냈다. 1515년엔 광둥 지역에 상륙하여 명나라와 교역 관계를 맺고자 했다. 그는 세상의 더 먼 끄트머리를 포르투갈과 연결하고자 했고, 마누엘이 요구하는 모든 것을 실현하고자 했다.

불행하게도 이런 대담한 확장 정책은 포르투갈에 예측하지 못한 결과를 가져왔다. 말라카 공격의 부분적 목적은 극동에서 스페인의 야욕을 근절시키는 것이었다. 하지만 그런 목적과는 정반대로, 스페인은 그 사건 덕분에 극동 지역으로 나아갈 수 있는 지도와 정보를 얻었다. 말라카에 있던 사람들 가운데 페르낭 드 마갈량이스(마젤란)가 있었고, 그는 전리품으로 부유해져서 포르투갈로 돌아왔다. 그는 수마트라 노예를 한 명 데리고 와서는 엔히크라는 이름으로 세례를 받게 했다. 마갈량이스가 마누엘과 언쟁을 벌이고서 스페인으로 도망쳤을 때 그는 엔히크를 함께 데려갔고, 향신료 섬들을 담은 포르투갈의 여러 지도는 물론이고 함께 항해했던 한 친구가 보낸 상세한 편지들도 챙겨서 떠났다. 마갈량이스는 이 모든 것을 활용하여 몇 년 뒤 처음으로 스페인 깃발을 달고 세계 일주를 해냈고, 엔히크는 귀중한 통역사로 활약했다. 그렇게 얻은 지식을 가지고 포르투갈의 경쟁자는 동인도 제도의 향신료 섬들을 스페인령으로 주장할 수 있었다.*

---

* 마갈랑이스는 모로코에서 군사 작전에 참여한 뒤 반역죄로 기소당했고 마누엘 왕으로부터 더는 복무할 필요가 없다는 통고를 받았다. 그러자 1518년에 스페인의 카를로스 5세에게로 갔고, 카를로스 5세는 그에게 남서쪽을 항해하는 함대의 지휘권을 부여했다. 그는 남아메리카 남단을 통과하여 태평양을 가로질러 마침내 필리핀에 도착했다. 1521년 4월에 필리핀 현지 주민들과 벌인 싸움에서 전사하여 향신료 섬들을 보지는 못했으나, 그의 부하들이 향신료 섬들에 도착했다.

21

밀랍 탄환

———◆◆◆———

1512년 4월-1513년 1월

알부케르크는 죽다 살아난 모습으로 코친에 도착했고, 옷은 회색 상의와 반바지만 걸친 상태였다. 그의 그런 귀환에 다들 놀라워했지만 모두가 반긴 것은 아니었다. 1508년에 호르무즈 반란자들이 온 이래 코친은 총독에게 반대하는 강력한 파벌의 중심지가 되었다. 리스보아로 귀국한 모든 함대는 국왕에게 총독의 과도한 행위를 상세하게 적은 보고서를 올렸다. 그러나 알부케르크는 마누엘에게 보내는 서신에서 이렇게 자신을 방어했다. "폐하의 사업에 복수하길 바라는 자들은 제가 죽었고 함대도 완전히 잃었다고 선언했습니다."[1]

분명 목숨이 질긴 총독은 자신이 잠시 자리를 비운 동안에 코친에 횡행했던 타락과 학대, 무능을 확인했다. 그가 자리를 비운 동안에 그의 명령은 지켜지지 않았다. 그가 임명한 사람들은 무시당했다. 현지 여자와 결혼한 카사두들은 추방되었다. 병사들은 물건을 훔치고 종적을 감추었다. 규율은 느슨해졌다. 그 이후 몇 달 동안 알부케르크는 정력적이고 화려한 문체로 국왕에게 총 2만 자에 달하는 각종 보고서를 상신했다. 여기서 그는 인도양을 통제하려면 정확히 무엇을 해야 하는지 국왕에게 제안했고, 오랜 경험으로 생겨난 자신의 권위를 명확하게 인정해달라고 주장했다. "저는 이제 쉰 살이고, 폐하 이전에 두 분의 선왕을 모셨으며, 그분들께서 무엇을 하셨는지 잘 알고 있습니다."[2] 그건 현재 통치 중인 국왕이 듣기에 기분 좋은 말은 아니었다.

이런 보고서들은 격노하고, 단도직입적이고, 열정적이며, 명백히 모든 걸 꿰뚫어보는 제국 건설자의 행동을 잘 보여주었다. 때로 그는 숨이 가쁠 정도로 직설적이었고, 군기가 빠진 피달구들에 대해 울분을 터뜨렸다(그들은 "하고 싶은 대로 하면서 전혀 거리낌이 없습니다. … 제 결정 따위는 신경 쓰지 않습니다"). 또 왕이 인도양 지역 대신에 북아프리카의 모로코 군사 작전을 후하게 지원한 일에 대해서는, "폐하께선 인도를 버리셨습니다"라고 군주를 혹평하기도 했다.[3] 인력, 도구, 자금 부족, 특히 노후한 배 등에 대하여 불평하면서 그로 인한 결과에 억울함을 호소하기도 했다. "폐하께서는 그러한 방치가 낳은 결과와 제가 처한 곤경을 알고 계십니까? 저는 말라카를 두 번, 고아를 두 번 점령해야 했고, 호르무즈를 두 번 공격해야 했으며, 폐하의 사업을 진작하고 제 의무를 이행하기 위해 뗏목을 타고 바다를 이동해야 했습니다."[4]

때로 그는 무례했지만 늘 지독할 정도로 충성스러웠고, 조언을 아끼지 않았지만 기이할 정도로 겸손했고, 자부심이 끝도 없이 강했지만 자그마한 일에도 죄책감으로 괴로워했다. 아무리 사소한 것이라도 국왕에게 보고하지 않은 사안은 없었다. 그는 도르래를 말라카로 보낼 계획이었고, 성당의 제의로 "훌륭한 예복 두 벌"도 보낼 생각이었다. 그는 성당에 쓸 파이프오르간과 중간 크기의 미사 전례서가 필요했다. "사람들은 도랑을 파고 벽을 세웠습니다." 이렇게 하여 석공들은 말라카에서 요새를 지었다. 목수들은 물방아를 건설했으며, "그곳에선 만조 때 엄청나게 많은 물이 유입되었다."[5] 스위스 전술에 능숙한 선장들은 자신의 부대를 훈련시켰다. 알부케르크는 자신이 내세운 다른 인종과의 결혼 정책을 뒤엎으려는 성직자들의 태도에 초조한 심정을 드러내며 이렇게 보고했다. "코친에서 저는 아이들을 가르칠 책이 담긴 상자를 발견했습니다, 폐하께서 그 책이 상자에서 닳아 없어지길 바라진 않으셨을 거라고 저는 생각합니다. 따라서 저는 이곳의 한 카사두에게 지시하여 소년들에게 읽고 쓰는 법을 가르치라고 지시했습니다." 그는 또 이렇게 보고했다. "그 아이들은 무척 지적이라 단기간에 배운 걸 습득했습니다. 그들 모두가 기독교인입니다."[6] 무엇보다 그는 함대원 충원을 요청했다. 그는 자신이 부릴 수 있는 인원수를 세지 않은 적이 없었다. 선원은 늘 너무 적었다. 그는 반복하여 병력 부족을 언급했다. "다시 말씀드리지만, 폐하께서 인도에서 전쟁을 피하고 이곳의 모든 왕과 평화 협정을 맺고 싶으시다면 충분한 병력과 우수한 무기를 제게 보내주셔야 합니다."[7]

알부케르크는 많은 말을 마구 쏟아내면서 고작 병사 몇천 명 가지고 자신이 홀로 건설하려는 제국과 관련된 여러 가지 측면, 가령 군사·정치·경제·사회·종교의 개요를 왕에게 상신했다. 고도로 지적이지만 동시에 야망에 따르는 고통에 시달리는 총독은 인도양 지배를

알부케르크의 군사 건축가인 토마스 페르난드스는 장기간의 포위에도 버틸 수 있는 튼튼한 요새를 인도 서부 해안을 따라 건설했다.

위한 엄중하고 핵심적인 원칙을 반복적으로 보고했다. "폐하, 훌륭한 요새를 신뢰하셔야 합니다."[8] "국왕과 영주는 총안이 있는 흉벽 사이에서 머리를 투구로 보호하는 포르투갈 병사들에게서 요새를 쉽게 빼앗을 수 없습니다."[9] "폐하께서 통치하는 훌륭한 요새를 둔 이곳의 여러 장소는 한번 점령하면 최후의 심판일까지 영구히 포르투갈의 지배 아래에 있을 것입니다."[10] 바다의 관문을 통제하는 훌륭한 요새는 포르투갈에 완벽한 지배를 허락해줄 수 있었다. 자신의 핵심 군사 건축가인 토마스 페르난드스에게 총독은 무한한 찬사를 보냈다.

그 과정에서 알부케르크는 제국 건설의 혁명적 개념을 더욱더 공고히 했다. 포르투갈인들은 아군이 수적으로 얼마나 적은지 잘 알았다. 그들이 초기에 벌인 싸움은 도저히 감당할 수 없는 수의 적을 상대로 했다. 그래서 대규모 영토를 빠르게 점령한다는 생각을 버렸다. 그 대신 방어할 수 있는 해안 요새와 근거지에 의지하는 유연한 해군력을 대안으로 진화시켰다. 바다에서의 패권, 요새 건설, 항해, 지도 제작, 전문 포술 지식, 엄청나게 방대한 해양 공간에서 활동하는 해군의 기동성과 적응 능력, 몇십 년에 걸친 조선 사업, 지식의 획득, 인적 자원에 대한 끈질긴 투자, 이 모든 것이 새로운 형태의 광범위한 해양 제국을 건설할 수 있게 했다. 또 가늠할 수 없을 만큼 먼 곳에서도 교역과 자원을 통제할 수 있게 했다. 이런 제국 건설 구상 덕분에 포르투갈인들은 세계적 차원으로 야망을 펼칠 수 있었다.

하지만 가까이서 살펴보면 인도 사업은 당장 무너질 것 같은 모습을 자주 보였고, 개인의 비상한 계획에 의지하는 경우가 많았다. 알부케르크는 국왕에게 불평하는 서신에서 이렇게 말했다. "폐하, 요새 건설은 계획을 요구하는데, 이곳 인도에서 우리는 계획을 세울 수가 없습니다. 함대는 얼마 안 되는 쌀과 코코넛 몇 개만 지닌 채 출항하고, 함대원은 저마다 자기 소유의 무기를 챙깁니다. 무기를 갖고 있다면 말이지요. … 장비는 모두 리스보아에 있는 폐하의 창고에 있습니다."[11] 이는 현장 책임자가 느끼는 좌절감이었으며, 멀리 떨어진 상급자의 소매를 붙잡고 절박한 목소리로 내뱉는 호소였다. "폐하께서는 제가 말씀드린 사항을 무시하시면 안 됩니다."[12] 그는 자신이 상신한 보고와 배치되는 악의적인 보고를 잘 알고 있었다. 그의 후임 총독에 관한 소문이 계속 흘러나왔다. "이곳에서 제 임기 중에 제가 기울이는 노력을 제가 과거와 현재에 지은 죄로 인해 폐하께서 무시하실까 두렵습니다. … 저는 사기가 저하되고 있으며, 폐하께서는 저를 신뢰하시지 않습니다."[13] 무엇보다 그는 자신의 임무가 완수되기 전에 그 사업이 수포로 돌아갈까봐 우려했다. 인도는 알부케르크에게 일생의 사업이었다.

요새 정책은 그의 전임자들 모두가 공유한 아이디어였다. 그들은 하나같이 현지 지배를 위해서는 현지에서 휘두를 수 있는 무력이 필요하다고 생각했다.

폐하, 인도에서 가장 필요한 것 한 가지를 말씀드리겠습니다. 여기서 사랑과 두려움의 대상이 되려면 반드시 완벽하게 복수해야 합니다. … 말라카와 고아에 가한 보복은 인도 지역에 강력한 인상을 남겼으며, 사무드리의 궁전과 거주지, 모스크, 무슬림의 배를 불태운 조치가 현지인들을 크게 놀라게 했습니다. 제가 언급한 사건들로 우리는 인도 문제에서 커다란 신용과 호의를 얻었습니다.[14]

그는 국왕이 바라는 걸 정확히 알았다. 그것은 "메카와 제다와 카이로로의 교역을 무너뜨리는 것"이었고[15] 여기엔 "무슬림에게서 향신료 교역의 주요 중심지를 빼앗는 일"이 수반되었다.[16] 이제 남은 중대한 과제는 오랜 세월 지연된 홍해로의 진입이었다. 보고서에서 언급되지는 않았지만, 국왕과 알부케르크가 이해하고 있었던 것은 이 일이 마누엘의 천년대계에서 맘루크 제국의 완전한 파멸과 예루살렘 탈환의 발판이 되리라는 것이었다.

무슬림 세력의 중심지에 이런 최후의 일격을 가하는 핵심 거점은 고아였다. 고아는 알부케르크의 비장의 무기이자 집념의 대상이었다. 요새를 철거해야 한다는 정적들의 반복된 공격에도 그는 고아섬이 필요하다고 주장했다. "고아를 강력히 지원하면 그곳의 영토 전부를 얻을 것입니다."[17] "그렇게 하면 그곳은 평화로워지고, 폐하께서 큰 도움을 얻을 것임이 확실합니다."[18] "폐하께서 고아를 살펴보시고 그곳이 어떻게 무슬림의 환상을 쳐부수고 인도를 평화롭게 만들었는지 확인하시면 저는 더없이 기쁠 것입니다."[19] 고아의 가치를 알아보기 위해서는 전술적 천재와 자신감을 갖춘 알부케르크 같은 사람이 필요했다.

사실 총독이 보고서를 작성할 때 고아는 다시 포위된 상태였다. 말라카에 있을 때 그가 느낀 불안은 정당한 감정이었다. 고아섬을 유지하라는 총독의 지시는 무시되었다. 아딜 샤는 대규모 군대를 보내 자신의 원래 영토를 되찾으려 했고, 여울을 억지로 헤치고 나와 진격했으며, 샤도섬에다 크고 튼튼한 요새를 세웠다. 그 요새는 베나스타림이라는 전략적 건널목에 있었다. 그곳에서 아딜 샤의 부대는 도시를 포위하고서 포위 공세를 물 샐 틈 없이 유지했다. 사정이 이렇다 보니 고아를 확보할 때까지 또다시 홍해로의 원정은 연기해야 했다.

알부케르크는 이번에는 서두르지 않았다. 무엇보다 몬순기라 그의 잔여 함대가 요새에 당도할 수 없었기 때문이다. 말라카 작전에서 돌아온 생존자들은 체력이 고갈되었다. 게다가 전투로 사상자가 많이 발생했고 말라카에 다수의 병력과 배를 남겨두고 와야 했던 사정으로 그의 병력 규모가 너무 작아서 효과적인 작전을 펼 수도 없었다. 그는 리스보아에서 매년 보내오는 함대가 도착할 때까지 기다려야만 했다. 알부케르크는 고아 요새를 굳게 믿고 있었다. 국왕에게 보낸 서신에서 그는 이렇게 말했다. "하느님께서 도우시어 군내에 배신이 일어나지 않는다면, 무슬림이 요새에 가하는 공격은 두려워할 필요가 없습니다."[20] 적이 필사적으로 저항한 초창기 이후, 고아에 머물던 포르투갈인들은 1512년 여름 내내 사기가 서서히 올라갔다.

특히 과거에 포르투갈을 배반하여 아딜 샤의 통역사가 된 주앙 마샤두가 또다시 배신하고 고아로 돌아온 일이 그들의 사기를 더욱 높여주었다. 그는 어떻게든 모태 신앙으로 돌아오고자 하는 열망이 컸다. 이 결정에는 끔찍한 슬픔이 서려 있었다. 마샤두에게는 무슬림 아내와 두 자식이 있었는데, 처자식에게 몰래 세례를 받게 하여 기독교도로 개종시켰다. 적진에서 빠져나오는 순간이 되었을 때 그는 겨우 아내만 데리고 나올 수 있었다. 그러자 자기 아이들이 또다시 이단에 빠져드는 걸 도저히 묵과할 수 없어서 그들을 물에 빠뜨려 죽였다. 그렇게 하면 천국으로 직행할 것이라고 생각했던 것이다. 마샤두는 얼마 안 되는 인원을 데리고 왔지만, 샤의 장군들이 공유하는 내밀한 계획을 알고 있었고, 그들의 전술을 속속들이 이해했으며, 그들의 자원과 요새의 단점에 관한 여러 가지 정보도 파악하고 있었다. 총독이 여전히 살아 있다는 소식이 고아 요새에 들려오자 병사들의 사기는 더욱 올랐다. 모스크를 개조한 교회에선 종소리가 울렸고, 주둔군은 총독에게 서신을 보내, 계속 저항할 수는 있지만 총독이 병력을 이끌고 와주어야 한다고 알렸다.

8월 중순에 리스보아에서 보낸 함대가 코친에 도착했다. 알부케르크의 적들이 바라던 대로 후임 총독을 데려온 것은 아니었다. 오히려 이 함대는 총독이 바라던 증원군과 장비를 가져왔다. 배 열두 척과 지극히 훌륭한 무장을 갖춘 병사 1500명이 이제 총독의 지휘 아래 들어왔다. 알부케르크는 기쁨을 주체하지 못했다. "폐하, 이제 인도를 제대로 대우해주시기로 용사用事하셨군요."[21] 특히 기뻤던 건 훈련된 장교들을 보내달라는 요청을 들어준 것이었다. 마누엘은 이탈리아 전쟁에서 스위스 전술 경험을 많이 쌓은 두 선장과 함께 부사관도 보냈다. 또한 창 300개와 석궁 50개, 소총도 따라왔다. 그들의 지휘 아래 800명으로 구성된 사단이 형성되었고, 다시 32개 소대로 나뉘었다. 제대로 된 훈련이 시작되었다. 그들은 정기적으로 사격 훈련을 하고 최고 사수로 선정되면 상금을 받았다. 또 분대의 기동을 반복 훈련해 들쑥날쑥한 난투가 아니라 효과적인 부대로서 동시다발적 대형으로 신속하게 이동할 수 있게 되었다. 가장 좋은 건 이런 병력을 알부케르크가 직접 지휘한다는 점이었다.

몬순이 끝나자 총독은 움직일 준비를 마쳤고, 늘 그랬듯이 수적으로 열세인데도 투르크 부대를 몰아낼 수 있다는 자신감이 충천했다. 이제 홍해가 그들을 부르고 있었다. 그는 빠르게 고아를 확보하고, 이어 새로 얻은 강병들을 활용하여 아무리 길어도 다음 몬순이 다시 찾아오기 전에 홍해 입구를 봉쇄하길 바랐다. 알부케르크가 고아에 도착한 건 1512년 10월 말이었다. 11월 말에 고아 평정 작전은 완수되었다. 대담하게 행동에 나선 그는 먼저 강에 설치된 수비용 말뚝을 모조리 파괴함으로써 베나스트림을 본토와 격리시켰다. 거기서 총독은 고아로 들어갈 수 있었고, 이어 샤의 병력을 상대로 군사 작전을 개시했다. 짧은 격전을 치르고 이어진 포위 공격에서 이번에는 포르투갈인들이 도시 성벽을 외부에서 계속 강타한다는 사실을 확인한 아딜샤의 장군은 순순히 백기를 들었다.

선장들은 늘 그렇듯 몸을 아끼지 않고 용맹하게 전투에 임했다. 강에서 벌어진 전투는 특히 치열했다. 베나스트림의 방벽 쪽에서 정확히 날아오는 포탄이 수면을 철썩 때리거나 포르투갈 보트들을 스쳤다. 이 보트들은 야자열매에서 뽑은 튼튼한 섬유를 갑옷처럼 두르고 있었다. 알부케르크조차 불필요한 위험에 자주 노출되는 전함 지휘관들을 꾸짖어야 했다. "폐하, 저는 무모하게 목숨을 위협하는 행동을 하는 그들을 종종 질책했습니다. … 그들은 배의 선수 위를 유유히 걸어다녔고, 가장 위험한 곳에서도 죽음을 개의치 않고 태연히 서 있었습니다. … 때로 저는 경계심을 완전히 내려놓은 그들의 모습을 보기가 무척 고통스러웠습니다."[22] 그렇지만 그 역시 전투의 위험으로부터 자신을 잘 보호하지 않았다. 무슬림 요새에서 날아온 포탄 하나가 그의 작은 보트를 박살 냈고, 노잡이 두 명이 죽었다. 투르크인은 총독을 죽였다고 여기고 승리의 함성을 질렀지만, 알부케르크는 요새에서 다 보이는 곳에서 벌떡 일어나 그들이 오판했음을 알려주었다.

전설적인 위기 탈출을 해낸 총독은 적은 물론 아군에게도 절대 죽지 않는 사람이라는 생각을 갖게 했다. 베나스트림에서 최후의 포격을 가했을 때, 그는 또다시 부대 배치를 면밀히 살피면서 최전선에 나섰다. 그는 적의 포수들에게 포착되었고 그들은 곧장 그를 향해 포격하려 했다. 그와 사이가 좋지 않던 피달구인 바스콘셀루스는 곧바로 숨어야 한다고 조언했다. 알부케르크는 이번만은 그의 조언에 따랐다. 그는 바위 뒤로 몸을 숨겼고, 그때 포탄이 날아와 그의 옆에 있던 사람을 맞혀 전신을 피범벅으로 만들었고 그 피가 총독에게 튀었다.

피달구가 주장하는 명예로운 전투와 알부케르크가 바랐던 전술적 병력 배치 사이의 의견 충돌은 지속적인 논쟁거리로 남았다. 귀족들은 양손으로 들어야 하는 거대한 검을 휘두르며 영웅적인 일전에서 승리하여 전리품을 챙기고 자신의 무용을 빛내고자 했고, 총독은 일관성 있는 전술을 따르는 조직된 병력을 효율적으로 사용해야 승리를 쉽게 거둘 수 있다고 주장했다. 과연 훈련된 집단은 전투에서 효과적임이 판명되었다. 창병, 궁수, 소총수로 구성된 촘촘한 밀집 대형의 군사 집단은 전장에서 질서 정연하게 움직였고, 느슨하게 소규모 충돌을 벌이는 투르크인을 정규전에서 격퇴하여 성벽 안으로 몰아넣었다. 그들은 "일사불란한 대오를 형성했으며 … 촘촘하게 밀집 대형을 짰다. 그들의 창은 바싹 곤두섰고, 여덟 개의 연대 깃발이 펄럭였으며, 북과 나팔 소리가 울렸다." 그들은 천천히 밀집 대형으로 나아가며 "얼마 전 포르투갈에서 보낸 수많은 소총을 발사했다."[23] 알부케르크는 앞으로 전투는 이런 식으로 조직적으로 해야 한다고 확신했다.

하지만 그 전략은 인기가 없었다. 성벽을 타고 올라가지 않고 포격으로 전투 결과를 결정하는 건 중세 군대 문화와 크게 배치되었다. 도시를 습격하여 무의미한 살생을 벌이며 약탈하고 싶었던 자들의 지독한 반대에도 불구하고 그는 샤에게 항복 협상의 길을 열어주었다. 모든 무슬림을 다치지 않고 떠날 수 있게 해주었다. 대신 다른 모든 것, 즉 대포, 말, 무기 등은 현장에 두고 떠나야 했다. 즉 입고 있는 옷 외에는 아무것도 없이 강을 안전하게 건널 수 있게 해준 것이다. 하지만 난제가 하나 있었다. 샤의 군대엔 다수의 포르투갈 배신자들과 다른 나라 출신의 배신자들이 있었으며, 그들을 반드시 총독에게 넘기라고 요구했다. 샤의 장군은 이슬람교로 개종한 그들을 포르투갈 사람들에게 넘겨주기를 무척 꺼렸다. 마침내 넘겨주는 것으로 타결되었다. 알부케르크는 그들의 목숨만은 살려줄 생각이 있었다.

무슬림들은 부상이나 피해의 우려 없이 안전하게 도시를 떠났다. 알부케르크는 포르투갈 배신자들에게도 약속을 지켰다. 그들은 목숨을 잃지는 않을 것이다. 시혜는 단지 그것뿐이었다. 그들은 사흘 동안 차꼬를 찬 채로 앉아서 동료들의 비웃음을 견뎌야 했고, 진흙 덩어리를 맞았으며, 수염을 잡아 뽑혔다. 둘째 날엔 코와 귀가 잘렸고, 셋째 날엔 오른손과 왼손의 엄지가 잘렸다. 그런 다음 그들의 상처를 치료해주었다. 하지만 많은 사람이 죽었다. 살아남은 자는 "엄청난 인내심으로 고통을 버텼고" "자신이 지은 통탄할 죄는 더 큰 처벌을 받아 마땅하다"라고 말했다.[24] 알부케르크의 진화하는 전쟁 수행 방식은 실속 있는 병력을 운영하면서 신속하게 움직이는 것이었지만, 다방면에서 인기가 없었다. 총독을 비방하는 사람들은 그가 막대한 뇌물을 받고 다시 싸울 수 있도록 적을 살려 보냈다는 말을 퍼뜨렸다. 실제로 알부케르크는 적을 모두 죽일 필요는 없다고 확신했다. 그는 베나스타림이 섬의 관문이라는 걸 깨달았다. 그래서 그곳의 요새를 재건했고, 다른 여울들의 방어 시설을 개편했으며, 고아섬 일대를 단단하게 잠갔다. 잘 훈련된 병력은 그 상태를 유지하기 위해 계속해서 훈련했다. 그는 고아가 영구히 포르투갈 국왕령이 되었다는 걸 알았다. 그것을 훼손할 수 있는 건 코친과 칸나노레의 반反알부케르크 파벌이 던지는 비방성 언사뿐이었다.

이렇게 아딜 샤에게 심각한 패배를 안김으로써 포르투갈은 아시아의 패권 국가로 부상했다. 고아가 1510년에 처음으로 점령되었을 때, 한 코친 상인은 "총독이 국왕에게 인도를 차지하게 해줄 열쇠를 헌상했다"라고 분명하게 말했다.[25] 이 말은 인도 제국의 해안 교역 권리를 포르투갈이 차지했다는 뜻이었다. 인도 아대륙의 큰 왕국 비자푸르와 비자야나가르는 소규모 포르투갈 병력으로 왕국이 붕괴될 만큼 직접적으로 위협을 받지는 않을 테지만, 포르투갈인은 이제 이 일대의 경쟁에서 주요 세력으로 등장할 터였다. 아대륙에서 서로 전쟁을 벌이는 두 왕국 사이에 있는 단층선에 고아가 있다는 것과, 고아가 캘리컷이나 코친보다 더 나은 상업 중심지 겸 전략적 요충지임을 이해한 점, 바로 이것이 알부케르크의 천재성이었다.

이제 총독은 결정적으로 페르시아 마필 교역을 통제했고, 호르무즈에서 출항하는 마필 수송선은 포르투갈 전함의 호위를 받으면서 고아로 들어왔다. 이렇게 하여 고아에서 상인들과 그들의 귀중한 화물은 대접을 아주 잘 받았다. 매년 1000마리의 말이 고아섬을 통과했고, 그에 따라 포르투갈 국왕에게 바칠 수익도 막대해져서 투자액의 300~500퍼센트에 달했다.

알부케르크는 알렉산드로스 대왕 이후 아시아에 제국의 존재를 확고히 수립한 첫 유럽인이었다. 그의 기다란 흰 수염과 무서운 행동 때문에 인도양 일대에서는 그에 대한 미신적 공포가 생겨났다. 말라바르 해안에서 현지인들은 어떤 물고기에게 아폰수 드 알부케르크라는 이름을 붙이고 주술 재료로 썼다. 총독의 벵골 적들은 그를 가리켜 "인도의 큰 개"라고 부르며 욕했다. 그는 자신의 뛰어난 머리를 활용하여 인도양의 상업적·제국적 경쟁을 서로 결합시켰다. 힌두교인과 무슬림, 시아파와 수니파, 맘루크인과 페르시아인, 비자야나가르와 비자푸르, 호르무즈와 캄바이, 캘리컷과 코친, 디우와 교활한 말리크 아야즈 사이의 생존 책략 파악과 그에 관한 대응 방안 등이 그런 결합 노력의 면면이었다. 그는 이 정치 게임에 참여하여 엄청난 노회함을 드러냈으며, 한 파벌과 다른 파벌을 서로 싸우게 했고, 그런 게임을 냉정하게 진행하면서 조금도 환상을 품지 않았다. 그는 협정과 우호 약속 같은 건 아예 믿지 않았고, 그에 따라 마누엘이 인도양 외교의 현실에 대해 착각한 바를 바로잡는 보고서를 보냈다.

폐하께서는 그들의 교역을 손에 넣고 메카 교역을 무너뜨리려 하시는데, 그들이 폐하를 방해하고자 무슨 일이든 할 거라는 사실에 놀라시다니요! … 폐하께서는 좋은 말로 구슬리고, 평화와 보호를 제공하면 그들을 휘하에 둘 수 있다고 생각하시지만 … 그들이 존경하는 건 힘밖에 없습니다. 제가 함대를 이끌고 도착했을 때 그들이 처음으로 알아내려고 했던 것은 우리에게 병사가 얼마나 많은지, 무장은 어떻게 했는지 등이었습니다. 우리가 약하다고 생각하면 그들은 교섭을 질질 끌다 예측할 수 없는 대응을 준비합니다. 군사적 지원 없이 어떤 국왕이나 영주도 그들과 동맹 관계를 맺는 건 불가능합니다.[26]

이제 모두가 포르투갈인이 항구적으로 인도 일대에 존재할 것이라는 새로운 현실을 받아들여야 했다. 1512년 말, 사절들이 떼를 지어 고아로 와서 경의를 표했다. 알부케르크는 인도양에서 무슬림의 존재가 어느 정도인지 이해하게 되었고, 현실적으로 볼 때 그들을 뿌리 뽑을 수는 없다고 판단했다. 총독은 맘루크 제국을 파멸시키려는 자신의 목적을 추구하는 과정에서 능숙하게 그들과 경쟁하는 다른 강력한 이슬람 지배자들과 협상을 시도했다. 그는 마필 무역을 간절히 원하

3부 정복

는 비자야나가르와 비자푸르 두 왕국을 배후에서 교묘하게 조종했다. 그는 구자라트 무슬림 술탄과 관계를 맺고 미겔 페헤이라를 대사로 삼아 페르시아 시아파의 샤인 이스마일에게 보냈다. 이번에 보낸 사절은 독살된 전임자보다 훨씬 운이 좋았다. 사무드리는 마침내 포르투갈의 항구적 존재를 받아들이기로 한 것처럼 보였고, 평화 협정을 제안하고 요새 지을 자리를 내놓았다. 알부케르크는 사무드리의 제안을 받아들였지만, 다른 계획을 준비했다. 자신과 오랫동안 우호적 관계를 유지한 디우의 아야즈는 특히 그의 진짜 의도를 간절히 알고 싶어 했다. 알부케르크는 아야즈의 주군인 캄바이 술탄에게 디우에 요새를 건설하도록 허락해달라고 요청했는데, 아야즈는 이 요청이 승인되지 않기를 강력히 바랐다.

아야즈의 사절은 포르투갈의 살벌한 위협에 대해 톡톡히 수업을 받았다. 돌아온 배신자 주앙 마샤두는 이 불행한 사절에게 포르투갈 포격에 망가진 베나스트림의 박살 난 방어 시설을 구경시켰고, 마필 교역에 필요한 커다란 마구간, 무기고, 창고 등을 관람시켰다. 그리고 적에게 해를 입힌 육중한 대포를 보여주면서 그 구경이 얼마나 넓은지 확인시키기 위해 터번 쓴 사절이 자기 머리를 직접 그 구멍 안에 집어넣어 보도록 권했다. 이런 시찰을 다 마친 뒤에 사절의 몸에다 강철 흉갑을 끈으로 묶고서 벽에 기대어 서게 했고, 한 병사가 사절의 흉부를 소총으로 겨누었다. 탕 하는 총소리가 나자 사절은 자신의 최후가 닥쳤다고 생각했다. 하지만 탄환은 아무런 피해를 입히지 못하고 튕겨 나갔다. 알부케르크는 덜덜 떠는 사절에게 포르투갈 갑옷은 철저히 방탄이 된다고 설명했고, 현재 입고 있는 흉갑을 주군에게 증거물로 가져가라고 권했다. 아야즈를 무기력하게 만들려는 의도였다. 아야즈가 같은 실험을 감행했다면 죽었을지도 모르는 일이었고, 알부케르크도 내심 그런 결과를 바랐을 수도 있다. 사절에게 쏜 탄환은 밀랍으로 만든 모조품이었으니 말이다.

이제 평화 협정을 간청하는 사무드리에 관해 말해보자면, 알부케르크는 그를 향해 더욱더 냉소적인 해결책을 썼다. 형과는 다르게 포르투갈 편에 선 사무드리의 동생에게 총독은 간단하게 독극물을 쓰면 모든 일이 정리된다고 제안했다. 예상대로 사무드리는 죽었고, 후계자는 포르투갈의 꼭두각시가 되었다. 총독은 마누엘에게 자신이 마침내 "염소의 목을 움켜쥐었다"라고 쓴 보고서를 올릴 수 있었다.[27] 캘리컷 문제는 거의 피를 흘리지 않고 해결되었다. 머지않아 그 도시는 해안 지역의 낙후한 오지로 격하될 것이고, 캘리컷의 교역 활동은 고아가 모두 빨아들일 것이다. 그런 비참한 운명은 적극적으로 포르투갈인을 지지했던 칸나노레와 코친 두 항구도 피해 가지 못했다. 독점을 원하는 제국주의자를 지지했다고 해서 장기적 보상 같은 것이 생기지는 않았다.

그러는 중에 에티오피아에서 보낸 대사가 고아에 도착했는데, 이 미심쩍은 자의 이름은 매튜Matthew라고 했다. 그는 포르투갈인이 오래전부터 접촉을 갈망했던 젊은 왕인 사제왕 요한을 대신하여, 죽은 선왕의 부인인 엘레니 왕비가 보낸 서신과 성십자가 파편을 가져왔다. 이런 직접적인 접촉은 엄청난 흥분을 불러왔고 동시에 매튜가 사기꾼일지 모른다는 의심을 자아냈다. 에티오피아인은 그들 나라 북쪽의 무슬림 세력을 무너뜨리기 위해 포르투갈에 동맹을 제안했다.

심지어 이집트의 비옥한 삼각주에 물을 공급하는 나일강 상류의 경로를 바꾸는 계획까지 제안했다. 알부케르크는 그 아이디어에 매력을 느꼈고, 그리하여 매튜가 진짜 대사라고 믿게 되었다. 총독은 겨울에 향신료 함대에 매튜를 태워 마누엘에게 보냈고, 국왕 역시 그 대사를 훌륭하게 대접했다. 모든 것이 알부케르크의 작전대로 돌아가는 것처럼 보였다.

바로 이 무렵 알부케르크는 희귀한 동물 두 마리를 마누엘에게 보냈는데, 하나는 코친의 왕이 선물로 준 하얀 코끼리였고, 다른 하나는 캄바이 술탄이 보내온 희귀한 하얀 코뿔소였다. 이 코뿔소는 로마 시대 이후로 유럽에서는 처음으로 만난 살아 있는 코뿔소였다. 이 두 동물은 리스보아에서 일대 돌풍을 일으켰다. 코끼리는 리스보아의 여러 거리를 따라 과시하듯 걸어 다녔고, 특별한 울타리를 두른 결투장에서 국왕이 지켜보는 가운데 코뿔소와 싸우게 되었다. 하지만 코끼리는 상대의 힘을 가늠해보더니 겁에 질려 등을 돌리고 도망쳤다. 1514년, 마누엘은 자신의 치세와 인도 정복 사업의 장엄함을 백성에게 공개적으로 화려하게 전시하기로 마음먹었다. 그는 하얀 코끼리를 대사인 트리스탕 다 쿠냐에게 맡겨 교황에게 헌상하도록 했다. 로마로 들어오는 140명의 포르투갈 행렬엔 인도인도 몇 명 포함되었고, 표범, 앵무새, 흑표범 같은 다양한 들짐승도 동행했다. 그 멋진 광경을 구경하기 위해 연도에 몰려든 인파는 입을 떡 벌리고 멍하니 그 행렬을 지켜봤다. 코끼리는 목에 올라탄 조련사가 조종했고, 잔등에 올린 은제 망루에는 교황에게 바칠 풍성한 선물이 가득 실려 있었다. 교황은 이탈리아로 건너온 카르타고 명장 한니발의 코끼리를 연상하며 흰 코끼리에게 '한노Hanno'라는 이름을 붙여줬다.

교황을 알현하는 자리에서 한노는 머리를 세 번 숙였고, 양동이에 든 물을 주위에 흩뿌림으로써 천주교 추기경들을 놀라게 하면서도 즐겁게 했다. 한노는 즉시 장안의 스타가 됐다. 예술가들은 그를 그렸고, 시인들은 그를 노래했고, 지금은 분실된 프레스코화와 악평 자자한 풍자적 소책자인 《코끼리 한노의 유언과 증거》의 주인공이 되기도 했다. 그는 특별히 지은 건물에서 지냈고, 로마 시내의 행진에 참여했으며, 교황에게 큰 사랑을 받았다. 불행하게도 한노의 식단은 무분별했다. 그는 로마에 오고 나서 2년 만에 황금이 가미된 변비약을 먹고 난 뒤 일곱 살의 나이에 죽었다. 레오 10세는 그의 곁에서 통탄을 금치 못했고, 그 이후 한노는 명예롭게 매장되었다.

마누엘이 한노 다음으로 보낸 또 다른 선물인 코뿔소는 그보다 더 불행했다. 푸른 벨벳 칼라를 단 코뿔소를 태운 배는 1515년에 제노바 앞바다에서 난파했다. 사슬에 묶인 짐승은 익사했고, 그 시체는 해안으로 떠밀려 왔다. 가죽은 회수되었고, 리스보아에 보내져 박제가 되었다. 알브레히트 뒤러는 그 코뿔소를 묘사하는 편지를 보고서 한 장의 스케치를 남겼다. 그는 동물을 보지도 않고서 그 유명한 그림을 그렸던 것이다.

리스보아로 쏟아져 들어오는 자산은 굉장했다. 그런 막대한 부의 소량만 인도에 다시 투입되었는데, 그것이 알부케르크가 지속적으로 내보인 불만이었다. 이는 부분적으로 마누엘이 그런 부를 사용할 곳을 미리 정해두었기에 벌어진 일이었다. 리스보아에서는 이 세상의

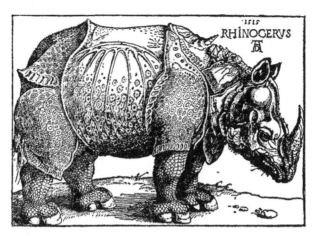
마누엘의 코뿔소를 묘사한 뒤러의 상상도.

온갖 다양한 물건이 판매되었다. 상아와 옻칠 목재로 만든 상품, 중국 자기, 동양 카펫, 플랑드르의 태피스트리, 이탈리아의 벨벳 등이 판매 제품으로 나왔다. 리스보아는 수많은 다른 피부색의 인종으로 구성된 다채롭고 열성적인 유동 인구의 골드러시로 소용돌이쳤다. 집시와 개종한 유대인, 그리고 끔찍한 상태로 도착한 흑인 노예들이 있었다. 그들은 이런 노예들을 "배의 선창에 벽돌을 쌓듯이 거의 몰아넣었는데, 한 번에 스물다섯, 서른 혹은 마흔 명을 데려왔다. 노예들은 형편없기 짝이 없는 음식을 먹었고, 생선 꾸러미처럼 등과 등을 맞붙인 채 발목에는 서로 연결된 족쇄를 차고 있었다."[28]*

---

* 포르투갈은 아프리카 서부 해안에서 1434년에서 1447년까지 927명의 아프리카 노예를 수입했다. 이것이 노예무역의 시초다. 그리고 1514년에서 1866년까지 3만 6000회의 항해를 통해 아프리카에서 아메리카로 수백만 명에 달하는 흑인 노예를 수출했다.

도시엔 새롭고 호화로운 유행이 몰아쳤다. 흑인 가내노예는 흔하디흔했고, 설탕 유입은 미각 혁명을 불러일으켰다. 리스보아는 언제나 구경거리가 많은 관광 명소이기도 했는데, 집시 음악으로 활력이 돌았고, 종교 행렬을 하는 아프리카인의 이국적인 노래와 춤으로 생기가 돌았다. 여기에서는 인도코끼리 다섯 마리를 대동하고 여러 거리를 따라 행진하는 국왕을 볼 수도 있었다. 이 코끼리들은 "국왕의 앞쪽에서 행진했고 코끼리들 앞에는 코뿔소 한 마리를 앞세웠는데, 아주 앞에 가 있어 코끼리들의 눈에 띄지는 않았다. 국왕 앞엔 말 한 마리가 있었는데, 호화로운 페르시아 직물을 온몸에 둘렀다. 그 뒤로는 한 페르시아인 사냥꾼이 재규어를 이끌고 있었는데, 이 짐승은 호르무즈 왕이 보낸 선물이었다."[29]

테주 강변에서 발견되는 동양적 분위기에는 1500년 이후 몇 년 동안 마누엘이 착수했던 건축 프로젝트의 스타일과 장엄함이 고스란히 반영되었다. 가장 야심적인 공사는 포르투갈 배들이 인도 항해를 떠나는 헤스텔루 해변에서 가까운 벨렝에 어마어마한 규모의 수도원을 건설하는 것이었다. 소속 수도사들이 선원들의 영혼을 위해 기도해주던, 길이 275미터의 제로니무스 수도원은 마누엘 왕조의 적절한 신전이자 그의 치세에 발견된 신세계를 기념하는 건축물로서 설계되었다. 후추 무역에서 들어온 막대한 수익으로 자금을 댄 이 중세 고딕 양식 건물은 각양각색의 석재 조각품으로 멋지게 장식되었는데, 힌두교 사원의 장식처럼 호화로웠다. 이 비범한 마누엘풍 장식 문양은 다수의 성당과 성과 궁전에서 되풀이되었고, 아치와 창틀과 건물의 지붕 등을 다양하고 아름답게 장식했다. 이런 장식은 항해의 상징성과

리스보아의 제로니무스 수도원.

인도 제국의 발견을 묘사했다. 마누엘 문장의 중심에는 혼천의가 있고 그 주위를 돌로 된 닻, 닻을 끌어올리는 사슬, 꼬아놓은 밧줄, 산호, 해초, 조가비, 진주, 이국적인 나뭇잎 등이 둘러싸고 있었다. 호화롭고 활기 넘치는 유기적 형태는 이런 건물들에 때로 열대림의 분위기나 인도양 바닥에서 발견되는 해저 동굴의 분위기를 부여했다. 십자군 활동을 펼치는 그리스도 기사단의 독특한 십자가와 더불어 석재에 지속적으로 새겨진 상징은 인도 제국 모험의 보상과 참신함을 연상시켰다. 마누엘은 또 헤스텔루 해변 앞바다에 수비 요새인 벨렝 탑을 건설하라고 지시했고, 군사 요새이자 기상천외한 건축물인 이 탑은 홀로 바다 옆에 우뚝 선 채 이런 장식적 문양을 선명히 드러냈다. 줄로 연달아 매단 파인애플 더미 같은 반구형 망루, 그리고 그리스도

리스보아의 벨렝 탑.

기사단의 방패가 달린 총안이 있는 흉벽 사이에다 석공들은 뿔과 주
둥이를 바다 쪽으로 내민 흰 코뿔소의 머리를 조각했다. 이것은 포르
투갈인들이 이루어낸 경이로운 결과와 놀랄 만한 사건을 잘 보여주는
석각石刻이었다.

1513년 겨울, 마누엘의 현지 총독인 아폰수 드 알부케르크는 고아
에서 최후의 인도양 포위 작전을 준비하고 있었다. 홍해로 진입하여
그 일대를 제압하는 작전이었다.

22

'이 세상 온갖 부가 폐하의 손에'

1513년 2-7월

홍해 정벌은 몇 년을 벼른 작전이었다. 1505년에 국왕이 알메이다에게 내린 〈의무〉에도 홍해의 중요성이 언급되었을 정도다. 포르투갈인이 홍해 정벌을 제대로 준비하기까지는 그로부터 8년을 더 기다려야 했다. 1513년 초, 고아 요새는 가공할 정도로 막강한 수준이 되었다. 사무드리는 독살되었고, 알부케르크는 스스로도 흡족해할 정도로 인도양 해안에서 안정적 평화를 확보했다. 이제 홍해를 향해 중대한 공격에 나서야 할 때가 되었다.

일차 목표는 동쪽 맘루크의 보급로를 끊고 그들의 향신료 무역을 무너뜨리는 것이었다. 이렇게 하면 그 과정에서 베네치아의 향신료 무역도 같이 무너질 터였다. 그 목표의 배경에는 메시아적 꿈이 있었다. 이슬람을 무릎 꿇리고 예수살렘을 탈환하겠다는 생각이었다.

그러면 마누엘은 왕중왕으로 칭송받을 것이다. 최근 에티오피아 대사가 도착한 일로 포르투갈의 기대감은 높아졌고, 그들은 사제왕 요한의 군대와 연합하여 '창녀 바빌론'을 멸망시킬 수 있을 터였다. 포르투갈 본국의 궁정 내에서도 논란이 있었던, 이 같은 더 심오한 목적을 가슴에 깊이 간직한 채, 알부케르크는 1513년 2월에 고아에서 출항했다. 일반 병사들은 비록 독실한 가톨릭 신자이긴 했어도 이 세상에서 하느님의 왕국이 승리를 거두는 것보다, 전장에서 마구 약탈하여 한몫 챙길 기회에 더 관심을 보였다.

홍해는 아프리카 대륙과 아라비아반도 사이에 있는, 길이 2250킬로미터의 바다다. 과거에 홍해 일대는 사람이 거주하기 힘든 지역이었다. 물이 얕고 담수가 부족해, 저지대 섬과 숨은 모래톱을 지나 항해하는 것은 위험했고, 사막에서 불어오는 지독한 바람을 맞아야 하는 데다, 홍해로 들어가는 입구 앞에서 인도양 특유의 기상 리듬 탓에 특정한 계절에만 그곳에 진입하여 항해할 수 있었다. 이 바다는 구슬리든 붙잡아 강요하든, 지역의 수로 안내인 없이는 항해가 불가능했다. 깊은 슬픔의 문인 바브엘만데브 해협은 언제 빠질지 모르는 함정이 그 아가리를 절반쯤 떡 벌리고 있는 위험한 곳이었다. 게다가 숨막히는 용광로 같은 곳이어서 식수를 얻기도 힘들었다.

일단 홍해 안으로 들어서면 포르투갈인은 이슬람 세계의 오랜 중심지로 들어가야 했다. 그곳에서 제다까지는 650해리, 수에즈까지는 1350해리, 수에즈에서 사막을 가로질러 카이로에 이르는 길은 3일, 제다에서 예언자 무함마드의 시신이 매장된 메디나까지는 9일이 걸렸다. 이베리아반도 출신의 남자들은 지금 적그리스도의 사원을 향해 가고 있다는 기분이 들었다. 그들은 그런 척박한 항해 환경에도 불구하고 몇백 년 동안 지속된 십자군의 열광적 흥분에서 힘을 얻었다.

알부케르크의 첫 번째 목표는 홍해 입구에서 약 180킬로미터 떨어진 아덴 항구였다. 그곳을 점령한다면 최후의 대공격을 위한 안정적 근거지가 확보되는 셈이었다. 아덴의 통치자와 카이로 술탄은 서로 사이가 좋지 않았지만, 포르투갈인들이 일으킨 향신료 무역에서 야기된 혼란 때문에 서로 협력하는 사이가 되었다. 그리하여 아덴은 홍해를 오가는 다우선에 중요한 단기 체류지가 되었다.

1513년 4월 22일, 포르투갈 함대는 항구 앞바다에 도착했다. 아덴은 이제 그들 앞에 놓여 있었다. 사화산의 분화구에 자리 잡은 그 도시는 아주 척박하고도 만만찮은 자줏빛 바위투성이의 아홉 봉우리에 둘러싸여 있었는데, 각 봉우리엔 요새가 하나씩 자리 잡고 있었다. 그곳은 사막의 요충지였다. 알부케르크는 나중에 마누엘에게 보낸 장문의 보고서에서 이렇게 말했다. "나무나 풀이 없는 순전한 바위산으로 둘러싸여 있었고, 이삼 년 동안 비가 내리지 않았습니다."[1]

바다에 면한 도시 입구는 길고 높다란 요새 벽으로 봉쇄되었고, 입구는 하나뿐이었으며, 벽 위에는 간간이 탑들이 세워져 있었다. 입구의 뒤에는 뾰족탑과 햇볕에 반짝이는 회반죽을 바른 키 큰 가옥, 그리고 가장 큰 정육면체 건물인 아덴 통치자의 궁전이 보였다. 그 뒤쪽으로도 도시를 둘러싼 방어 시설이 일렬로 늘어서 있었다. 당시 바다에서 아덴을 바라보던 포르투갈인들은 그곳이 섬 위에 세워진 도시인지 아닌지 분명히 알 수가 없었다. 그 이후 탐사가 이뤄지고 나서야 비로소 그 도시가 둑길로 본토와 연결되었음이 밝혀졌다. 함대 왼쪽으로는 돌출된 곳이 있었는데 꼭대기에 포대를 갖춘 요새가 버티고 있었다. 초승달 모양의 만에 위치한 항구에는 많은 배가 계류되어 있었다. 알부케르크는 포르투갈 배들이 그 항구에 접근하는 방식에 대해 이렇게 썼다. "우리 캐럭선은 컸기에 … 항구에서 조금 떨어진 곳에 머물렀습니다."[2]

때는 성 금요일이었고, 날씨는 벌써 더웠다. 그리스도가 죽음을 맞이한 날에 도착했다는 사실이 포르투갈 병사들에게 자극이자 흥분으로 작용했다. 병사들은 십자군으로서 열정이 드높았다. "병사들은 준비되었고, 완전무장한 채로 당장이라도 싸움에 뛰어들고 싶어 했습니다." 알부케르크는 나중에 마누엘에게 보낸 장문의 보고서에서 그렇게 썼다. 아덴 통치자는 도시를 떠나 있었지만, 그의 대리인 아미르 미르잔은 정중하게 사자를 보내 방문자에게 용건이 무엇인지 물었다. 알부케르크는 곧바로 원하는 바를 전했다. 맘루크 함대를 궤멸시키고자 제다와 수에즈로 가는 길이라고 알렸다. 그는 아미르가 보낸 식량을 거부했는데, "평화 협정을 체결하지 않은 소국이나 통치자가 보내는 선물은 받지 않는 게 자신의 관행"이기 때문이었다. 그는 아미르에게 "도시 성문을 열고 포르투갈의 깃발과 병력을 받아들이라"고 요구했다. 이에 아미르가 평화 교섭을 위해 직접 나서겠다고 대답했지만, 알부케르크는 그런 일은 무의미하다고 답했다. 포르투갈 병사들은 무기를 예리하게 정비하기 시작했다.

알부케르크는 주변 사막으로부터 증원군이 도착하기 전에 빨리 아덴 공격에 나서야 한다고 판단했다. 더 중요한 건 아덴의 혹독한 기후가 공격 기회를 점점 없애버린다는 점이었다. 그들은 이미 홍해 공략

아덴 공격을 묘사한 가스파르 코헤이아의 그림.

의 핵심적 문제에 부딪힌 상태였다. "물 부족 때문에 만약 도시를 점령하더라도 도시 뒤쪽 산으로 통하는 문을 장악하지 못하면 우리가 기울인 노력은 모두 헛된 일이 될 것이며, 식수가 부족해서 배로 물러나야 할 것이라는 생각이 들었습니다." 포르투갈군 내에서 토론이나 망설임 같은 건 전혀 없었다. 그저 무조건 공격이라는 계획만 있었을 뿐이다. 말이 좋아 계획이지, 초행길에 정밀한 계획 같은 건 있을 수가 없었다. "우리는 잘 무장하고 굳건한 태도와 행동으로 폐하를 섬기겠다는 것 말고는 다른 계획이 없었습니다. 우리가 한 일이라고는 두 곳을 공격하고 세 부대로 병력을 나눈다는 데 합의한 것입니다." 그 외에는 마침 때가 상서로운 부활절이므로 "우리 주님께서 다른 모든 걸 우리에게 내려주실 것"이라는 믿음이 있었다. 피달구와 그들의 무장 병력은 훈련된 민병대와 분리되었다. 두 집단 사이의 경쟁의식 때문에 내려진 조치였다. 각 집단에게는 성곽 공격용 사다리가 주어졌다.

"우리는 파성퇴破城槌, 쇠지렛대, 삽, 곡괭이를 손에 들었고, 대포를 발사하여 성벽을 파괴할 생각으로 움직였습니다."[3]

동이 트기 두 시간 전, 나팔이 울렸다. 포르투갈군은 작은 보트에 나눠 타고 해안을 향해 떠났다. 아덴에 관한 기록은 물론이고 간단한 스케치까지 남긴 총독의 서기 코헤이아에 따르면, "동이 틀 때 해가 올라오는 도시 현장은 장엄한 경치를 보여주었다. 해안을 따라 뻗은 도시는 굽은 만처럼 생겨서 만조에만 보트가 가서 닿을 수 있었다. 그래서 우리의 보트는 수많은 원형 탑을 배치한 위협적인 벽에 맞닥뜨렸다."[4]

공격은 시작이 좋지 못했다. 보트들은 얕은 암초를 만나 오도 가도 못 하게 되었고 그 위치는 해변에서 적이 석궁을 쏘면 맞을 만한 거리였다. 그들은 해안에 상륙하기 위해 엄청난 거리를 물을 헤치며 걸어야 했다. 선장들은 물에 흠뻑 젖었다. 소총수의 화약은 파도로 못 쓰게 되었다. 피달구들은 휘하 병사들의 행군 대열을 적절히 유지하는 일을 게을리했다. 그들은 개인적 무공과 영광을 간절히 바랐고, 벽에 처음으로 올라서는 명예를 차지하고자 직접 사다리를 오르고 싶어 했다. "이런 행위는 저를 대단히 슬프게 만들었습니다. 선봉 공격은 기사로서 수행해야 할 의무이긴 하지만, 다른 병사들을 방치하여 벽 아래에서 무질서하게 뒤섞인 채로 내버려두었기 때문입니다."

성벽은 높았고, 사다리는 꼭대기에 다다르기엔 너무 짧았다. 따라서 앞쪽에 있던 병사들은 난간 벽으로 힘겹게 몸을 던져야 성벽 위로 올라설 수 있었다. 처음 난간 벽에 도달한 두 피달구는 가르시아 드 소자와 조르즈 다 실베이라였는데, 이들은 깃발을 든 수습 기사를 대

3부 정복

동했다. 꼭대기에서 발생한 지체는 사다리 가로대에 몰려들어 어떻게든 성벽 위로 오르려고 서로 밀치는 병사들의 혼잡을 유발했다. 게다가 적군이 매우 빠르게 반격을 가하자 일대 혼란이 벌어졌다. 알부케르크는 "벽 꼭대기까지 한 번에 100명을 보낼 수 있는 훈련된 부대의 단단한 사다리가 어떻게 무너지기 시작"했는지 묘사했다. "병사들로 사다리에 엄청난 하중이 실린 걸 보고서, 미늘창 병사들에게 사다리를 지지하라고 명령했습니다. … 그들이 양쪽을 미늘창으로 지탱했는데도 사다리는 붕괴되었고 미늘창은 산산조각 났으며 병사들이 심하게 다쳤습니다."[5]

이에 무슬림 수비대는 적의 혼란을 감지하고 더욱 분발하여 단호하게 저항에 나섰다. 그들은 성벽 아래의 적을 향해 돌을 던지고 화살을 쐈다. 정문을 두드려 열려는 포르투갈의 시도는 실패했다. 정문은 철저하게 막혔다. 그러다가 포격의 폭발로 벽에 구멍을 하나 내는 데 성공했다. 이제 앞장설 사람이 필요했다. 현장 지휘관인 알부케르크의 조카 가르시아 드 노로냐는 그러지 않았다. 그 후에 내려진 상황 판단에 따르면 비겁해서가 아니라 질투 때문이었다. "그는 도시로 들어가길 거부했는데, 먼저 도시로 들어간 가르시아 드 소자를 질투해서였습니다. 도시가 점령된다면 소자가 모든 영광을 손에 넣을 것이고 … 그래서 그는 도시로 들어가려 하지 않았습니다. 다른 자들도 마찬가지였습니다. 그들이 망설이지 않고 곧바로 진입했다면 도시는 바로 함락되었을 것입니다. … 그날은 '만약에 이랬더라면 어땠을까' 싶은 일이 연달아 일어났습니다."[6]

성벽에선 혼란이 일어났고, 포르투갈 부대의 통솔력도 일관성이 없었다. 총독과 가르시아 드 노로냐는 중요하지만 하찮은 일에 불과한 사다리 보수에 분주했다. 성벽 꼭대기의 군인들은 후방의 지원이 불안정하다는 걸 깨닫고 물러나려 했다. 사다리가 없는 상황에서, 그들을 탈출시키기 위해 밧줄이 던져졌다. 그러는 사이에 가르시아 드 소자와 조르즈 다 실베이라를 포함한 소수가 성탑에서 바리케이드를 치고 계속 싸웠다. 평소에 늘 자신만만했던 알부케르크마저 이번만은 망설였다. "저는 선장, 기사, 다시 성벽에서 내려온 피달구, 성벽 아래에서 싸움을 독려하는 가르시아 드 노로냐에게 재결집하라고 해야 할지, 아니면 꼭대기에 있는 자들을 도우라고 해야 할지 확신이 서지 않았습니다. 성벽 공격으로 사상자가 일부 발생했기 때문입니다."[7]

포위된 성탑에서 포르투갈 병사들은 적의 화살과 창 공격을 점차 더 심각하게 받았다. 총독을 잠깐 바라본 조르즈 다 실베이라는 이렇게 소리쳤다. "총독님, 도와주십시오. 그렇지 않으면 우리는 전부 죽습니다!" 알부케르크는 굉장한 소음이 일어나는 가운데 이렇게 답변했다. "도울 수 없네. 밧줄을 타고 내려오게."[8] 몇몇은 재빨리 밧줄을 타고 성벽 아래로 내려갔고, 다른 몇몇은 운에 맡겨볼 생각을 했고, 나머지는 내려가기를 거부했다. 난간 벽에서 균형을 잡던 한 병사는 아래를 흘깃 내려다보고는 성호를 긋고 뛰어내렸다. 그는 다리가 부러졌고, 며칠 뒤 죽었다. 원래 포수였으나 성벽에 올라갔던 병사는 그보다는 운이 좋았다. 손에 석궁을 들고 뛰어내린 그는 용케도 살아남았다. 가르시아 드 소자는 알부케르크의 제안을 거부했다. "저는 밧줄이나 타면서 죽음에서 도망치는 짓은 하지 않겠습니다."[9] 하지만 그것은 무의미한 용맹이었다. 얼마 지나지 않아 화살이 그의 머리를 뚫었고 그는 즉사했다. 완패를 당한 성탑에서 곧 참수된 포르투갈 병사들의 수급이 창에 일렬로 꽂혀 하늘 높이 들어 올려졌다. 포르투갈인들은 화가 났지만 물러서는 것 말고는 방법이 없었다.

알부케르크는 형편없이 부서진 부대를 재조직해야 했다. 그는 퇴각하면서 부서진 사다리의 파편을 수거했는데, "포르투갈 병력의 대혼란을 보여주는 증거를 남기고 싶지 않았기 때문"이다.[10] 연대기 기록자들에 따르면, 총독은 "도시를 공격했다가 이런 식으로 무참하게 패배한 데 너무 경악하여 할 말을 잃었다."[11]

포르투갈 진영의 분위기는 좌절감이 팽배했다. 부활절 토요일에 하느님께서 도우리라 믿었던 그들은 처참하게 실패했다. 포르투갈인들은 필사적으로 다시 공격하고 싶어 했고, 육중한 대포를 가져와 적의 성벽에다 구멍을 하나 냈지만, 알부케르크는 이미 때가 지났음을 알았다. 물 부족이 화급한 문제였고, 동쪽에서 불어오는 몬순의 계절은 끝나가고 있었다. 지금 움직이지 않으면 그들은 극단적 상황에 내몰려 그곳에 발이 묶일 수 있었으며, 홍해로 들어가는 것도, 인도양을 건너서 돌아가는 것도 불가능해질 수 있었다.

아덴은 심각한 장애물이었지만, 당시 총독은 그곳이 장차 얼마나 심각하게 포르투갈의 진입에 저항할지 깨닫지 못했다. 알부케르크는 국왕에게 보내는 서신에서 아덴 사건에 관해 최대한 아름답게 꾸미는 말을 썼다.

아덴에서의 행위에 관해 제가 폐하께 드릴 수 있는 말씀은, 폐하께서 상상하실 수 있는 그 무엇보다 가장 맹렬한 싸움이었으며 가장 빠른 교전이었다는 것입니다. … 폐하를 섬기고자 하는 소망 덕분에 장병은 갑절로 노력했습니다. 그러나 공성용 사다리는 그날 폐하를 위해 뛰어난 헌신을 펼치고자 하는 장병들의 무게를 견디지 못하고 그만 부러졌습니다.[12]

그는 사다리 탓을 했고, 군기가 없는 기사 탓을 했고, 암묵적으로 가르시아 드 노로냐를 비난했는데, 그와 관련해서 이렇게 보고했다. "조카이므로, 그날 그에 관해서는 감히 더 의견을 말씀드릴 수가 없습니다."[13] 총독은 정직한 사람이었기에 자기 탓도 했다. "그때 제가 먼저 아덴을 정찰했더라면 그날 공격했던 곳을 우리 군이 공격하지 않았을지도 모르겠다는 생각이 듭니다."[14] 그는 객관적 사실, 다시 말해 공격이 형편없이 계획되었으며 실행도 혼란스러웠다는 점을 숨기지 않았다. 포르투갈 함대는 그런 패전에도 개의치 않고 바브엘만데브 해협과 홍해를 향해 항해했다.

그것은 함대원들이 썩 반기지 않는 이동 작전이었다. 키잡이들과 선장들은 몬순이 시작되기 전에 인도로 돌아가고 싶어 했다. 이미 위험하다고 악명 높은 홍해에 묶이고 싶지 않았던 것이다. 호르무즈에서처럼, 일부 대원은 물과 식량이 없는 곳으로 자신들을 끌고 가려는 정신 나간 총독의 소행을 못마땅해하며 낮은 목소리로 투덜거렸다. "그들은 이제 죽으러 간다는 것을 분명히 알아차렸다."[15] 알부케르크는 선원들의 반대를 깡그리 무시했다. 그는 그저 왕명을 따르는 중이라는 말만 강조하며, 자신의 심원한 계획을 알려주지 않았다. 날씨가 허락한다면 총독은 긴 홍해 위쪽으로 항해하여 수에즈에서 술탄의 함대를 만나 그들을 궤멸시키고 싶었다.

4월 말, 그들은 홍해의 비좁은 해협에 들어섰다. 알부케르크의 서기인 코헤이아에 따르면, "그 바다의 너비는 고작 대포 한번 쏘면 닿을 거리"에 불과했다.[16] 역사적인 순간이었다. 최초로 기독교인이 무슬림 세계의 심장부에 있는 바다를 통과했을 뿐만 아니라, 홍해에서 쉽게 접근할 수 있는 서쪽 해안에 사제왕 요한의 왕국이라고 여겨지는 에티오피아 산악 지대의 왕국을 멀리서나마 바라볼 수 있었다. 알부케르크는 이렇게 보고했다. "우리는 해협 입구에 도착해 포격, 나팔 소리, 깃발 등으로 최대한 위엄을 내보였습니다."[17] 총독은 마치 마지막 정복의 문턱에 서 있는 것처럼 감정이 울컥했다. 수로 안내인을 얻는 문제는 편리하게도 지나가는 아랍 다우선 한 척을 나포함으로써 간단히 해결되었다. 다우선에는 수로 안내인이 들어갔던 항구에서 승선시켜 갑판 밑에 숨겨놓은 승객 스무 명이 있었다. 포르투갈인들은 그들을 포로로 붙잡았.

그들은 서서히 홍해 위쪽으로 나아갔고, "사제왕 요한의 땅과 아라비아 해안이 항해 중에 계속해서 시야에 들어왔다."[18] 코헤이아에 따르면, 홍해 양안의 경치는 황량했다. "폭풍은 없었지만, 뜨거운 바람이 거세게 몰아쳤다. … 양안에는 극히 메마른 땅이 있었고, 녹음으로 푸르른 구석은 전혀 없었으며, 거대한 산맥이 보였다."[19] 물이 얕은 곳은 위험했기에 그들은 낮에만 항해했고, 다림줄을 항상 손에 들고 있었고, 밤에는 닻을 내리고 쉬었다. 실제로 어느 배는 키잡이의 실수로 좌초될 뻔했다. 알부케르크는 프랑크인을 인도 해안에서 두려움의 대상으로 만들었던 위협 전술을 실시했다. 지나가던 배들을 나포하여 약탈하고 식량을 빼앗은 것이다. 그들은 그런 배에 탄 불행한 선원들의 손, 코, 귀를 잘라 포르투갈의 무서움과 장엄함을 알리라며 일부러 뭍에다 내려놓았다. 그런 뒤에 나포한 배는 깡그리 불태워버렸다.

이제 알부케르크의 목표는 해협으로부터 위쪽으로 300여 킬로미터 떨어진, 모래로 뒤덮인 저지대 섬 카마란이었다. 이곳은 아라비아반도에 바싹 붙어 있었고, 해안 전체를 통틀어 유일하게 식수를 얻을 수 있는 곳이었다. 포르투갈인들은 배에 보급품을 조달한 뒤에 제대로 밀고 나가길 갈망했지만, 이미 바람은 서쪽으로 불어서 앞으로 나아가는 것을 어렵게 했다. 바람이 동쪽으로 방향을 다시 바꾸자 알부케르크는 안전한 정박지에서 서둘러 빠져나왔다. 하지만 결국 바람은 다시 서쪽으로 방향을 틀었다. 그는 22일 동안 바다 한가운데에서 함대를 계속 정박시키며 북쪽으로 항해할 기회를 노렸지만, 부하들은 그와 달리 초조하기 그지없었다. 물이 다 떨어지자 카마란으로 돌아가는 것 외엔 선택의 여지가 없었다.

서기 코헤이아에 따르면, "5월, 6월, 7월까지 그곳에 있었지만 비는 한 방울도 내리지 않았고,"[20] 뜨거운 태양 아래의 맹그로브 습지와 옅은 갈색 관목 사이에서 염소, 낙타, 생선 등을 잡아먹으며 옴짝달싹 못하고 갇혀 있었다. 알부케르크는 무한히 낙관적인 사람이어서 작은 범선을 보내 정찰 탐험을 떠나게 했고, 지나가는 배들을 나포하여 그 불운한 선원들에게서 정보를 짜냈다. 또 석공들에게 석회를 만들 수 있는지 실험하라고 지시해 이미 혹사당하는 부하들을 더욱더 두렵게 만들었다. 그들은 어쩔 수 없이 만들 수 있다고 보고했고, 알부케르크는 국왕에게 보내는 서신에서 이렇게 보고했다. "우리는 적합한 바위, 많은 돌, 가옥, 모스크, 오래된 건물에서 석조 조각을 충분히 발견했습니다. … 그곳은 요새를 짓기에 최고로 좋고 쾌적한 곳입니다." "항구는 온갖 바람으로부터 보호되고 … 물도 충분하고 … 먹기에 좋은 물고기도 풍성했습니다."[21] 총독의 부하들은 그가 또 다른 요새를 건축하라고 요구할지 모른다는 정보를 접하고 두려움에 떨었다.

알부케르크는 리스보아 궁정에다 카마란섬이 세상에서 가장 건강하게 지낼 수 있는 곳이라고 보고했다. 하지만 현실은 달랐다. 그가 카마란에서 떠나 제다로 가려고 하자 큰 반발이 일었다. "총독이 우리를 죽이려 한다."[22] 국왕에게 보고한 낙관적 상황과 달리, 그들 중 다수가 죽었다. 카마란섬에서 식량을 충분히 공급받기 어려웠고, 배를 수리하느라 너무 열심히 일해서 체력이 바닥 난 상태였던 탓이다. 게다가 그들은 신비한 유행병에 걸려 쓰러지기 시작했다. "발작적으로 열이 두세 번 오른 뒤 깊은 흉통이 나타났다. 그 미지의 질병은 가슴에서 피를 막아 다수의 병사를 죽음으로 몰았다. 총 1700명 중 500명 이상이 사망했고, 거의 모든 현지인 노동자들은 열악한 음식을 먹으며 힘들게 일했다."[23] 국왕에게 올리는 보고서에는 이런 말은 단 한 마디도 들어가지 않았다.

알부케르크는 자신이 하느님이 명한 임무를 수행하는 중이라고 믿었고, 그런 믿음은 밤하늘에 나타난 기적적인 신호로 더 강화되었다.

우리가 그곳에 정박해 있던 나날 중 달이 뜨지 않은 어느 밤, 사제왕 요한의 땅 너머로 십자가 모양의 신호가 하늘에서 환히 빛났고, 구름 하나가 그 위에 걸쳐 있었다. 구름이 십자가에 다다르자 그것은 산산조각 나서 십자가를 아예 건드리지도 못하고 그 밝기를 흐릿하게 만들지도 못했다. 그 십자가는 여러 배에서 목격되었고, 함대원 다수가 무릎을 꿇으며 경배했다. 십자가를 경건하게 받든 이들 중 몇몇은 눈물을 뚝뚝 흘렸다.[24]

알부케르크는 키잡이들과 선장들에게 바람을 뚫고 서쪽 해안으로 건너가자고 설득했지만, 그들은 그 작전을 거부했다.

모래 언덕 사이에서 뜨거운 태양에 노출된 채 보낸 몇 달 동안, 알부케르크는 홍해에 관한 상세한 보고를 편집하여 리스보아로 계속해서 보냈다. 그는 그 지역의 기후, 지리, 항해, 항구, 정치, 부족들 사이의 관계 등 모든 정보를 수집했다. 그는 작은 범선을 보내 진주 양식장을 조사하게 했고, 사제왕 요한의 풍성한 금광을 탐문하게 했다. 그리고 마침내 현재 머무는 섬보다 서쪽 해안의 마사와가 요새를 세우기엔 더 나은 장소라는 결론을 내렸고, 그의 부하들은 안도의 한숨을 내쉴 수 있었다. "그 도시 뒤쪽의 해안은 사제왕 요한이 다스리고 있다"는 것이 그 이유였다.[25] 신화에 가까운 기독교인의 힘에 대한 믿음은 이토록 굳건히 유지되었다. 그는 마누엘에게 이렇게 전했다. "저는 이제 홍해의 모든 양상에 대한 정보를 손에 넣었습니다."[26]

지치지도 않고 이것저것 캐묻는 포르투갈인의 정보 수집 행위는 다양한 양상을 취했다. 아무리 무모한 일이라 하더라도 그런 모험에 나서려는 사람은 항상 존재했다. 주앙 2세가 인도로 보낸 첩자 페루다 코빌량의 정신을 이어받아, 페르낭 디아스라는 남자는 장거리 첩보 임무에 자원했다. 그는 기독교인으로 개종한 무슬림이었거나 오래전 지브롤터에서 모로코인에게 붙잡혀 억류되었던 포르투갈인이었을 텐데, 어느 쪽인지는 명확하지 않다. 어쨌든 그는 아랍어를 능통하게 구사했고, 이슬람 의식, 기원, 쿠란에 대한 훌륭한 지식을 갖추고 있었다. 그는 아라비아 사막 해안에 내려달라고 제안했고, 제다와 메카, 수에즈를 거쳐 카이로로 가서 알렉산드리아에서 베네치아산 배를 타고 포르투갈로 돌아가 국왕에게 여기서 수집된 정보를 안전하게 보고하겠다고 말했다. 그가 내세울 알리바이는 도망 노예라는 거짓말이었다. 이 목적을 위해 그는 다리에 족쇄를 찼고, 카누를 타고 홍해 해안의 본토로 향했다. 입고 있던 옷에는 보석 원석을 꿰매어 넣었는데 그걸 팔아서 여행 자금으로 쓸 예정이었다. 그는 아무 탈 없이 포르투갈로 돌아가 마누엘에게 홍해 관련 정보를 보고했다. 페르낭 디아스는 그 후 인도로 돌아와 홍해에서 더 오랫동안 첩자로 활동했다. 그를 아는 코헤이아는 이렇게 기록했다. "하지만 그는 죽을 때 무척 가난했다."[27]

알부케르크는 홍해의 북쪽 끝에 있는 수에즈와 맘루크 함대에 관한 정보를 알아내는 데 특히 열을 올렸다. 그는 믿을 만하다고 판단한 출처를 통해 자신이 몇 년 동안 생각한 바를 확인할 수 있었다. 바로 맘루크 함대 같은 건 아예 존재하지 않는다는 사실이었다. 디우 해전에서 패배한 데 이어 성 요한 구호 기사단이 레바논 목재 공급을 차단한 탓에, 맘루크 술탄의 해군력은 치명타를 입었다. 그리하여 총독은 수에즈가 폐허가 되었다고 주장했다. 그곳엔 작은 항해용 보트 열다섯 척만 떠 있었을 뿐이라고.

무슬림 함대의 사령관인 후사인이 인도를 떠난 뒤 해전을 벌여보겠다는 열의는 사라졌고, 그들은 그 어떤 조선造船 공사도 더는 수행하지 않았습니다.

그들은 간혹 나타나는 아랍 침입자들의 공격에 대항하기 위해 고작 30명이 보트를 지킵니다. … 그들은 매일 아침 보트에 물을 뿌리는데, 햇빛으로 선체 외판이 갈라지는 걸 막기 위해서입니다. 그곳엔 캐럭선도 목재도 목수도 돛대도 돛도 그 무엇도 없습니다.[28]

실제로 이슬람 주요 함대에 관해 매년 나도는 소문은 실체 없는 환상이었을 따름이다.

알부케르크는 늘 과장해서 말하기를 좋아하는 방식대로 포르투갈의 홍해 탐사가 적에게 엄청난 충격을 가했다고 보고했다. "저는 폐하께 이렇게 장담할 수 있습니다. 우리가 홍해로 들어서자 그들은 겁을 먹고 피해서 어떤 보트나 카누도 바다에 나오지 않았고 새조차 내려앉지 않았습니다."[29] 그의 분석에 따르면 제다와 메카는 식량 부족 사태를 겪고 있으며 술탄의 권력은 무너지는 중이었다.

과장된 요소가 들어 있긴 했지만, 전반적으로 그의 평가는 놀라울 정도로 정확했다. 포르투갈인이 홍해에 갑작스럽게 나타난 일로 이슬람 세계는 충격에 빠졌다. 아덴 공격 이후 아덴 통치자는 걸음이 빠른 낙타를 아라비아반도 전역으로 내보내 제다와 메카까지 소식을 전했다. 메카 주둔군은 필사적으로 방어를 펼칠 생각으로 제다로 진군했다. 또 다른 낙타가 서둘러 메카에서 카이로까지 9일 만에 소식을 전했다. 5월 23일이 되자 포르투갈의 공격은 현지 주민이라면 누구라도 아는 내용이 되었다. 카이로는 공황에 빠졌다. 술탄은 경악을 금치 못했다. 금요 예배에는 특별한 기도가 있었다. 황급히 지역 병력이 열병식을 위해 대경기장에 집결했다. "그들은 쇠사슬로 된 튜닉을 입고, 머리엔 투구를 쓰고, 탄띠엔 언월도를 걸친 채 나타났다. 300명이 출진을 위해 병적에 이름을 올렸으며 … 술탄의 맘루크 파견대는 수에즈를 근거지로 삼아 조선 공사를 수행하라는 임무를 받았다."[30] 6월 중순에 술탄은 무기고 책임자와 그의 부하들에게 수에즈까지 대포를 호위하라고 명령했다. 그러나 그에 따른 수당은 지불하지 않았다.

카이로의 연대기 기록자 이븐 이야스는 이 작전이 어떻게 전개되었는지 기록해놓았다. 그의 기록에 따르면, 실제로는 아무도 수에즈를 향해 떠나지 않았다. 6월 15일에 대경기장에 다시 모인 그들은 움직이기를 거부했다. "우리는 특별 수당을 받지 않는 한 떠나지 않겠소. 우리는 사막에서 굶주림과 목마름으로 죽고 싶지 않소."[31] 술탄은 분노를 이기지 못해 즉각 사열 연병장을 떠났다. 실제로도 술탄 정권은 무너지는 중이었다. 도시에서는 반란에 대한 두려움이 퍼져 있었다. 9월에, 이야스는 상황은 변한 점이 없으며 홍해에서 들려오는 소식은 더 악화되었다고 기록했다. 그는 "유럽인이 뻔뻔하게도 홍해 교역을 방해하고 있으며, 화물을 빼앗는 데다 인도 항로에서 꼭 필요한 수출입항인 카마란을 점령했다"라고 적었다. 1514년에서 1515년에 이르기까지 월별로 기록된, 도시의 이러한 마비 상황은 지루하게 계속되었다. 한쪽에선 포르투갈인들이 위협을 가하고 있고, 다른 쪽에선 성 요한 구호 기사단이 해상을 봉쇄하고 있다는 내용이었다. "알렉산드리아 항구에는 작년에 어떤 배도 들어오지 않았다. 제다에도 배가 들어오지 않기는 마찬가지였다. 유럽 해적들이 인도양을 제압했기 때문이다. 제다에 상품이 들어오지 않은 지 벌써 6년이 되었다."[32]

1515년 7월, 디우 해전 사령관이었던 후사인은 제다에 머물고 있었고, 여전히 술탄에게 "유럽인들이 인도 해안 전역을 장악하기 전에 최대한 빨리 증원군을 보내달라고 간청했다. 그는 제다가 공격받을까 봐 심히 우려했다. … 술탄이 우려할 만한 것들이 곳곳에 도사리고 있었다."[33] 그러나 상당한 병력의 증원군이 수에즈를 향해 출발한 것은 그해 8월 이후의 일이다. "몸이 지나치게 허약해지거나 성병에 시달리는" 소수의 병사들을 추려내야 했기 때문이다.[34]

알부케르크는 홍해의 상황을 훌륭하게 요약했다. 그는 홍해 일대에 분명 절호의 기회가 있을 거라고 믿었다. 그 지역을 둘로 갈라놓을 수 있었고, 포르투갈에 저항할 능력이 되는 함대가 없었다. 이슬람 세계의 중심부가 그대로 포르투갈 함대에 노출되어, 일치 단합된 공격을 가하면 맘루크를 멸망시킬 수 있다고 보았다. "술탄의 입지는 무척 허약합니다. 더불어 소수 병력만 거느린 그는 카이로를 떠나지 못할 뿐더러, 어디 가서 싸우기는커녕 요새를 나서지도 못할 것입니다. 게다가 문 앞에 페르시아의 이스마일 샤가 대기하고 있어서 무자비하게 쫓기는 상황입니다."[35]

12월에 발송된 장황한 보고서에서 총독은 마누엘에게 명확하면서도 강렬한 전망을 드러내며 최종 목표물을 차지할 가능성을 제시했다.

폐하께서 홍해에서 강력하게 입지를 구축하시면 이 세상 온갖 부가 폐하의 손에 들어갈 것이라 생각합니다. 사제왕 요한의 부를 인도의 향신료와 상품으로 교환하여 얻을 수 있을 테니까요. 얼마나 거대한 규모일지 저는 감히 말조차 꺼낼 수 없습니다. … 제가 이런 글을 폐하께 전할 수 있는 것은, 갠지스강 양쪽의 인도 제국을 직접 살펴보고 우리 주님께서 폐하를 얼마나 돕고 있는지, 또 그곳을 얼마나 폐하의 손에 건네주고 싶어 하시는지 관찰한 덕분입니다. 폐하께서 고아와 말라카를 점령하시고, 저희 함대에 홍해로 진입하여 술탄의 함대를 찾아가 제다와 메카의 항로를 차단하라고 명령하신 이후, 엄청난 평온과 안정이 이 일대에 찾아왔습니다. … 지옥의 중심과 그들의 온갖 타락한 행위를 파괴하는 과업에, 폐하께서 우리 주님을 위해 펼치신 노력은 결코 적다고 할 수 없을 것입니다.[36]

이 보고서는 메카와 메디나, 그리고 예언자 무함마드의 유해를 파괴하려는 목표를 그 속에 슬쩍 감춘 것으로, 마누엘의 이데올로기를 공유하는 극소수 집단에만 알려줄 정도로 아주 대담한 계획이었다. 이 무슬림 파괴 계획은 사제왕 요한의 도움을 받아서 수행될 예정이었다.

들자 하니 그는 메카를 무척 파괴하고 싶어 합니다. 따라서 폐하께서 배를 제공하시면 기병과 보병과 코끼리로 구성된 대군을 보낼 것 같습니다. … 사제왕 요한의 말과 코끼리는 메카의 성소에서 여물을 먹게 될 것입니다. … 그런 위업을 수행할 때 우리 주님께서 폐하께 도움을 주신다면 기쁜 일이 될 터이고, 폐하의 배와 선장, 병사 들이 그 같은 개가를 올리는 데 앞장설 것입니다. 그곳까지 항해하는 데에는 이틀 밤낮이면 충분합니다.[37]

알부케르크는 작은 나라 포르투갈이 세상의 중심을 통제할 수 있으며 마누엘이 기독교 국왕들 가운데서 가장 위대한 존재가 될 수 있다는 사상을 내세웠다. 그는 그런 계획이 어떻게 진행되어야 하는지

독일 지도 제작자 마르틴 발트제뮐러의 1516년 세계 지도에서 바다의 왕으로 묘사된 마누엘.

구체적으로 설명했다. 그는 아덴과 마사와에 요새들을 세워서 포르투갈의 입지를 굳힌 다음 함대를 그곳에 주둔시킬 생각이었지만, 아라비아 내륙을 관통하려는 시도는 하지 않을 요량이었다. 그런 뒤 사제왕 요한과 동맹을 맺을 계획이었다. 이러한 내용은 그가 국왕에게 보낸 보고서에서 언급되었다. "그러면 폐하의 함대는 카이로에서 사흘 걸리는 거리인 수에즈에 도착할 수 있습니다. 이런 움직임은 카이로에 일대 혼란을 일으킬 텐데, 그 이유는 술탄의 권력이 폐하께서 생각하고 계셨던 것만큼 대단치 않기 때문입니다."[38] "인도 사업은 이제 안정을 얻었습니다. 고아는 폐하의 사업을 차분하고 평온하게 관리할 것입니다."[39] 알부케르크의 전략은 온 세상을 대상으로 삼은 것이었다. 인도 제국만이 목표의 전부가 아니었다. 이제 그곳은 베이스 캠프였다. 최종 목표는 이슬람의 파괴와 예루살렘 탈환이었다.

하지만 그 일은 기다려야 했다. 7월 중순에 바람의 방향이 바뀌었고 몬순의 계절은 끝났다. 이젠 인도로 돌아갈 시간이었다. 돌아가는 길에 알부케르크는 다시 아덴을 방문하여 폭격했고, 그다음 해에 다시 와서 아덴의 급수 시설을 차단함으로써 마침내 점령해버리겠다는 구체적인 방법을 구상하기 시작했다.

23

마지막 항해

1513년 7월 – 1515년 11월

"폐하께서 나를 비난하시다니, 나를, 이 나를!"[1]

포르투갈에서 보낸 국왕의 하교下敎는 9월에 고아에 도착하는 향신료 함대와 함께 1년에 한 번 도착했다. 그에 대한 총독의 답신은 이 함대가 받아서 돌아가 해를 넘겨 1월이나 2월에 국왕에게 전달되었다. 이처럼 잘 조율되지 못하는 군신 간의 의사소통은 오해를 낳기에 충분했다. 마누엘은 리스보아에서 멀리 망원경으로 볼 때 간단하기 짝이 없는 목표를 알부케르크가 달성하지 못하는 사태에 점점 더 짜증이 났다. 홍해는 봉쇄되어야 마땅했고, 향신료는 지체 없이 발송되어야 했으며, 함대원의 봉급은 적기에 지급되어야 했다. 국왕은 총독에게 위신의 무게를 잡으며 딱딱한 말로 훈계했다.

"봉급을 잘 받는 자들은 크게 만족해 봉사할 것이며, 해외에 기쁘게 남을 것이오. 따라서 그들이 봉급을 잘 받고 만족하는 게 우리가 즐겨 해야 할 일이오. … 하지만 명하노니 이런 지급은 우리 돈이 아닌 다른 자의 돈으로 지급되어야 할 것이오."[2] 이 대목이 특히 총독에게는 감정을 상하게 했다. 그는 단 한 번도 충분한 자금을 수중에 두거나 국왕의 야심을 충족할 병력을 거느려보지 못했다. 그의 분통을 더 크게 터뜨려놓은 것은 국왕이 고아를 대수롭지 않게 여기며 그 가치를 의심한 일이었다. 그러나 총독 휘하의 선장들은 고아 유지를 지지했으므로 총독으로선 다행한 일이었다.

마누엘은 지나칠 정도로 일관성 없는 지시를 내렸다. 알부케르크는 좌절한 나머지 보고서에 이런 글을 쓰기도 했다. "폐하께서는 매년 방침을 변경하신 걸 알고 계십니까?"[3] 하지만 총독에게 반대하는 목소리가 현지에서 점점 더 높아졌다. 총독은 쉽게 적을 만들었으며, 적은 자신들의 불만 사항을 매년 조국에 써서 보냈다. 아덴 성벽에서의 작전 실패는 특히 본국에서 총독의 명성에 나쁜 영향을 미쳤다.

총독은 1514년 1월에 아덴으로 다시 돌아가 2차 공격에 나서려 했지만, 항해에 적합한 배가 부족하다는 단순한 이유로 그러지 못했다. 아덴에서 고아로 돌아오는 항해 도중에 배 한 척이 침몰했는데 수리를 맡을 숙련된 목수와 수리공이 부족했다. 본국으로 다시 돌아가야 할 향신료 함대를 수리하는 것이 늘 우선시되었기 때문이다. 프롤드라마르호의 난파 이후 알부케르크는 항상 어느 정도 두려움을 안고 항해했는데, 마누엘에게 이런 사실을 생생하게 보고한 바 있었다. "한 손으로는 제 수염을 잡고, 다른 한 손으로는 양수기를 잡고 있습니다."[4] 그러니 9월에 증원군이 오기를 기다려야 했다.

그리하여 총독은 고아에서 한 해를 통째로 보내면서 식민지 기반을 구축하고 인도 아대륙의 군주들과 협상하는 일에 몰두했다. 지연된 아덴 작전을 준비하는 데에는 엄청난 시간이 들어갔다. 그는 화약과 포탄을 충분히 비축하고 무기 제조를 감독했는데, 특히 장창의 제작에 신경 썼다. 또 배에서 먹을 비스킷을 굽는 일과 포위 작전에 쓸 장비 제조도 게을리하지 않았다. 성벽을 오르는 공격에서 굴욕적인 실패를 겪은 뒤, 아주 튼튼한 사다리를 다수 생산하는 데에도 특별히 관심을 기울였다. 그리하여 모든 병력이 도시 성벽 위로 오르고도 남을 정도로 충분히 많은 사다리가 제작되었다.

　　알부케르크는 소총수의 수를 늘리는 데에도 열을 올렸다. 기꺼이 훈련받으러 오는 자에게는 금전적 보상을 지급하겠다는 총독의 선언이 고아, 코친, 칸나노레에 널리 알려졌다. 매주 일요일, 그리고 매달 첫째 토요일마다 사격 훈련이 실시되었고, 목표물을 맞힌 자들에겐 크루자두 한 닢이 보상으로 지급되었다. 또한 매달 두 번 스위스의 전투 전술에 따라 실전 훈련을 했다. 그들의 장창은 좋은 환경의 무기고에 보관되었다. 과거에 새로운 전술에 반대하던 귀족 가운데 자신의 지위가 위협받는다고 여긴 이들이 그 장창을 파괴하려 한 적이 있었기 때문이다. 어느 일요일 오후, 알부케르크는 기병들과 함께 직접 소규모 접전 기동 훈련을 실시하고, 무슬림 안장 스타일에 익숙해지도록 단련시켰다. 그는 해가 저물어 횃불을 켤 때까지도 야전에 그대로 머물면서 훈련을 감독했다.

　　알부케르크는 이 모든 걸 감독하고, 통치하고, 열정적으로 행정 업무를 처리했다. 서기 가스파르 코헤이아는 총독의 일과에 대해 이런 기록을 남겼다. "총독은 동이 트기 전에 일어나 근위병과 함께 미사에 참석했고, 이어 손엔 지팡이를 들고 머리엔 밀짚모자를 쓴 채 혼자 말을 탔다. 그리고 미늘창을 든 병사들과 함께 해안을 돌면서 성벽을 시찰하고 진행 중인 공사를 확인했다. 그런 식으로 직접 모든 걸 눈으로 확인하고 해야 할 일을 손수 지휘했다." 불쌍한 코헤이아는 개인적인 기록을 남기지 않을 수 없었다. "그의 서기 네 사람은 국왕의 종으로서 항상 종이와 잉크를 지참하고 그를 따라다녔다. 총독은 말안장에 앉아 이동하면서 명령을 내렸고, 작성된 문서에 서명하고 발송했다."[5] 알부케르크는 당연히 자부심을 느끼며 마누엘에게 이런 보고서를 보냈다. "민원이 올라올 때마다 저는 즉석에서 답했습니다."[6]

해양 제국의 선지자 알부케르크는 영원히 지속될 수 있는 포르투갈의 위상을 인도양 일대에 단단히 구축하는 데 열중했다. 이 실용적인 남자는 도시의 주요 방어 시설을 직접 시찰했다. 말린 진흙 벽돌로 쌓아 올린 벽이 몬순의 폭우를 견디려면 지속적으로 수리되어야 했다. 엄격한 도덕주의자이기도 했던 그는 지속 가능하고 올바른 사회 질서를 수립하는 데 공을 들였다. 부하들이 용맹하고 자발적으로 자기희생을 하려는 재능이 있기는 하지만 제멋대로 굴고 폭력적이고 탐욕스러운 성향도 있음을 잘 알았고, 그래서 꾸준한 감독이 필요하다고 생각했다. 그는 이런 말을 하기도 했다. "내가 있으면 모든 게 잘 진행되지만, 내가 등을 돌리는 순간 모든 병사가 자기 본성에 따라 행동한다."[7] 그는 현지 주민을 상대로 벌어지는 부패와 부정을 열심히 근절했다. 그런 일에 지치는 법이 없었다. 그는 성공적인 군사 작전만큼이나 병사들의 마음을 얻는 싸움도 중요하다는 것을 잘 알았다.

그는 부하들에게 급료를 지급할 필요가 있고, 그렇지 않으면 필연적으로 부패와 약탈을 저지르던 때로 돌아갈 것임을 충분히 인식했다. 포르투갈의 평판은 중요한 문제였고, 그는 칸나노레 왕이 한때 언급한 대로, "달콤함이 독약으로 변하는" 결과를 두려워했다.[8]

알부케르크는 현지 여자들을 성폭력으로부터 보호하고, 다른 인종들 사이의 결혼 정책도 활발하게 장려했다. 모든 형태의 도박을 금지시키고 오락으로는 체스와 체커만 허용했다. 비행을 저지른 부하는 갤리선으로 보냈고, 제멋대로 굴고 걸핏하면 싸움을 일으키는 자들은 짐을 챙기게 해서 향신료 함대에 태워 리스보아로 돌려보냈다. 매월 부모나 아버지를 여읜 아이들에게 지원금을 제공했고, 그들에게 글 읽는 법을 가르치고 기독교 신앙으로 인도하는 교사에게 봉급을 지급했다. 이런 일은 그야말로 사회 공학에서 중요한 요소였다.

알부케르크는 엄격한 독재자 같아 보였지만 여흥을 즐길 줄도 알았다. 그는 고아 측과 공동 주최하는 라자의 궁전 야간 연회에서 병사 400명과 함께 앉아 나팔 소리를 들으며 식사를 하기도 했다. 일요일마다 고아 현지인들로 구성된 부대는 궁전 앞에서 토속 악기로 음악을 연주했고, 실론에서 데려온 요새 코끼리 스물네 마리는 총독 앞에서 열병식을 받았다. 조련사의 지시를 받은 코끼리들은 총독에게 절을 올렸다. 식사 시간에 무희들은 횃불 옆에서 노래를 부르고 춤을 추었다. 알부케르크는 인도의 광경, 소리, 지역의 풍물 등을 사랑했다. 그는 서서히 현지인이 되어갔다.

포르투갈인이 인도 대륙 내 여러 왕국의 관심사에 개입하지 않고 주로 인도 해안가에서 주둔했지만, 현지인들은 포르투갈 주둔군을 면밀하게 주시했다. 알부케르크는 엄청난 기량을 발휘하여 인도 아대륙과 더 넓은 대양 지역의 군주들과 외교적 승부를 겨루었다. 비자야나가르 왕국의 통치자가 대사를 보냈을 때, 그는 대사에게 포르투갈의 열병식을 구경하게 했다. 훈련된 병력이 도시의 여러 거리를 통해 그의 앞을 지나치며 행군했다. 두 시간 동안 군인들은 관악기와 북으로 연주되는 음악에 맞춰 언제든 창을 쓸 수 있게 일사불란한 대열을 이루어 움직였다. 모든 유럽인이 다 비슷하다고 생각한 대사는 놀라움을 금치 못하며 그 수를 세어보았는데, 무려 1만 명이었다.

알부케르크는 또한 포르투갈령 말라바르 해안에서 벌어지는 일들을 처리하느라 분주했다. 무슨 개인적 원한을 품고 있어서 그러는 것은 아니었지만, 그의 직설적인 방식은 사람들의 적대감을 키웠다. 총독은 포르투갈 상사 요원들의 상업적 능력과 정직성을 미더워하지 않고 냉소했다. "그들은 시장에서 10헤이스reis어치 빵을 사는 법조차 모를 것입니다. … 폐하께서는 차라리 피렌체인에게 돈을 투자하는 편이 훨씬 이득일 것입니다. 피렌체인은 사업에 자질이 있고 이해력이 좋습니다."[9] 한편 그의 통치 방식에 반대하는 자들의 파벌, 특히 코친 파벌은 쉴 새 없이 마누엘에게 총독의 보고서와는 정반대 내용의 보고서를 본국에 상신했다. 그 내용은 대충 이러했다. 총독은 정신이 나갔고 위험하며, 노예 상인이고, 국왕에게 손해를 끼치며 엄청난 재산을 축적한 부패한 뇌물 수뢰자다. 알부케르크는 이런 정적들의 움직임을 꿰뚫고 있었다. 그리하여 이렇게 마누엘에게 보고했다. "그들은 할 말이 전혀 없을 때에도 일부러 말을 지어냅니다." 총독은 국왕에게 전하는 특정한 비난이 담긴 정적들의 서신들을 가로챘을 때 그 내용을 보고 확실히 상처를 입었다. 그는 나중에 국왕에게 이렇게 말했다. "그 내용은 제 사기를 바닥까지 떨어뜨렸고 … 흰 머리카락을 두 배는 더 늘게 했습니다."[10] 결국 그는 반대 파벌 우두머리인 안토니우 헤알, 로렌수 모레누, 디오구 페레이라, 가스파르 페레이라 등과 정면으로 맞섰고, 그들 중 일부는 짐을 싸서 향신료 함대를 타고 리스보아로 돌아가야 했다. 그러나 이러한 조치는 나중에 역효과를 낳는다.

소란을 피우고 시기심이 강한 피달구들을 진압하고, 부패한 관료를 추궁하고, 우유부단하기 짝이 없는 주군의 갈팡질팡하는 과도한 요구를 처리하려 애쓰고, 적은 인원으로 지나치게 많은 일을 하려 했던 알부케르크는 자신을 극도의 한계까지 몰아넣고 있었다. 1514년 말 몇 달 동안 그는 코친에서 자신의 목숨을 노리는 사건이 발생하여 심적으로 동요했다. 용맹하지만 무모한 주앙 델가두는 현지 여자를 강간한 혐의로 투옥되어 형을 살고 있었다. 그런데 어찌 된 일인지 그 죄수가 지하 감옥 바로 위에 있는 부엌의 한 무슬림 노예를 구슬려서 총독의 식탁에 올라갈 달걀에 독을 넣게 했다. 알부케르크는 그래도 살아남았지만, 이 일로 자신이 죽음을 맞닥뜨릴 수 있다는 깨달음을 얻었다. 그는 "자신이 이미 수의 속에 든 송장과 다를 바 없고 매일 무덤으로 향하는 중이며 그렇게 하는 것을 더는 지연시킬 수 없지만, 대업의 완수를 기다려야 하기에 독살당하고 싶지 않다"라고 말했다.[11] 노예가 자백하자 델가두는 총독 앞으로 끌려왔다. 잃을 게 없던 그는 놀라울 정도로 솔직하게 노골적인 발언을 했다. 총독의 적이 그를 얼마나 죽이고 싶어 하는지는 총독 자신이 잘 알지 몰라도, 그가 친구라고 여기는 사람 중에도 그걸 간절히 바라는 자들이 있음은 짐작도 못했으리라는 것이었다. 델가두는 유죄 판결을 받아 교수형에 처해진 뒤 끌어 내려져 사지가 찢겼지만, 감옥에 있던 델가두에게 누가 그런 독극물을 제공했는지는 알아낼 수 없었다.

1515년 초, 새로운 원정에 필요한 준비가 모두 끝났다. 작전 계획은 아덴을 점령하고 홍해로 진입하여 서쪽 해안의 마사와에 요새를 세우고 제다로 진군하는 것이었다. 알부케르크는 마누엘의 명령과 제국주의적 야심을 잘 알고 있었다. 하지만 그 목표를 달성하기 위해 먼저 해결해야 할 과제가 있었다. 페르시아만의 호르무즈 문제였다. 호르무즈는 포르투갈 국왕의 조공국이 되었지만, 그 섬나라는 총독이 1507년에 어쩔 수 없이 물러난 이래 여전히 미완의 과제로 남아 있었다. 호르무즈는 인도양의 요충지 중 하나이면서 페르시아만을 상대로 하는 교역과 마필 수출의 중심축이었다. 그러나 그곳의 정치는 심각할 정도로 기능 부전에 빠져 있었다. 명목상으로는 꼭두각시 소년 왕에 의해 통치되었지만 실권은 재상과 그의 일족에게 있었으며, 왕은 정례적으로 독살되거나 두 눈을 뽑히는 방식으로 교체되었다. 호르무즈에서 왕위를 넘겨준 전임 왕들은 거의 모두가 눈을 잃었다. 그 섬나라의 실제 통치자는 재상들이었던 셈이다.

1507년에 알부케르크가 상대했던 재상 흐바가 아타는 이미 사망했고 그 이후 복잡한 궁정 혁명이 일어났다. 당시 젊은 국왕은 새로운 재상인 라이스 누루딘에 의해 살해되었고, 또 다른 꼭두각시 왕 투란 샤가 옥좌에 올랐다. 이어 라이스 누루딘도 더 무자비한 그의 친척

라이스 아흐메드에게 제압되어 실권을 잃었다. 사정이 이렇게 돌아가자, 아흐메드가 페르시아 이스마일 샤의 보호를 받으며 그 자신이 직접 왕좌에 오를 가능성도 있었다. 그런 전망은 포르투갈이 인도양에서 차지하는 위상을 불안정하게 만들었다. 그리하여 알부케르크는 아덴보다 호르무즈를 먼저 공격하기로 결정했다.

알부케르크는 1515년 2월에 함대를 이끌고 고아를 떠나 호르무즈로 갔다. 이젠 종속국이 된 아라비아반도의 무스카트에 도착했을 때, 그곳 통치자에게서 호르무즈의 상황을 더 자세히 들었다. 아흐메드는 언제라도 목숨을 빼앗을 수 있다는 식으로 호르무즈 왕과 재상을 겁박하고 있고, 그는 페르시아 궁수 400명을 도시에 진주시켜 놓고 있다는 것이었다. 이 같은 소식을 들은 알부케르크는 발길을 서둘렀다. 그는 3월 어느 날 저녁에 호르무즈에 도착했고, 그 도시에 단호하게 도착 인사를 보냈다. 먼저 나팔 소리를 크게 울린 뒤, 건물 옥상 너머로 투석을 빗발치듯 날려 보냈다. 이런 공격은 무척 맹렬해서 서기 코헤이아에 따르면 "배에 불이 붙은 것처럼 보였다."[12] 아흐메드는 총독이 공격해 올 것을 예상하고 있었다. 그는 해안으로 이어지는 거리에 튼튼한 바리케이드를 쌓아 올린 뒤, 대포를 설치했다.

동이 틀 무렵, 도시 주민들은 아침 햇살을 받아 어른거리는 해상의 포르투갈 함대를 볼 수 있었다. 선상에서 깃발이 나부꼈고, 갑판은 창과 장창으로 무장한 자들이 빼곡했다. 페르시아만의 불타는 듯한 더위 탓에, 착용하면 너무 더운 갑옷들이 배의 삭구에 걸린 채 햇빛을 받아 번쩍거렸다. 한 보트가 포르투갈 옷을 입은 남자를 싣고서 접근해 왔는데, 함대에 가까워지자 그는 이렇게 소리쳤다. "총독 각하와 포르투갈 함대와 병력에 신의 은총이 있기를!"[13] 그는 페르시아의 샤에게 대사로 갔다가 돌아온 미겔 페헤이라였다. 그는 임무를 마치고 호르무즈에 돌아왔고, 알부케르크를 만나려고 기다려왔다. 페헤이라는 자신의 임무에 대해 상세하게 보고했다. 그는 두 달 동안 호르무즈에 있었고, 도시의 현재 상황에 관해 믿을 만한 정보를 제공했다. 포르투갈 함대가 도착하자 밤사이에 현지 실력자 아흐메드는 늙은 재상 라이스 누루딘을 풀어주었다. 아흐메드는 그다음에 무슨 일이 생기는지 보려고 기다리는 중이었다. 그러는 사이 투란 샤는 조만간 장님이 되거나 죽을 수도 있다는 전망에 마음의 부담을 느끼며 지냈고, 실력자 아흐메드는 왕을 궁전에 연금하고 철저히 감시했다. 포르투갈 함대가 아흐메드의 집권 계획을 뒤엎을 생각이라면, 비참한 상태에 빠진 투란 샤로서는 알부케르크가 유일한 구원의 기회였다. "그는 총독의 손에 자신을 맡기는 것 말고는 아무런 희망도 없었다."[14] 반면에 아흐메드는 알부케르크를 해안에 끌어들여 느닷없이 체포해서 죽여버리려고 마음먹었다. 총독은 그 아슬아슬하고 복잡하고 미묘한 상황을 맞아 단호하면서도 교활한 태도로 맞섰다. 그는 페헤이라와 유대인 통역사들이 전한 내부 정보를 이미 다 들은 터였다. 아흐메드가 지시한 대로, 불편한 항해를 하셨을 테니 해안에 올라와 긴장을 푸는 것이 어떻겠느냐고 왕이 제안하자 알부케르크는 정중히 거절했다. 총독은 물 위에서 떠 있는 삶에 무척 익숙해서 해안에 상륙하면 오히려 더 긴장된다면서, 그 대신 선장들이 상륙하면 어쩌면 긴장을 풀 수 있을지 모른다고 답했다. 그리고 해안을 따라 세워진 가옥 몇 채를 마음대로 쓸 수 있을지 물었다. 아흐메드는 불허하려 했지만, 구원을 필사적으로 바랐던 왕이 느닷없이 독립적인 태도를 보이며 허락했다. 포르투갈인은 이렇게 하여 해안에서 보호받는 안전한 자리를 얻을 수 있었다.

알부케르크는 어떤 식이 되었든 아흐메드의 존재 자체를 인정하지 않으려 했다. 그는 왕이나 재상 라이스 누루딘을 상대로 대화할 생각이었다. 그는 점점 더 심해지는 더위를 피해 보안이 유지되는 그 가옥의 서늘한 지하실에서 왕을 독대했고, 그를 설득하고자 공을 들였다. 그 과정에서 왕에게 거리에 설치된 장애물을 없애달라고 요구했다. 이어 요새의 재건과 관련하여 처음에는 재상을 만나서 요청하고 그다음에는 왕을 만나서 또다시 그 건을 말했으나 일이 잘 성사되지 않았다. 라이스 누루딘은 상당한 선물을 받았으면서도 말을 얼버무렸다. 그러면서도 누루딘은 평화 조약을 맺기로 한 저들을 맞이할 적합한 장소가 해변에 필요하다고 왕에게 진언했다. 악의적인 라이스 아흐메드의 손아귀에서 어떻게든 자유를 얻으려 애쓰던 투란 샤는 그 계획에 동의했다.

소식을 들은 알부케르크는 빠르게 움직였다. 어느 날 밤에 그는 조용히, 하지만 급히 서두르며 대규모 인원과 사전에 준비한 건축 자재, 구체적으로 나무, 모래를 가득 채운 바구니, 보호용 차폐물 등을 상륙시켰다. 고아에서 미리 준비해놓은 것들이었다. 그리고 임시 방책을 세웠으며, 대포로 그곳을 지키고 그 위엔 깃발을 달았다. 이렇게 하여 그 방책은 "어떤 적대 세력이 오더라도 맞서서 지켜낼 수 있었다."[15] 방책은 왕궁을 내려다보는 곳에 있었기에 도시에서 해안으로 접근하는 발길을 봉쇄했다. 이렇게 하여 포르투갈인들은 해안에 단단한 발판을 확보했다.

도시 주민들은 이튿날 아침에 일어나 이 광경을 보고 놀라움을 금치 못했다. 아흐메드는 꼭두각시 왕에게 "총독에게 도시를 점령당하기도 전에 당신이 미리 보물을 제공했다"라며 격분했다.[16] 이는 사태 발전을 정확히 평가한 말이었다. 하지만 투란 샤는 포르투갈에게 우호적인 기존 입장을 굳건히 고수했다. 포르투갈과는 평화 협정을 맺어야 하며, 그렇지 않으면 도시가 완전히 파괴되리라는 것이 투란 샤의 생각이었다. 아흐메드로서는 이제 자신의 권력을 가로막는 알부케르크를 죽이는 것 말고는 방법이 없었다.

방책은 전략적 가치를 넘어, 투란 샤의 대사를 환영하는 연회 장소로도 쓸모가 있었다. 시아파 군주인 투란 샤와의 굳건한 동맹은 알부케르크의 무력 외교와 아흐메드의 제거 작전에 아주 중요한 교두보였다. 총독은 이 방책에 포르투갈의 장엄함을 드러내는 인상적인 광경을 연출했다. 뒤쪽에 다채로운 태피스트리가 걸려 있고 카펫이 깔린 연단은 세 개의 계단을 올라가 접근할 수 있었는데, 멋진 환영 연회를 위해 준비된 것이었다. 알부케르크는 여기서 약속한 날 아침에 투란 샤의 대사를 기다렸다. 총독은 검은색 벨벳 옷을 입고 아름답게 상감 세공된 의자에 앉았는데, 흉부에서 빛나는 황금 십자가와 놀라울 정도로 희고 긴 수염이 그 광경의 단조로움을 상쇄했다. 그는 그야말로 준엄하고 당당한 위풍을 보였다. 그의 뒤로는 화려한 옷과 보석을 착용하고 허리에 칼을 찬 선장들이 시립했고, 그보다 더 뒤쪽엔 그들의 수습 기사가 모자를 손에 들고 주인의 장창과 방패를 잡고 서 있었다. 연단에 이르는 경로에는, 고아 사람들과 말라바르 사람들로 구성된 현지인 부대가 도열하여 함성을 지르며 심벌즈를 두들겼다. 포르투갈 병사들은 국기, 관악기, 북을 들고 있었다. 대사는 가져온 선물을 앞에 내세웠다. 가죽 끈을 멘 사냥용 표범, 공들여 장식한 안장을 얹은 말, 호화로운 옷감, 터키석, 황금 그릇 400점을 2열 종대로 들고 선 사람들, 무척 아름답고 정교한 사슬 갑옷, 무늬를 새긴 단검 등이었다. 투란 샤가 직접 보낸 특별한 선물은 호화로운 수가 놓인 겉옷이었다. 대사는 엄청나게 큰 터번을 머리에 쓰고 있었는데 그 터번의 주름에는 금박 종이 위에 작성된 샤의 편지가 꽂혀 있었다. 이 도시의 대표 인사들이 함성과 악기 연주에 발을 맞추어 걸어왔다. 앞바다에 정박한 포르투갈 함대는 깃발로 선체를 화려하게 장식했고, 우레와 같은 예포를 발사했다.

알부케르크는 대사가 다가올 때 미동도 하지 않고 엄숙하게 앉아 있었다. 그는 그저 오른손을 들어 앞으로 다가오라는 손짓을 했다. 섬세한 외교 절차의 몸짓을 교환한 뒤, 대사는 포르투갈어로 작성되었지만 무슬림 외교의 과장된 언어로 표현된 서신을 읽었다. 서신은 알부케르크의 지위와 명성을 공식적으로 인정하는 내용이었다. "명령을 내리는 위대한 군주, 지사들의 중심이며 메시아 종교의 대표인 그대는 용맹한 전사이자 강하고 고결한 바다의 사자獅子. 나는 당신을 아주 높이 평가하며 이는 동이 틀 때의 햇살만큼 확실하고 사향 냄새만큼 틀림없도다!"[17] 그 서신은 우호의 축복을 약속함과 동시에 일급 포수를 빌려달라고 요청하는 내용이었다.

알부케르크는 선물은 정중하게 받아들였지만, 그런 선물을 통해 사적으로 전혀 이득을 보지는 않았다. 그는 투란 샤가 직접 선물한 훌륭한 겉옷을 한번 걸쳐보더니 자신은 이 옷을 입을 수 없다고 선언했다. 이런 호화로운 겉옷은 포르투갈 국왕에게만 어울린다는 뜻이었다. 총독은 리스보아의 왕비에게 가장 좋은 선물을 보냈고, 호르무즈 샤에겐 사냥용 표범을 다시 전달했으며, 나머지 선물은 선장들에게 나누어 주었다. 이런 선물 분배에서 제외된 자들과 그보다 더 많은 일반 사병들이 질투하는 것을 알아챈 총독은 돈을 두루 나누어 주기로 했다. 애초에 지출할 의도가 없던 돈이었다.

투란 샤의 절망적 상황을 감지한 총독은 샤에게 사냥용 표범을 보내며 막대한 세입 중에 10만 세라핀serafin을 빌려달라는 제안을 했다. 왕은 하는 수 없이 허락했다. 그 돈은 아흐메드가 직접 전달했다. 분위기를 감지하려고 온 아흐메드는 과시적으로 방책 입구의 탁자에 앉은 자들에게 돈을 나눠 주며 나팔을 울리라고 했고, 이 광경을 도시 주민들은 멍하니 바라봤다. 소리가 충분히 크게 울리지 않자 그는 소리를 더 높이라고 요구했다. 샤는 추가로 전갈을 보냈다. 아흐메드가 선물을 가지고 총독을 만나러 가서 살해할 계획을 세웠다는 내용이었다. 알부케르크는 이미 그 문제를 고려했으며, 반격 계획을 세웠다고 답했다.

총독은 관계 당사자 모두를 초대했다. 그리하여 투란 샤, 아흐메드, 누루딘이 해변에 있는 한 가옥에서 만나기로 했다. 각 진영마다 여덟 명씩 오기로 했고, 대동한 무장 병력은 외부에서 대기하기로 했다. 회담은 4월 18일에 열릴 예정이었다. 알부케르크는 방책 인근에 대규모 병력을 비밀스럽게 준비했다. 함대의 대포도 언제든 쏠 수 있도록 준비했다.

회담장엔 모두가 무장하지 않고 참석해야 한다고 합의되었다. 그러나 아무도 그렇게 하지 않았다. 알부케르크 휘하 선장 일곱 명은 선물로 카프탄을 가져왔는데 거기에다 단검을 숨겼다. 알부케르크 역시 무기를 숨겨서 들고 갔다. 아예 적을 찔러 죽일 생각이었던 것이다. 아흐메드가 먼저 도착했다. 그는 자신감 넘치는 모습으로 뜰로 걸어 들어왔고, 공공연하게 옆구리에 칼을 차고 있었으며, 허리띠엔 단검을 찔러 넣고, 나이프 몇 개와 작은 도끼 하나도 갖추고 있었다. 알부케르크는 통역사를 통해 항의했다. "누구도 무기를 들고 오면 안 된다고 합의했건만, 대체 무슨 의도요?"[18] 아흐메드는 관례대로 하고 왔을 뿐이라고 답했다. 그는 몸을 돌려 무기 중 일부를 버렸지만, 전부 버리지는 않았다. 샤와 누루딘이 도착하자 이제 그들 뒤의 문은 잠겼다.

아흐메드가 손짓을 하려는 찰나, 눈 깜짝할 사이에 일이 벌어졌다. 알부케르크는 그의 팔을 붙잡고 숨겼던 단검을 뽑으며 선장들에게 "붙잡아!"라고 소리쳤다. 두 사람이 아흐메드를 붙잡았다. 아흐메드는 총독 옷의 칼라를 한 손으로 거칠게 붙잡으면서 다른 손으로는 단검을 잡으려 했다. 그게 여의치 않자 자기 칼을 급히 꺼내려 했으나, 너무 늦었다. 선장들이 무기를 들고 그를 덮쳤고, 워낙 맹렬하게 연속적으로 찌른 탓에 아군끼리 서로 다치기까지 했다. 아흐메드는 즉사했다. 그 살해 계획에 관해 어느 정도 언질을 들은 투란 샤는 아흐메드를 죽이지는 않고 생포하여 포르투갈로 강제 압송할 것이라고 예상했다. 아흐메드의 시신이 바닥에 내팽개쳐지는 모습을 본 젊은 샤는 겁에 질렸고, 이제 자기 차례가 왔다고 생각했다. 그는 도망치려 했지만, 문이 여전히 닫혀 있었다. 외부에선 아흐메드의 부하들이 주인이 살해되었다고 소리치며 문을 마구 두드렸다.

알부케르크는 신중하게 사전 준비를 했다. 포르투갈의 훈련된 병력이 창을 바싹 세운 채 호르무즈의 여러 거리로 진군했고, 연도에 나와 있던 사람들을 뒤로 밀어냈다. 덜덜 떠는 샤가 자신의 최후를 비참하게 기다리는 모습을 본 알부케르크는 그의 손을 잡으며 안심시킨 뒤, 비단옷을 입히고 테라스로 데리고 나가 주민들에게 그의 모습을 보여주었다. 한동안 아흐메드의 지지자들은 왕궁에서 바리케이드를 치고 농성을 했다. 하지만 결국 그들은 안전 통행 약속을 받아내 그 도시를 떠났다. 그날은 호르무즈의 외딴곳에서까지 연회가 열리는 것으로 일과가 마무리되었다. 샤는 삼엄한 호송을 받으며 지극히 근엄한 자태로 왕궁에 돌아왔다. 총독은 샤를 칭송하는 연설을 했다.

술탄 투란, 그대는 이 호르무즈 왕국의 영주이자 국왕이오. … 그대는 신께서 허락하신 수명을 누리는 동안 늘 그 자리에 있을 것이고, 누구도 그 자리를 빼앗지 못할 것이오. 나는 내가 섬기는 포르투갈 국왕의 권력을 모두 동원하여 그대를 도울 것이외다. 우리 국왕 폐하께서는 그대의 좋은 우방이고, 그런 이유로 나는 그대의 우방을 상대로는 우방이 될 것이며, 적을 상대로는 적이 될 것이오. 그대가 원한다면 우리는 그대의 신변을 보호하기 위해 이곳에서 무장한 채로 취침할 것이오.[19]

그 일은 완벽한 정변이었다. 투란 샤는 목숨이 보장되는 포르투갈의 꼭두각시가 된 셈이었다. 알부케르크는 그렇게 그 도시의 절대적 통제를 막는 마지막 걸림돌을 조용히 제거했다. 하지만 아흐메드의 지지자가 모두 사라졌다는 보장은 없었다. 그러니 샤가 모스크로 걸어갈 때 발코니나 창문에서 누군가가 화살을 한 발 쏜다면 아주 쉽게 죽일 수도 있었다. 따라서 도시 주민 모두가 무장을 해제한다면 더 나을 것이고, 게다가 포르투갈인들은 이제부터 완벽한 신변 보호를 제공하겠다고 말했다. 총독이 뜻한 바는 드러내는 대로 성사되었다. 한 발 더 나아가, 그는 새로운 후므 함대에 관한 소문을 샤에게 넌지시 알려주었다. 샤가 포대를 자신에게 넘기면 자기 부하들이 적의 공격으로부터 호르무즈를 더 잘 보호할 수 있다는 것이었다. 호르무즈의 대포는 적국에게 빼앗기는 걸 막으려고 일부러 땅속에 파묻어놓은 상태였다. 샤와 누루딘은 이 같은 사태 변화에 너무 놀라서 어안이 벙벙했다. 알부케르크는 선원들이 다시 꺼낼 수 있으니 전혀 문제없다고 답했다. 그들은 약간의 어려움을 극복하면서 140문의 대포를 회수했다. 명목상 샤가 집행하는 포르투갈의 법률은 아주 엄격했다. 알부케르크는 처벌과 처형을 위한 형틀인 칼을 시장에 세워 샤에게 증정했다. 포르투갈 선원 네 명이 엄청난 재산을 약속한다는 말에 유혹되어 탈영하고 이슬람교로 개종했을 때, 총독은 그들을 추적해서 붙잡아 손과 발을 묶은 뒤, 도시 앞의 바다 위에 계류된 그들의 배로 데리고 가서 배와 함께 산 채로 태웠다. 이는 관련된 모든 사람에게 일벌백계의 본보기를 보이기 위한 조치였다. "무슬림들은 총독이 이들에게 정의를 집행하기 위해 엄청난 노력을 기울였다는 사실을 알고 크게 겁을 먹었다."[20]

투란 샤는 방책을 세운 곳에 석재 요새를 건설하는 데 드는 비용을 지급하라는 요구도 받았다. 석조 요새는 그곳에다 포르투갈의 완벽한 지배를 확립하기 위한 마지막 요소였다. 알부케르크는 그 건설비가 흐바가 아타에게까지 소급되는 미지급 채무를 청산하는 비용이라고 넌지시 말했다.

요새 건설 작업은 알부케르크의 일류 건축가 토마스 페르난드스가 꼼꼼하게 준비했다. 돌은 다른 섬에서 보트로 실어 왔다. 회반죽은 호르무즈 본토의 가마에서 나왔다. 모든 사람이 요새 건설 작업에서 깊은 인상을 받았다. 포르투갈인과 함께한 토박이 인도인 병력은 물론이고 현지 무슬림까지 놀랐다. 300명이 12개 팀으로 조직되어 매일 두 팀씩 일하고, 팀마다 닷새 중 이틀을 일하기로 되었다. 5월 3일 알부케르크와 선장들은 공식적으로 기초 작업의 개시를 알리고 기도를 올리며 괭이로 도랑을 팠다. 사흘 뒤, 알부케르크는 어깨 위에 천을 대고 요새의 기초를 다지는 데 들어갈 첫 돌을 날랐고, 돌을 놓을 위치에 금화 다섯 개를 떨어뜨린 뒤 그 위에 돌을 얹었다.

기절할 정도로 무더운 여름 날씨 속에서도 요새 건설 작업은 계획대로 진행되었다. 요새 짓는 터는 건설에 지장을 주는 요소가 많았다. 위치가 바다 주변부인데 바다와 너무 가까워서 기초 일부는 방수 시멘트를 물속에 타설해야 했다. 주로 햇볕을 피해 밤에 횃불과 달빛을 받아가며 일했지만, 그럼에도 탈진과 열병, 탈수증을 피할 수 없었다. 전염병인 이질이 터지자 함대원들이 죽어 나가기 시작했다. 알부케르크는 의사들이 도움을 주지도 못하면서 높은 봉급을 타가는 것에 점점 더 화가 치밀어올랐다. "그대들은 의사로서 봉급을 받고 있지만, 주군을 섬기는 병사들을 괴롭히는 병이 무엇인지 감도 못 잡고 있지 않소." 그가 고함쳤다. "좋소, 내가 그대들에게 무엇이 그들을 죽게 하는지 가르쳐주리다." 그는 의사들에게 뜨거운 태양 아래서 돌을 나르는 고된 노동을 시킴으로써 교훈을 주었다. 그들이 마침내 하루의 노동에서 벗어나자 그는 다시 사납게 말했다. "내가 그대들에게 가르침을 주었으니 이제부터 그대들은 환자를 치유하고 여태껏 유쾌하게 벌었던 돈 일부를 그들에게 돌려줄 수 있을 것이오. 나는 그대들에게 친구로서 조언하는 것이오. 그대들이 갤리선의 시원한 벤치에 앉아 있는 꼴을 더는 보고 싶지 않으니까."[21]

총독은 항상 현장 근처에서 작업을 독려했다. 그는 남들보다 적게 자고, 적게 먹고, 좀처럼 요새 건설 현장을 떠나려 하지 않았다. 요새를 떠나는 때는 총독을 잠깐이라도 보고 싶어 하는 무리가 뒤따라올 때뿐이었다. 그들은 요새 입구로 와서 그의 손에 입을 맞추고 싶어 했다. 총독은 인도양에서 전설이 되었다. 그는 "바다의 사자"이자 "법을 집행하고 바다와 땅에서 명령을 내리는 자"였다.[22] 페르시아만과 그 너머 이웃 나라의 왕들은 총독에게 서신을 보내 선린 관계를 추구했다. 페르시아 통치자들은 그를 "최고 중 최고, 선장 중의 선장, 행운의 사자, 인도 총사령관이자 총독"이라고 말했다.[23] 어떤 통치자들은 화가를 보내 "그의 실물을 그리게 했다."[24] 알부케르크로서는 이때가 생애 최고의 순간이었다. 그는 국왕에게 보내는 서신에서 이렇게 보고했다. "이런 성취를 통해 우리는 홍해와 아덴을 제외하고 인도에서 모든 걸 해결할 것입니다. 호르무즈를 통해 우리는 홍해와 아덴에 무척 가까워졌고, 인도에서도 우리나라의 위신이 크게 높아지고 있습니다."[25] 그는 홍해로의 빠른 진군, 마사와 요새, 진주 양식장의 지배, 이슬람과 맘루크 술탄의 목을 움켜쥐는 상황을 예상했다. 인도양에 대한 완전한 통제는 이제 아주 가까운 미래의 일로 보였다. 하지만 8월에 이 질이 그를 덮쳤다.

알부케르크는 9년 동안 인도양에 있었다. 그는 꾸준히 일했고 맹렬한 속도로 마누엘의 해외 제국을 구축했다. 그동안 쉴 새 없는 항해, 전쟁, 음모, 고된 기후를 온몸으로 버텨냈다. 그는 캘리컷에서 부상을 입었고, 수마트라에선 난파를 당했으며, 칸나노레에선 투옥되었고, 고아에선 독살의 위기를 넘겼다. 석 달 동안 엄청난 비가 내리는 가운데 만도비강에서 적에게 포위된 채 무시무시한 공포의 시간을 견뎌내기도 했다. 그는 협상하고, 위협하고, 설득하고, 살해했다. 외부인이 볼 때 그는 죽일 수 없는 사람이었다. 총탄과 창으로 생긴 부상도 그를 쓰러뜨리지 못했다. 대포에서 발사된 포탄은 쌕쌕 소리를 내며 그의 머리 위를 지나쳐 갔다. 그는 베나스타림의 투르크 포수를 일부러 조롱하려고 보트에 우뚝 서서 전신을 드러내기도 했다. 하지만 이제 그는 거의 예순 살이 되었고, 서기 가스파르 코헤이아처럼 가까이서 살펴보는 자들에겐 "늙고 쇠약해 보였다." 이제 사람을 가루로 만들어버릴 것 같은 호르무즈의 맹렬한 더위를 겪으며 눈부시게 푸르른 바다와 척박한 바위산에 쏟아지는 강렬한 햇빛 사이에서 총독은 죽어가는 중이었다.

그의 곁엔 니콜랑 드 페헤이라라는 사람이 있었다. 그는 본국에 보내는 사절 자격으로 호르무즈를 떠나 리스보아에 갔다가 다시 돌아온 인물이었다. 알부케르크가 리스보아 궁정의 사정을 묻자 페헤이라는 여러 상황을 최대한 좋게 분석하면서 국왕이 그를 무척 높이 평가하며 곁에 두고 인도에 관해 조언을 받고자 했다고 답했다. 그러자 노인은 슬프게 답했다. "인도 총독과 견줄 수 있는 명예가 포르투갈 본국엔 없어. 포르투갈에 돌아간다면 일을 마치고 쉴 수 있겠지. 하지만 내 몸이 얼마나 오래 휴식을 즐길 수 있겠나? 이젠 살아 있을 날이 얼마 남지 않았어. 일하면서 살아 있는 기분을 느끼는 것보다 더 나은 마무리가 어디에 있겠나?"[26] 인도는 그에게 일생에 걸친 모험이었고, 그는 현직에서 마지막 순간까지 근무하다가 죽길 바랐다.

그가 며칠간 방에서 나오지 않는 때가 있었다. 총독은 가까운 수행원 외에는 아무도 들이지 않았다. 사람들은 그가 죽었고, 시신이 어딘가에 감춰졌다는 말을 퍼뜨렸다. 요새 건설 작업은 느슨해졌다. 알부케르크는 창문에 얼굴을 내민 채 요새를 내려다봤고, 거기 서서 선장들에게 말을 걸었으며, 선장들도 그를 볼 수 있었다. 9월에 그는 종부성사를 마치고 선장들을 불렀다. 그는 선장들의 손을 차례로 잡으며 누가 자신의 후임으로 임명되든 무조건 군주에게 복종할 것을 맹세하게 했다. 그들의 맹세는 그달 26일에 기록되었다. 그의 임시 후임자로는 조카 페루 드 알부케르크가 지명되어 요새의 건설 공사를 계속 이어가기로 했다.

하지만 알부케르크는 11월에도 여전히 살아 있었다. 그는 호르무즈를 완벽하게 확보하는 걸 보지 않고서는 떠나지도 죽지도 못하는 듯했다. 비록 완공되지는 않았지만 석조 요새는 이제 투란 샤의 대포로 무장되어 충분히 믿을 만한 건축물이 되었다. 의사들은 인도로 돌아가는 동안 마시는 시원한 바다 공기가 그의 건강에 그나마 좋을 것이라고 건의했다. 11월 8일, 그는 자신에게 추억을 남긴 배 프롤다호자호에 올랐다. 5년 전에 그는 군령을 위반한 피달구 후이 디아스를 이 배의 활대 끝에 목매달아 죽인 일이 있었다. 그는 작별 인사를 피하고자 호르무즈가 정오 더위에 거의 실신한 채 쉬는 낮잠 시간에 닻을 올리라고 선장에게 지시했다. 총독은 잠시 앞바다에 정박한 채 투란 샤에게 최후의 작별 인사와 사과의 말을 전했다. 샤는 슬픔에 젖은 뜻을 담아 답장을 보냈다. 그는 총독이 떠나기 전에 한번 보길 바랐다고 말했다. "영원할 것 같은 이런 작별에 눈물을 참을 수가 없습니다." 프롤다호자호는 다른 세 척의 배와 함께 닻을 들어 올렸다. "그리고 밤이 되자 그들은 인도를 향해 떠났다."[27]

선상에서 가까운 친구들은 그를 위로하려 했지만, 알부케르크는 총독직을 빼앗긴 채 죽을지도 모른다는 생각에 우울해했다. 캄바이만을 건넌 그들은 작은 다우선 한 척을 나포해 선장을 심문했다. 그는 새로운 포르투갈 총독이 많은 배와 선장을 데리고 현지에 도착했다고 말했다. 신임 총독은 고아에 온 지 한 달 정도 되었으며 이제 곧 코친으로 떠난다고 했다. 그는 새 총독의 이름은 모른다고 했다. 죽어가는 알부케르크에게 그 소식은 크나큰 충격이었다.

더 좋지 못한 일이 뒤따랐다. 다불 앞바다에서 그들은 포르투갈 배 한 척과 마주쳤다. 선상에는 인도에서 지내는 내내 알부케르크의 항해와 반복적으로 항해길이 교차했던 남자가 서 있었다. 바로 알부케르크에게 잔뜩 원한을 품은 피렌체 상인 조반니 다 엠폴리였다. 두 사람 사이에 무슨 이야기가 오갔는지는 확실하지 않지만, 한 설명에 따르면 엠폴리는 "총독의 건강에 좋지 못한 일들을 거리낌 없이 말했고, 그 소식은 총독의 평안에 아주 해로웠다. … 그 말들이 총독의 죽음을

가스파르 코헤이아가 그린 알부케르크의 호르무즈 요새.

앞당겼다."[28] 엠폴리가 국왕의 눈에서 알부케르크가 얼마나 벗어났는
지 악의적으로 강조했을 수도 있다. 어쨌든 죽어가는 총독은 후임자
가 로푸 소아르스 드 알베르가리아이며, 후임자의 함대에는 인도 주
재 포르투갈 행정부의 핵심적인 자리에 임명된 사람들도 함께 왔음을
알게 되었다. 그들 대다수가 알부케르크의 적이었으며, 그중에는 그
가 짐을 싸게 해서 포르투갈로 돌려보낸 디오구 페레이라도 있었다.
그는 친구 디오구 페르난드스에게 고개를 돌려 이렇게 말했다. "어떻
게 생각하나? 좋은 소식은, 내가 귀국시키고 보고서에서 비판적으로
평가했던 자들이 예우와 보상을 받았다는 점일세. 국왕 폐하 앞에 내
죄는 크나큰 게 분명하군. 사람들을 사랑해서 폐하에게서 비난받고,
폐하를 사랑해서 사람들에게서 비난받으니 말이야."[29] 이 소식으로 그
는 살아서 버티려는 의지가 꺾였다. 그는 왕가의 깃발을 배에서 내리
라고 지시했다. 그에게는 이제 그 깃발을 게양할 권위가 없었다.

1515년 12월 6일, 그는 국왕에게 마지막 서신을 보냈다.

폐하, 직접 손으로 서신을 작성해야 마땅하오나 죽음을 앞둔 터라 그렇게 하지 못함을 혜량하여주소서.

폐하, 저는 제 기억을 영속시키고자 아들을 뒤에 남깁니다. 넉넉하지는 않지만 저의 전 재산을 물려줄 것입니다. 또한 저의 모든 공헌에 따르는 보상도 아들에게 함께 남기고자 합니다. 인도의 일이 제 아들과 저를 대변해줄 것입니다. 저는 모든 주요 지점을 점령하여 폐하의 세력권에 남겨둔 채 인도를 떠납니다. 유일하게 남은 난제는 무척 견고한 상태로 남은 홍해의 해협입니다. 이곳은 애초에 폐하께서 제게 배정해주셨던 지역입니다. … 저는 국왕 폐하와 왕비 폐하를 태산처럼 믿고 있습니다. 두 분 폐하께 저를 위탁하오니 제 일을 잘 처리해주십시오. 지금껏 저는 폐하를 섬기다가 죽습니다. 폐하께서는 그런 저의 헌신을 당연히 받을 만한 분이십니다. … 삼가 폐하의 손에 입을 맞춥니다. …

1515년 12월 엿새, 바다에서 이 보고서를 올립니다.[30]

이어 그는 떨리는 손으로 직접 서명했다.

폐하의 종
A 드 알부케르크.

(아폰수 드 알부케르크의 서명)

그는 다시 고아를 볼 수 있을 때까지 살길 바라며 자신이 소속된 산티아구 기사단의 겉옷을 입혀달라고 요청했다. 그리고 그 옷을 입은 상태로 묻히길 바랐다. 그는 유언장을 작성했다. 유산 중엔 자신이 폭동에 맞서서 교수형을 집행한 후이 디아스의 영혼을 위해 아흔 번의 미사를 올려줄 자금도 들어 있었다. 고아에서 기적적으로 피했던 포탄은 은박을 입혀 알가르브의 과달루페 성모 성지에 보내 다른 선물들과 함께 전시해달라고 요청했다. 12월 15일 동이 트기 전 고아가 어렴풋이 보일 때까지 그는 간신히 생명을 유지했다. 도시의 고위 사제가 나와 그에게 면죄 선언을 했고, 한 의사는 그가 포르투갈산 적포도주를 마실 수 있도록 도왔다. 고츠산맥 위로 새벽의 희미한 빛이 떠오를 때 배들은 만도비강으로 들어섰고, 총독은 힘겹게 일어나 부축을 받으며 선실 창문으로 다가가 자신이 제국의 중심지로 상정했던 곳을 마지막으로 바라보았다. 그 후 더는 말을 하지 못했다. 그의 시신은 곁에 횃불을 밝힌 채 상여에 실려 강안江岸으로 갔다. 고아 사람들은 모두 '바다의 사자'가 교회로 운반되는 모습을 보러 연도에 나났고, 포르투갈인만큼이나 고아 토박이들도 애도를 표했다. 원숭이들도 슬픈 듯이 나무 위에서 깩깩거렸다. 아침에 피운 불에서 연기가 솟아올랐다.

1516년 3월 20일, 향신료 함대가 인도 현지의 연간 보고서를 가지고 리스보아에 도착하기 전에 마누엘 왕은 서신을 한 장 작성했다.

아폰수 드 알부케르크, 친우여!

술탄의 함대가 인도로 향했다는 소식이 베네치아를 통해 들려왔네. 우리가 자네의 귀국을 지시하긴 했지만, 그 소식이 사실이라면 그곳에 자네가 남아 있는 조치가 긴요하다고 생각하네! 자네와 자네가 한 조언, 그리고 우리 주님께서 늘 자네에게 내려주셨던 승리를 알고 있는 우리는 자네가 그곳에 있다는 걸 알면 지극히 큰 위안을 느낄 것이네. … 우리는 전적으로 자네에게 의지하고 있다네. 자네가 이런 우리의 지시를 실행한다면 우리는 그 일을 직접 처리하는 것 이상으로 안심할 수 있을 것이네![31]

이런 지휘 서신이 알부케르크에게 너무 늦게 도착한 것처럼, 십자군 운동을 향한 마누엘의 거대한 꿈도 너무 늦게 시작된 것이었다. 그 꿈은 알부케르크의 사망으로 다시는 소생할 수 없게 되었다.

에필로그

'그들은 결코 한곳에 머물지 않는다'

◆━━━◆◆◆━━━◆

우리는 지구의 숨겨진 절반을 알게 된 것만으로도 충분하다고 생각했지만, 포르투갈인은 적도 너머 더 멀리 나아갔다. 그렇게 하여 미지의 해안에 이내 접근할 수 있었는데, 이전의 다른 누군가를 본받은 사람들이 노고를 기꺼이 감수하고 엄청난 모험을 수행한 덕분에 가능한 일이었다.[1]

— 페테르 마르티르 드 앙기에라(1493)

1520년 10월 19일 밤, 에티오피아 산악 지대를 향하는 소규모 포르투갈 원정대는 호화로운 카펫이 깔린 천막으로 안내되었다. 그들은 석종石鐘이 낮게 울리는 소리에 무릎을 꿇고 대기하면서 상황을 지켜보았다. 커튼이 천천히 걷혔고, 그들 위로 호화로운 왕좌에 앉은 사람이 드러났다. 그의 얼굴은 보이지 않는 끈에 걸린 푸른 천으로 가려져 있었다. 종이 울릴 때 얼굴을 가린 천이 잠시 내려갔고, 이렇게 하여 그들은 신화적 존재를 잠깐 볼 수 있었다. 그는 포르투갈인이 해양 모험을 떠나도록 동기를 부여한 사람이었다. 그들이 사제왕 요한이라고 부르던 바로 그 사람은 에티오피아의 기독교 왕 다윗 2세였다. 그들은 마누엘이 십자군의 야망을 완수하는 데 그 왕이 도움을 주리라 믿었다. 이런 알현은 거의 한 세기 동안 포르투갈인들이 고대해온 일이고, 서양의 기독교 세계 전체는 그보다 훨씬 오래전부터 그 왕의 출현을 손꼽아 기다려왔다.

그곳에서 우리는 무척 호화롭게 장식된 여섯 개 단으로 이루어진 대壇 위에 앉은 사제왕 요한을 보았다. 그는 금과 은으로 만든 높이 솟은 왕관을 머리에 썼고 … 손에는 은제 십자가를 쥐고 있었다. … 사제왕 요한은 화려한 양단 예복을 입었고, 너른 소매의 비단 셔츠를 입었다. … 무릎 아래로는 주교의 앞자락 같은 호화로운 옷감을 떨쳐입었고, 그의 머리 뒤쪽 벽에는 아버지 하느님이 그려져 있었다. … 나이, 안색, 신장으로 보면 그는 젊은 청년이었고, 피부색도 심하게 그을리지 않았다. … 연치가 23세이고 보통 신장에다 우아한 모습의 왕은 얼굴은 둥글고 눈이 컸으며, 코는 중간 부분이 높이 솟았고, 수염은 자라기 시작하는 중이었다. 풍채와 위엄을 보니 위대한 군주로서 전혀 손색이 없었다. 우리는 장창 두 개 정도의 거리를 두고 그와 떨어져 있었다.[2]

사제왕 요한의 소식이 도착하자, 마누엘은 이듬해 봄에 크게 기뻐하면서 황급히 교황에게 보고서를 보냈다. 1521년 6월, 국왕은 메카

대항해시대 최초의 정복자들

16세기 포르투갈 지도에 나타난 사제왕 요한의 왕국.

의 파멸과 예루살렘의 탈환이 눈앞에 다가왔다고 공공연하게 선언했다. 하지만 실제 상황은 그와 달랐다. 신하들이 직접 만나본 다윗 2세가 깊은 인상을 남기긴 했지만, 마누엘은 사제왕 요한이 중세의 지도에 양각된 황금 이미지처럼 모든 걸 정복하는 왕이 아님을 미처 알지 못했다. 가까이서 보니 에티오피아인에게는 이슬람 세계에 공격을 펼칠 정도의 군사적·경제적 힘이 없었다. 오히려 그의 왕국은 무슬림 적들에게 둘러싸인 고단한 처지였다. 1540년의 전투에서 다윗 왕이 전사했을 때, 포르투갈 자원병 400명이 영웅적인 원정을 떠나 기독교 국가 에티오피아를 구원했다. 사제왕 요한의 진상이 차츰 드러난 것과 마찬가지로, 한 세기에 걸친 포르투갈인의 해외 활동은 이 세상에 대한 중세식 믿음과 고대의 비밀스러운 지혜에 관한 여러 환상을 서서히 걷어냈다. 가령 개의 머리를 한 사람이나 코끼리도 삼킬 수 있다는 새에 관한 이야기 같은 것이 그러하다. 그런 환상들이 사라지게 만든 것은 근대 초기에 개시된 지리, 기후, 자연사, 문화에 관한 실증적 관찰이었다.

마누엘은 1521년 12월에 사망했다. 당시엔 누구도 알지 못했지만, 그의 십자군 계획은 몇 년 전 아덴 성벽에서 알부케르크가 패배하고, 공성용 사다리가 산산조각 나고, 그 이후에 총독이 교체되고 사망하면서 처음으로 크게 흔들리기 시작했다. 그의 뒤를 이어 어설프고 소심한 왕 세 명이 차례로 옥좌에 올랐으나, 그중 누구도 마누엘 같은 전략적 지성을 갖추지 못했다. 알부케르크의 후임 총독 로푸 소아르스 드 알베르가리아는 거대한 함대를 휘하에 두었는데도 아덴에 요새를 건설하라는 현지 통치자의 제안을 국왕의 지시 사항에 들어 있지 않다는 이유만으로 거부했고, 제다를 공격했지만 실패했다. 주앙 드 바후스의 의견에 따르면, "그것은 지금까지 벌어진 일 중에 가장 슬프고 통탄스러운 비극이었다. 그 이전에도 그 이후에도 그런 일을 본 적이 없다. 싸움을 해보지도 않고 그 막대한 함대가 사라졌다."[3] 알베르가리아는 그보다 더 어리석은 짓을 했다. 그는 전략의 시계를 거꾸로 되돌렸다. 피달구를 더 우선시하여 전문적으로 훈련받은 병력을 폐지했고, 알부케르크가 인도의 적들에게 싸움을 걸며 관철했던 개인 무역의 금지를 완화했으며, 해적질하는 선장 파벌이 사리사욕 부리는 짓을 묵인했다. 그리하여 부패와 권력 남용이 점차 심해졌다.

마누엘의 원대한 계획에 또 다른 타격들도 가해졌다. 1515년에 이슬람 세계에 양면 공격을 가하기 위해 북아프리카로 건너갔던 포르투갈 군대는 모로코에서 참패를 겪었다. 마누엘의 천년왕국 야망을 가장 열렬히 지지했던 왕비 마리아는 마누엘보다 4년 앞선 1517년에 사망했다. 같은 해엔 맘루크 왕조가 붕괴했다. 오스만 제국의 술탄 '엄숙왕' 셀림 1세는 맘루크 군대를 격파한 뒤, 카이로의 성문에서 최후의 맘루크 술탄을 교수형에 처했다. 그 이후 포르투갈인은 인도양에서 훨씬 더 막강한 무슬림 적을 마주한다.

마누엘은 알메이다와 알부케르크라는 강직하고 충성스러운 사령관을 두는 행운을 누렸다. 후자는 위대한 정복자였고 세계사에서도 알아주는 선지적 제국 건설자였다. 늘 부족했던 인원, 임시변통 자원, 벌레 먹은 배와 엄청난 야심, 이런 것들을 가지고 알부케르크는 마누엘에게 인도양 제국을 선물했고, 그 제국은 엄청나게 강화된 여러 기지로 단단하게 뒷받침되었다. 그 과정에서 포르투갈 사람들은 온 세상을 놀라게 했다. 유럽 무대의 그 누구도 이런 작고 변변찮은 나라가 동양으로 과감하게 뛰어들어 서반구와 동반구 두 영역을 연결하면서 전 세계에 영향력을 행사하는 최초의 해외 제국을 건설하리라고는 예측하지 못했다. 바스쿠 다 가마는 처음 캘리컷에 상륙했을 때 "왜 카스티야 국왕과 프랑스 국왕, 베네치아의 총독은 이곳에 사람들을 보내지 않았을까?" 하고 의문을 표했는데, 당연한 질문이었다.[4] 그들은 생각만 가득한 채 실행에 나서지 못했고 오로지 포르투갈만이 구체적으로 실행에 나섰다. 그렇게 할 수 있었던 것은 과거 몇십 년에 걸쳐 습득한 지식과, 먼바다의 탐사에 나서는 선단 강화에 집요하게 기울인 노력이 뒷받침된 덕분이었다. 오랜 세월 동안 이어진 해외 탐사와 발견은 포르투갈 국가 정책의 핵심이 되어 해외 제국 건설의 야망을 뒷받침했다.

마누엘이 사망하자 인도가 이슬람 세계의 파멸을 도모하는 도약대 기능을 더는 발휘하지 못했지만, 인도라는 지역 그 자체로 중요한 곳이 되었다. 16세기에 포르투갈인은 오스만 제국의 지속적 공격으로부터 기존 인도령을 지키느라 유혈 낭자한 전쟁을 계속 겪었고, 알부케르크의 요새 정책은 엄청난 도전과 시련을 겪었다. 요새에 주둔한 소규모 병력은 가망 없을 정도로 빈번히 수적 열세에 시달렸고, 오로지 역경을 이겨내겠다는 무사 정신으로 싸웠다. 1570년에서 1571년에 고아와 차울에 가해진 오스만의 거대한 범인도적 공격도 요새의 단단한 성벽 앞에서 속절없이 허물어졌다. 프랑크인은 몰아낼 수가 없었다. '동양의 로마'인 고아는 알부케르크의 전략적 비전이 옳았음을 증명했다. 그곳은 400년 동안 포르투갈 식민지로 남았고, 그러는 중에 놀랄 만한 혼혈인 문화의 발상지로 부상했다.

이윽고 오스만 제국이 홍해 지역에 압력을 가하자, 포르투갈은 그 지역을 경제적으로 봉쇄하기 어려워졌다. 그 이후로 향신료 무역은 카이로와 리스보아 사이에서 양분되었다. 포르투갈인들은 향신료 시장을 효과적으로 확대했다. 유럽의 향신료 소비는 16세기에 두 배로 늘었다. 포르투갈의 해외령, 즉 인도양과 그 너머 해역에서 진행되는 상업이 본국만큼 중요해졌기에 이제 포르투갈의 확장 정책은 점차 개인 무역업자들에 의해 수행되었고, 그 범위도 말라카 너머의 향신료 섬들, 중국, 일본에까지 뻗어나갔다.

　　　　　　　　　　　　　　대항해시대 최초의 정복자들

제국주의적 모험이 으레 그렇듯이, 그에 대한 역사의 판단은 엇갈린다. 알부케르크는 잔인하긴 했으나 강력한 정의의 이상을 철저히 지켰다. 그는 포르투갈이 벌이는 모험의 위험성과 그 결과가 어떠한지 매우 현실적으로 파악했다. 호르무즈 성벽을 점검하고 나서 그는 이렇게 선언한 바 있었다.

… 공정하면서도 비억압적으로 유지된다면 충분히 살아남을 수 있다. 하지만 이 땅에서 선의와 인간성이 지켜지지 않는다면 우리가 지닌 가장 튼튼한 성벽을 오만이 전복시킬 것이다. 포르투갈은 무척 빈곤하며, 빈곤한 자가 탐욕스러워질 때 압제자가 된다. 인도의 노기怒氣는 강력하다. 나는 오늘날 우리가 누리는 전사의 명성이 사라지고 그 대신 욕심 많은 폭군으로 알려지는 때가 올까봐 두렵다.[5]

당대 사무드리 및 그 이후의 수많은 인도 역사가들은 포르투갈의 폭력적인 습격에 해적질이라는 딱지를 붙였다. 말레이시아 정부는 프롤드라마르호의 복제품을 만들고 노략질의 구체적인 실례로 활용한다. 그 기념관의 입구에는 다음과 같은 안내문이 부착되어 있다. "배의 화물은 1511년 말라카를 정복한 이후 식민주의자들이 약탈한 나라의 귀중한 보물로 구성되었다. 하지만 신의 은총이 작용하여, 그 배는 유럽으로 돌아가는 길에 말라카 해협에서 1512년 1월 26일에 난파하여 수장되었다."[6]

포르투갈인은 청동 대포와 무력을 행사하는 함대를 끌고 와서 이 해역의 자급자족 체계를 파괴하고 동떨어져 있던 두 세상을 서로 연결했다. 그들은 세계화와 과학적 발견의 시대를 예고하는 선발대로서 왔다. 포르투갈 탐험가, 선교사, 상인, 군인은 세상 아주 먼 곳까지 퍼져나갔다. 그들은 나가사키와 마카오, 에티오피아의 고원, 부탄의 산맥에까지 진출했다. 그들은 티베트 고원을 가로지르며 터덜터덜 걸었고, 기나긴 아마존강 상류에서 선주민들을 상대로 싸웠다. 그들은 그런 곳들을 지나가며 현지 지도를 작성했고, 현지 언어를 배웠으며, "한 손에는 펜을, 다른 한 손에는 칼을" 들었다.[7]

16세기 포르투갈 시인 루이스 바스 드 카몽이스Luís Vaz de Camões의 서사시 《루시타니아 사람들Os Lusíadas》은 해외 탐험에서 드러나는 영웅적 자질을 노래한 신화를 만들어냈는데, 그 자신도 때로는 포르투갈인들이 겪은 모험의 지독한 특징을 몸소 체험했다. 그는 르네상스 시기에 가장 널리 여행한 시인이었다. 한쪽 눈을 모로코에서 잃었고, 칼싸움을 벌이다 동양으로 추방되었으며, 고아에선 극도로 빈곤하게 살다가 메콩강 삼각주에서 난파를 당했다. 그는 자신이 쓴 원고를 머리 위에 올려놓고 꽉 붙잡은 채 헤엄쳐서 해안으로 갔는데, 그사이에 중국인 애인은 물에 빠져 익사했다. 카몽이스는 포르투갈 탐험가에 대해 이렇게 말했다. "이 세상에 아직 발견되지 않은 곳이 더 있었다면 그들은 그곳마저 발견해냈을 것이다."[8]

포르투갈의 패권은 한 세기 남짓 지속되었지만, 그들이 거둔 성과는 기동성 있는 해군력에 기초한 새롭고 유연한 제국 형태의 원형이 되었고, 유럽 팽창 정책의 패러다임을 제시했다. 네덜란드와 영국은 그것을 그대로 따랐다.

탐험 중에 포르투갈인은 때로는 무력을 써서, 때로는 외교술을 발

대항해시대 최초의 정복자들

휘하면서 세계를 상대로 끊임없이 상호 작용을 했다. 그들은 일본에 무기와 빵, 중국에 아스트롤라베와 껍질콩, 아메리카에 아프리카 노예, 영국에 차, 신세계에 후추, 유럽 전역에 중국산 비단과 인도산 약품, 교황에겐 인도코끼리 한노를 전했다. 사상 최초로 지구의 정반대편 있던 사람들이 서로를 경이로움과 묘사의 대상으로 볼 수 있게 되었다. 일본 화가들은 거대하게 부푼 바지를 입고 다채로운 색깔의 모자를 쓴 기이한 서양 방문객을 그림으로 묘사했다. 싱할라족은 쉬지 않고 부지런히 움직이는 서양인들의 모습과 식사 습관에 당혹스러워했고, 포르투갈인을 묘사할 때 "결코 한곳에 멈추어 머물지 않는, 모자를 쓰고 철제 장화를 신은 무척 하얗고 아름다운 사람들이며, 흰 돌을 먹고 피를 마신다"라고 서술했다.[9]

포르투갈의 그런 이미지, 인상, 교역은 지구상의 문화, 음식, 식물군, 예술, 역사, 언어, 유전자 등에 지속적으로 엄청난 영향을 미쳤다. 포르투갈인들은 서양인에 의한 500년간의 동양 지배 시대를 개시했고, 그 지배는 오늘날에 와서야 겨우 종식되었다. 이제 동양과 서양은 서로 혜택을 주고받는 호혜적 관계가 되었다. 두 세계 사이에 상호 교류가 이루어지면서, 유럽인들의 배가 지나간 흔적을 따라 동양의 다층 컨테이너선이 대양을 가르고, 동양 제품을 싣고 유럽에 도착한다. 중국은 인도양 전역과 아프리카 중심부에 새로운 형태의 무역 권력을 추구한다.

오늘날 리스보아의 벨렝에는 가마의 무덤, 강인한 총독 알부케르크의 조각상, 그리고 포르투갈인들이 항해를 떠났던 해안 지점에서 아주 가까운 곳에 유서 깊은 제과점이자 카페인 안티가 콘페이타리아 드 벨렝이 있다. 이곳은 포르투갈의 세계 모험이 가져온 좋은 결과를 볼 수 있는 기념 거리다. 현지인은 물론이고 관광객들도 이곳의 특산품인 파스테이스 드 벨렝을 맛보러 몰려든다. 황금빛과 갈색을 띠고 계피 가루가 흩뿌려진 이 달콤한 커스터드 타르트는 주로 타르처럼 검은 커피를 곁들여 먹는다. 계피, 설탕, 커피. 이런 물품들은 범선에 실려 이곳 리스보아에 처음으로 상륙했다. 그것들은 저 멀리 떨어진 해외를 탐사함으로써 비로소 가져올 수 있었던 이국의 진미였다.

대항해시대 최초의 정복자들

감사의 말

포르투갈의 세계 발견에 관한 책을 쓰는 작업은 개인적으로 매력적인 모험이었다. 그 과정에서 내게 도움을 준 수많은 개인과 조직에 깊은 감사의 말을 전하고 싶다.

우선 내게 이메일을 보내 이 프로젝트를 제안하고 진행하는 내내 지원해주어 10만 자에 가까운 단어를 쓰게 한 파스칼 몬테이로 드 바후스, 파트리크 몬테이루 드 바후스에게 감사한다. 그들은 모든 항해가 시작되고 끝난 도시 리스보아에서 내게 문을 활짝 열어주었고, 잉글랜드에서 환대를 베풀어주었으며, 비록 내가 현명하지 못해서 다 따르지는 못했으나 훌륭한 조언도 아끼지 않았다. 매리앤 스틸웰 드 아빌레스와 이저벨 스틸웰, 그리고 그들의 가족에게도 감사를 전한다. 제로니무스 수도원 투어를 시켜준 이사벨 크루스 알메이다, 작은 범선인 베라크루스호에 승선할 기회를 준 주앙 루시우 다 코스타 로페스, 리스보아 해양 박물관의 도서관에 들어갈 수 있게 해준 조제 빌라스 보아스 타바르스 제독과 보사 디우니지우 제독, 귀중한 책을 제공한 페드로 드 아빌레스, 통역에 도움을 준 히카르두 노로냐, 에스피리투 산투 은행 역사 센터의 카를로스 다마스에게 감사의 뜻을 표하고 싶다. 프란시스쿠 드 브라간사 반 우뎅과 그의 손님들, 에두아르두 코스타 두아르트와 그의 손님들(이 책 앞쪽에 있는 페소아의 구절을 소개해주었다), 프란시스쿠 안드라드, 프란시스쿠와 조제 두아르트 로부 드 바스콘셀루스, 조아킹과 알리종 루이스 고메스, 마누엘 드 멜루 핀투 히베이루, 프란시스쿠 마갈량이스 카르네이루에게도 환대를 받았고, 매력적인 대화를 나누었다. 이 책의 원고를 끝까지 읽고 수많은 오류를 고쳐준 주제 마누엘 가르시아에겐 더 큰 감사를 전한다.

원고를 읽고 여러 가지 견해를 제시해준 스탠과 톰 진, 론 모턴, 이 책을 개선하고 완성하는 데 세심하게 신경 써준 줄리언 루스, 케이트 워드, 엘리너 리스에게 감사의 뜻을 전한다. 앤드루 로니, 그리고 늘 그랬듯 잰에게도 감사한다. 위에서 언급하지는 못했으나, 통찰력과 아이디어를 제공해준 다른 많은 이들에게도 고마움을 표하고 싶다. 모두 직접 감사를 전할 수 없어 이렇게 지면으로나마 인사를 전할 수밖에 없다.

마지막으로, 내가 집필할 수 있도록 보조금을 지급해준 작가 협회의 작가 재단에도 감사를 표한다.

대항해시대 최초의 정복자들

16세기 포르투갈 해외 정복자들의
야망과 집념

유럽 서쪽 끝에 있는 작은 나라 포르투갈은 15세기 중반에 대해양 시대의 서막을 열었고 그런 시대정신에 편승하여 해외 정복에 나선 제국 건설자들로는 바르톨로메우 디아스, 페드루 알바르스 카브랄, 바스쿠 다 가마, 프란시스쿠 알메이다, 아폰수 드 알부케르크 등이 유명하다. 이런 정복자들의 역사는 곧 최초의 글로벌 해양 제국으로 등장한 포르투갈의 험난한 해외 개척과 정복의 역사이기도 하다.

고대에서 중세를 거치는 동안, 지브롤터 해협 너머 서쪽 바다는 미지의 영역인 동시에 죽음의 처소였다. 유럽 사람들은 대서양의 반대편에 있는 인도양이 해로로 접근할 수 없는 닫힌 바다라는 프톨레마이오스 지리학의 대전제를 믿었다. 그래서 중세가 끝나가는 시점까지도 유럽인들의 생각 속에서 인도양과 대서양은 서로 연결되지 않는 두 바다로 간주되었다. 그러나 해양 모험가들은 넘기 어려운 장애가 있을수록 더 분투노력하면서 앞으로 나아가려는 의지가 막강했다. 역사상 서쪽 바다 너머를 동경한 첫 번째 모험가는 호메로스의 오디세우스였다. 이 모험가는 트로이 함락 이후 온갖 모험을 겪고 나서 고향 이타카로 돌아갔으나, 단테는《신곡》에서 호메로스와는 다르게 그가 고향으로 돌아가지 않고 동료 선원들을 설득해 이 세상의 끝, 지브롤터 해협 너머 서쪽 바다, 미지의 세상에 대한 탐험에 나섰다가 도중에 풍랑을 만나 죽었다고 전한다(〈지옥편〉 제26곡).

포르투갈 정복자들은 오디세우스의 진정한 후예였고 죽음을 담보로 한 모험일수록 더욱더 흥미와 전율을 느꼈다. 그래서 서쪽 바다를 넘어 아프리카 서부 해안 일대를 탐사했고 남단의 희망봉을 돌아 아프리카 동부 해안을 거슬러 올라가다가 마침내 인도양으로 갔다. 그들은 대서양과 인도양이 서로 이어져 있음을 증명했을 뿐 아니라, 인도의 서부 해안을 정복하고 이어서 몰루카 제도로 진출함으로써 포르투갈의 해외 글로벌 제국을 건설했다. 이 같은 과정은 그 후 17세기와 18세기에 계속되는 스페인, 영국, 네덜란드의 동인도 제도 진출과 그에 따른 제국주의적 발전 방식을 보여주는 예고편이었다.

애덤 스미스는《국부론》(1776)에서, 대서양과 인도양으로 가는 두 바닷길의 발견을 의미심장한 역사적 사건이라고 하면서 이 해로들은 세상에서 가장 멀리 떨어진 지역들을 서로 연결할 것이고, 그 결과 그때까지 교류가 없던 대륙들 사이에서 호혜적 무역이 이루어짐으로써 온 인류에게 혜택이 돌아갈 것이라고 희망찬 시각으로 내다보았다. 스미스는 이상주의자답게 좀 더 공정하고 좀 더 균형 잡힌 세상, 더 나아가 상대방에 대한 존경으로 이어지는 세상을 기대했던 것이다.

그러나 세상의 좋은 것들은 때때로 모순 어법의 형태를 취한다. 가령 어떠한 상황에서도 살아야겠다는 의욕이 용기라고 한다면, 그 용기는 언제든 죽을 각오가 없으면 잘 발휘되지 않는다. 이 책에서 소개된, 포르투갈 항해자 바르톨로메우 디아스가 아프리카 남단을 돌아나가 인도양으로 갈 수 있는 바닷길을 발견한 경로도 모순 어법의 사례다. 일반적인 상식으로는 연안에 가까이 붙어서 항해하는 것이 노력이나 시간 낭비를 막는 첩경일 것이다. 그러나 아프리카 서부 해안의 대서양 바닷길은 그와 정반대 상황이었다. 몬순이 서쪽에서 동쪽으로 불어오기 직전에는 오히려 대서양 한가운데의 깊은 곳으로 역진해 나갔다가, 다시 그 바람의 힘을 받아 회항해야만 비로소 아프리카 남단을 무사히 통과할 수 있었다. 요컨대 멀리 가려면 오히려 후퇴해야 한다는 뜻이다.

이러한 모순 어법이 인도양과 대서양, 두 해로의 발견에도 작용하여, 두 세계의 평화로운 교섭을 기대했던 스미스의 이상주의적 예상과는 다르게, 그 발견은 제국주의를 번창하게 했고 그 결과 식민주의가 발달하고 제국이 소국을 착취하는 정반대 방향으로 나아갔다.

왜 이렇게 되었을까?

그것은 포르투갈 항해자들이 험한 바다로 나아가게 된 동기를 살펴보면 잘 알 수 있다. 그 동기는 대체로 세 가지인데, 첫 번째는 무료함을 잘 참지 못하는 인간의 모험 정신이고, 두 번째는 물질적 혜택을 얻을 수 있다는 전망이었고, 세 번째는 종교적 사명감이었다.

먼저 모험 정신을 살펴보면, 정복자인 포르투갈의 피달구(귀족)에게는 명예 의식이라는 것이 있어서 개인적 용기를 발휘하여 국가의 이익에 봉사하는 것을 최고의 덕목으로 여겼다. 인간은 이 세상에 올 때 진공 상태에서 태어나는 것이 아니라, 그가 속한 사회의 언어와 이야기 속에서 태어난다. 마누엘 왕 재임 시대에 포르투갈 귀족으로 태어난 사람들이 사용하던 언어는 명예 의식이라는 어휘였고, 이야기는 국왕의 강력한 통치력 아래 무슬림을 박멸하여 성도 예루살렘을 탈환해야 한다는 것이었다. 그런 탓에 대항해는 처음부터 종교적 색채가 매우 짙은 행위였다. 이 책에서 다룬 주요 정복자들은 그 언어와 이야기를 위해 살았고 자신의 목숨까지 바쳤다. 이 책에 등장하는 다른 여러 포르투갈 피달구도 스스로 포르투갈식 언어를 실천하고자 다양하게 분투노력했다. 전투에 나서면 제일 앞장서서 싸워야 했고, 퇴각해야 한다면 제일 뒤에 서서 후퇴했다. 이것이 나중에 영국 제국주의에 이르면 백인의 부담이라고 하여, 무지몽매한 현지 야만인들을 문명으로 이끄는 것이 곧 백인들의 책임이라는 정교한 이데올로기로 발전한다.

두 번째 물질적 혜택의 꿈은 명예 의식 못지않게 피달구를 추진시키는 힘이었다. 1500년대 중반에 지중해는 서부와 동부로 나뉘어, 전자는 북아프리카의 맘루크 제국이, 후자는 튀르키예(터키)의 오스만 제국이 지배했다. 따라서 지중해를 건너서 튀르키예를 육로로 통과하여 이란과 이라크를 지나 인도로 가는 길은 접근할 수가 없었다. 북아프리카에서 홍해를 통과하여 인도양으로 나와서 인도로 가는 길 역시 막혔다. 두 이슬람 제국이 이런 식으로 육로와 해로를 봉쇄한 것은 인도 제국에서의 향신료 무역을 독점하기 위해서였다. 유럽인들은 육식을 주로 하는데, 거기에 후추나 육두구 같은 향신료를 치지 않으면 고기의 누린내 때문에 잘 먹을 수가 없었다. 그래서 향신료에 대한 수요가 높았는데, 당시 도시 국가인 베네치아가 맘루크 제국과 긴밀히 협력해서 향신료 무역을 독점하여 높은 수익을 올렸다.

그리하여 유럽 제국은 새로운 해로를 개척하여 그 향신료를 산지에서 직접 수송해 와서 베네치아의 독점권과 경쟁하고, 더 나아가 그 도시 국가보다 돈을 더 많이 벌어야겠다는 야망을 품었다. 이 사업에 처음 나선 나라가 스페인과 포르투갈이다. 스페인은 이사벨과 페르난도 두 군주가 알람브라에 남아 있던 마지막 무어 왕국을 축출한 후, 대서양을 서행하면 결국 인도에 도달할 수 있다는 콜럼버스의 탐험을 후원했고, 서쪽 바다에 가장 가깝게 면한 포르투갈은 지난 60년간의 탐험 정보를 적극적으로 활용하여 남대서양을 쭉 내려가 아프리카 남단을 돌아서 동쪽으로 가면 곧바로 인도가 나온다는 확고한 신념을 갖고 있었다. 이렇게 하여 향신료 수입차 인도행에 나선 포르투갈 왕은 다른 유럽 군주들에게 '잡화점 왕'이라는 비아냥을 들었으나 개의치 않았다. 향신료 무역으로 큰돈을 벌어서 수도 리스보아의 기반 시설을 확대하고 그 돈을 다시 해외에 재투자해서 더 큰 돈을 벌 수 있다면, 그것처럼 군주의 역할에 더 어울리는 일이 따로 없다고 생각했다. 이는 근대 자본주의 초창기의 시대정신에 어울리는 국정 운영 방식이었다. 그러나 여기에도 모순 어법이 작용하여 포르투갈의 해외 원정 사업은 그 후 인류의 역사가 두고두고 수치스럽게 여기는 노예무역의 서막을 열었다.

서아프리카 해안을 따라 내려간, 고메스 드 주라라Gomes de Zurara를 대장으로 하는 포르투갈 탐험대는 해안만 답사한 것이 아니라, 흑인 노예를 붙잡아 와서 유럽의 인력 시장에 판매하기 시작했다. 주라라의 저서 《기니를 발견하고 정복한 연대기》(1453)에 의하면, 1434년에서 1447년까지 아프리카 노예 927명이 포르투갈에 수입되었고 그중 상당수가 구원의 진정한 길로 들어섰다고 한다. 하지만 그 노예 가운데 5분의 1에 해당하는 185명을 '항해왕' 엔히크 왕자에게 세금 명목으로 상납했고, 왕자가 그 노예를 팔아서 큰돈을 벌었다는 사실은 언급하지 않았다. 한 포르투갈 여행가는 노예무역에서 나오는 돈이 왕국 전체에서 나오는 세금보다 더 많았다고 1466년에 말했다. 엔히크 왕자는 인간 상품을 사고팔아 돈을 버는 것을 수치스럽게 여긴 탓인지, 그 행위가 흑인 야만인들을 개종시키고 그들에게 문명을 가르치기 위한 일이었다고 일관되게 주장했다. 이 문명 전파설은 그 후 제국주의의 참상을 정당화하는 이데올로기로 둔갑한다.

포르투갈은 1456년에 카보베르데 제도를 발견하고, 6년 뒤인 1462년에 이 열대의 무인 제도에 식민지를 세워 유럽 국가 최초의 열대 식민지를 건설했다. 그 후 계속 대서양 남쪽을 찾은 포르투갈은 자신들이 제일 먼저 그 지역을 발견했으므로 적도 이하의 모든 '남쪽 땅'에 권리가 있다고 주장했다. 이에 스페인이 이의를 제기했고, 그리하여 1493년과 1494년에 교황은 이 세계를 분할하는 포르투갈과 스페인 사이의 협약을 중개하여 성사시켰다(67쪽 지도 참조). 이렇게 맺어진 토르데시야스 조약에 의하면, 포르투갈은 대서양 한가운데에 설정한 경도선, 카보베르데에서 서쪽으로 370리그 지점을 기준으로 그 동쪽의 새로 발견하는 땅 전체를 소유하게 되었다. 스페인은 그 자오선 서쪽의 새로 발견된 모든 땅을 자국 소유령으로 주장할 수 있었다. 이렇

대항해시대 최초의 정복자들

게 하여 새로 발견된 이 세상 땅들은 포르투갈과 스페인 두 가톨릭 국가가 분할 점령했다. 원래 포르투갈 선원이었던 페르낭 드 마갈량이스가 스페인으로 망명한 뒤, 아메리카 남단을 돌아 광대한 태평양을 건너서 필리핀으로 간 것도 서쪽으로만 항해할 수 있다는 이 조약 때문이었다.

세 번째, 종교적 사명감은 구체적으로 예루살렘 탈환이라는 목표와 관련되어 있다. 대항해시대의 발진에는 종교적 열광이 그 배후에 있었다. 그것은 십자군 운동의 일환이었다. 11세기의 1차 십자군 운동 이후 유럽인들은 늘 성지 예루살렘을 탈환하고 싶어 했다. 그러나 15세기 말엽에 오스만 제국 때문에 동쪽으로 가는 길이 막히자 바닷길을 이용하여 멀리 돌아서 동쪽 인도로 가서, 인도 인근의 '사제왕 요한'이라는 상상 속 기독교 군주와 연합하여 동쪽에서 이동해 맘루크 제국과 오스만 제국을 공격하고, 이에 발맞추어 유럽 국가들도 서쪽에서 이슬람 제국을 협공해 온다면 예루살렘을 다시 탈환할 수 있으리라 생각했다. 포르투갈의 해외 정복을 적극 추진한 마누엘 왕은 이러한 십자군 운동을 실행하고자 했다. 그 당시 마누엘은 하느님의 지상 대리인이나 마찬가지였고 국왕에 대한 충성이 곧 하느님에 대한 충성이었다. 이 책의 3장에 나오는 마누엘의 초상화 위에 적혀 있는 라틴어 문장, "하늘에서는 하느님에게, 땅에서는 당신에게"가 그 점을 잘 보여준다. 따라서 국왕의 지시에 항명하는 것은 하느님의 뜻을 거스르는 것이나 마찬가지였다. 이런 강력한 종교적·정신적 후원이 있었기에 알부케르크나 후일의 마갈량이스 모두 선상 반란이 일어났을 때 그처럼 강인하게 진압할 수 있었던 것이다.

이러한 포르투갈의 해외 진출 동기 세 가지는 후대의 스페인, 네덜란드, 영국 등이 동인도 제도에서 자행한 제국주의의 원시적 형태를 예고했다. 후대로 갈수록 제국주의는 점점 세련된 모습을 갖추면서 그 약탈적 속셈을 감추었으나, 현지인들의 희생을 바탕으로 물질적 혜택을 누리려 하는 본질은 변함이 없었다.

가령 네덜란드 동인도 회사는 향신료 섬들(몰루카 제도)에서 향신료 수급을 이렇게 관리했다. 어느 해에 풍년이 들어 향신료 물량이 굉장히 많으면, 그 회사는 충분한 이윤을 올리며 유럽에서 팔 수 있는 물량을 제외한 나머지는 일부러 전량 소각했다. 회사가 정착촌을 두지 않은 섬들의 경우, 그곳에서 자연적으로 자라는 정향나무와 육두구나무의 어린 꽃잎과 새순을 모아 오는 현지인들에게 상금을 주는 방식으로 향신료들의 과잉 생산을 미리 막았다. 이 때문에 섬의 향신료 나무들은 씨가 말랐다. 심지어 회사가 정착촌을 설치한 섬들에서도 이 나무의 수를 크게 줄였다. 만약 이런 섬들에서 경작되는 향신료 물량이 유럽 시장의 수요를 웃돌게 되면 선주민들이 남은 물량을 다른 국가에 보내지나 않을까 네덜란드 동인도 회사는 의심했던 것이다. 그래서 독점을 유지하기 위해, 시장에 출하되는 것 이상의 물량이 생기지 않도록 철저히 관리했다. 회사는 또 다른 억압 수단을 써서 향신료 섬들 중 여러 섬의 인구를 필요한 수가 될 때까지 감소시켰다. 그들이 원하는 인구는 소규모 수비대, 그리고 가끔 향신료 화물을 실으러 오는 선원들에게 신선한 식료품과 기타 생필품을 제공할 수 있을 정도의 인력이었다. 현지의 사정이나 현지인의 형편은 전혀 감안하지 않고 오로지 유럽 시장의 수요와 공급 현황에 따라 현지의 자연과 사람들을 제멋대로 훼손하고 피해를 입힌 것이다.

19세기에 벌어진 영국의 아편 전쟁도 제국주의의 극단적 사례다. 영국의 동인도 회사는 영국 사람들이 좋아하는 중국산 차, 도자기, 비단을 영국으로 수입했다. 특히 차는 매년 수천만 톤이 수입되었다. 영국은 이 차 값으로 매년 막대한 은을 중국에 지불했다. 영국 동인도 회사는 중국과의 교역에서 약 2800만 파운드의 적자를 기록했다. 중국이 팔기만 하고 사들이지 않는 것이 문제였다. 영국은 은의 유출을 줄이려면 중국을 상대로 한 수출이 절실히 필요했다. 그리하여 1792년 조지 3세는 청나라의 건륭제乾隆帝에게 사절을 보내 통상을 요구했으나 거절당했다. 그러자 영국은 무역 수지 개선을 위해 자신들이 식민지로 지배하고 있는 인도에서 생산한 아편을 중국에 밀수출하기 시작했다. 1827년에서 1849년 사이에 약 1억 3000만 달러에 해당하는 은이 아편 대금으로 중국에서 유출되었다. 이 무렵, 아편 수익은 영국 동인도 회사가 동인도 제도에서 벌어들이는 수익의 7분 1 정도를 차지했다. 급기야 중국은 아편 밀수 금지 조치를 취했고, 그렇게 하여 아편 전쟁(1840~1842)이 벌어졌다.

이 책《대항해시대 최초의 정복자들》은 이런 제국주의적 사태 발전을 미리 보여준다는 점에서 각별한 의미가 있다. 옛말에 커다란 솥에 끓인 국은 한 숟가락만 떠먹어도 전체의 맛을 알 수 있다고 했는데, 이 책은 바로 그 한 숟가락의 역할을 톡톡히 해낸다. 그런 만큼 이 책에 등장하는 인물들도 남다른 측면이 있다. 특히 초창기 포르투갈 해외 제국의 창건자로 '바다의 사자'라는 별명을 얻은 아폰수 드 알부케르크는 셰익스피어 비극에 등장하는 캐릭터라고 해도 전혀 손색없을 만큼 인상적인 인물이다. 그 고집스러움, 잔인함, 비전의 깊이, 뚝심, 불굴의 의지, 선상 반란의 무자비한 제압, 그리고 죽음을 두려워하지 않는 용기는 맥베스, 오셀로, 리어 왕을 다 합해놓은 듯하다. 그는 인도에 포르투갈 기지를 건설했고, 그 기지를 출발점으로 삼아 홍해를 제압하려고 했다. 에티오피아의 사제왕 요한과 함께 북아프리카의 맘루크 제국을 멸망시켜 성도 예루살렘을 탈환해야 한다는 포르투갈의 거대한 제국주의 비전에 철저히 헌신했으며, 결국 대업을 완수하지 못하고 생을 마쳤다.

　이러한 인물들과 그들이 벌이는 사건들을 상세히 묘사하기 위해 지은이 로저 크롤리는 '카메라 아이camera eye'라는 서술 기법을 사용한다. '카메라 아이'는 미국 소설가 존 더스 패서스John Dos Passos가 처음 고안한 기법인데, 감정을 일절 배제하고 눈앞에 펼쳐지는 광경을 사진 찍듯이 묘사하는 방식을 가리킨다. 지은이는 이 기법을 동원하여 포르투갈 정복자들의 거친 바다 탐험 과정, 인도 서부 해안에서 무슬림들과 싸우는 과정을 극사실적으로 그려낸다. 어쩌면 이 같은 서술 기법의 채택이 불가피했는지도 모른다. 포르투갈 정복자들이 현지인을 대하는 태도가 너무나 잔인무도했기 때문이다. 그들은 무슬림에게서 향신료 무역의 권리를 빼앗고 포르투갈 우위의 행정 질서를 확립했으며, 비협조적인 인도인을 굴복시키려면 무자비한 폭력을 사용할 수밖에 없다고 믿었다. 하지만 이런 잔인한 소행에 전혀 죄책감을 느끼지 못했고, 오히려 신성한 사명을 수행하기 위한 필수 과정이라고 확신했기에 더욱더 열성적으로 잔혹무도한 행위를 했다. 성도 예루살렘을 다시 탈환할 때까지 그 방해자인 무슬림 세력을 전멸시키는 것

　　　　　　　　　대항해시대 최초의 정복자들

은 하느님을 기쁘게 하는 일이므로 그 일을 더 가열차게 수행해야 한다는 논리였다. 이러한 일련의 과정에 대해 지은이는 도덕적 판단을 유보하고 담담하게 서술한다.

지은이의 카메라 아이 기법은 처음에는 다소 건조한 느낌이 들지만, 읽어나갈수록 점차 그 묘사의 선명함과 배후에 어른거리는 은밀한 이데올로기를 엿볼 수 있어서 그 타당성을 인정하게 된다. 훌륭한 저술가는 단순한 것을 심오하게 말하는 사람이 아니라, 심오한 것을 단순하게 말하는 사람이라고 하는데, 로저 크롤리가 바로 그러하다.

이종인

참고문헌

1차 자료

A Journal of the First Voyage of Vasco da Gama, 1497-99, ed. and trans. E. G. Ravenstein, London, 1898

Albuquerque, Afonso de, *Cartas para El-Rei D. Manuel I*, ed. António Baião, Lisbon, 1942

Albuquerque, Afonso de [1500-80], *The Commentaries of the Great Alfonso de Albuquerque*, trans. Walter de Gray Birch, 4 vols, London, 1875-84

Albuquerque, Caesar of the East: Selected Texts by Afonso de Albuquerque and His Son, ed. and trans. T. F. Earle and John Villiers, Warminster, 1990

Alvares, Francisco, *Narrative of the Portuguese Embassy to Abyssinia during the Years 1520-1527*, ed. and trans. Lord Stanley of Alderley, London, 1881

_____, *The Prester John of the Indies*, ed. and trans. C. F. Buckingham and G. W. B. Huntingford, vol. 2, Cambridge, 1961

Azurara, Gomes Eannes de, *The Chronicle of the Discovery and Conquest of Guinea*, ed. and trans. Charles Raymond Beazley and Edgar Prestage, 2 vols, London, 1896 and 1899

Barbosa, Duarte, *The Book of Duarte Barbosa*, trans. Mansel Longworth Danes, London, 1918

Barros, João de, *Da Ásia*, Décadas I-II, Lisbon, 1778

Ca'Masser, Leonardo da, 'Relazione di Leonardo da Ca'Masser, alla Serenissima Republica di Venezia sopra il Commercio dei Portoghesi nell'India', *Archivio Storico Italiano*, appendice, vol. 2, 1845

Cadamosto, Alvise, *The Voyages of Cadamosto*, trans. and ed. G. R. Crone, London, 1937

대항해시대 최초의 정복자들

Camões, Luís Vaz de, *The Lusíads*, trans. Landeg White, 1997

Castanheda, Fernão Lopes de, *História do Descobrimento e Conquista da Índia pelos Portugueses*, ed. M. Lopes de Almeida, 2 vols, Porto, 1979

Correia (or Corrêa), Gaspar, *The Three Voyages of Vasco da Gama*, ed. and trans. Henry Stanley, London, 1879

_____, *Lendas da India*, 2 vols, Lisbon, 1860

European Treaties Bearing on the History of the United States and its Dependencies to 1648, ed. Frances Gardner, Davenport, 1917

Góis, Damião de, *Crónica do Felicissimo Rei D. Manuel*, vol. 1, Coimbra, 1926

_____, *Lisbon in the Renaissance*, trans. Jeff rey S. Ruth, New York, 1996

Grandes Viagens Marítimas, ed. Luís de Albuquerque and Francisco Contente Domingues, Lisbon, 1989

Ibn Iyas, *Journal d'un bourgeois du Caire*, trans. and ed. Gaston Wiet, Paris, 1955

India in the Fifteenth Century, ed. and trans. R. H. Major, London, 1857

Itinerário do Dr. Jerónimo Münzer, ed. Basílio de Vasconcelos, Coimbra, 1931

Pereira, Duarte Pacheco, *Esmeraldo de Situ Orbis*, ed. and trans. George H. T. Kimble, London, 1937

Pires, Tomè, *The Suma Oriental of Tome Pires*, 2 vols, ed. and trans. Armando Cortesáo, London, 1944

Priuli, G., *Diarii*, ed. A. Segre, in *Rerum Italicarum Scriptores*, vol. 24, part 3, Città di Castello, 1921–34

Roteiro da Viagem que em Descobrimento da India pelo Cabo da Boa Esperança fez Dom. Vasco da Gama em 1497, Porto, 1838

The Voyage of Pedro Álvares Cabral to Brazil and India, trans. W. B. Greenlee, London, 1938

Voyages de Vasco de Gama: Relations des Expéditions de 1497–1499 et 1502–1503, ed. and trans. Paul Teyssier and Paul Valentin, Paris, 1995

Zayn al-Dīn 'Abd al-'Azīz, *Tohfut-ul-Mujahideen*, trans. M. J. Rowlandson, London, 1883

현대 연구서

Aubin, Jean, *Le Latin et l'astrolabe: Recherches sur le Portugal de la Renaissance, son expansion en Asie et les relations internationales*, 3 vols, Lisbon, 1996-2006

Axelson, Eric, *The Portuguese in South-East Africa, 1488-1600*, Johannesburg, 1973

Baldridge, Cates, *Prisoners of Prester John: The Portuguese Mission to Ethiopia in Search of the Mythical King, 1520-1526*, Jefferson, 2012

Bedini, Silvano A., *The Pope's Elephant*, Manchester, 1997

Blake, John W., *European Beginnings in West Africa, 1454-1578*, London, 1937

Boorstin, Daniel J., *The Discoverers*, New York, 1986

Bouchon, Geneviève, *Albuquerque: Le Lion des mers d'Asie*, Paris, 1992

_____, *Inde découverte, Inde retrouvée, 1498-1630*, Lisbon, 1999

_____, *Regent of the Sea*, trans. Louise Shackley, Delhi, 1988

_____, *Vasco de Gama*, Paris, 1997

Boxer, C. R., *The Portuguese Seaborne Empire 1415-1825*, New York, 1969

Campos, José Moreira, *Da Fantasia à Realidade: Afonso d'Albuquerque*, Lisbon, 1953

Casale, Giancarlo, *The Ottoman Age of Exploration*, Oxford, 2010

Catz, Rebecca, *Christopher Columbus and the Portuguese, 1476-98*, Westport, 1993

Cliff, Nigel, *Holy War*, New York, 2011

Costa, A. F. de, *Ás Portas da Índia em 1484*, Lisbon, 1935

Coutinho, Gago, *A Nautica dos Descobrimentos*, Lisbon, 1969

Couto, Djanirah and Loureiro, Rui Manuel, *Ormuz 1507 e 1622: Conquista e Perda*, Lisbon, 2007

Crowley, Roger, *City of Fortune*, London, 2011

Danvers, Frederick Charles, *The Portuguese in India*, vol. 1, London, 1966

Delumeau, Jean, 'L'Escatologie de Manuel le Fortuné', *Journal des Savants*, no. 1, 1995, pp. 179-86

Dictionário de História dos Decobrimentos Portugueses, 2 vols, ed Luís de Albuquerque and Francisco Contente Domingues, Lisbon, 1994

Diffie, Bailey W. and Winius, George D., *Foundations of the Portuguese Empire, 1415-1580*, Minneapolis, 1977

Domingues, Francisco Contente, *Navios e Viagens*, Lisbon, 2008

Donkin, R. A., *Between East and West: the Moluccas and the Trade in Spices up to the Arrival of the Europeans*, Philadelphia, 2003

Ferguson, Niall, *Civilization: the West and the Rest*, London, 2011

Fernández-Armesto, Felipe, *Columbus*, Oxford, 1991

_____, *Pathfinders: A Global History of Exploration*, Oxford, 2006

Ficalho, Conde de, *Viagens de Pero da Covilha*, Lisbon, 1988

Fonseca, Luìs Adão da, *the Discoveries and the Formation of the Atlantic Ocean*, Lisbon, 1999

_____, *D. João II*, Rio de Mouro, 2005

Frater, Alexander, *Chasing the Monsoon*, London, 1990

Fuentes, Carlos, *The Buried Mirror: Reflecting on Spain and the New World*, New York, 1999

Garcia, José Manuel, *D. João II vs. Colombo*, Vila do Conde, 2012

Gracias, Fátima da Silva, *Kaleidoscope of Women in Goa, 1510-1961*, Delhi, 1996

Granzotto, Gianni, *Christopher Columbus: the Dream and the Obsession*, London, 1986

Great Power Rivalries, ed. William R. Th ompson, Columbia, 1999

Hall, Richard, *Empires of the Monsoon*, London, 1996

História da Expansaó Portuguesa no Mundo, ed. António Baiáo, Hernani Cidade, Manuel Múriàs, Lisbon, 1937

Jack, Malcolm, *Lisbon: City of the Sea*, London, 2007

Kimble, George, 'Portuguese Policy and its Influence on Fifteenth-Century Cartography', in *Geographical Review*, vol. 23, no. 4, Oct. 1933

Krondl, Michael, *The Taste of Conquest*, New York, 2007

La Découverte, le Portugal et l'Europe, ed. Jean Aubin, Paris, 1990

Lisboa Quinhentista, a Imagem e a Vida da Cidade, Lisbon, 1983

Lisbonne hors les murs, 1415-1580: L'Invention du monde par les navigateurs Portugais, ed. Michel Chandeigne, Paris, 1990

Magalhães, Joaquim Romero, *the Portuguese in the Sixteenth Century*, Lisbon, 1998

Marques, A. H. de Oliviera, *History of Portugal*, vol. 1, New York, 1972

Monteiro, Saturnino, *Portuguese Sea Battles vol. 1: The First World Sea Power 1139-1521*, Lisbon, 2013

Newitt, M., *A History of Portuguese Overseas Expansion, 1400-1668*, London, 2005

Noonan, Laurence A., *John of Empoli and his Relations with Afonso de Albuquerque*, Lisbon, 1989

Oliviera e Costa, João Paul, *D. Manuel I*, Rio de Mouro, 2005

Page, Martin, *The First Global Village: How Portugal Changed the World*, Lisbon, 2002

Panikkar, K. M., *Asia and Western Dominance*, London, 1953

_____, Malabar and the Portuguese, Bombay, 1929

Parry, J. H., *the Age of Reconnaissance*, London, 1966

Pearson, M. N., *the New Cambridge History of India, Part 1, Vol. 1: The Portuguese in India*, Cambridge, 1987

_____, *Coastal Western India: Studies from the Portuguese Records*, Delhi, 1981

Pereira, José António Rodrìgues, *Marinha Portuguesa: Nove Séculos de História*, Lisbon, 2010

Pereira, Paulo, *Torre de Belém*, London, 2005

Peres, Damião, *História dos Descobrimentos Portuguêses*, Coimbra, 1960

Pessoa, Fernando, *Mensangem*, Lisbon, 1945

Pissara, José Virgílio Amarao, *Chaul e Diu: O Domínio do Índico*, Lisbon, 2002

Portugal, the Pathfinder: Journeys from the Medieval toward the Modern World 1300-c.1600, ed. George D. Winius, Madison, 1995

Pyne, Stephen J., 'Seeking newer worlds: an historical context for space exploration' at www. history.nasa.gov/SP-2006-4702/chapters/chapter1.pdf

Ramos, Rui et al, *História de Portugal*, Lisbon, 2009

Randles, W. G. L., *Geography, Cartography and Nautical Science in the Renaissance: the Impact of the Great Discoveries*, Farnham, 2000

Ravenstein, E. G., *the Voyages of Diogo Cão and Bartholomeu Dias, 1482-88*,

England, 2010

Rodrigues, J. N. and Devezas, T., 1509, Famalicão, 2008

_____, *Pioneers of Globalization — Why Portugal Surprised the World*, Famalicão, 2007

Rodrigues, Vítor Luís Gaspar and Oliviera e Costa, João Paulo, *Conquista de Goa 1510-1512*, Lisbon, 2008

_____, *Conquista de Malaca 1511*, Lisbon, 2011

Rodrigues, Vitor Luís, 'As Companhias de Ordenança no Estado Português da Índia 1510-1580', *Oceanos Nr. 19/20 — Indo Portuguesmente*, Lisbon, CNCDP, 1994, pp. 212-18

Rogerson, Barnaby, *the Last Crusaders: East, West and the Battle for the Centre of the World*, London, 2010

Russell, Peter, *Prince Henry the 'Navigator': a Life*, New Haven, 2000

Sanceau, Elaine, *Indies Adventure*, London, 1936

_____, *The Perfect Prince*, Porto, 1959

Santos, José Loureiro dos, *Ceuta 1415: A Conquista*, Lisbon, 2004

Sheriff, Abdul, *Dhow Cultures of the Indian Ocean*, London, 2010

Silva, Joaquim Candeias, *O Fundador do Estado Português da Índia — D. Francisco de Almeida*, Lisbon, 1996

Subrahmanyam, Sanjay, *the Portuguese Empire in Asia, 1500-1700: A Political and Economic History*, London, 1993

_____, *The Career and Legend of Vasco da Gama*, Cambridge, 1997

Suckling, Horatio John, *Ceylon: A General Description of the Island*, London, 1876

Teixeira, André, *Fortalezas: Estado Português da India*, Lisbon, 2008

Thomaz, Luís Felipe, *De Ceuta a Timor*, Lisbon, 1994

Vasco da Gama and the Linking of Europe and Asia, ed. Anthony Disney and Emily Booth, Delhi, 2000

Villiers, Alan, *Sons of Sindbad*, London, 1940

Weinstein, Donald, *Ambassador from Venice: Pietro Pasqualigo in Lisbon, 1501*, Minneapolis, 1960

Whiteway, R. S., *The Rise of Portuguese Power in India 1497-1550*, London, 1899

주

약어

CAD : Albuquerque, Afonso de [1500–80], *The Commentaries of the Great Alfonso de Albuquerque*, trans. Walter de Gray Birch, 4 vols, London, 1875–84

CPR : Albuquerque, Afonso de, *Cartas para El-Rei D. Manuel I*, ed. Antonio Baiao, Lisbon, 1942

JVG : *A Journal of the First Voyage of Vasco da Gama, 1497–99*, London, 1898

VPC : *The Voyage of Pedro Alvares Cabral to Brazil and India*, trans. W. B. Greenlee, London 1938

VVG : *Voyages de Vasco de Gama: Relations des Expeditions de 1497–1499 et 1502–1503*, ed. and trans. Paul Teyssier and Paul Valentin, Paris, 1995

프롤로그

1 Sheriff, p. 309 2 Hall, p. 84 3 ibid., p. 81 4 Ferguson, p. 32 5 Sheriff, p. 297 6 Diffie, p. 53 7 ibid. 8 Rogerson, p. 287 9 Diffie, p. 53 10 http://www.ceylontoday.lk/64-75733-news-detail-galles-fascinating-museums.html

1. 인도 계획

1 http://www.socgeografialisboa.pt/en/coleccoes/areas-geograficas/portugal/2009/08/05/padrao-de-santo-agostinho 2 The Bull *Romanus Pontifex* (Nicholas V), 8 January 1455, in http://www.nativeweb.org/pages/legal/indig-romanus-pontifex.html 3 Russell, p. 122 4 Fonseca (2005), p. 179 5 ibid., p. 181 6 ibid. 7 letter from Toscanelli to Fernam Martins, canon of Lisbon, 25 June 1474, in http://cartographicimages.net/Cartographic_Images/252_Toscanellis_World_Map.html 8 Garcia, p. 67 9 ibid., p. 69 10 Psalm 72 v. 8 11 *Portugal, the*

Pathfinder, p. 97

2. 경주

1 Kimble, p. 658 **2** Fonseca (2005), p. 105 **3** ibid. **4** ibid., p. 106 **5** Barros, Decada I, part 1, p. 187 **6** *JVG*, p. 10 **7** Barros, Decada I, part 1, p. 187 **8** ibid. **9** Peres, p. 300 **10** Barros, Decada I, part 1, p. 190 **11** ibid., p. 191 **12** Ravenstein, p. 20 **13** p. 115, in Randles **14** Ficalho, p. 107 **15** ibid., p. 108 **16** Diffie, p. 165 **17** Fonseca, pp. 120-1 **18** *European Treaties*, p. 90 **19** Fuentes, p. 159

3. 바스쿠 다 가마

1 Oliviera e Costa, p. 176 **2** Matthew 19 v. 30 **3** Barros, Decada I, part 1, pp. 269-70 **4** Gois (1926), vol. 1, p. 49 **5** Bouchon (1997), p. 101 **6** Munzer, p. 27 **7** ibid., p. 22 **8** ibid., p. 27 **9** ibid. **10** Duarte Pacheco Pereira, p. 166 **11** Barros, Decada I, part 1, p. 273 **12** ibid., p. 278 **13** ibid., p. 276 **14** ibid., p. 278 **15** ibid. **16** ibid., p. 279 **17** *JVG*, p. 1 **18** ibid., p. 3 **19** ibid. **20** ibid., p. 4 **21** ibid. **22** ibid., p. 3 **23** *Vasco da Gama and the Linking of Europe and Asia*, p. 89 **24** *JVG*, p. 5 **25** ibid., pp. 5-6 **26** Bouchon (1997), p. 111 **27** *JVG*, p.7 **28** ibid., p. 8 **29** ibid., p. 12 **30** ibid., p. 11 **31** ibid., p. 16 **32** ibid., p. 20 **33** ibid., p. 22

4. "이게 대체 무슨 일이오!"

1 Sheriff, p. 314 **2** Castanheda, vol. 1, p. 19 **3** *JVG*, p. 23 **4** ibid., p. 24 **5** ibid., p. 24 **6** Castanheda, vol. 1, p. 21 **7** *JVG*, p. 35 **8** ibid., p. 36 **9** ibid., p. 37 **10** ibid. **11** ibid., p. 39 **12** ibid. **13** ibid. **14** ibid., p. 41 **15** ibid., p. 42 **16** ibid. **17** ibid., p. 45 **18** ibid. **19** ibid. **20** ibid., p. 46 **21** ibid., p. 46 **22** ibid., p. 48 **23** Castanheda, vol. 1, p. 35 **24** *Roteiro da Viagem*, pp. 50-1 **25** ibid., p. 51 **26** Subrahmanyam (1997), p. 129 **27** ibid. **28** Castanheda, vol. 1, p. 42 **29** Subrahmanyam (1997), p. 104 **30** Sheriff, p. 188 **31** Castanheda, vol. 1, p. 44 **32** *JVG*, p. 51 **33** ibid., p. 52 **34** ibid., p. 49 **35** ibid. **36** ibid., p. 50 **37** ibid., p. 52 **38** p. 53 **39** ibid., p. 54 **40** ibid., p. 55 **41** ibid., p. 56 **42** Castanheda, vol. 1, p. 48

5. 사무드리

1 Castanheda, vol. 1, p. 48 **2** *JVG*, p. 56 **3** Castanheda, vol. 1, p. 49 **4** *JVG*, p. 58

5 ibid., p. 60 **6** ibid., pp. 60-1 **7** ibid., p. 61 **8** ibid., p. 62 **9** ibid. **10** ibid. **11** ibid., p. 64 **12** ibid., p. 65 **13** ibid. **14** ibid. **15** ibid., p. 66 **16** ibid. **17** ibid., pp. 66-7 **18** ibid., p. 67 **19** ibid. **20** ibid. **21** ibid., p. 68 **22** ibid. **23** ibid., p. 69 **24** ibid. **25** ibid. **26** ibid., p. 77 **27** ibid., p. 131 **28** ibid., p. 70 **29** ibid., p. 71 **30** ibid., pp. 71-2 **31** ibid., p. 72 **32** ibid. **33** ibid., p. 73 **34** ibid., pp. 74-5 **35** ibid., p. 75 **36** ibid. **37** ibid., p. 76 **38** ibid. **39** ibid., p. 77 **40** *JVG*, p. 84 **41** ibid., p. 85 **42** ibid. **43** ibid., p. 87 **44** ibid., p. 87 **45** ibid., p. 89 **46** ibid., p. 90 **47** ibid., p. 92 **48** ibid., p. 93 **49** ibid., p. 114 **50** ibid. **51** Subrahmanyam (1997), p. 162 **52** Priuli, p. 153 **53** *VVG*, p. 182

6. 카브랄

1 *VPC*, p. 170 **2** Correia (1860), vol. 1, p. 155 **3** *VPC*, p. 167 **4** ibid., p. 7 **5** ibid., p. 59 **6** ibid. **7** ibid., p. 22 **8** ibid., p. 60 **9** ibid., p. 59 **10** ibid., p. 39 **11** ibid., p. 60 **12** ibid., p. 61 **13** ibid. **14** ibid., p. 65 **15** ibid., p. 180 **16** ibid., p. 184 **17** ibid., p. 169 **18** ibid., p. 261 **19** ibid., p. 180 **20** ibid., p. 181 **21** ibid., p. 170 **22** ibid., p. 84 **23** ibid., p. 85 **24** ibid., p. 87 **25** ibid., p. 89 **26** ibid., p. 91 **27** Subrahmanyam (1997), p. 184 **28** *VPC*, p. 123 **29** ibid., p. 132 **30** Priuli, p. 157 **31** *VPC*, p. 122 **32** ibid., p. 123 **33** ibid., p. 122 **34** Zayn al-Dīn ʿAbd al-ʿAzīz, p. 7 **35** ibid., p. 79

7. 미리호의 운명

1 Subrahmanyam (1997), p. 190 **2** *VVG*, pp. 203-4 **3** ibid., p. 205 **4** ibid. **5** Subrahmanyam (1997), p. 202 **6** Correia (1879), pp. 295-6 **7** *VVG*, p. 217 **8** Correia (1860), vol. 1, p. 290 **9** *VVG*, p. 330 **10** ibid., p. 225 **11** ibid., p. 226 **12** ibid., p. 227 **13** ibid. **14** ibid., p. 228 **15** ibid. **16** ibid., p. 229 **17** ibid. **18** ibid. **19** ibid., pp. 229-30 **20** ibid., p. 231 **21** ibid. **22** Sheriff, p. 314

8. 분노와 복수

1 *VVG*, p. 234 **2** ibid., p. 235 **3** ibid., p. 239 **4** ibid., p. 241 **5** ibid., p. 242 **6** ibid., p. 243 **7** ibid., p. 245 **8** Barros, Decada I, part 2, pp. 56-7 **9** *VVG*, p. 245 **10** ibid., p. 246 **11** ibid. **12** ibid., p. 247 **13** ibid., p. 261 **14** ibid., p. 256 **15** ibid., p. 267 **16** ibid., p. 268

대항해시대 최초의 정복자들

9. 소규모 거점들

1 Weinstein, p. 77 **2** Ibn Iyas, p. 106 **3** Correia (1860), vol. 1, p. 308 **4** Subrahmanyam (1997), p. 349 **5** Castanheda, vol. 1, p. 116 **6** Sanceau (1936), p. 4 **7** Camoes, p. 154 **8** Noonan, p. 142 **9** Sanceau (1936), p. 15 **10** Noonan, pp. 144-5 **11** ibid. **12** Castanheda, vol. 1, p. 138 **13** ibid., p. 203 **14** Weinstein, p. 81

10. 인도 왕국

1 Silva, p. 260 **2** ibid., p. 96 **3** ibid. **4** Rodrigues and Devezas (2008), p. 212 **5** ibid., p. 175 **6** Silva, p. 113 **7** Correia (1860), vol. 1, pp. 533-4 **8** *Grandes Viagens*, p. 84 **9** ibid., p. 82 **10** Castanheda, vol. 1, p. 215 **11** Silva, p. 311 **12** Castanheda, vol. 1, p. 221 **13** ibid., p. 223 **14** Hall, p. 207 **15** Castanheda, vol. 1, p. 226 **16** Silva, p. 126 **17** Hall, p. 207

11. 맘루크 제국

1 *La Decouverte, le Portugal et l'Europe*, p. 70 **2** Silva, p. 133 **3** Ca'Masser, p. 31 **4** ibid., p. 20 **5** ibid., p. 21 **6** ibid., p. 32 **7** Aubin, vol. 3, p. 455 **8** Zayn al-Dīn ʿAbd al-ʿAzīz, pp. 105-7 **9** Ibn Iyas, p. 77 **10** ibid., p. 78 **11** ibid., p. 79 **12** Aubin, vol. 3, p. 458 **13** *Grandes Viagens*, p. 89 **14** Barros, Decada I, part 2, p. 273 **15** *Grandes Viagens*, p. 90 **16** Barros, Decada I, part 2, p. 357 **17** ibid., pp. 356-7 **18** ibid., pp. 353-4 **19** Silva, p. 140 **20** ibid., p. 144 **21** ibid., p. 175 **22** Ca'Masser, p. 23 **23** ibid., p. 29 **24** Silva, p. 33 **25** ibid., p. 317 **26** ibid., p. 313

12. '끔찍한 자'

1 Sanceau (1936), p. 19 **2** ibid., p. 21 **3** Ibn Iyas, p. 106 **4** Barros, Decada II, part 1, p. 61 **5** Bouchon (1988), p. 81 **6** Silva, p. 192 **7** *CAD*, vol. 1, p. 83 **8** ibid., p. 82 **9** ibid., p. 83 **10** ibid. **11** Sheriff, p. 184 **12** Silva, p. 192 **13** *Albuquerque, Caesar of the East*, p. 56 **14** *CAD*, vol. 1, p. 169 **15** Silva, p. 194 **16** ibid., p. 195 **17** ibid.

13. 차울 전투

1 Correia (1860), vol. 1, pp. 754-5 **2** Castanheda, vol. 1, p. 390 **3** ibid. **4** Correia (1860), vol. 1, pp. 757-9 **5** Castanheda, vol. 1, p. 395 **6** ibid., p. 396 **7** ibid., p. 397 **8** ibid., p. 398 **9** ibid. **10** ibid. **11** ibid., p. 399 **12** Ibn Iyas, p. 138

14. '프랑크인의 분노'

1 Sanceau (1936), p. 70 **2** Silva, p. 193 **3** Rodrigues and Devezas (2008), p. 242 **4** Correia (1860), vol. 1, pp. 897-8 **5** ibid., p. 898 **6** Castanheda, vol. 1, p. 428 **7** ibid., p. 430 **8** ibid. **9** Correia (1860), vol. 1, p. 927

15. 디우

1 Castanheda, vol. 1, p. 435 **2** Monteiro, pp. 264-5 **3** Correia (1860), vol. 1, pp. 937-8 **4** Castanheda, vol. 1, pp. 437-8 **5** Correia (1860), vol. 1, pp. 940-1 **6** Castanheda, vol. 1, p. 437 **7** Castanheda, ibid., p. 437 **8** Correia (1860), vol. 1, p. 941 **9** ibid., p. 943 **10** ibid., p. 943 **11** ibid., p. 952 **12** Zayn al-Dīn 'Abd al-'Azīz, p. 44 **13** Sanceau (1936), p. 79 **14** Silva, p. 208

16. 사무드리의 황금 문짝

1 Correia (1860), vol. 2, pp. 6-7 **2** ibid., p. 9 **3** ibid. **4** ibid., p. 16 **5** Castanheda, vol. 1, p. 501 **6** Correia (1860), vol. 2, p. 16 **7** ibid., p. 17 **8** ibid. **9** ibid., p. 18 **10** ibid., p. 19 **11** ibid. **12** ibid. **13** ibid. **14** ibid., p. 21 **15** ibid. **16** ibid., p. 22 **17** ibid., p. 23 **18** ibid., p. 25 **19** ibid. **20** Castanheda, vol. 1, p. 505

17. '포르투갈인은 얻은 것은 절대 포기하지 않는다'

1 *CPR*, p. 1 **2** Sanceau (1936), p. 103 **3** Correia (1860), vol. 2, p. 76 **4** ibid., p. 77 **5** Sanceau (1936), p. 118 **6** Sanceau (1936), p. 119 **7** Correia (1860), vol. 2, p. 85 **8** ibid., p. 87 **9** Castanheda, vol. 1, p. 528 **10** ibid. **11** ibid., p. 540

18. 비에 갇힌 사람들

1 Correia (1860), vol. 2, p. 98 **2** ibid. **3** ibid., p. 100 **4** Rodrigues and Oliviera e Costa (2008), p. 43 **5** Correia (1860), vol. 2, p. 100 **6** ibid. **7** Castanheda, vol. 1, p. 555 **8** ibid., p. 556 **9** Correia (1860), vol. 2, p. 103 **10** ibid., p. 114 **11** ibid., p. 115 **12** ibid., p. 116 **13** ibid. **14** Castanheda, vol. 1, p. 563 **15** ibid., p. 120

19. 공포를 활용하라

1 Noonan, p. 183 **2** ibid., p. 185 **3** *CPR*, p. 2 **4** Correia (1860), vol. 2, p. 150 **5** *CPR*, p. 7 **6** ibid., pp. 7-8 **7** Bouchon (1992), p. 189 **8** Noonan, p. 189 **9** Bouchon

(1992), p. 188 **10** ibid., p. 190 **11** ibid., p. 189 **12** Noonan, p. 189 **13** Correia (1860), vol. 2, pp. 153–4 **14** Bouchon (1992), p. 193

20. '태양의 눈'을 향해 가다

1 *JVG*, p. 100 **2** Rodrigues and Oliviera e Costa (2011), p. 17 **3** ibid., p. 18 **4** Pires, vol. 2, p. 286 **5** ibid., p. 285 **6** Noonan, p. 195 **7** Correia (1860), vol. 2, p. 218 **8** ibid., p. 195 **9** ibid., p. 234 **10** Castanheda, vol. 1, p. 634 **11** *CAD*, vol. 3, p. 73 **12** Castanheda, vol. 1, p. 638 **13** Correia (1860), vol. 2, p. 234 **14** Castanheda, vol. 1, p. 639 **15** Crowley, p. 374 **16** Castanheda, vol. 1, p. 640 **17** ibid. **18** Correia (1860), vol. 2, p. 234 **19** Noonan, p. 197 **20** Correia (1860), vol. 2, p. 244 **21** Noonan, p. 196 **22** Correia (1860), vol. 2, p. 246 **23** ibid., p. 249 **24** Noonan, pp. 199–200 **25** ibid., p. 200 **26** Correia (1860), vol. 2, p. 269 **27** Noonan, p. 201 **28** ibid., p. 202 **29** Correia (1860), vol. 2, p. 270 **30** ibid., p. 247 **31** ibid., p. 269 **32** *CPR*, pp. 148–9

21. 밀랍 탄환

1 *CPR*, p. 98 **2** ibid., p. 21 **3** ibid., pp. 24–5 **4** ibid., p. 27 **5** ibid., p. 57 **6** ibid., p. 41 **7** ibid., p. 35 **8** ibid., p. 31 **9** ibid., p. 59 **10** ibid., p. 53 **11** ibid., p. 21 **12** ibid., p. 44 **13** ibid., p. 23 **14** ibid., pp. 49–50 **15** ibid. **16** ibid., p. 22 **17** ibid., p. 59 **18** ibid., p. 60 **19** ibid., p. 62 **20** ibid., p. 59 **21** Sanceau (1936), p. 199 **22** ibid., p. 202 **23** Correia (1860), vol. 2, p. 304 **24** Sanceau (1936), p. 207 **25** Bouchon (1992), p. 191 **26** ibid., pp. 220–1 **27** Rodrigues and Devezas (2008), p. 269 **28** *Lisboa Quinhentista*, p. 17 **29** ibid., p. 22

22. '이 세상 온갖 부가 폐하의 손에'

1 *CPR*, p. 217 **2** ibid., p. 168 **3** ibid., pp. 169–71 **4** Correia (1860), vol. 2, p. 337 **5** *CPR*, pp. 173–4 **6** Castanheda, vol. 1, p. 752 **7** *CPR*, p. 177 **8** Correia (1860), vol. 2, p. 342 **9** ibid., p. 343 **10** Castanheda, vol. 1, p. 755 **11** ibid., p. 755 **12** *CPR*, p. 179 **13** ibid., p. 174 **14** ibid., p. 217 **15** Castanheda, vol. 1, p. 758 **16** Correia (1860), p. 758 **17** *CPR*, p. 182 **18** ibid., p. 183 **19** Correia (1860), vol. 2, pp. 345–6 **20** ibid., p. 347 **21** *CPR*, pp. 194–5 **22** Castanheda, vol. 1, p. 761 **23** Correia (1860), vol. 2, p. 348 **24** *CPR*, p. 190 **25** ibid., pp. 222–3 **26** ibid., p. 201 **27** Correia (1860), vol.

2, p. 348 **28** *CPR*, pp. 197-8 **29** *CPR*, p. 192 **30** Ibn Iyas, p. 289 **31** ibid., p. 291 **32** ibid., p. 335 **33** ibid. p. 356 **34** ibid., p. 424 **35** *CPR*, p. 225 **36** *CPR*, pp. 221-2 **37** ibid., p. 201 **38** ibid., p. 224 **39** ibid., p. 223

23. 마지막 항해

1 Sanceau (1936), p. 242 **2** ibid., p. 246 **3** ibid., p. 245 **4** ibid., p. 232 **5** Correia (1860), vol. 2, pp. 364-5 **6** Sanceau (1936), p. 247 **7** ibid., p. 232 **8** Bouchon (1988), p. 81 **9** Sanceau (1936), p. 243 **10** Bouchon (1992), p. 243 **11** Correia (1860), vol. 2, p. 398 **12** ibid., p. 408 **13** ibid., p. 409 **14** ibid., p. 420 **15** ibid., p. 422 **16** ibid., p. 423 **17** Sanceau (1936), p. 271 **18** Correia (1860), vol. 2, p. 431 **19** ibid., p. 436 **20** ibid., p. 438 **21** ibid., pp. 440-1 **22** Castanheda, vol. 1, p. 857 **23** Sanceau (1936), p. 281 **24** Castanheda, vol. 1, p. 858 **25** Sanceau (1936), p. 280 **26** Correia (1860), vol. 2, p. 452 **27** ibid., p. 456 **28** Barros, Decada II, part 2, p. 491 **29** Correia (1860), vol. 2, p. 458 **30** Sanceau (1936), p. 296 **31** ibid., p. 299

에필로그

1 Boorstin, p. 145 **2** Alvares (1881), pp. 202-3 **3** Rodrigues and Devezas (2008), p. 284 **4** *Roteiro da Viagem*, p. 51 **5** Sanceau (1936), p. 286 **6** Rodrigues and Devezas (2008), p. 329 **7** Camoes, p. 154 **8** Pyne, pp. 18-19 **9** Suckling, p. 280

찾아보기

대항해시대 최초의 정복자들

대항해시대 최초의 정복자들

대항해시대 최초의 정복자들

대항해시대 최초의 정복자들

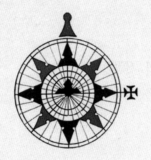

대항해시대 최초의 정복자들
포르투갈 제국의 해외 원정기

1판 1쇄 2022년 10월 28일

지은이 | 로저 크롤리
옮긴이 | 이종인

펴낸이 | 류종필
편집 | 이정우, 이은진
마케팅 | 이건호
경영지원 | 김유리
표지 디자인 | 박미정
본문 디자인 | 박애영
교정교열 | 문해순

펴낸곳 | (주) 도서출판 책과함께
　　　　주소 (04022) 서울시 마포구 동교로 70 소와소빌딩 2층
　　　　전화 (02) 335-1982
　　　　팩스 (02) 335-1316
　　　　전자우편 prpub@daum.net
　　　　블로그 blog.naver.com/prpub
　　　　등록 2003년 4월 3일 제2003-000392호

ISBN 979-11-91432-85-5　03900